認認真真講歷史

天涯社区人气佳作

盛唐传奇

卷一

全二卷

孙峰 孙艺真·著

中国文史出版社

图书在版编目（CIP）数据

盛唐传奇. 第一卷 / 孙峰, 孙艺真著. -- 北京 : 中国文史出版社, 2017.12
（认认真真讲历史）
ISBN 978-7-5034-9541-0

Ⅰ. ①盛… Ⅱ. ①孙… ②孙… Ⅲ. ①中国历史—唐代—通俗读物 Ⅳ. ①K240.9

中国版本图书馆CIP数据核字（2017）第228673号

责任编辑： 刘　夏
封面设计： 陈欣欣

出版发行：中国文史出版社
网　　址： www.wenshipress.com
社　　址： 北京市西城区太平桥大街23号　**邮编：** 100811
电　　话： 010-66173572 66168268 66192736（发行部）
传　　真： 010-66192703
印　　装： 北京温林源印刷有限公司
经　　销： 全国新华书店
开　　本： 1/16
印　　张： 27　　**字　数：** 454千字
版　　次： 2018年10月北京第1版
印　　次： 2018年10月第1次印刷
定　　价： 67.50元

目录

一九七　永徽之治

公元650年一月一日，唐高宗李治下诏，改元为永徽元年，历史也由此步入长达六年的永徽年间。唐高宗一共在位三十三年多，比其父唐太宗多当十年皇帝，年号也比唐太宗的多了很多，他一共用了十四个年号，分别为：永徽（公元650—655年，共计六年）、显庆（公元656年—661年二月，共计六年）、龙朔（公元661年三月—663年，共计三年）、麟德（公元664年—665年，共计两年）、乾封（公元666年—668年二月，共计三年）、总章（公元668年三月—670年二月，共计三年）、咸亨（公元670年三月—674年八月，共计五年）、上元（公元 674年—676年十一月，共计两年多）、仪凤（公元676年十一月—679年六月，实际上是两年多，但跨越四个年头）、调露（公元679年—680年八月，一年）、永隆（公元680年八月—681年九月，一年）、开耀（公元681年九月—682年二月，四个月）、永淳（公元682年二月—683年十二月，一年零十个月）、弘道（公元683年十二月，不足一个月）。

李治生于贞观二年六月，当时唐太宗还住在东宫，李治就生在东宫的丽正殿。《酉阳杂俎》前集一记载：李治刚能扶着床，要拿笔玩，身边的人试着把纸放在他跟前。他就拿着笔在纸上乱画，纸的边角处隐然画出了一个“敕”字。唐太宗赶忙让人烧掉，并嘱咐不许传出去。贞观五年李治三岁时就被封为晋王，七年五岁时，被授予并州都督。李治从小宽和仁爱，举止端庄。幼时，他最先师从萧德言学习《孝经》，唐太宗问：“这书中哪句话最重要？”李治回答：“夫孝，始于事亲，中于事君，终于立身。君子之事上也，进思尽忠，退思补过，将顺其美，匡救其恶，故上下能相亲也。”唐太宗听后大喜，说道：“你要是能做到这一点，就足以侍奉父兄，当好一个臣子了。”贞观九年，长孙皇后去世，时年七岁的李治哭得死去活来，悲感左右。与李治一起同住西宫的还有他两个妹妹，一个是晋阳公主（第十九女），另一个是新城公主（第二十一女），由于他们年纪最小，一直住在西宫，由唐太宗亲自抚养。《新唐书·晋阳公主传》："帝（唐太宗）诸子，唯晋王及主（晋阳公主）最少，故亲畜之。"

永徽元年一月六日，唐高宗立太子妃王氏为皇后。王皇后出身太原王氏，门第高贵，她是三国时期诛杀董卓的司徒王允之后，她的祖父是西魏名将王思政，堂祖母同安公主是唐高祖李渊的亲妹妹。在同安公主的斡旋下，唐太宗将王氏纳为晋王妃，等到李治意外地被立为太子后，王氏也顺理成章地被立为太子妃，如今又晋升为皇后。王皇后虽然出身名门，但其家并非朝廷显贵，她的父亲王仁祐在贞观中仅为罗山县令，官职卑微，只是到她被立为太子妃后，其父才父以女贵，被升为陈州刺史；如今又被唐高宗晋升为特进、魏国公，母柳氏为魏国夫人；但王仁祐不久就去世了，王皇后虽然有堂祖母同安公主这层关系，与李治之间勉强可以称为堂表兄妹，但血缘关系并不直接，因此，王皇后在朝中并无强有力的外援。二月二十二日，唐高宗立皇子李孝为许王、李上金为杞王、李素节为雍王。唐高宗一生共有八个儿子：李忠（刘氏所生）、李孝（郑氏所生）、李上金（杨氏所生）、李素节（萧淑妃所生）、李弘（武则天所生）、李贤（武则天所生）、李显（武则天所生）、李旦（武则天所生），而此时的他仅有四个儿子，武则天的四个孩子还未出生。据《新唐书·燕王忠传》称："燕王忠，字正本。帝始为太子而忠生……"由此可知，李治的长子李忠生于李治被立为太子之年，即贞观十七年（公元643年），迄今已七八岁了，同传还称，李忠降生后，唐太宗非常高兴，原本李治在太子宫设宴庆贺，一会儿，唐太宗也驾临了，对大家说："朕刚有了个孙子，想与你们一起庆贺一下。"酒酣耳热，唐太宗还起身翩翩起舞，又让大家与他共舞。贞观二十年八月，李忠被晋封为陈王。

任何一种政治氛围都有一定的惯性，开明的贞观之风并没有因为唐太宗的去世戛然而止，这与李治长期耳濡目染父皇治国理政有一定的关系。《贞观政要》二记载：唐太宗生前，一次对苑西监穆裕大为恼火，下令将他在朝堂上斩首。当时，唐高宗已为皇太子，在唐太宗盛怒之下前去劝谏，最终说服了唐太宗。事后，长孙无忌说："自古以来，太子进谏总是要找到一个适当的机会，今天陛下大发天威，太子却能犯颜进谏，这是古今没有的。"唐太宗说："人在一起相处，自然会相互染上一种习气。我统治天下以来，虚心接纳正直的意见，就有魏徵不分早晚随时进谏；魏徵死后，又有刘洎、岑文本、马周、褚遂良等继续进谏。皇太子从小就与我生活在一起，常见我听到进谏心情很愉悦，因此，也自然而然地养成了喜欢纳谏、进谏的习性，所以才有今天的进谏。”按：《唐会要》四认为是李承乾的事，从唐太宗说的话中分析，错误。

有唐太宗的良好传承，继位之初的唐高宗还是清明的。永徽元年一月，就有一个叫李弘泰的洛阳人上书诬告长孙无忌谋反，唐高宗不予理睬，直接就下令将其斩首。长孙无忌和褚遂良同心协力，尽心辅佐，唐高宗对二人也十分尊重，史称永徽之政，百姓安定，有贞观遗风。一月二十一日，唐高宗对入京的朝集使们说：“我刚刚继位，对百姓不利的事情，你们都要上报给我；一时没有说完的，回去以后，还可以随时上奏。”从当天开始，唐高宗每天都要接见十名朝集使，询问百姓疾苦以及朝廷政事的得失。九月二十七日，唐高宗出外打猎，正巧下雨，他问谏议大夫谷那律说：“油衣用什么做才不会漏？”谷那律回答：“要是用瓦做，肯定不漏。”谷那律的意思是不出外打猎，肯定是淋不到雨的。唐高宗听了，非常高兴，遂下令取消了围猎，并赏赐给谷那律两百匹绢。谷那律在贞观年间历任国子博士、谏议大夫，兼弘文馆学士。褚遂良曾称其为“九经库”。《新旧唐书》将谷那律劝谏一事记载到唐太宗的头上，但《大唐新语》《资治通鉴》则记到了唐高宗的头上。

永徽二年九月二十日，左武候引驾（卫士）卢文操翻墙盗窃左藏（国库）内的财物，唐高宗认为左右武候军本身的职责就是维护京师治安（引驾类似警察），自己却干起了盗窃的勾当，应该予以斩首。谏议大夫萧钧劝谏道：“按照情理，卢文操确实无法原谅，但根据法律，罪不至死。”唐高宗也是愉快地接受了他的建议，还扭头对侍臣们说：“这才是真正的谏议大夫啊！”唐高宗对宰相们说：“我听说各单位之间办事，总是相互照顾，互留情面，在处理事情上很多时候都不公平。”长孙无忌回答：“我岂敢说不存在这种事？然而，要说他们胆敢肆意违法，肯定是不会的。至于稍稍留些情面，恐怕陛下自己也很难避免。”十一月十四日，唐高宗下诏：“从即日起，京官和外地官员有贡献犬马鹰隼的，一律予以惩处。”

金州刺史、滕王李元婴是唐高祖李渊二十二个儿子中最小的一个，可能比李治还小。他骄傲奢侈，任性不法，在给唐太宗服丧期间，还违反制度与下属们一起饮宴、歌舞，出外打猎，有时用弹弓打人，有时把人埋在雪中取乐。下属的妻子美貌的，他就谎称王妃召见，等入府后，往往被李元婴强奸。唐高宗写信严厉地斥责他一番，说道："朕因大王是至亲，不忍心把你投入监狱，现在，特意把你年终考评等级定为下上等（九等中的第七等），希望你能心怀惭愧！"唐高宗的七哥、蒋王李恽，和他小叔李元婴是如出一辙，二人都十分贪财，李恽私自制造的器物竟多达四百多车。一次，唐高宗赏赐诸王各五百段丝绸，唯独不给滕王李元婴和蒋王李恽，他还在诏书中幽默地写道："滕叔、蒋哥，你们自己都能弄来钱财，不需赏赐，特意送给二位两车麻，做成麻绳穿钱。"二王非常羞愧。其实，在唐初诸王中，危害百姓的岂止这两位？据《新唐书·李元祥传》记载，当时，滕王李元婴、蒋王李恽、虢王李凤（李渊第十五子）、江王李元祥（李渊第二十子）都又贪婪又残暴，被朝廷派到他们四位手下做官的官员，都不愿赴任，时称："宁向儋、崖、振、白，不事江、滕、蒋、虢。"《新唐书·李凤传》称："（李凤）喜畋游，遇官属尤嫚。使奴蒙虎皮，怖其参军陆英俊几死，因大笑为乐。"《新唐书·李元祥传》称："（李元祥）魁大，带十围，食兼数人……性庸遴，所至营财产无厌。"

一九八　用兵三方（一）

唐高宗即位后，虽然下诏停止了第三次东征的准备工作，但在西北和西南方向依然没有停止用兵。

先说北方：唐太宗去世前，就因突厥车鼻可汗拒不入朝，而于贞观二十三年一月命令右骁卫中郎将高侃调发回纥、仆骨等部落兵，长途奔袭车鼻可汗部。唐军进入车鼻可汗辖区后，车鼻可汗下属部落纷纷投降，至永徽元年六月，高侃率部一路进击，一直打到阿息山（今地不详）。车鼻可汗向各部落求救，但无人前来，只好与手下数百亲兵逃走。高侃率领精锐骑兵追到金山（今阿尔泰山），将其生擒，车鼻可汗的部众全部归降。九月四日，高侃把车鼻可汗押回长安后，唐高宗赦免了他，又封他为左武卫将军，把他的部众安置在郁督军山（今蒙古国杭爱山）一带，设置狼山（今蒙古国最西部的城市乌列盖）都督府进行管理；又晋升高侃为卫将军。至此，中国的疆土涵盖了过去东突厥的全部领土，唐朝朝廷分别设置了单于（今内蒙古自治区和林格尔县）、瀚海（似在今蒙古国乌兰巴托）两个都护府进行管理。其中，单于都护府下辖狼山都督府、云中都督府和桑乾都督府，三个都督府又下辖苏农等十四个州；瀚海都护府下辖瀚海都督府、金徽都督府、新黎都督府等七个都督府，七个都督府又下辖仙萼等八个州，都督府和州的长官分别为都督和刺史，均由突厥酋长担任。

说到这里，顺便介绍一下有唐一代在周边地区设立的六大都护府：安西都护府、北庭都护府、单于都护府、安北都护府、安东都护府、安南都护府。

由于各个都护府名称、治所变动频繁，各种史料记载相互矛盾，因此，在学术界对此颇有争论。贞观四年（公元630年）颉利政权灭亡以后，唐朝曾于大漠南建置定襄、云中二都督府及八羁縻州府，这是唐朝设立羁縻州最早的尝试；贞观十四年，唐朝在消灭高昌之后，在交河城设置了安西都护府，成为唐朝经营西域的一个支点。贞观二十一年，唐太宗消灭薛延陀汗国后，为了控制大漠南北，又在西受降城东北四十里（今内蒙古自治区石兰计狼山山口南、黄河北岸渡口）设置了燕然都护府；本年，在消灭了车鼻可汗后，据《资治通鉴》记载，唐高宗又分别设立了单于都护府和瀚海都护府，但关于二府设立后，燕然都护府是否依然存在，学术界有争议，个人认为该年分置的两都护府是管理漠南东突厥部众的单于都护府和管理漠北铁勒部众的燕然都护府。由于燕然都护府迁至回纥本部的瀚海都督府，在唐人看来，燕然都护府和瀚海都护府就是一回事，其实是把次一级的瀚海都督府误记作了瀚海都护府；再到唐高宗龙朔三年（公元663年），唐朝朝廷又把燕然都护府改称瀚海都护府，而把单于都护府改称云中都护府；次年，又把云中都护府改回单于都护府，但改为单于大都护府，进一步提高了级别；总章二年（公元669年）八月，又改瀚海都护府为安北都护府，这是单于都护府（云中都护府）和安北都护府（燕然都护府、瀚海都护府）在唐高宗时期的大致演变过程。唐高宗显庆二年（公元657年），苏定方平定西突厥阿史那贺鲁后，唐朝朝廷在西突厥故地设置蒙池都护府和昆陵都护府；次年，安西都护府升格为安西大都护府，治所移到龟兹（今新疆维吾尔自治区库车），并在天山以北设庭州，管辖天山以北、巴尔喀什湖以南、金山以西、两河流域以东的广大地区，隶属于安西大都护府；长安二年（公元702年），武则天于庭州置北庭都护府，取代金山都护府，管理西突厥故地，统辖西突厥十姓部落诸羁縻府州，仍隶属于安西大都护府。

唐高宗总章元年（公元668年），唐朝灭亡高句丽后，在平壤设置安东都护府以统辖其地，辖区包括辽东半岛全部、朝鲜半岛北部、吉林西北地区和朝鲜半岛西南部的百济故地，拥有今乌苏里江以东和黑龙江下游西岸及库页岛直至大海。

唐高宗调露元年（公元679年），唐朝以交州都督府改置安南都护府，治所在宋平（今越南河内），辖境北抵今云南省南盘江，南到越南河静、广平省界，东有广西壮族自治区那坡、靖西和龙州、宁明、防城部分地区，西界在越南红河、黑水之间。

燕然都护府和单于都护府的设立，标志着唐朝完成了对东突厥和铁勒各部的控制，有利于大漠南北的和平与安定。然而，西北方的西突厥又蠢蠢欲动了。

西北方：

如前所述，因西突厥乙毗咄陆可汗与唐朝为敌，唐朝遂另立了一个西突厥乙毗射匮可汗，将乙毗咄陆可汗击败，乙毗咄陆可汗逃到了吐火罗。谁知，等乙毗射匮可汗羽翼丰满之后，又开始与唐朝争夺对西域各国的控制权，向龟兹、焉耆等国渗透，唐朝派遣阿史那社尔率军消灭龟兹的过程中，同时也打击了乙毗射匮可汗的野心。

阿史那贺鲁原本是乙毗咄陆可汗的部将，乙毗咄陆可汗失败后，他也受到了乙毗射匮可汗的打击，走投无路之下投靠了唐朝，被唐朝任命为左骁卫将军；当他听说唐军进攻龟兹后，请求担任唐军的向导，战后，被唐朝朝廷任命为瑶池（在今巴尔喀什湖一带）都督。此后，唐朝朝廷赏赐给阿史那贺鲁旗鼓，授予他为泥伏沙钵罗叶护，令其招抚尚未归附的西突厥部众，然而，阿史那贺鲁野心勃勃，趁机扩充自己的势力，企图寻找机会重建西突厥汗国，当他听说唐太宗驾崩的消息后，就阴谋偷袭西州（今新疆维吾尔自治区吐鲁番市）和庭州（今新疆维吾尔自治区奇台县）。

庭州刺史骆弘义得到密报，赶忙向朝廷上书报告，唐高宗派遣通事舍人桥宝明火速赶往阿史那贺鲁的驻地予以安抚。桥宝明劝说阿史那贺鲁让长子咥运入朝，阿史那贺鲁听从了，咥运来到长安后，被唐高宗任命为右骁卫中郎将，可是，也不知是什么原因，没过多久，唐高宗又把咥运放回去了。咥运回到父亲身边后，遂劝说父亲率众西去，击破了西突厥的乙毗射匮可汗，兼并了他的部众，在双河（今博尔塔拉河）和千泉（今吉尔吉斯山北）建立大本营，自称沙钵罗可汗，西突厥的东西十部（咄陆、弩失毕十姓）全都臣服于他。咄陆（东部五部）有五啜（五个小部落酋长），分别为处木昆律啜、胡禄屋阙啜、摄舍提暾啜、突骑施贺逻施啜、鼠尼施处半啜；弩失毕（西部五部）有五俟斤（五个部落酋长），分别为：阿悉结阙俟斤、哥舒阙俟斤、拔塞干暾沙钵俟斤、阿悉结泥孰俟斤、哥舒处半俟斤，其中，东部五部中的胡禄屋阙，是阿史那贺鲁的女婿；西部五部中的阿悉结阙俟斤最强。联合了西突厥十部后的阿史那贺鲁拥有数十万军队，又与逃到吐火罗的自己的原主子乙毗咄陆可汗打个不停，处月、处密以及西域各国也都向其表示臣服，他就任命长子咥运为莫贺咄叶护。

就在西突厥局势发生巨大变化的同时，西域的龟兹和焉耆国也分别出现了一些变故：阿史那社尔俘虏了龟兹国王布失毕之后，立其弟弟当了龟兹王，但等唐军撤退后，龟兹国内就乱了起来，龟兹各派贵族之间你争我夺，打得不可开交。为了稳定龟兹国内的局势，永徽元年八月，唐朝朝廷不得不以布失毕为龟兹国王，又把他放了回去。同样，到永徽二年，唐朝立的焉耆国王婆伽利也死了，焉耆国内上书唐高宗请求让老王突骑支回国。四月，唐高宗也答应了，以突骑支为右武卫将军，把他放了回去。

同年七月，西突厥沙钵罗可汗率军入侵庭州，攻陷了金岭城（今新疆维吾尔自治区鄯善县西北）和蒲类县（今新疆维吾尔自治区垒县），杀死、掳掠了数千人。唐朝朝廷立即做出反应，唐高宗下诏以左武候大将军梁建方、右骁卫大将军契苾何力为弓月道（今新疆维吾尔自治区霍城县）行军总管，以右骁卫将军高德逸、右武候将军薛孤、吴仁为副将，调派秦州（今甘肃省天水市）、成州（今甘肃省西和县）、岐州（今陕西省凤翔县）、雍州（今陕西省西安市）府兵三万人以及回纥（驻地在今蒙古国西南部）五万骑兵，前去征讨。

一九九　用兵三方（二）

唐军浩浩荡荡开往西北战场。

庭州刺史骆弘义给唐高宗献计称："以信义安抚国人，而以权变驾驭异族，理有变通。阿史那贺鲁保据一城，如今正值严冬积雪，他肯定会判断我军不会赶到，应当趁此机会一举将其歼灭。如果拖延到来年春上，可能会出现意外，就算他不纠合其他国家，也一定会逃得无影无踪。况且，我军的目的是消灭阿史那贺鲁，而处密、处木昆等部落也都想逃脱惩罚，如果我军一直不进，他们将与阿史那贺鲁再度联合起来。如今，虽然正是严冬，士兵们非常辛苦，但又不能长期滞留在边境白白浪费军粮，令敌人得以休养生息。因此，请求陛下调发射脾、处月、处密、契苾等部落的军队，携带一个月的粮食，长途奔袭，我大军则依托洛水（今地不详）声援，这是驱虎吞狼之计。夷狄凭借唐军的声援，冲杀在前，唐军随后赶到，阿史那贺鲁这回完了。"

唐高宗采纳了他的建议，并令其辅佐梁建方等人一起策划进兵方略。梁建方史书未给其立传，生平不详，其事迹散见于尉迟敬德、薛仁贵等人的传记中。

骆弘义建议的核心有两点：一是拉拢处月等部，孤立阿史那贺鲁；二是采取斩首行动，不管处月等部，直取阿史那贺鲁本部，起到迅速瓦解敌人的作用。然而，梁建方没有采纳骆弘义的建议，而把兵锋首先对准了依附阿史那贺鲁的处月部酋长朱邪孤注。永徽三年（公元652年）一月五日，梁建方、契苾何力率领唐军在牢山（今新疆维吾尔自治区奇台县）大破朱邪孤注。朱邪孤注趁夜逃走，梁建方命令副总管高德逸率领轻装骑兵追击，追了五百多里，终于将朱邪孤注生擒，斩首九千多人。[①]

唐军打败朱邪孤注之后，就匆匆撤军了。可以说，此战阿史那贺鲁是毫发未损，唐军撤军的具体原因史料缺载，但分析起来大致不外乎天气恶劣、将士惧战、军粮不足等。唐军回来后，御史弹劾梁建方等人兵力足以追讨，却逗留不进，高德逸奉命给皇上购买骏马，自己却留下最好的。唐高宗看在众将立下战功的分上，也没再追究下去。大理卿李道裕上奏称："高德逸私取的马匹非常雄健，请求留在宫中。"唐高宗对侍臣们说："李道裕身为法官，进贡马匹并非他的职责，他这么说不过是自作聪明，揣测朕的心思，拍朕的马屁罢了。朕已经说过不予追究了，难道朕的言行不足以令臣子们相信吗？朕也需要自我检讨，就不再贬谪李道裕了。"

虽然梁建方等人没有消灭阿史那贺鲁，但唐高宗一直没有把他放下，双方还将上演一场厮杀，这是后话。

西南方向：

西南方向的战事还源于唐太宗贞观二十二年在这一方向的用兵，到贞观二十三年，西南的徒莫祗等山蛮归化，唐朝朝廷在那里设置了傍州、望州、览州、丘州四州，但由于唐太宗在贞观二十二年命剑南百姓造船而引发了獠人的反叛，到唐高宗永徽元年獠人与唐朝朝廷的对立还时有发生。永徽元年十二月五日，梓州（今四川省三台县）都督谢万岁、兖州都督谢法兴与黔州（今四川省彭水县）都督李孟尝讨伐琰州（今贵州省关岭县）叛乱的獠人，谢万岁和谢法兴进入獠人居住的山洞劝降，结果反为獠人所杀。

永徽二年八月十八日，朗州（今云南省曲靖市）的白水蛮（居住于今云南省富源县境内）发动叛乱，进攻麻州（今云南省宣威市），唐朝朝廷派遣左领军将军赵孝祖等人率军前去讨伐。至永徽二年年底，唐军开进前线，山蛮酋长秃磨蒲、俭弥于率众抵抗，当时正值隆冬，天降大雪，唐军将叛乱的山蛮斩杀殆尽。赵孝祖上奏称："贞观年间，我们讨伐昆州（今云南省昆明市）的乌蛮，才开始

①《旧唐书·契　何力传》称："永徽二年，处月、处密叛，以何力为弓月道大总管，讨平之，擒其渠帅处密时健俟斤、合支贺等以归。"《突厥传》称："处月朱邪孤注者，引兵附贼，据牢山，建方等攻之，众溃，追行五百里，斩孤注，上首九千级，虏其帅六十，不如弘义所计。"

在青蛉（今云南省大姚县）、弄栋（今云南省姚安县）设置州县。弄栋的西边还有小勃弄（今云南省弥渡县北）、大勃弄（今云南省弥渡县）两个山谷的山蛮，他们经常煽动弄栋山蛮造反。勃弄以西与黄瓜（今地不详）、叶榆（今云南省大理市东北）、西洱河（洱海）接壤，人口众多，物产丰富，又没有大酋长，相互之间又喜欢结下冤仇，如今，趁击破白水蛮的得胜之兵，顺势西进讨伐勃弄，一定会取得大胜。”唐高宗批准了。

永徽三年（公元652年）四月，赵孝祖大破大小勃弄，斩杀小勃弄酋长殁盛，生擒大勃弄酋长杨承顺；其余山蛮部落纷纷盘踞山险，继续抵抗，大的有众数万，小的也有数千人。唐军逐一将这些堡垒击破，自此，西南山蛮才彻底被平定。

与赵孝祖在西南平定山蛮同时，窦州（今广东省信宜市）、义州（今广西壮族自治区岑溪市）的山蛮也发动了叛乱，唐朝桂州（今广西壮族自治区桂林市）都督刘伯英将其平定。

东南方向：

除了西南山蛮蠢蠢欲动之外，在帝国的东南也发生了叛乱。永徽四年（公元653年），睦州（今浙江省淳安县）一位名叫陈硕真（又记作陈硕贞）的女子与妹夫章叔胤一起起兵造反，陈硕真自称文佳皇帝，以章叔胤为尚书仆射。十月，章叔胤率众攻克了桐庐（今浙江省桐庐县），陈硕真则率领两千人马攻克了睦州和於潜（今浙江省杭州市临安区潜阳镇），而后，叛军继续进攻歙州（今安徽省歙县），但没有攻下。

唐高宗命令扬州刺史房仁裕（房玄龄的远房族兄）发兵讨伐。陈硕真派遣部将童文宝率领四千人进攻婺州（今浙江省金华市），婺州刺史崔义玄出兵迎战。民间称，陈硕真有神灵保护，胆敢与她的军队交手的，一定会遭到灭族的报应，唐军将士一片恐惧。司功参军崔玄籍说道：“武装反抗朝廷，就算是名正言顺，也恐怕会一事无成，更何况是妖言惑众，岂能长久！”崔义玄命他为先锋，率众出战，自己率领大军紧随其后。唐军行至下淮戍（今浙江省桐庐县东）时，与叛军遭遇。崔义玄的护卫用盾牌给他挡箭，他说：“刺史还怕流箭，谁还会奋勇杀敌！”于是，唐军士气大振，叛军被打得大败，被杀了数千人。崔义玄率军又推进到睦州境内，变民纷纷投降。

十一月二日，房仁裕的大军与崔义玄的军队会师，生擒陈硕真和章叔胤，将二人斩首，平定了这次叛乱。崔义玄也因此功而被晋升为御史大夫。

陈硕真被翦伯赞称为中国历史上第一位女皇帝，据传说，她与武则天还有一段交往。陈硕真自幼受到异人传授，学会兵法、武艺，曾解救了章叔胤，后到长安投亲。亲戚让她到感业寺带发修行，暗中联络各路豪杰，准备在东南起事。也就在这段时间里，陈硕真救下了被一帮歹徒意欲非礼的小尼姑武则天，此后二人姐妹相称。这一故事只是民间传说，可信度不高，但武则天最后称帝是否受到了陈硕真的影响，已不得而知了。

到了这一年，西突厥乙毗咄陆可汗去世，其子颉苾达度设自称真珠叶护，开始与沙钵罗可汗发生矛盾，与五弩失毕一起进攻沙钵罗可汗，斩首一千多级。

二〇〇　武媚进宫

唐高宗即位之初，天下并不太平，而他的后宫内也是暗流涌动。

后宫不稳源于王皇后的危机感，这种危机感主要来自两个方面：一是王氏家族在朝中并无太大的势力；二是王皇后本人没有子嗣。

对于第一个问题，在王氏被立为皇后后，局面有所改观。唐高宗在册立王氏为皇后时，也晋封其父王仁祐为特进、魏国公，次年（永徽二年）一月，又将王皇后的舅舅柳奭由中书侍郎晋升为同中书门下三品，使之成为宰相一级的人物。对于王皇后来说，第二个问题要比第一个问题更紧迫。皇后如果没有嫡子，地位就不稳固，这是显而易见的，更要命的是，唐高宗还宠爱萧淑妃（过去的萧良娣），而萧淑妃又很争气地为唐高宗生下了四子李素节。更值得注意的是，四子李素节在永徽元年就被封为京城所在地的雍王，这明摆着是要当太子的节奏。长此以往，假如王皇后一直没有子嗣，唐高宗不可能长期让太子之位虚悬，一旦李素节被册立为太子的话，王皇后乃至整个王氏家族、姻亲的地位都将岌岌可危。如何摆脱被动局面？这是王皇后以及王氏家族必须面对和解决的问题。权衡再三，柳奭认为，唐高宗长子、陈王李忠的生母刘氏地位卑贱，如果王皇后出面劝说唐高宗册立李忠为太子的话，刘氏和李忠肯定会对王皇后感恩戴德，也消除了萧淑妃之子李素节被立为太子的可能，等王皇后有了身孕，生下嫡子，还会有回旋的余地，这倒也不失为没有办法的办法。王皇后同意后，柳奭又给长孙无忌等朝中重臣吹风，让他们也劝说唐高宗，唐高宗遂同意了。永徽三年七月二日，唐高宗册立庶长子李忠为皇太子，以尚书左仆射于志宁兼任太子太傅，尚书右仆射张行成为兼任太子少傅，侍中高季辅为兼任太子少保。

除了建议唐高宗册立李忠为太子之外，王皇后反击萧淑妃的另一撒手锏就是劝说唐高宗把已削发为尼的武才人召入宫中。据学者考证，武则天的原名当为武约，字明空，生于唐高祖武德七年（公元624年），《新唐书》记载，当初，武则天被召入宫中时，其母悲泣，可十四岁的武则天却举动自如，坦然说道："去见天子，岂知不是福呢？何必哭泣？"入宫后，唐太宗给其赐名武媚。在很多年后的大周久视元年（公元700年），已登上皇帝宝座的武则天曾在怒斥天官侍郎、平章事吉顼时，说出她在唐太宗后宫时的一则故事。彼时，她说："太宗皇帝有一匹叫狮子骢的宝马，无人能够驯服。我当时只是一名宫女，侍奉在太宗皇帝身边，对太宗皇帝说：'妾能制服它，不过，需要三件东西：一是铁鞭；二是铁锤；三是匕首。用铁鞭狠狠打它，它若还不服气，就用铁锤猛击它的脑袋，再不服，就用匕首割断它的咽喉！'"当然，武则天在复述此事时，仅仅把自己说成是太宗皇帝的宫女，只不过是想掩饰一下自己侍奉唐太宗、唐高宗父子二人这一丑事罢了。

后宫也是个小社会。唐朝后宫的组织机构比照外朝的六部分为六宫，分别为尚宫、尚仪、尚服、尚食、尚寝、尚功，各辖四司，管理宫中各种事务，又有宫正，负责监察。后宫官职分别为皇后、四妃（贵妃、淑妃、德妃、贤妃，正一品）、九嫔（昭仪、昭容、昭媛、修仪、修容、修媛、充仪、充容、充媛，正二品）、九名婕妤（正三品）、九名美人（正四品）、九名才人（正五品）、二十七名宝林（正六品）、二十七名御女（正七品）、二十七名采女（正八品）。武媚担任的才人一职，是负责宫内的饮宴安排、皇帝就寝、宫女蚕丝纺织事务的女官，是唐太宗正式的小老婆，根本不是她说的宫女。

当然，为了掩饰这段丑事，后来，唐高宗也是谎话连篇，在他册立武则天为皇后的诏书中，就曾撒谎说，武则天是他父皇唐太宗赏赐给他的，而《新唐书·王皇后传》也称："初，萧良娣有宠，而武才人贞观末以先帝宫人召为昭仪。"把武则天来到唐高宗身边定到了贞观末年，这大约都是不可靠的。更多的史料则称，在唐太宗去世前，太子李治就已经与武则天有了私情，等到唐太宗去世后，唐朝朝廷根据惯例，将包括武则天在内的没有儿女的唐太宗的嫔妃们安置到了感业寺内。已成为唐高宗的李治在唐太宗的忌日（当为永徽元年五月二十六日，唐太宗逝世一周年纪念日）前去感业寺进香，再次见到了武则天，武则天见到高宗后，哭得是梨花带雨，惹得唐高宗也悲从中来，流下了眼泪。二人的眼泪当然不是为唐太宗流的，而是为他们自己流的。《全唐诗》中收录了武则天写的一首《如意娘》，在这首诗里，武则天写道：“看朱成碧思纷纷，憔悴支离为忆君。不信比来长下泪，开箱验取石榴裙。”以武则天的心机，这首诗极有可能就是她在得知唐高宗要来而特意写的，也极有可能在她见到唐高宗后，把这首诗交给了唐高宗，二人旧情复燃，双双落泪。

永徽二年，即王皇后当上皇后一年后，应当是她感到危机、反击萧淑妃的一年。这一年年初，她的舅舅柳奭进入了权力核心，并策划册立李忠为太子，在此前后，王皇后也知道了唐高宗与武媚之间的私情。为了进一步打击萧淑妃，王皇后暗中派人前去感业寺，命武媚蓄发，又劝说唐高宗把武媚接入宫中，以减弱唐高宗对萧淑妃的宠爱。武则天给唐高宗生的第一个儿子李弘，生于永徽三年七月以后，由此可知，武则天至迟是永徽二年，很有可能是在该年七月唐高宗三年“心丧”后入宫的。

王皇后此举无异于前门拒狼、后门迎虎，她确实低估了武则天的能力。武则天自幼就饱尝人间的冷暖，又在唐太宗的后宫摸爬滚打了十余年之久，加上她本人聪明伶俐，多智谋权变，又“柔屈不耻以就大事”，就是说非常会察言观色，阿谀逢迎。而王皇后却是一个性格“简重，不曲事上下”的人，也就是说不仅对下人不会违心周旋，就是对唐高宗也是直来直去，不会违心屈就。相比之下，武则天对于一向仁弱、需要一个依靠的唐高宗就更有吸引力。再加上武则天入宫后，极力巴结王皇后，王皇后也在唐高宗面前对武则天大加赞赏，结果，唐高宗与武则天之间感情一天天加深，二人如胶似漆。到永徽三年，唐高宗已把王皇后和萧淑妃都扔到了一旁，此时，武则天已成为他最宠爱的女人，不久，他又把武则天拜为昭仪。在生下李弘后不久，武则天再次怀孕，生下一女，但不幸夭折，到永徽五年二月前后，武则天又怀孕了，从永徽二年怀上李弘后，武则天一年怀一胎，也从一个侧面说明了唐高宗对她的宠爱程度。

武昭仪受宠后，就千方百计地想提高自己的门第，打算追尊自己的父亲武士彟，但又没有借口，想来想去，最终她想出了一个主意，假托要褒奖唐初功臣，请唐高宗追赠武德功臣的官职。于是，永徽五年（公元654年）三月，唐高宗追赠屈突通等十三人的官职，武士彟也在其中，被追赠为并州都督。

在这种情况下，王皇后和萧淑妃转而把矛头又对向武则天，轮番在唐高宗面前说武则天的坏话，但唐高宗一概不听。王皇后和王皇后的母亲柳氏都比较傲慢，柳氏见到前来的后宫尚宫们也不会送些小恩小惠的，因此，这些尚宫对王皇后一家也都不太满意，只是屈于王皇后的权势不敢说些什么。武昭仪心明眼亮，很快就发现了这一点，专找那些不被王皇后家礼遇的女官进行拉拢，把自己从皇帝那里得来的赏赐全都分给了那些人，那些人当然都对武昭仪感恩戴德。所以，王皇后那里有个风吹草动，武则天很快就知道了，知道后，她立马又跑到唐高宗那里打小报告。

宫中女人相互争宠，也是司空见惯的事，唐高宗虽然宠爱武则天，但他采取了隐忍之策，对来自双方的小报告一概不予理睬，所以，他不仅没有听王皇后、萧淑妃说的武则天的坏话，同样，武则天说的王皇后等人坏话，他也是置之不理。

唐高宗的后宫就这样维持着一种危险的平衡。

二〇一 明争暗斗（一）

在唐高宗后宫风云变幻的同时，外朝也发生了剧烈的变化。

据万斯同所著的《唐将相大臣年表》称，永徽年间唐朝重臣主要有：

元年，太尉长孙无忌，司徒李元景，司空李恪，尚书左仆射李勣，侍中于志宁、张行成，中书令褚遂良（高季辅）。在这一年十月，李勣辞职，同月，褚遂良被贬。

二年，太尉长孙无忌，司徒李元景，司空李恪，尚书左仆射于志宁，尚书右仆射张行成，侍中高季辅，同中书门下三品李勣、宇文节、柳奭。

三年，太尉长孙无忌，司徒李元景，司空李恪，尚书左仆射于志宁（兼任太子少师），尚书右仆射张行成（兼任太子少傅），侍中高季辅（兼任太子少保）、宇文节（兼任太子少詹事），中书令柳奭，同中书门下三品李勣、褚遂良（兼任吏部尚书）、韩瑗（守黄门侍郎）、来济（守中书侍郎）。

四年，太尉长孙无忌，司徒李元礼（兼任潞州刺史），司空李勣，尚书左仆射于志宁（兼任太子少师），尚书右仆射褚遂良（同中书门下三品，仍知选事），侍中崔敦礼，中书令柳奭，同中书门下三品韩瑗、来济。房遗爱案件，原任司徒李元景、司空李恪被赐死，侍中宇文节被流放；本年，张行成和高季辅自然死亡。

五年，太尉长孙无忌，司徒李元礼（兼任潞州刺史），司空李勣，尚书左仆射于志宁（兼任太子少师），尚书右仆射褚遂良（同中书门下三品，仍知选事），侍中崔敦礼，同中书门下三品韩瑗、来济。柳奭辞职，被贬为吏部尚书。

六年，太尉长孙无忌，司徒李元礼，司空李勣，尚书左仆射于志宁（兼任太子少师），中书令崔敦礼、来济，侍中韩瑗，中书侍郎参知政事李义府。尚书右仆射褚遂良被贬。

先介绍一下各人的生平。长孙无忌，不用多说，既是国舅，又是元勋，还是拥立唐高宗的功臣；李元景，唐太宗的六弟、唐高宗的六叔；吴王李恪，唐高宗的三哥；李勣即李世勣、徐世勣；于志宁，也是唐太宗秦王府旧人，曾辅佐原太子李承乾，李承乾被废后，又辅佐李治，是唐高宗的东宫旧僚；高季辅和张行成与于志宁情况类似，也是唐高宗的东宫旧僚；宇文节生平不详，只知道其在贞观年间担任过尚书右丞；韩瑗"有节操，博学有吏才"，贞观中，历任刑部尚书、秦州都督府长史、兵部侍郎；来济，隋朝名将来护儿之子，"笃志好学，有文词，善谈论，尤晓时务"。贞观中，历任通事舍人、考功员外郎、太子司议郎、中书舍人，永徽三年与韩瑗一起被任命为同中书门下三品，监修国史；崔敦礼，武德中为通事舍人，玄武门之变后，唐太宗曾派他前去幽州，招庐江王李瑗入京，反被李瑗扣押，崔敦礼始终没有透露京师方面的消息。事后，唐太宗非常高兴，晋升他为左卫郎将，贞观中，他历任中书舍人、兵部侍郎、灵州都督、兵部尚书，是个文武双全的人物；柳奭，王皇后的舅舅，贞观中担任中书舍人，李治被立为太子后，他也被提拔为兵部侍郎，唐高宗登基后，又被晋升为中书侍郎，永徽三年，代褚遂良为中书令，仍监修国史。李义府，原籍瀛州饶阳，祖上迁到梓州射洪，贞观八年，剑南道巡察大使李大亮向朝廷推荐他擅长写文章，被任命为门下省典仪，后历任监察御史、太子舍人，与来济二人均以擅长写文章而受到唐高宗的倚重，被称为"来李"。唐高宗继位后，李义府也被晋升为中书舍人。

看了永徽年间朝臣名单，我们发现，永徽朝臣是以长孙无忌为核心，以唐高宗东宫宫臣为班底而构建起的统治集团。虽然永徽这个年号仅仅用了六年，但在这短短的六年里，唐朝朝堂之上每年都要经历一些变化，尤其以永徽四年的房遗爱事件最为引人注目。

永徽元年是唐高宗登上皇位后迎来的第一个新年。还是在贞观二十三年，刚刚即位的唐高宗就秉承亡父李世民的旨意，分别于六月四日（他登基后的第四天）就提拔李勣为特进、检校洛州刺史、洛阳宫留守。十六天后，他再次晋升李勣为开府仪同三司、同中书门下三品，再到九月，又晋升李勣为尚书左仆射。李勣虽非顾命大臣，却是唐太宗给唐高宗留下的一枚可以制约长孙无忌的棋子，聪明过人的李勣岂能不知？他也不愿蹚这个浑水，因此，到永徽元年十月，他就坚决要求辞去了尚书左仆射的职务。

也就在李勣辞职的同月，一向被视作长孙无忌死党的中书令褚遂良却遭到了监察御史韦思谦的弹劾。韦思谦，进士出身，历任应城令、监察御史，他曾对人说过："身为御史，出京巡视，假如做不到动摇山岳，震慑郡县，就是失职。"中书令褚遂良用低价买来中书省翻译人员史诃担的宅院，韦思谦上书弹劾，唐高宗命大理少卿张睿册负责处理此事。张睿册调查后，上报认为，褚遂良所买的价格是比照朝廷的征收价，并不违法。韦思谦再次上奏驳斥道："朝廷的征收价是给政府用的，臣子交易，岂能以此为据？张睿册舞文弄法，依附高官，欺骗皇上，其罪当斩！"十月二十四日，唐高宗遂下令将褚遂良贬为同州（今陕西省大荔县）刺史，张睿册贬为循州（今广东省惠州市惠阳区）刺史。褚遂良被贬为同州刺史一年多一点，到了永徽三年一月十一日，他就又被唐高宗召回了朝廷，被提拔为吏部尚书、同中书门下三品。

二月二十七日，唐高宗登上安福门楼，观看杂耍。次日，他就对侍臣们说："昨天朕登上城楼，只是想了解民情以及社会风气的好坏，并非为了娱乐。朕过去听说胡人擅长蹋球，曾观看过一次，昨天刚登上城楼，就有一大群胡人在表演蹋球，他们觉得朕一定是喜欢这一套。由此可见，帝王的一举一动岂可轻易为之？朕已经命人烧掉了那个足球，希望能让胡人断了迎合我的念头，也以此自警。"七月二十二日，唐高宗问户部尚书高履行（高士廉的儿子）："去年全国增加了多少户口？"回答："15万。"又问隋朝的总户数和如今全国的总户数。回答："隋朝开皇年间总户口为870万，如今380万。"十一月十日，濮王李泰在均州（今湖北省丹江口市）去世，死因不详。

如果说永徽元年、二年，唐高宗及其统治集团把重心放在了稳定局势上，那么，到了永徽三年，在站稳脚跟之后，就开始清除异己了，而李泰的死就是一个信号。

虽然李泰在几年前夺嫡失败，但其影响力尚存。唐太宗生前曾乐观地估计："泰文辞可喜，岂非才士？我心念泰无已时，但为社稷计，遣居外，使两相完也。"在他看来，李治仁弱，登上皇位后，大概不会对哥哥李泰下手，然而，他看走眼了。在唐高宗及其集团看来，李泰在世一天，对唐高宗的帝位就是一个威胁，于是，李泰就死了，终年三十五岁。

紧接着，就发生了所谓的房遗爱谋反案。

如前所述，房遗爱是房玄龄的次子，官拜右卫将军，娶妻高阳公主；在唐太宗去世前，因有人告发高阳公主与辩机和尚私通，唐太宗一怒之下下令腰斩了辩机。高阳公主对父皇心生怨恨，等到唐太宗去世时，她也没有一点悲伤的表情。唐高宗登基后，高阳公主又指使丈夫房遗爱与哥哥房遗直为争夺爵位而打官司，结果，二人双双被赶出京城，房遗爱被贬为房州（今湖北省房县）刺史，房遗直为隰州（今山西省隰县）刺史。高阳公主仍不罢休，她命人诬告房遗直对自己非礼，而房遗直也揭发房遗爱及高阳公主的罪过，并称："他们恶贯满盈，我是担心连累我们房家一门才告发的。"唐高宗命令长孙无忌亲自审理，于是，就取得了房遗爱等人的一系列罪状。

房遗爱：谋反。

高阳公主：智勖和尚会占卜，惠弘能看到鬼，道士李晃会医术，这三人都与公主私通；公主又命掖庭令陈玄运暗中打探宫内的消息。

二〇二　明争暗斗（二）

薛万彻：猛将薛万彻娶唐太宗之妹丹阳公主为妻，与房遗爱都是驸马都尉，还曾任右卫大将军，是房遗爱的上司。贞观末年，薛万彻与副将裴行方一起讨伐高句丽，在军中，他专横跋扈，与裴行方不和，回国后，被裴行方参了一本，说薛万彻对皇上不满，爱发牢骚。当时，李勣说：“薛万彻身为将军，又是陛下的妹夫，却满口牢骚，应予斩首。”唐太宗遂将其除名、流放。唐高宗登基后，大赦天下，薛万彻也因之被放回，永徽二年，他被任命为宁州刺史。薛万彻和房遗爱这两个失意的人，自然而然地就走到了一起。薛万彻因言语不谨栽了一个大跟头，但他丝毫没有引以为戒，在房遗爱面前依然大发牢骚，还说：“如今，虽然我脚上有病，但只要老子在京师，那帮鼠辈就不敢轻举妄动！”又与房遗爱商议道：“如果朝廷有变，我们就拥立荆王李元景为主。”

李元景：到永徽年间，唐高宗的叔叔们（唐高祖的二十二个儿子）只剩下荆王李元景、徐王李元礼、韩王李元嘉、彭王李元则（永徽三年四月去世）、郑王李元懿、霍王李元轨、虢王李凤、道王李元庆、邓王李元裕、舒王李元名、鲁王李灵夔、江王李元祥、密王李元晓、滕王李元婴十四个，但李元景岁数最大。

李元景之所以被牵扯进来，《新唐书》说是他的儿子李则与房遗爱有来往，而《资治通鉴》则说是李元景的女儿嫁给了房遗爱的弟弟房遗则，所以才与房遗爱有来往。有一次，李元景称梦见自己双手托着太阳、月亮。李元景与房家有姻亲关系，他又是唐高宗年龄最大的叔叔，自然会招致猜忌，至丁说李元景的梦，完全属于污蔑之词。

李恪：吴王李恪是唐高宗的三哥，是兄弟们中间的老大。虽然不是嫡出，但李恪的母亲是隋炀帝的女儿，血统并不低贱，而且，李恪文武双全，果敢英武。

唐太宗在册立李治当太子后，一度后悔，认为李恪很像自己，曾想再废掉李治，改立李恪为太子，长孙无忌坚决劝阻，唐太宗这才作罢。由于有了这一层过节，长孙无忌对李恪非常猜忌，而李恪也视长孙无忌为眼中钉。唐高宗即位后，李恪被晋升为司空，他素来很有名望，受到舆论的称赞，长孙无忌更是必欲除之而后快。在引诱之下，房遗爱诬陷李恪也是自己的同谋，希望能像前太子李承乾案中告发人纥干承基那样免去一死。

柴令武：驸马都尉、卫州刺史，他是柴绍之子，娶太宗之女巴陵公主为妻，也与房遗爱有来往。

永徽四年（公元653年）二月二日，唐高宗下令将房遗爱、薛万彻、柴令武处斩；李元景、李恪、高阳公主、巴陵公主赐死。唐高宗对大臣们说："荆王是朕的叔父，吴王是朕的哥哥，朕想请诸位饶了他们的性命，可以吗？"兵部尚书崔敦礼说："陛下虽然施恩，但不可以废了天下大法。"于是，唐高宗同意了。薛万彻临刑前大呼："万彻我乃大大的壮士，留下为国效力，难道不好！为何因一个房遗爱而要杀掉我！"说完，他解下衣服，扭头看了看刀斧手，喝道："快快杀我！"刀斧手一刀下去竟然没有把他的头砍下来，薛万彻吼道："为何不用力！"刀斧手砍了三下，才把他的脑袋砍下。李恪临死前，大骂道："长孙无忌窃弄威权，杀害良善，社稷有灵，他不久就要灭门了！"李恪的四个儿子李仁、李玮、李琨、李璄，全都被流放到了岭南。史称："海内冤之。"

二月三日，侍中兼太子詹事宇文节，特进、太常卿、江夏王李道宗，左骁卫大将军、驸马都尉执失思力三人也因房遗爱事件而被流放到岭南。宇文节与房遗爱私交很好，房遗爱下狱后，宇文节曾出手相助，替他求情；李道宗素来与长孙无忌、褚遂良不和，因此，长孙无忌把李道宗也牵连到此案中了。二月六日，唐朝朝廷又把李恪的同母弟、蜀王李愔废为庶人，流放到巴州；将房遗直贬为春州铜陵尉；把薛万彻的弟弟薛万备流放到交州；撤掉房玄龄在庙内与唐太宗放在一起的牌位。三月，唐高宗驾临观德殿，将房遗爱等家的家财、奴婢集中起来，分成五堆，命王公、贵戚、外国使节以及九品以上文武百官投掷、射彩、取乐。

房遗爱究竟有没有谋反？

从目前的证据来看，仅有薛万彻对房遗爱说的那句"如果朝廷有变，我们就拥立荆王李元景为主"以及李元景曾说过"自己梦见过手托日月"的话。而据《薛万彻传》记载，证明薛万彻曾说过这句话的，是房遗爱，但薛万彻始终没有承认，显然证据不足。而此案倒更像是长孙无忌利用房遗爱与哥哥房遗直之间的矛盾而一手策划，由房遗直诬告的一场阴谋，其目的就是彻底清除李泰在朝中的影响及其残余势力。在牵连到李恪时，《资治通鉴》也称，房遗爱是出于自保才主动诬告李恪的，那么，房遗爱是怎么知道长孙无忌要杀掉李恪的？显然是有人授意，不言自明，此人就是主审此案的长孙无忌。他在给房遗爱传话时还拿出纥干承基立功免死的例子，诱使房遗爱自污、污人。因此，我们有理由怀疑，房遗爱自称与薛万彻谋反、李元景曾说手托日月、李恪参与此事等均系子虚乌有，这原本就是一件彻头彻尾的冤案。史书有意没有记载房遗爱临死前的言行，他没有像纥干承基那样幸免，因为，纥干承基面对的是宽仁的唐太宗，而房遗爱遇到的却是阴险毒辣的长孙无忌！他还要杀人灭口！

永徽四年的这场官场地震令朝廷为之一空。司徒李元景被杀后，其弟弟李元礼被升任司徒；司空李恪被杀，同中书门下三品李勣被晋升为司空；侍中宇文节被流放、高季辅自然死亡，以崔敦礼为侍中。房遗爱事件引发的这场巨变，是唐高宗、长孙无忌等人打击异己势力的一次阴谋，通过这次打击有效地清除了李泰集团的残余势力，巩固了唐高宗的统治基础。这一事件虽然与后宫中的武则天没有直接关系，但它发生在武则天逐渐得宠、后宫争斗日趋激烈之时，也从不同的侧面反映了唐高宗的地位日益稳固起来。

永徽五年，虽然王皇后和萧淑妃已经失宠，但唐高宗还没有下决心废掉她们。三月十二日，唐高宗来到万年宫（过去的九成宫、仁寿宫），闰五月三日深夜，大雨倾盆，山洪暴发，大水直扑万年宫。禁卫军将士们惊慌失措，纷纷四散逃命，右领军郎将薛仁贵说："身为禁卫军将士，哪有天子遇到灾难而怕死的道理！"他爬上玄武门上的横梁，朝宫内大喊。唐高宗从睡梦中惊醒，赶忙逃往高处，不一会儿，大水就淹没了唐高宗的寝宫。那一晚，当地百姓和禁卫军将士有三千多人被洪水淹死。事后，唐高宗感激地对薛仁贵说："幸赖你大声呼喊，朕才免于溺水，由此而知，还是有忠臣啊！"于是，赏赐给薛仁贵一匹御马。

因王皇后已经失宠，中书令柳奭内心不安，请求辞职，六月十九日，唐高宗将其贬为吏部尚书。九月二十四日，唐高宗从万年宫回到了长安。次日，他对五品以上官员说："过去，我在先帝身边时，看到五品以上官员讨论事务，要么当面提出，要么下朝后上奏，每天不断，难道说如今天下无事了？你们为何都闭口不言呢？"同年，唐高宗命令工部尚书阎立德率领四万一千人整修长安外城，十月十一日，雍州参军薛景宣上书称：“汉惠帝修长安城，修好不久就驾崩了；陛下如今又修，肯定会有大祸。”于志宁等人认为薛景宣对皇帝不敬，应予斩首。唐高宗却说：“薛景宣所言虽然狂妄，但因上书言事而被杀的话，恐怕会断了言路。”遂赦免了他。

尽管如此，唐太宗时期那种开明的政治氛围已不复存在了。

二〇三　武氏上位（一）

王皇后、萧淑妃和武昭仪互相说坏话，慢慢地，唐高宗只相信武昭仪的话，对王皇后和萧淑妃的话压根不信。史称：“后性简重，不曲事上下，而母柳见内人尚宫无浮礼，故昭仪伺后所薄，必款结之，得赐予，尽以分遗。由是后及妃所为必得，得辄以闻，然未有以中也。”

虽然如此，只要王皇后、萧淑妃一天在位，就有翻盘的可能，于是，武则天想出了一条能将王皇后置于死地的毒计。武昭仪又生下了一个女婴，王皇后前去探望，对孩子非常怜爱，逗孩子玩了一会儿，等到王皇后离去之后，武昭仪偷偷在被褥内将孩子掐死了。又过了一会儿，唐高宗也来了，武昭仪佯装欢喜，带着唐高宗来看孩子，揭开被褥一看，孩子已经死了。武昭仪故作大惊，急问左右，左右都说：“皇后刚刚来过。”武昭仪当即大放悲声，哭个不停。唐高宗大怒，说道：“皇后竟敢杀害我的女儿，过去，她就与萧淑妃一起说三道四、兴风作浪，如今又下此毒手！”自此，唐高宗才开始产生废黜王皇后的想法。

其实，在永徽二年武则天生下唐高宗的第五子李弘时，唐高宗与武则天的感情就直线上升了，这一点可以从他给武则天所生的儿子取名李弘看出来。在南北朝乃至隋唐时期，民间一直流传着“老君当治”“李弘当出”之类的谶言，假借李弘之名造反之事也时有发生。唐高宗和武则天二人将武则天所生长子取名李弘，似乎已隐含着将来取代太子之位应谶的意味，也从一个侧面反映出武则天对最高权力早已充满野心了。不过，不论唐高宗还是武则天，都十分清楚，要想废掉皇后，势必过满朝文武尤其是权倾朝野的太尉长孙无忌这一关。又谈何容易！于是，为了拉拢长孙无忌，唐高宗和武昭仪二人特意驾临长孙无忌的府邸，置酒酣饮，言谈尽欢，气氛非常融洽，席间，唐高宗还当场破格将长孙无忌的宠妾所生的三个儿子拜为从五品下的朝散大夫。根据唐朝制度，散官分为九品三十阶，进士最初所任之官只能是从九品上，明经是从八品下，门荫出身的最多也只能从正六品上，唐高宗直接给长孙无忌十二个儿子中的三个儿子以从五品下的朝散大夫，笼络的意思非常明显，不仅如此，唐高宗还赏赐长孙无忌十车金银珠宝、绫罗绸缎。而后，唐高宗从容对长孙无忌说道："皇后没有儿子。"暗示长孙无忌以此理由废掉王皇后，但长孙无忌装聋作哑，并没有顺着唐高宗的意思往下说，而是把话题扯到了别处，这让唐高宗和武昭仪都十分不满。此后，武昭仪又让母亲杨氏专门前往长孙无忌府上拜访，把话说透请求长孙无忌能站到武则天一边，但长孙无忌一直没有答应。与此同时，唐高宗也温情脉脉地让画师给长孙无忌画像，还亲自在画像上题字，对长孙无忌大加赞美，可是，长孙无忌似乎是油盐不进，软硬不吃，始终不同意。礼部尚书许敬宗也多次劝说长孙无忌，却遭到长孙无忌的严厉斥责。一时之间，废黜王皇后之事陷于僵局，唐高宗和武昭仪也无计可施了。

到永徽六年（公元655年），武昭仪对王皇后的打击愈演愈烈。一月，唐高宗册立武昭仪所生二子李弘为代王，李贤为潞王。唐朝后宫制度继承了隋朝，皇后之下，有贵妃、淑妃、德妃、贤妃四人，位比一品。此时，四妃都已有人，唐高宗为了抬高武则天的地位，打算特意设置一个宸妃名号，授予武则天，但韩瑗、来济劝谏，认为自古没有这个位号，唐高宗只好作罢。三月，武昭仪撰写《女训》一书，公开发表。六月，武昭仪又污蔑王皇后与其母魏国夫人柳氏为厌胜，唐高宗下令禁止柳氏入宫。七月，唐高宗又将王皇后的舅舅、吏部尚书柳奭贬为遂州刺史。柳奭行至扶风，岐州长史于承素又揭发柳奭泄露皇帝在宫中的言谈，唐高宗又将他再贬为荣州刺史。

皇后之位的争夺战俨然永徽六年的主题，虽然唐高宗和武昭仪已经给王皇后等人以巨大打击，但支持王皇后一党并未就此罢手，一场对决即将展开。而这场皇帝与朝廷重臣之间的冲突，也让一些投机分子看到了机会……

这些人主要有卫尉卿许敬宗、御史大夫崔义玄（就是镇压文佳皇帝陈硕真的那位）、御史中丞袁公瑜、大理正侯善业、中书舍人王德俭（许敬宗外甥，时人称其为智囊）、中书舍人李义府等人。对武则天持否定态度的旧史，一般来说也将这些人纳入奸臣、佞臣之列，其实，许敬宗等人投靠武则天，对长孙无忌一党进行反扑，不过是统治阶层内部争权夺利罢了。当长孙无忌和褚遂良等人陷害刘洎、清除房遗爱、诛杀李元景等人时又有多少正义呢？由于许敬宗等人与刘洎等士大夫们有着千丝万缕的关系，因此，从某种程度上，他们支持武则天、削弱长孙无忌等人的权力，可以理解为贞观政争的延续，也是长孙无忌、褚遂良对立面的一次成功反噬。

旧史对许敬宗的微词主要体现在：一是贪财。唐高宗即位后，许敬宗取代于志宁担任了礼部尚书，但“敬宗嫁女与蛮酋冯盎之子，多纳金宝，为有司所劾，左授郑州刺史”。二是负责国史，“记事阿曲”。史书举例称：“初，虞世基与敬宗父善心同为宇文化及所害，封德彝时为内史舍人，备见其事，因谓人曰：‘世基被诛，世南匍匐而请代；善心之死，敬宗舞蹈以求生。’人以为口实，敬宗深衔之，及为德彝立传，盛加其罪恶。敬宗嫁女与左监门大将军钱九陇，本皇家隶人，敬宗贪财与婚，乃为九陇曲叙门阀，妄加功绩，并升与刘文静、长孙顺德同卷。敬宗为子娶尉迟宝琳的孙女为妻，多得赂遗，及作宝琳父敬德传，悉为隐诸过咎。太宗作《威凤赋》以赐长孙无忌，敬宗改云赐敬德。白州人庞孝泰，蛮酋凡品，率兵从征高句丽，贼知其懦，袭破之。敬宗又纳其宝货，称孝泰频破贼徒，斩获数万。汉将骁健者，唯苏定方与庞孝泰耳，曹继叔、刘伯英皆出其下。虚美隐恶如此！初，高祖、太宗两朝实录，其敬播所修者，颇多详直，敬宗又辄以己爱憎曲事删改，论者尤之。”但史书也不得不承认许敬宗在史学方面的功绩：“然自贞观以来，朝廷所修《五代史》及《晋书》《东殿新书》《西域图志》《文思博要》《文馆词林》《累璧》《瑶山玉彩》《姓氏录》《新礼》，皆总知其事，前后赏赉，不可胜纪。”三是好色。史称：“其长子昂颇有才藻，历位太子舍人。母裴氏早卒。裴侍婢有姿色，敬宗嬖之，以为继室，假姓虞氏。昂素与通，烝之不绝，敬宗怒黜虞氏，加昂以不孝，奏请流于岭外。”许敬宗把与儿子通奸的后妻休掉，将逆子流放到岭外，这似乎并无不当。

李义府，原来因受到刘洎、马周的推荐而逐渐知名，永徽二年，兼修国史，加弘文馆学士。许敬宗在永徽三年从郑州刺史调回朝廷，兼修国史，加弘文馆学士，二人再次成为同僚。旧史对李义府也颇有微词，但又举不出具体的事例，只好笼统地称：“义府貌状温恭，与人语必嬉怡微笑，而褊忌阴贼。既处权要，欲人附己，微忤意者，辄加倾陷。故时人言义府笑中有刀，又以其柔而害物，亦谓之‘李猫’。”

虽然这些人都站在了唐高宗和武昭仪一边，但并没有采取具体行动，而一件意外事件却让废黜皇后、册立武则天为皇后一事摆到了台面上，成为永徽朝堂上公开讨论的问题。李义府受到长孙无忌的猜忌，被贬为壁州司马，诏命还未到门下省，李义府就知道了，他急忙向同僚、中书舍人王德俭问计。王德俭说："主上打算册立武昭仪为皇后，至今一直犹豫未决，原因在于担心朝廷重臣们反对。你如果能首先提出册立武昭仪之议，自然会转祸为福了。"李义府听后，连连点头。当天晚上，他就代替王德俭值班，连夜写好奏章，投入内宫，在奏表上，他请求废黜王皇后，册立武昭仪为皇后，以顺应民意。李义府的每句话都说到了唐高宗和武则天的心坎里，唐高宗大喜，当即传令召见李义府，当面倾听他的意见，并赏赐给他一斗珠宝，留任旧职。不久，武昭仪也暗中派人向李义府道谢，很快，李义府就被破格提拔为中书侍郎。当时，侍中崔敦礼刚刚取代柳奭担任中书令，但他已经年迈，中书省的实权其实就掌握在李义府之手了。

二〇四　武氏上位（二）

时任长安令的，裴仁基之子裴行俭听说将立武则天为皇后，认为国家的灾祸将源于此，遂与长孙无忌、褚遂良暗中商议对策。不料，此事却被御史中丞袁公瑜得知，告诉了武昭仪的母亲杨氏，裴行俭因此而被贬为西州都督府长史。

裴行俭与长孙无忌等人绝非仅仅议论这么简单，是否要发动政变也未可知，对唐高宗而言，此事如果继续拖下去，变起肘腋也不是不可能。因此，事不宜迟，在他看来已经到了摊牌的时候！

永徽六年九月的一天，唐高宗下令在内殿召见太尉长孙无忌、司空李勣、尚书左仆射于志宁和尚书右仆射褚遂良议事。褚遂良对长孙无忌等人说："皇上打算废黜皇后，召我们进殿一定是商议此事，我将劝谏，不知大家是什么意思？"长孙无忌回答："明公必须竭力反对，我将接着劝谏。"有人提出应该长孙无忌先劝，但褚遂良说："太尉是皇上的舅舅，一旦话不投机，将令皇上有诛杀舅舅之名。"这时，有人说李勣为皇上所敬重，该先劝，褚遂良又说："不可。司空，是国家的元勋，不可令陛下有抛弃功臣之嫌。"接着，他说："我奉遗诏，如果不尽愚忠，无脸下见先帝。"李勣称病不入，溜回了家。

三人进入内殿后，果然是说废后之事。唐高宗对长孙无忌说："妇人最大的罪过是没有孩子，皇后无子，昭仪有子，如今，我打算立武昭仪为皇后，你们怎么看？"长孙无忌回答："贞观二十三年以后，先帝托付给褚遂良以重任，还请陛下征求一下他的意见吧。"褚遂良回答："皇后出身名门，是先帝给陛下所娶的，先帝临崩，握着臣的双手对臣说：'我的好儿子好媳妇都托付给你了！'言犹在耳，岂能忘记？皇后并无其他罪过，不可废掉。臣不敢屈从陛下，违背先帝之命！"唐高宗听后，一脸不快，令三人退下。唐高宗提出的理由是七出，但褚遂良反对的理由则是三不去，再加上有先帝之命，唐高宗并没有拿出皇后杀害小公主和厌胜之事，一方面说明唐高宗软弱的个性，另一方面也说明这两件事并未坐实。

武则天当然对这个结果很不满意，次日，他又撺掇唐高宗旧话重提，这一次，武昭仪就坐在帘子后面，给唐高宗打气。在武则天的支持下，唐高宗也变得强硬起来，大约因为第二次交锋中，唐高宗举出了王皇后的其他罪过。在压力面前，褚遂良竟然退缩了，不再坚持反对废黜王皇后的态度，而是退而求其次，说道："陛下如果一定要另立皇后，恳请您挑选天下名门大族的美女，何必非要立姓武的！姓武的曾经侍奉过先帝，身接床第，这是众所周知的，天下万民的耳目岂可蒙蔽！万代之后的人们将会怎么评价陛下？恳请陛下三思！臣今日忤逆了陛下，罪该万死！"说完，他把朝笏放到地上，解下头巾，叩头流血，说道："归还陛下的朝笏，请求陛下放臣回乡。"褚遂良的话说中了唐高宗和武则天的痛处，唐高宗恼羞成怒，下令把褚遂良拉出。武昭仪也是气得发抖，从帘子后面大喊："为何不下令当即打死这个獠人！"长孙无忌赶忙说道："褚遂良受先帝顾命，有罪也不可加刑！"于志宁吓得一句话也不敢说。

第二次交涉，双方冲突更加尖锐，但总体而言，长孙无忌一方已经明显退让，并处于下风。他们的底线是王皇后可以被废，但不能立武则天为皇后，但这一条件岂能让唐高宗和武则天满意？原本不在召见之列的侍中韩瑗在褚遂良被拉出之后，也趁机进殿，哭泣着劝谏说："皇后是陛下在藩府时先帝替陛下所娶，如今没有过失却突然废黜，天下之士谁不惊惧！况且，国家屡屡行废立之事，非长久之计，望陛下以社稷为重，不要因为臣愚蠢而不采纳臣的建议。"但唐高宗拒不接受。第二天，韩瑗再次劝谏，悲不自胜，唐高宗大怒，命人将其拉出殿外。韩瑗又上书劝谏道："平民百姓的婚姻还要相互挑选，务必门当户对，何况天子呢！皇后母仪万国，既能引导人们向善，又能引导风气向恶，所以，嫫母辅佐黄帝，妲己倾覆商朝，《诗经》说：'赫赫宗周，褒姒灭之。'我每当阅读古代典籍，都会喟然叹息，竟然没有想到这种事情会重演。行为不合法度，令后世如何遵循？希望陛下三思，不要令后世耻笑！假如臣说的话对国家有益，即使臣被剁成肉酱，也心甘情愿！昔日，吴王不采纳伍子胥的忠言，结果吴国为越国所灭，吴王曾经繁华的宫殿变成麋鹿成群的荒凉之地。臣担心四海失望，荆棘长满宫廷，宗庙无人祭祀，这一天不远了啊！"中书令来济也上书劝谏道："王者册立皇后，一定要遵循上天的法则，挑选名门望族之女，要安静优雅，美丽贤淑，令万民满意，让神灵称心。所以，周文王迎娶太姒，而倡导了一种《关雎》之风，百姓都蒙受福佑；西汉成帝纵欲，把曾经是婢女的赵飞燕晋升为皇后，结果令汉祚倾覆，天下大乱。有周朝兴隆、西汉倾覆的先例，希望陛下详察！”但唐高宗是一概不听。

又过了几天，李勣这才觐见。唐高宗问道：“朕打算册立武昭仪为皇后，褚遂良强烈反对，既然褚遂良身为顾命大臣，你说这事是否只能就此中止了？”李勣此人虽说在小说家那里被描写得如何如何忠义，其实却是个典型的见风使舵的主，他的立场就是没有立场，出发点就是明哲保身。听了唐高宗的话，李勣回答：“这是陛下的家务事，何必去问外人！”唐高宗就此打定了主意。《邵氏闻见后录》九对此评价：“唐高宗曰：‘隋炀帝拒谏而亡，朕常以为戒，虚心求谏，而无谏者，何也？’李勣曰：‘陛下所为尽善，群臣无得而谏。’予谓高宗立太宗才人武氏为后，决于李勣‘陛下家事，勿问外人’一言。又谓高宗‘尽善无可谏’。太宗以勣遗高宗，失于知人矣。”已升任礼部尚书的许敬宗也在朝廷之上公开说道：“田野农夫多收了十斛小麦尚且想换个老婆，何况贵为天子想册立一位皇后，与别人又有什么关系，值得大家议论纷纷的吗？”武则天让左右把许敬宗的这番话传到唐高宗的耳朵里。

九月三日，唐高宗下令把褚遂良贬为潭州都督。韩瑗再次上书替褚遂良求情，唐高宗对他说：“褚遂良的本意朕也是清楚的，然而，他刚戾犯上，所以才以此予以惩罚。朕又有什么过错，卿竟然如此严厉地责备朕！”

十月十九日，唐高宗下诏称：“王皇后、萧淑妃阴谋毒死我，废为庶人，二人的母亲、兄弟一并除名，流放到岭南。”许敬宗上奏道：“王皇后已故父亲、特进、追赠司空王仁祐的爵位尚存，这会让王氏子孙自动获得荫官，请一并撤销。”唐高宗同意了。十九日，朝廷百官一齐上书请求册立皇后，唐高宗又下诏，称：“武氏门第高贵，过去以才能品行被选入后宫，我当太子时，受到先帝垂爱，令我时常侍奉左右，先帝遂将武氏赏赐给我，可将她立为皇后。”二十一日，大赦天下。当天，武则天上书称：“过去，陛下曾经打算立我为宸妃，韩瑗、来济面折廷争，这做起来的确非常难，他们难道不是忠心为国才这样？请求对他们予以褒奖。”唐高宗把武则天的奏表让韩瑗、来济二人看，二人非但没有释然，反而更加恐惧，屡屡请求辞职，但唐高宗不许。

十一月一日，唐高宗登上大殿，命司空李勣手持印绶册封武则天为皇后，百官又于肃义门拜见武皇后。时年，唐高宗二十八岁，武则天三十二岁。

二〇五 武氏上位（三）

在唐朝朝廷决定册立武则天为皇后的当天，武则天就上书唐高宗请求表彰曾经劝阻册立自己为宸妃的韩瑗和来济，显然是武则天的一种姿态：一是树立自己宽宏大量的形象；二是安抚异己势力中的边缘分子；三是瓦解异己势力。

登上皇后宝座后，武则天深知如果自己像王皇后那样，仅仅有这样一个位置而没有实际权力的话，这个位置随时会因为皇帝的喜好而换给她人。因此，要想保住这个位置，就必须编织起一张效忠于自己的庞大的权力网，就像自己曾经在后宫做过的那样，让王皇后的一举一动都在自己的掌握之中，今后，武则天的下一个目标就是如何更好地控制唐高宗和他的朝臣了。

当然，这一切还需要时间，她还有更为紧迫的事情要做。

首先，树立自己的良好形象。武则天非常注重树立自己的形象，正如她在去年与王皇后和萧淑妃斗争最为激烈之时，还不忘写下一篇《女训》一样。等她当上皇后以后，就立即着手写了一篇《外戚戒》，表面上是用来警示自己娘家人的，但其实是写给唐高宗和全体朝臣，尤其是炙手可热的外戚长孙无忌看的，同时，也树立了自己贤淑的良好形象。

其次，处死前皇后王氏和淑妃萧氏。前皇后王氏、淑妃萧氏被废后，被软禁在宫中别院。一次，唐高宗旧情复燃，偷偷前去探望，到后才发现那里门窗全被封死，只在墙壁上开了一个小洞用来传递食物。看到此景，唐高宗顿时一阵心酸，喊道："皇后、淑妃，你们在吗？"王氏哭着说道："妾等已经犯法，现为宫中奴婢，怎敢有这尊称！"又说："至尊如果念及昔日恩情，让我们再见天日，请把这儿改名为回心院。"唐高宗回答："朕会马上处理的。"但此事很快就被武则天知道了，她顿时勃然大怒，命人把王氏、萧氏各打一百棍，砍断手足，投入酒缸之中，咆哮着说道："我让你们这两个死婆子骨头醉掉！"二人痛苦数日才死。当初，王氏听了官员宣布诏书后，叩头说道："愿皇上万岁！昭仪永受恩宠，死，是我活该。"萧淑妃却破口大骂："阿武这个妖精！竟然如此狠毒！希望来世我变作猫，阿武托生为老鼠，生生世世我要掐住她的咽喉！"武则天听了官员的汇报后，吓得从此不让在宫内养猫。不久，又把王氏改姓蟒氏，萧氏改为枭氏。后来，武则天经常见到王氏、萧氏披头散发，向她索命，她迁居宫外的蓬莱宫（大明宫），但还不行。所以，以后武则天一生大部分时间都住在东都洛阳，不敢回到长安。

第三，废黜太子李忠，另立自己的儿子李弘。武则天被立为皇后的第三天，即永徽六年十一月三日，礼部尚书许敬宗就上书称："永徽初年，太子未生，权且让彗星占据了日月之位。如今，皇后已经生子，正神降临，光彩夺目，理应让火炉的余火熄灭。岂能让枝叶与树干的位置颠倒、天象长久错乱？又怎可把裤子当成上衣、上衣穿到腿上？父子之间的事，外人难以插嘴，也许我说的话会冒犯陛下，就算将我严惩，把我的肉煎成膏油，也心甘情愿。"唐高宗随即接见了许敬宗询问，许敬宗回答："皇太子是一国的根本，根本不正，万国难以归心，况且，如今在东宫的那位，出身本来就很低微，如今也知道朝廷有了新皇后，内心一定会不安。窃据高位而内心不安，恐怕不是社稷之福啊，希望陛下认真考虑考虑。"唐高宗说："李忠已经提出让位。"许敬宗回答："既然他愿意当吴太伯，那就赶快答应吧。"显庆元年（公元656年）一月六日，唐高宗下诏废太子李忠（时年十四岁）为梁王、梁州刺史，另立武则天的长子、四岁的代王李弘为太子。李忠被废后，东宫官属都害怕受到连累而纷纷藏匿起来，只有太子右庶子李安仁一人与李忠拜别，哭泣而去。李安仁是武德、贞观初年的名臣李纲的孙子。

第四，培植势力。在废黜太子李忠的次日，即一月七日，唐高宗就下诏大赦天下，改元为显庆元年，以示庆贺，历史遂步入了持续六年的显庆年间。二十三日，唐高宗又因武则天笃信佛教，亲自来到玄奘翻译佛经的大慈恩寺举办无遮大会，为新太子祈福。自己被立为皇后，自己所生的儿子被立为太子，武则天的地位日益稳固，到二月十七日，唐高宗又追赠武则天的父亲武士彟为司徒，赐爵周国公。与个人地位日益稳固相配合，依附于武则天的外朝朝臣们也都相继鸡犬升天。在永徽末年、显庆初年，武则天以内庭为起点、外朝为延伸已初步构建自己的集团，外廷朝臣主要是所谓的翊赞大臣，即前述的许敬宗、崔义玄、袁公瑜、侯善业、王德俭、李义府六人。据《唐将相大臣年表》记载，显庆元年，唐朝朝廷重臣主要有：太尉长孙无忌、司徒李元礼、司空李勣、尚书左仆射于志宁（兼任太子太傅）、侍中韩瑗、中书令来济、黄门侍郎同中书门下三品杜正伦（三月以度支侍郎升任）、中书侍郎参知朝政李义府（兼任太子右庶子）。长孙无忌心机很重；李元礼“性恭畏”，基本上不参与朝政；李勣见风使舵；于志宁胆小怕事；韩瑗、来济虽然在册立皇后一事上曾劝谏过唐高宗，但二人都是文人，也很胆小；杜正伦仕途坎坷，很早就是秦王府幕僚，又担任过李承乾的东宫官属，因李承乾一案受到打击而被流放，“显庆元年，累授黄门侍郎，兼崇贤馆学士，寻同中书门下三品”。唐高宗提拔杜正伦的内情已不可知。在这些人当中，李义府既是武则天的心腹，又是朝廷里的新贵，也是武则天翊赞六大臣中唯一打入宰相圈的人。这个李猫恃宠而骄，无法无天。洛州一个妇女淳于氏，因奸情而被打入大牢，李义府听说淳于氏非常美丽，想把她据为己有，就叮嘱大理丞毕正义从中斡旋，将其释放。大理卿段宝玄觉得其中必有隐情，遂向唐高宗汇报，唐高宗下令给事中刘仁轨等人复查，李义府担心事情败露，逼迫毕正义在狱中自杀。唐高宗虽然也知道内情，但还是没有追究李义府。侍御史王义方打算弹劾李义府，先对母亲说：“我身为御史，看到奸臣却不弹劾，这是不忠，但如果检举，又会面临不测之危，令母亲担忧，这是不孝。我不能决断，该如何是好？”其母说：“昔日，王陵之母，宁可自杀而令王陵对汉高祖尽忠，你能尽忠事君，我虽死无怨！”王义方遂上奏称：“李义府在京师擅自杀害六品寺丞，即便说毕正义是自杀的，但也是因为畏惧李义府的淫威，生杀之威，不由上出，应当防微杜渐，重新调查此事！”于是，唐高宗令李义府与王义方对质。王义方令李义府退下，李义府逡巡不退。王义方呵斥三次，唐高宗也没有说话，李义府这才退下，王义方开始宣读弹劾文稿，称李义府是因为容貌而为刘洎、马周所幸，由此才得到晋升。文稿写得言辞猥亵，惹得唐高宗勃然大怒，不仅没有惩处李义府，相反还把王义方贬为莱州司户。

第五，秋后算账。唐高宗对武则天是言听计从，而李义府又是武则天在外朝中唯一打入宰相圈子里的人，更何况，李义府是第一个请求唐高宗册立武则天为皇后的人，不要说武则天了，就连唐高宗本人也对他是非常感激的。因此，李义府自然不会轻易被抛弃，相反，那些曾经反对过自己的人自然要被清除了。

显庆二年（公元657年）闰一月十三日，也不知是武皇后躲避一直作祟不已的王皇后和萧淑妃，还是其他原因，唐高宗带着武皇后离开了长安，来到了东都洛阳。二月三日，唐高宗一行抵达洛阳。十二日，唐高宗封他的第七子（武则天所生的第三子李显）为周王，十四日，又改封第四子、雍王李素节（萧淑妃所生）为郇王。子以母贵，在李素节身上体现得十分明显，史称，他十分聪明，"方羁丱（指童年），即诵书日千言。师事徐齐聃，淬勉自强，帝爱之。转岐州刺史，更王郇。母被谮死，出素节为申州刺史"。紧接着，到了三月十六日，唐高宗又把潭州（今湖南省长沙市）都督褚遂良贬到更远的桂州（今广西壮族自治区桂林市）担任都督。二十五日，中书侍郎李义府被晋升为中书令。

把褚遂良再贬到桂州，是武则天要清除异己的信号，许敬宗和李义府马上就心领神会了，不久，二人就诬陷侍中韩瑗、中书令来济二人与褚遂良图谋不轨，以桂州是用武之地，把褚遂良授予桂州都督，引为外援。显庆二年八月十一日，唐高宗又把褚遂良贬为爱州（今越南清化县）刺史，把韩瑗贬为振州（今海南省三亚市）刺史，把来济贬为台州（今浙江省临海市）刺史，终身不得入朝，把荣州刺史柳奭再贬为象州（今广东省象州县）刺史。褚遂良被贬到爱州后，上书称："过去，濮王李泰与前太子李承乾争斗之际，臣不顾生死，效忠陛下。当时，岑文本和刘洎上奏称：'李承乾罪状显著，被迁出东宫，请暂时让濮王入居东宫。'臣坚决反对，这都是陛下亲眼所见的。最后，又与长孙无忌等四人共同定下大计，等到先帝临崩，只有臣和长孙无忌二人接受遗诏。陛下遭遇巨变，不胜悲痛，是臣以社稷大业解劝陛下，当时陛下抱着臣的脖子。臣与长孙无忌二人料理众事，数日之间，一切恢复了秩序。然而，我能力很小，责任太大，结果犯了错误，我蚂蚁一般的性命，还请陛下爱怜！"但唐高宗接到奏表后毫无反应。次年，褚遂良就死了，终年六十三岁。

韩瑗死于显庆四年（公元659年），终年五十四岁；来济显庆五年（公元660年）又被远调到庭州当刺史，龙朔二年（公元662年），他在与西突厥的交战中赴敌而死，终年五十三岁；柳奭在显庆四年（公元659年）被杀，史称："奭既死非其罪，甚为当时之所伤痛。"

二〇六　平定西域（一）

回顾永徽年间，大事如下：

永徽元年：高侃灭东突厥车鼻可汗，唐朝设置单于、瀚海二都护府。

永徽二年：西突厥沙钵罗可汗阿史那贺鲁进攻唐朝庭州，唐高宗命令梁建方、契苾何力等出兵讨伐；西南白水蛮叛乱，唐朝朝廷命令赵孝祖出兵讨伐。

永徽三年：梁建方等将击破突厥处月部后，撤军；赵孝祖大破西南山蛮；立陈王李忠为皇太子；房遗爱案发。

永徽四年：处理房遗爱案；平定东南陈硕贞叛乱；西突厥乙毗咄陆可汗死，其子真珠叶护颉苾达度设与沙钵罗可汗发生内讧；武则天逐渐得宠，与王皇后、萧淑妃发生矛盾。

永徽五年：内庭争斗持续发酵，王皇后失宠，中书令柳奭辞职，唐高宗打算废黜王皇后，但遭到了太尉长孙无忌的拒绝；新罗女王金真德去世，其弟金春秋即位。

永徽六年：废王皇后、萧淑妃，立武则天为皇后；贬褚遂良；李义府得宠；唐朝朝廷分别出兵高句丽、西突厥和西南蛮。

我们以房遗爱案发的永徽四年为界限，把永徽六年分为前期和后期，由此可以清楚看出：永徽前期，唐高宗分别在北方、西北和西南方向用兵，拓展了帝国的疆域，但在西北方向，唐军虽然打退了西突厥沙钵罗可汗在西域地区对庭州咄咄逼人的攻势，可是，并没有完成消灭沙钵罗可汗的使命。值得注意的是，在唐高宗即位后，就停止了唐太宗原本计划的对高句丽的大规模进攻，到永徽三年，高句丽、新罗和百济均向唐朝派来使者修好。然而，到永徽后期，在唐朝内部因册封武则天而引发轩然大波的同时，帝国外部的东北方向朝鲜半岛三国局势和西北的西突厥也都发生了很大变化，促使唐高宗下令再次出兵。

先说朝鲜半岛。

唐高宗即位后暂停东征，其目的是安定政局，但这并不代表唐高宗忘掉了东北亚的局势。高句丽担心唐朝再度东征，也采取了和解的姿态，不仅在唐太宗生前送来了两个美女表示谢罪，而且在唐高宗即位后，派使者进贡，东北亚局势渐趋稳定。然而，树欲静而风不止。永徽元年，新罗女王金真德又与百济大战，大破百济军队，金真德还撰写《太平颂》，织在丝绸上献给唐高宗，诗词为："大唐开洪业，巍巍皇猷昌。止戈戎衣定，修文继百王。统天崇雨施，理物体含章。深仁偕日月，抚运迈陶唐。幡旗既赫赫，钲鼓何锃锃。外夷违命者，翦覆被天殃。淳风凝幽显，遐迩竞呈祥。四时和玉烛，七曜巡万方。维岳降宰辅，维帝任忠良。五三成一德，昭我唐家光。"永徽二年，中断数年外交关系的百济也派使者向唐朝进贡，唐高宗告诫百济使者说："不要与新罗和高句丽相攻，不然的话，我就要讨伐你们了。"但到了永徽五年，情况就发生了变化。这一年，一直与唐朝交好的新罗女王金真德去世，而高句丽并没有打消统治东北亚的野心，该年十月，高句丽派遣大将安固率领高句丽和靺鞨部队进攻依附于唐朝的契丹，松漠（今内蒙古自治区巴林右旗南）都督李窟哥率军抵抗，在新城（疑为今辽宁省抚顺市以北）将敌人击败。高句丽不仅在唐朝北部边境蠢蠢欲动，而且联合靺鞨、百济，趁新罗新王金春秋即位之初一起进攻新罗北部。永徽六年年初，高句丽联军夺取新罗北部三十三座城池，新罗国王金春秋派人向唐朝求救。二月二十五日，唐高宗派遣营州都督程名振、左卫中郎将苏定方率领唐军进攻高句丽。五月十三日，唐军渡过辽河，高句丽人见唐军人少，打开城门，渡过贵端水（今辽宁省抚顺市西北）迎战。程名振等人率军奋战，大破高句丽兵，斩杀、俘获一千余人，焚烧了新城外城和附近村落，而后撤回国内。

再说西北局势。

对西北地区，唐朝朝廷采取了蚕食政策。永徽三年，梁建方等将浅尝辄止，并没有完成消灭西突厥沙钵罗可汗阿史那贺鲁的任务，却沉重打击了处月部落，唐朝朝廷遂在处月部落辖区设置了金满州。永徽四年，西突厥乙毗咄陆可汗去世，其子真珠叶护与沙钵罗可汗矛盾重重，屡屡派人前来唐朝，请求唐朝发兵讨伐沙钵罗可汗。唐高宗见有隙可乘，遂于永徽六年五月十四日（程名振撤回国内的次日），任命左屯卫大将军程知节为葱山道行军大总管，再次打响了讨伐阿史那贺鲁之战。与此同时，唐高宗又派遣丰州都督元礼臣册封颉苾达度设（真珠叶护）为可汗，但元礼臣行至碎叶城（今吉尔吉斯斯坦托克马克市），遭到沙钵罗可汗军队的阻挡，无法继续前进。当时，真珠叶护手下的很多部落都被沙钵罗可汗吞并了，势单力薄，元礼臣只好无功而返。

显庆元年八月九日，程知节率领唐军进抵西域，在榆慕谷（今新疆维吾尔自治区奇台县以北）与依附于西突厥的葛逻禄和处月二部落展开激战，唐军大破二部，斩杀一千多人。唐军副总管周智度又进攻突骑施和处木昆二部扼守的咽城（今新疆维吾尔自治区额敏县），斩杀三万多人，最终攻克了该城。

十二月，程知节率领大军推进到鹰娑川（开都河上游）。唐军先头部队与西突厥两万多骑兵遭遇，总管苏海政率部与敌人交手，双方互有胜负，不久，西突厥别部鼠尼施等又有两万多骑兵赶到战场支援，前方战况十分危急。前军总管苏定方正在下面歇息，与前线隔着一座小山，望见尘土飞扬，他立即起身上马，率领五百精锐骑兵冲入战场，将西突厥骑兵打得大败，追赶二十余里，斩杀俘获了一千五百多人，敌人丢下的战马、武器，堆积如山，数不胜数。

副大总管王文度嫉妒苏定方立下大功，就对程知节说："此战虽说击败了敌人，但我军也有死伤，冒险突进，胜负难料，何必非要如此！从今以后，我军结成方阵，辎重在内，遇到敌人就迎战，这才是万全之策啊！"他又谎称自己接到皇帝的诏命，以程知节自恃骁勇轻敌，委任自己指挥军队，程知节遂下令全军集中起来，不许深入。唐军将士整天身披重甲，骑马布阵，时间一长，非常疲惫，战马也瘦死了很多。苏定方对程知节说："我军出师本来是要讨伐敌人的，现在却自守起来，战马饥饿，士兵疲惫，如果遇到敌人肯定会失败，如此胆怯，如何破敌？皇上以大人为大将，军中之事却不令大人做主，另外派遣副将专权，以情理分析肯定不会这样，我请求逮捕王文度，马上给皇上汇报。"但程知节没有听从。唐军行至恒笃城（今地不详），不少胡人投降，王文度却说："这些人等我撤军以后，肯定会再度反叛，不如将其全部斩杀，夺取他们的财物。"苏定方反对道："我们这么干，自己就像盗匪一般，还说什么讨伐叛匪！"但王文度不置之不理，竟然下令把这些人都杀了。等到唐军瓜分这些人的财产时，只有苏定方拒不接受。沙钵罗可汗率部远远逃去，唐军一无所获，只好撤军。王文度因矫诏被判处死刑，特许免死，开除公职；程知节也因逗留不进而被判处死刑，免死免官。

程知节讨伐西突厥无功而返，到次年，即显庆二年（公元657年）一月四日，唐朝朝廷在此次占领的葛逻禄部的领地上设置了阴山和大漠两个都督府。

二〇七　平定西域（二）

显庆二年（公元657年）闰一月二十一日，唐朝朝廷就又任命右屯卫将军苏定方为伊丽道行军总管，率领燕然都护府都护任雅相，副都护萧嗣业（萧瑀侄孙），左骁卫大将军、瀚海都督回纥婆闰调发回纥等军队，从北路讨伐西突厥。与此同时，唐高宗又任命原西突厥酋长、右卫大将军阿史那弥射和族兄、左屯卫大将军阿史那步真为流沙安抚大使，从南道招抚西突厥部众。

苏定方率领回纥军队行至金山（今阿尔泰山）以北，先进攻处木昆部，将其击败，其俟斤嬾独禄等人率领一万余落（类似户）投降，苏定方予以安抚，从中抽调一千骑兵加入了远征军。

右领军郎将薛仁贵建议："泥孰部（西突厥西部五部之一）素来不服阿史那贺鲁，阿史那贺鲁击破了他们，俘获了他们的妻子儿女。如今，我们击破阿史那贺鲁的军队，俘虏了泥孰部的妻子儿女们，应该予以释放，并加以赏赐，使他们知道阿史那贺鲁是他们的仇敌而我大唐是他们的恩人，他们一定会替我们出死力的。"唐高宗听从了，泥孰部酋长非常高兴，请求率部跟随唐军一起讨伐阿史那贺鲁。

苏定方率军进抵曳咥河（今额尔齐斯河）以西，沙钵罗可汗阿史那贺鲁率领胡禄屋阙啜、摄舍提暾啜、鼠尼施处半啜、处木昆屈律啜、五努失毕等十姓部落联军近十万之众（《旧唐书》称两万余众）前来迎战。此时，苏定方所率的唐军和回纥军队仅有一万余人，沙钵罗可汗见唐军人少，率军径直将唐军包围了起来。

苏定方命令唐军步兵登上高地南端，把长枪集中起来，枪尖外向，他自己则率领骑兵在高地北端列下阵势。沙钵罗可汗指挥突厥军队先朝唐军步兵发起了进攻，猛冲了三次都未能突破唐军步兵防线。苏定方见状，立即下令唐军骑兵发起反冲锋，将沙钵罗可汗打得大败而逃，唐军猛追三十余里，斩杀俘获数万敌人（《旧唐书》称斩杀阿史那贺鲁大将都搭达干等两百余人），第二天，唐军继续向西挺进。西突厥胡禄屋等五努失毕部众纷纷归降，只有处木昆屈律啜率领数百骑追随沙钵罗可汗向西逃命，在西渡伊犁河时又被淹死了很多人。当时，南道五咄陆部众听说沙钵罗可汗已经战败，也都一齐向阿史那步真投降。

苏定方命令萧嗣业和回纥婆闰率领回纥军队直趋邪罗斯川（今地不详），追赶阿史那贺鲁，苏定方与任雅相率领新归顺的西突厥部众随后进发。当时，天降大雪，平定积雪两尺，军中将士都建议等天晴之后再行追击，苏定方却说："敌人自恃雪深，断定我军无法继续前进，一定会放松警惕，休养士马。我军猛追不舍，尚可追上，假如稍稍迟缓，阿史那贺鲁就跑远了，再也无法追上了。消除将来的隐患，立下大功，就在今日！"于是，唐军踏雪前进，昼夜兼行，所过之处，接收西突厥的降众，行至双河（今博尔塔拉河），又与南道的阿史那弥射和阿史那步真会师，推进到距离阿史那贺鲁的营地两百余里的地方，遂全速前进，径直扑向其牙帐。阿史那贺鲁正要与部下打猎，苏定方率领唐军出其不意，突然出现在他的面前，纵兵猛击，又斩杀俘获了数万敌军，缴获了他的帅旗、战鼓，阿史那贺鲁与儿子阿史那咥运、女婿阎啜等人趁乱逃走，奔往石国（今乌兹别克斯坦塔什干市）。《旧唐书》称："嗣业至千泉贺鲁下牙之处，弥射进军至伊丽水，处月、处密等部各率众来降。弥射又进次双河，贺鲁先使步失达干鸠（纠）集散卒，据栅拒战。弥射、步真攻之，大溃；又与苏定方攻贺鲁于碎叶水，大破之。"

于是，苏定方这才休养士卒，停下了军事行动，令西突厥十姓各自回到本部，恢复生产生活，他又疏通道路，访贫问苦，设置驿站，划定各部辖区，凡是被阿史那贺鲁掠夺的财物全部予以返还，西突厥十姓生活没有受到丝毫影响。而后，苏定方这才命令萧嗣业率军继续追击阿史那贺鲁，自己则率军撤回。

阿史那贺鲁逃到石国西北城市苏咄城（今地不详），已是人困马乏，派人拿着珍宝入城购买马匹，城主伊沮达官（《旧唐书》记作伊涅达干）奉上酒肉，出城相迎，把阿史那贺鲁引诱进城，而后关闭城门，将其活捉，送到了石国。萧嗣业率领唐军来到石国，石国国王鼠耨设遂将其交给了萧嗣业。阿史那贺鲁被唐军抓获后，对萧嗣业说："我原本就是一个亡命之徒，受到先帝的恩遇，先帝对我恩重如山，我却辜负了先帝，今日战败，是上天发怒要惩罚我。我听说你们中国杀人一定要在闹市中，请求把我押至昭陵之前斩首，以向先帝谢罪。”唐高宗听说后，顿时心生怜悯，等到阿史那贺鲁被送到长安后，显庆三年（公元658年）十一月十五日，唐高宗下令将其在昭陵和太庙献俘，又赦免了他的死罪。不久，阿史那贺鲁就去世了，死后，被埋葬在颉利可汗的坟墓旁边。战后，苏定方因功被晋升为左骁卫大将军，封邢国公，又封其子苏庆节为武邑县公。

平定了西突厥，唐朝疆域拓展至中亚地区，显庆二年十二月十一日，唐朝朝廷在西突厥之地上设置昆陵（在巴尔喀什湖和伊犁河之间）和濛池（在咸海和伊塞克湖之间）两个都护府，以阿史那弥射为左卫大将军、昆陵都护、兴昔亡可汗，管理西突厥东部的五咄陆部落；以阿史那步真为右卫大将军、濛池都护、继往绝可汗，管理西突厥西部的五弩失毕五个部落；唐高宗又命令光禄卿卢承庆持节前往西突厥，授权阿史那弥射、阿史那步真和卢承庆根据西突厥十姓部落酋长所辖人数多少、地位高低，分别授予他们刺史以下的官职。此后，唐朝朝廷又把阿史那贺鲁直辖的部落设置六个都督府，分别是：处木昆部设匐延都督府（今新疆维吾尔自治区和布克赛尔蒙古自治县至塔城市一带）、突骑施和索葛莫贺部落设置嗢鹿都督府（今新疆维吾尔自治区伊宁市）、胡禄屋阙部落设置盐泊都督府（今新疆维吾尔自治区克拉玛依市、一说今精河县）、摄舍提暾部落设置双河都督府［今新疆维吾尔自治区博乐市境，一说在伊丽河下游的弓月城（今伊宁县吐鲁番于孜乡东北）以东，一说在温泉县］、鼠尼施和处半部落设置鹰娑都督府（今新疆维吾尔自治区新源县）、突骑施和阿利施部落设置洁山都督府（今哈萨克斯坦阿拉木图一带），又把葛逻禄三部分置三府，以谋落部置阴山州都督府；以炽俟部置大漠州都督府；以踏实部置玄池州都督府；后又分大漠州都督府设置了金附州都督府。唐高宗又将安西都护府升格为大都护府，治所设在龟兹（今新疆维吾尔自治区库车县），旧安西都护府降格改为西州都督府，仍然镇守在高昌旧地（今新疆维吾尔自治区吐鲁番市），上述各都督府以及昆陵、濛池两个都护府均隶属于安西大都护府。

在苏定方讨平阿史那贺鲁前后，唐军也对龟兹发起了进攻。当初，龟兹王后阿史那氏与其国相那利私通，国王布失毕无能为力。从此，国王和国相之间矛盾激化，各树党羽，各自派人向唐朝寻求支持。唐高宗下令把二人都召到了长安，二人来到长安后，唐高宗命人把那利囚禁起来，而命左领军郎将雷文成护送布失毕归国。当他们行至龟兹东境泥师城（今新疆维吾尔自治区库车县东）的时候，龟兹国大将羯猎颠发兵抵抗，并派人向西突厥沙钵罗可汗投降。布失毕固守泥师城，不敢继续西进，唐高宗下诏命令左屯卫大将军杨胄领兵前去讨伐。不久，布失毕就因病去世了，杨胄率领唐军与龟兹军队激战，结果大破敌人，生擒羯猎颠及其党羽，将其悉数诛杀。唐高宗遂将龟兹国改为龟兹都督府，显庆三年一月十五日，以布失毕的儿子素稽为龟兹王兼任龟兹都督府都督。显庆四年（公元659年）三月五日，兴昔亡可汗阿史那弥射与西突厥真珠叶护、原西突厥乙毗咄陆可汗之子颉苾达度设在双河交战，真珠叶护被杀。

从永徽二年（公元651年）开始到显庆三年（公元658年），唐高宗用了八年时间，经过梁建方、程知节、苏定方三将三次进攻，最终才消灭了西突厥，将大唐帝国的疆域拓展至中亚地区，消除了帝国西部的隐患。

二〇八　无忌之死

唐高宗永徽这六年与显庆这六年有惊人的相似之处：都在初年讨伐西突厥，也都在中期有一场大狱，前者是房遗爱案（永徽四年），后者则是长孙无忌案（显庆四年）——不过，前者是长孙无忌砍下了别人的头，而这一次倒霉的却是他自己，前后相距仅仅六年。

显庆元年以武则天上位和原太子李忠被废、李弘继任太子为标志，在随后的数年里，唐朝朝廷之上也发生了很多变化，其中最为显著的特点就是：长孙无忌权力的削弱和唐高宗、武则天心腹诸如许敬宗、李义府等新贵的崛起。据万斯同所著的《唐将相大臣年表》记载，显庆初年李唐朝廷重臣分别为：

元年，太尉长孙无忌、司徒李元礼、司空李勣、尚书左仆射于志宁、侍中韩瑗、中书令来济、同中书门下三品杜正伦、中书侍郎参知朝政李义府。

二年，八月，韩瑗和来济分别被贬，许敬宗被晋升为侍中，李义府和杜正伦被分别晋升为兼中书令。

三年，十一月，因杜正伦和李义府二人不和，双双被贬；许敬宗遂被任命为中书令，大理卿辛茂将被晋升为兼侍中。李义府自恃得到唐高宗的宠爱，贪得无厌，他的母亲、妻子、儿子、女婿一齐卖官鬻爵，其家门庭若市，多树朋党。杜正伦很早就已显贵了，他当中书侍郎的时候，李义府还是个小小的典仪，因此杜正伦自恃是前辈，并不把李义府放在眼里，可李义府也不服气，二人矛盾逐渐激化。中书侍郎李友益与李义府是本家，过去依附李义府，后来又投靠了杜正伦，二人一起在唐高宗面前告李义府的状，而李义府也不甘示弱，诬告杜正伦和李友益朋比为奸，心怀不轨。唐高宗以大臣不和，将李义府贬为普州（今四川省安岳县）刺史，杜正伦贬为横州（今广西壮族自治区横县）刺史，把李友益流放到了峰州（今越南富寿省东南部和河西省西北部），不久，杜正伦就死了。辛茂将史书无传，生平不详。

雍州司士许祎与来济私交很好，侍御史张伦与李义府有仇，吏部尚书唐临就上奏以许祎担任江南道巡察使，以张伦为剑南道巡察使，其目的就是暗中保护来济，整治李义府。虽然李义府被贬在外，但是皇后武则天并没有把他忘掉，时常从中保护，并认为唐临公报私仇，恶意选官，显庆四年（公元659年）二月十八日，将其免职。唐临系北周内史唐瑾的孙子，史称其“俭薄寡欲，不治第宅，服用简素，宽于待物”。“所撰《冥报记》二卷，大行于世。”

李义府被逐出朝廷，这让武则天感到一丝来自异己势力的压力，于是，她很快就决定反击了。如果说显庆四年二月将唐临贬官已透露出武则天将要反击了，那么到了四月十日，唐朝朝廷将尚书左仆射于志宁明升暗降，晋升为太子太师、同中书门下三品，又以黄门侍郎许圉师（许绍的小儿子）参知政事似乎就是武则天大肆清除长孙无忌势力的开始。长孙无忌过去拿了唐高宗和武则天很多好处，却不替他们办事，这让二人对他非常不满；当初讨论废黜王皇后时，胆小怕事的于志宁深恐惹祸上身，吓得不发一言，武则天对他也是怀恨在心；在册立武则天为皇后一事上，许敬宗屡屡劝说长孙无忌，但均被长孙无忌训斥得灰头土脸的，因此，许敬宗对长孙无忌也是心生怨恨。等到武则天被立为皇后以后，长孙无忌已预感到将要大祸临头，一直非常不安，而武则天也密令许敬宗伺机陷害长孙无忌。

许敬宗指使一个名叫李奉节的洛阳人告发太子洗马韦季方、监察御史李巢互为朋党，唐高宗命许敬宗和辛茂将进行审讯。许敬宗严刑拷打，逼迫韦季方招供，韦季方不堪其辱，在狱中自杀，却被人救活。许敬宗遂诬告韦季方与长孙无忌阴谋陷害忠良，令大权归于自己，并伺机谋反，如今事发，所以才畏罪自杀。唐高宗听了汇报后，吃了一惊，说道：“岂能有此事？舅舅被小人离间，稍稍生出猜忌，这是会有的，哪能产生谋反之心？”

许敬宗回答：“臣反复审讯，他们谋反的阴谋已经败露，陛下还心存怀疑，这恐怕不是社稷之福啊！”

唐高宗哭泣道：“我家不幸，亲戚中屡屡出现恶事。高阳公主与朕是亲生兄妹，昔日与房遗爱谋反，如今，舅舅又干出这种事，令朕无颜以对天下万民。假如此事属实，该如何处置？”

许敬宗回答："房遗爱乳臭未干，与女人谋反，岂能成功？长孙无忌与先帝一起夺取天下，众人对其智谋都很佩服，他又担任三十年宰相，天下百姓畏惧其威，可以说是威能服物，智能动众。臣担心长孙无忌一旦知道事情败露，当机立断，奋臂一呼，啸集一群亡命之徒，肯定会成为朝廷大患，陛下派谁能制服他？如今，幸赖宗庙之灵，皇天痛恨邪恶，因调查小案而引出此事，这实在是国家之福啊！臣曾见昔日宇文化及及其父亲宇文述深得隋炀帝的信任，结以婚姻，委以朝政；宇文述死后，隋炀帝又命宇文化及负责禁卫军。可是，宇文化及突然在江都作乱，先杀异己，臣一家也惨遭杀戮，当时，大臣苏威、裴矩之徒都拜伏于地，舞蹈请命，第二天隋朝就灭亡了。前事不忘，后事之师，臣恳请陛下决断，立即将其逮捕，依法抄没其家。"

唐高宗命许敬宗再做深入审理。

第二天，许敬宗再次上奏道："昨晚，韦季方已经承认与长孙无忌一同谋反，臣又询问韦季方：'长孙无忌是皇上的至亲，几代皇帝都对他十分宠信，为何他要谋反？'韦季方回答：'韩瑗曾经对长孙无忌说："柳奭、褚遂良劝大人立梁王李忠为太子，如今梁王已废，皇上也对大人有所猜忌，所以才把高履行（长孙无忌舅舅高士廉的儿子）贬出京师。"从此，长孙无忌开始心怀忧虑，考虑如何自救。后来，他又见长孙祥（长孙无忌堂侄，前此由工部尚书被贬为荆州长史）也被贬出京师，韩瑗也得罪了，遂日夜与韦季方一起图谋发动政变。'臣对照口供予以落实，发现符合实情，请陛下下诏逮捕长孙无忌。"

唐高宗又哭道："就算舅舅真的如此，朕也决不忍心杀了他，如果朕真的杀了舅舅，天下百姓会怎么说朕？后世之人又会如何看待朕！会说朕不能令亲戚和睦，一至于此！"

许敬宗又说："汉文帝是西汉明君，薄昭就是他的舅舅，汉文帝由代王而被拥立为皇帝，薄昭也是有功的，与长孙无忌一样。此后，薄昭因杀人而犯罪，汉文帝顾及国家法律，率领百官身穿丧服来到薄昭家里哀悼，而后下令将其诛杀，史书至今都认为汉文帝并没有错。如今，长孙无忌忘记了先帝的大德，抛弃陛下，听从邪谋，心怀不轨，如果拿他的罪恶与薄昭相比，不可同日而语，根据刑法，理当株连五族。幸而，其谋反之事败露，陛下还有什么怀疑的？何不趁早决断！臣听说：'当断不断，反受其乱。'安危之间容不下一根头发，长孙无忌就是当今的奸雄，是王莽和司马懿之类的人，陛下稍微犹豫一下，臣担心会变起肘腋，悔之无及啊！”

在许敬宗的劝说下，唐高宗认为有理，也不把长孙无忌召来询问他谋反的详情以及他为什么要谋反，只听许敬宗的一面之词。

显庆四年四月二十二日，唐高宗下诏削去长孙无忌的官爵，改任扬州都督，于黔州（今重庆市彭水县）安置，享受一品官的待遇。

许敬宗又上奏称：“长孙无忌阴谋造反，全是褚遂良、柳奭、韩瑗煽动的结果；柳奭与后宫勾结，阴谋给陛下下毒；于志宁也攀附长孙无忌，他们都是一党。”褚遂良已于前一年去世，于是，唐高宗下诏追夺褚遂良的官爵；把柳奭和韩瑗除名；免去了于志宁的官职；派使者沿途调发州兵，把长孙无忌押送到了黔州。长孙无忌的儿子、秘书监、驸马都尉长孙冲等人全部被除名，流放到岭南；褚遂良的儿子褚彦甫、褚彦冲被流放到爱州，途中被杀；益州长史高履行又被贬为洪州都督。

凉州刺史赵持满多力善射，任侠仗义，史称他“工书善射，力搏猛兽，捷及奔马，而亲仁爱众，多所交结”。其姨母是韩瑗之妻，他的舅舅、驸马都尉长孙诠是长孙无忌的族弟，长孙诠因长孙无忌一案受到牵连，被流放到嶲州。许敬宗担心赵持满会发动叛乱，就污蔑他与长孙无忌一起谋反，将其召回京师，打入大牢。狱卒将他打得遍体鳞伤，但赵持满始终拒不认罪，说：“你们可以杀了我，但我决不会改口供！”狱卒也无可奈何，替他写了一份口供结案。五月二十二日，唐朝朝廷斩杀了赵持满，尸体横放在长安城西，亲戚无人敢去探视。他的朋友王方翼（王皇后的堂兄）叹息道：“栾布哀悼彭越，是义气啊！文王掩埋枯骨，是仁爱啊！下不失义，上不失仁，不是可行吗！”遂将赵持满的尸体安葬了。唐高宗听说后，也没有追究。长孙诠被送到流放地后，县令迎合上级的意思，将其用棍棒打死了。

七月，唐高宗命令御史前往高州（今广东省信宜市）、象州（今广西壮族自治区象州县）、振州（今海南省三亚市）分别把长孙恩（长孙无忌的族弟）、柳奭、韩瑗押送回京，并没收他们的家产。二十七日，唐高宗又命司空李勣、中书令许敬宗、侍中辛茂将与兵部尚书任雅相、度支尚书卢承庆（二人新被晋升为参知政事）一起重新调查长孙无忌案。许敬宗又派中书舍人袁公瑜等人前往黔州，逼令长孙无忌自杀。唐高宗下诏将柳奭、韩瑗就地斩决，使者在象州将柳奭杀掉，韩瑗已死，使者开棺验尸后复命。将三家全部抄家，近亲全部流放到岭南为奴。常州刺史长孙祥（长孙安世之子）因与长孙无忌有书信来往，也被处以绞刑；长孙恩被流放到檀州（今北京市密云区）。八月十一日，柳氏、长孙氏因长孙无忌一案而受到牵连被贬官的有十三人，于氏被贬的有九人。高履行再度被贬为永州刺史；于志宁被贬为荣州刺史。从此以后，唐朝中央大权全都落入武则天的心腹手里了。

二〇九　昏明之间

房遗爱案和长孙无忌案另一个惊人的相似之处是：这两个关系到朝廷重臣的大案，唐高宗竟然都没有亲自询问，直面要犯！前者，他哭着向长孙无忌等人求情，希望能饶了叔父荆王李元景和哥哥吴王李恪，后者，又是哭泣道：“我家门不幸……此事属实的话，我该如何是好？”唐高宗究竟是个什么样的人？他果真懦弱无能吗？

旧史以及主流史学家诸如陈寅恪、范文澜、岑仲勉等人公认其为“昏懦之主”，理由主要在于：其委政于武则天，最终令大唐基业倾覆于武则天之手，假如不是武氏一门式微、百姓不忘李唐恩德，唐朝很有可能成为历史上又一个短命王朝。因此，《新唐书》就将其比作令西周灭亡的周幽王，直斥其为“昏童”，称：“《小雅》曰：‘赫赫宗周，褒姒灭之。’此周幽王之诗也。是时，幽王虽亡，而太子宜臼立，是为平王。而诗人乃言灭之者，以为文、武之业于是荡尽，东周虽在，不能复兴矣。其曰灭者，甚疾之之辞也。武氏之乱，唐之宗室戕杀殆尽，其贤士大夫不免者十八九。以太宗之治，其遗德余烈在人者未远，而几于遂绝，其为恶岂一褒姒之比邪？以太宗之明，昧于知子，废立之际，不能自决，卒用昏童。高宗溺爱衽席，不戒履霜之渐，而毒流天下，贻祸邦家。呜呼，父子夫妇之间，可谓难哉！可不慎哉？”

近年来，有不少人对此提出质疑，他们的理由主要是：1.唐高宗聪明仁厚，好学勤政；2.唐高宗在位期间，唐朝疆域空前；3.唐高宗能够知人善任；4.唐高宗在位后期，虽然委政于武则天，主要是身体原因，是出于两人的感情，并非懦弱。

评价一个人既困难又容易，不同的人站在不同的角度会得出迥异的结论，我们无意下结论，仅就永徽、显庆年间发生的事做一分析。唐高宗一直有头痛病，这可能是李唐皇室的遗传病，对此，唐太宗生前在辽东前线给李治写的《两度帖》可作佐证。该帖内容为："两度得大内书，不见奴表，耶耶忌欲恒死，少时间忽得奴手书，报娘子患，忧惶一时顿解，欲似死而更生，今日已后，但头风发，信便即报。耶耶若少有疾患，即一一具报。今得辽东消息，录状送，忆奴欲死，不知何计使还，具。耶耶，敕。"翻译成白话文是："我已经两次收到大内送来的文书，却还不见稚奴你的书信。爸爸我担心得要死。刚才忽然得到稚奴你的亲笔手书，说娘子生病了，我的担心害怕顿时消失了，就好像死而复生一样，从今以后，如果你的头风病发作，就立刻写信告诉我。爸爸我如果生病，也会一一写信告诉你。今天得到辽东（战场）的消息，抄录一份给你。想你想得要死，不知道什么时候才能回去，要说的就这些。爸爸，敕。"由此可知，李治是一直有这个病的，健康应该是其后来逐渐将朝政托付给武则天的一个重要原因。

那么，他在处理房遗爱和长孙无忌这两个大案中显出一副无助的样子，是否可以成为其昏懦的证据呢？证据不足。为什么这么说？我们先看这两个大案产生的背景。房遗爱案产生前，唐高宗继位时间还不长，朝中各种势力错综复杂，李泰以及与其有着千丝万缕关系的人还未被清除干净，俗话说："一朝天子一朝臣。"那时，唐高宗的人还没有全部把持朝政，于是，房遗爱案就出现了；长孙无忌案呢？我们有理由相信，当唐高宗的后宫斗争渐趋白热化，唐高宗在决定抛弃王皇后和萧淑妃时，应该对武则天入主后宫做出过精细的评估。也就是说，在他看来，武则天当皇后要比王皇后对他更有帮助，然而，在废立皇后一事上，长孙无忌站在了皇帝和昭仪的对立面，唐高宗和武昭仪都是"不悦"的，而当长孙无忌案发时，却只说武则天一直对其怀恨在心，这显然是替唐高宗遮掩。当皇帝与宰相之间出现不和谐时，长孙无忌的悲剧也就注定了。所以，房遗爱和长孙无忌两案的结果均对唐高宗有利，他的皇权得到了极大的加强。如此看来，唐高宗的哭泣既有可能真的是出于自身的昏懦，但也有可能是故作姿态——有个注重自己史书形象的老爸，唐高宗自然也会矫揉造作的。

那么，我们是否就此能得出唐高宗不是昏懦之主的结论呢？还不能。回头看看质疑唐高宗非昏懦的人所提出的主要理由：1.唐高宗聪明仁厚，好学勤政，这并不代表不昏懦。一个人纵有千般才艺，也只能说明其在某一方面有特殊的才能，与心性是否明白，是否有深谋远虑无关，也与客观上对帝国是否造成了灾难性的后果无关，这类人在历史上比比皆是，如商纣王、宋徽宗等。2.唐高宗在位期间，唐朝疆域空前，这同样经不起细致的推敲。一个时代的鼎盛固然与最高统治者有一定关系，但并不必然代表最高统治者就一定英明，其原因是多方面的，甚至不排除神秘的气运问题，起码就永徽、显庆年间唐朝疆域的开拓，很大程度还是唐太宗打下的坚实基础。3.唐高宗能够知人善任。他们举出唐高宗一朝出现的很多名臣，但《新唐书》直接说，唐高宗用错了武则天，致使家国倾覆，子嗣被杀，这是最大的昏庸，用一群能干的大臣与用了一个倾覆社稷的皇后，到底是明还是昏，不言自明。4.唐高宗在位后期，虽然委政于武则天，主要是身体原因，是出于两人的感情，并非懦弱。这一点大约是真的，但立论者基于此能排除唐高宗的懦，无法排除他的昏——其实，没人愿意被人称自己昏，昏君也不乏小明，甚至他们自以为很聪明，却没有大智慧，在大得失面前，小聪明就该被称为昏庸。

在这些年间，唐高宗的确还是有些“小明”的。显庆元年四月的一天，他对侍臣们说：“朕思考养育百姓之道，一直没有头绪，你们说说。”当时还未被免官的来济回答：“昔日，齐桓公出巡，看见一位又冻又饿的老人，下令赏赐给老人食物，老人说：‘希望您把食物赏赐给全国饥饿的人。’又赏赐给老人衣服，老人说：‘希望您把衣服赏赐给全国挨冻的人。’齐桓公回答：‘寡人国库里的粮食、衣物岂能把全国饥寒的人都赏赐到？’老人说：‘国君不让百姓在农时服劳役，百姓就有余粮了；国君不让百姓在桑蚕时服劳役，百姓就有衣服穿了。’所以，国家养育百姓，只要轻徭薄赋就够了。如今，山东服劳役的人一年下来动辄数万，令百姓亲自服役，百姓们就很疲劳；让百姓们交钱代替，那么百姓负担就会加重。臣希望陛下考虑，除去必需的劳役外，其余一律予以免除。”唐高宗答应了。

唐高宗自从即位以来，每天都要处理政务，直到显庆二年五月，宰相们上奏说如今天下无事，请他隔一天处理一次，唐高宗这才开始隔日处理政务。

二一〇　灭亡百济

显庆四年凌烟阁第一功臣长孙无忌的死，又让我们想到了凌烟阁上的功臣们。

如前所述，凌烟阁二十四功臣当中，在贞观十七年（公元643年）图画凌烟阁时，杜如晦、魏徵、秦叔宝等十二位就已经去世了，还有十二位活着的：赵国公长孙无忌、梁公房玄龄、申公高士廉、鄂公尉迟敬德、卫公李靖、宋公萧瑀、夔公刘弘基、郧公张亮、陈公侯君集、卢公程知节、莒公唐俭、英公李勣。此后，截至唐太宗驾崩，又有侯君集（643）、张亮（646）、高士廉（647）、房玄龄（648）、萧瑀（648）、李靖（649）六位名臣去世。因此，到唐高宗永徽年间，凌烟阁二十四功臣只剩下刘弘基、唐俭、尉迟敬德、长孙无忌、程知节、李勣六位了。在这六位中，又有三位靠边站的，他们分别是刘弘基、唐俭和尉迟敬德，剩下长孙无忌、程知节和李勣在位。其中，刘弘基死于永徽元年，享年六十九岁。史称，他临死前，下令只给每个儿子十五个奴婢、五顷良田，他对亲戚们说："儿子们如果贤能，自然不需要给他们留多少钱财；如果不贤，守住这些不会饥寒。"唐俭在永徽初年就已经退休在家了，死于显庆元年（公元656年），终年七十八岁。尉迟敬德死于长孙无忌死前一年，即显庆三年（公元658年），终年七十四岁。尉迟敬德不仅靠边站，还受到晚年的唐太宗的猜忌，因此，他"笃信仙方，飞炼金石，服食云母粉，穿筑池台，崇饰罗绮，尝奏清商乐以自奉养，不与外人交通，凡十六年"。

如今，长孙无忌也死了，二十四功臣只剩下了两位：程知节（665）、李勣（669）。程知节因西征屠城而被免官，只有李勣因顺从唐高宗和武则天而地位稳固，位居司空。凌烟阁上早有李勣的画像，此时，唐高宗命人又画了一次，还亲自作序，以示尊崇。虽然程知节和李勣又活了几年，但长孙无忌的死代表着那个激情、英雄、开明的贞观时代的终结，唐高宗和武则天的时代到来了，一大批新面孔也将陆续登场……

江山代有才人出。当凌烟阁上的功臣们相继凋零之时，一批活跃在高宗朝的猛将也相继登上了历史舞台，并立下了赫赫战功，他们主要以苏定方、薛仁贵等为代表。前面说到苏定方在显庆二年平定了西突厥，但到显庆四年，西突厥旧部思结俟斤都曼又联络疏勒（今新疆维吾尔自治区疏勒县）、朱俱波（今新疆维吾尔自治区叶城县）、朅盘陀（今新疆维吾尔自治区塔什库尔干塔吉克县）三国背叛唐朝，入侵于阗（今新疆维吾尔自治区和田市）。十一月二十一日，唐高宗任命左骁卫大将军苏定方为安抚大使，发兵再次西征。苏定方率领的唐军推进到业叶水（今新疆维吾尔自治区奇台县北），思结退守马头川。苏定方挑选一万精兵、三千骑兵长途奔袭，一日一夜行三百多里，等到第二天黎明，唐军突然出现在思结叛军盘踞的城下，都曼大惊失色。双方在城外激战，叛军战败，退守城内。等到傍晚，唐军后续部队陆续抵达，遂将城池团团围住，砍伐树木，制造攻城械，布满了城下，都曼走投无路，只好投降。

显庆五年（公元660年）一月，唐高宗驾临乾阳殿，举行献俘仪式。有关部门请求诛杀都曼，苏定方替他求情道："臣已经答应饶他一命，所以都曼才肯出城投降，希望陛下能饶了他。"唐高宗说："那朕就特意违背法律，以成全你的诚信。"遂赦免了都曼。

苏定方刚刚从西域归来，大唐东北方向又吃紧了。高句丽要想称霸东北亚，就必须消灭与自己为敌的新罗。然而，当高句丽联合百济进攻新罗时，唐朝就会以辽西为依托，组织契丹、奚人等从西面牵制高句丽，使其无法东西兼顾。因此，在永徽后期，高句丽改变了策略，曾组织靺鞨联军向西进攻契丹，但遭到了失败。西进不成，高句丽又联合百济东进，夺取了新罗三十三座城池，新罗向唐朝告急，唐朝命令营州都督程名振等将东渡辽河，发动了牵制性进攻。进入显庆年间，李唐政府把主要精力都放在了经营西域方向，但并没有忘记局势动荡的东北方向。显庆三年，当苏定方平定西域之后，到了六月，唐朝廷就命令营州都督兼东夷都护程名振、右领军中郎将薛仁贵率领唐军向高句丽的赤烽镇（今辽宁省抚顺市东）发起了进攻。唐军一举攻克了赤烽镇，斩杀四百多人，俘虏一百多人。高句丽派遣大将豆方娄率领三万大军前来抵挡，程名振率领契丹军队予以迎头痛击，大破高句丽军，斩杀了两千五百多敌人。显庆四年，右领军中郎将薛仁贵与高句丽大将温沙门在横山（今辽宁省辽阳市境内）交战，又将敌人击破。

虽然唐军取得了一系列胜利，但并未取得压倒性优势。这是因为，从隋炀帝一直到唐太宗，中原对高句丽的进攻所采取的都是一个思路，即以水陆两路大军相互协同，直扑辽东，夺取辽东之后再进攻平壤。因此，辽东地区是高句丽防御中原政权的重点区域，加之北方适宜作战的期间较短、百济首鼠两端等诸多因素，所以一直难以取得效果。要想对付高句丽，就必须采取循序渐进的策略，先将其孤立起来，剪掉百济这个羽翼，令其腹背受敌，才能取得成效。恰恰在此期间，百济自恃有高句丽的支援，屡屡入侵新罗，新罗王金春秋多次上书唐朝求援。

显庆五年三月十日，唐高宗任命刚刚从西域平叛归来的左武卫大将军苏定方为神丘道行军大总管，率领左骁卫将军刘伯英等十万水陆大军讨伐百济；又任命新罗王金春秋为嵎夷道行军总管，率领新罗军队，与唐军协同作战。与此同时，唐高宗又任命定襄都督阿史德枢宾、左武候将军延陀梯真、居延州都督李合珠为冷岍道行军总管，各自率领本部人马前去讨伐背叛的奚人，又任命尚书右丞崔余庆为总指挥，不久，奚人就投降了；此后，唐高宗又命阿史德枢宾等人为沙砖道行军总管，前去讨伐背叛的契丹人，生擒契丹松漠都督阿卜固。

苏定方率领唐军从成山（今山东省荣成市东）渡海，百济军队固守熊津江口抵御。唐军远征军向百济军队发起猛攻，斩杀数千人，余众狼狈溃散。苏定方指挥唐军水陆并进，直扑百济都城。唐军推进到百济都城二十余里处，百济全国动员，倾巢出动，作拼死一搏，唐军再次大破敌人，斩杀一万多人，乘胜追击，一直攻入其外城。百济王扶余义慈及其太子扶余隆弃城北逃，其次子扶余泰自立为王，率众固守。扶余隆的儿子扶余文思说："大王和太子都还活着，可是我叔叔擅自称王，就算能击退唐军，我们父子也一定会性命不保啊！"遂率领亲随越城投降，城内军民人心大乱，也都纷纷投降，扶余泰制止不住。苏定方下令唐军将士登上城墙，遍插军旗，扶余泰无计可施，只好开城投降，不久，扶余义慈、扶余隆以及百济各城城主也全部投降了。百济国共有五部，下辖三十七郡、两百多座城池、七十六万户，唐高宗下诏在其地设置熊津都督府、马韩都督府、东明都督府、金连都督府、德安都督府五个都督府，以其酋长分任都督、刺史，正式将其地纳入中国版图。

十一月一日，唐高宗驾临洛阳南城中门应天门楼，接受苏定方的献俘，这是本年苏定方的第二次献俘了，也是苏定方几年来第三次灭国擒王：显庆二年灭西突厥擒阿史那贺鲁、显庆四年灭思结擒都曼、本年灭百济擒扶余义慈。史称：苏定方“前后灭三国，皆生擒其主”。

唐高宗赦免了扶余义慈等人，又大赦天下。

唐高宗寻找机会先灭掉百济并不是目的，而是为下一步灭亡高句丽找到一个战略支点，也找到了一个消灭高句丽的新思路。这是唐高宗及其决策层一个全新的思路，也是他汲取了前人的经验教训在战略上高过前人之处。有了这个支点，唐军就可以与新罗军队协同，令高句丽腹背受敌，于是，就在苏定方献俘一个月后，即十二月十六日，唐高宗任命左骁卫大将军契苾何力为浿江道行军大总管，左武卫大将军苏定方为辽东道行军大总管，左骁卫将军刘伯英为平壤道行军大总管，蒲州刺史程名振为镂方道总管，向高句丽发起了大规模的进攻。青州刺史刘仁轨因都督海运，船只沉没而被免官，以平民的身份在军中效力。

二一一　百济复叛

显庆六年（公元661年）一月十九日，唐朝朝廷在河南、河北、淮南六十七州招募军队，共得募兵四万四千余人，分拨到刘伯英的平壤道行营和程名振的镂方道行营；二十二日，唐高宗又任命鸿胪卿萧嗣业为扶余道行军总管，率领回纥等军队加入刘伯英的军中。此时的唐高宗也想效仿亡父，准备亲征高句丽，二月底，他改元为龙朔元年，次日，与群臣以及少数民族酋长在洛城门楼上饮宴，观看《一戎大定乐》。

正当唐高宗踌躇满志准备一举讨平高句丽时，新占领区百济却发生了令人意想不到的危机。

苏定方平定百济后，留下郎将刘仁愿镇守百济国都，又以左卫中郎将王文度为熊津都督，安抚百济军民。可是，王文度刚渡海接任就去世了，而百济国内一个叫道琛的和尚与一名叫福信的将领趁机发动了叛乱，他们占领周留城（韩山城），从日本迎回王子扶余丰继任国王，发兵将刘仁愿围在了百济都城之内。唐高宗下诏以刘仁轨为检校带方州刺史，率领王文度之兵，从小路调派新罗军队前去解救刘仁愿。刘仁愿，两唐书无传，据韩国忠清南道扶余博物馆院内的《刘仁愿记功碑》记载，刘仁愿，字士元，为雕阴大斌（今陕西省绥德县一带）人，世代驻守在这里。贞观中，以弘文馆学士起家，选为右亲卫，曾手格猛兽，受到唐太宗的赏识，入为杖内供奉，随唐太宗征东，被破格提拔为上柱国、右武卫凤鸣府左果毅都尉。永徽五年，为葱山道行军子总管，随程知节出征，无功而返。此后，刘仁愿还多次充任大使，前往回纥等部进行安抚，均圆满完成了使命。刘仁轨是汴州尉氏县人，从小谦恭好学，入唐后历任陈仓尉、栎阳丞。贞观十四年，唐太宗将去同州打猎，刘仁轨以伤农为由上书劝谏，受到唐太宗的赞赏，被提拔为新安令、给事中，显庆四年，刘仁轨担任青州刺史，不久前因都督海运船只沉没而被免官。刘仁轨之所以会被朝廷任命为检校带方州刺史，这完全在于当时炙手可热的中书令、吏部尚书、同中书门下三品李义府。显庆元年，因淳于氏事件毕正义自杀，当时负责处理此案的就是刘仁轨，所以，李义府一直对刘仁轨耿耿于怀，必欲杀之而后快。损失粮船后，李义府曾在朝廷上说："不杀刘仁轨不足以谢天下！"但舍人源直心反对道："海风并非人力所能左右。"唐高宗才命刘仁轨白衣领职。如今，把刘仁轨派往百济这一险地，李义府居心可知。

然而，接到诏书后，刘仁轨兴奋地说道："苍天是想让我这个老头子富贵啊！"并以刺史的名义向朝廷请求颁发《唐历》以及唐朝皇帝历代祖先的名讳，他说："我将扫平东夷，令海外也通行我大唐的年号！"

刘仁轨治军严整，他率军边打边行，一路向前，所向披靡。百济叛军在熊津江口构筑防御工事，刘仁轨与新罗军队一起发起进攻，将敌人击败，斩杀一万余人。道琛等人这才解除了对刘仁愿的围困，退守任存城（今韩国全州西）。此时，新罗并不愿意全力帮助唐军，自称粮尽就撤军了。刘仁轨自己率领的唐军人数很少，只好与刘仁愿合兵一处，暂停对百济叛军的攻势，一面休养士卒，一面上书请求唐高宗发兵增援。道琛自称领军将军，福信自称霜岑将军，二人招募军队，声势更盛。唐高宗下诏命令新罗出兵，新罗王金春秋奉诏，派遣部将金钦率军救援刘仁轨等人。新罗军队行至古泗，被福信截击，战败。金钦逃回新罗，再也不敢出战，不久，福信又杀害了道琛。

苏定方虽然生擒了百济国王、太子，但由于道琛和福信的叛乱，令百济陷入大乱，唐高宗南北并进、夹击高句丽的如意算盘被打乱。可箭在弦上不得不发，他只好将原计划重新做出调整，改任兵部尚书任雅相为浿江道行军总管，左骁卫大将军契苾何力为辽东道行军总管，左武卫大将军苏定方为平壤道行军总管，左骁卫将军、白州刺史庞孝泰为沃沮道行军总管，与萧嗣业率领的各少数民族军队，一共三十五军（其余各军缺载），水陆并进。唐高宗还打算亲征，皇后武则天上书劝谏，唐高宗听从了。

当刘仁轨、刘仁愿二人在百济苦苦支撑之时，唐军各路大军如泰山压顶一般扑向高句丽。八月十一日，苏定方在浿江（今大同江）江口击败高句丽军队，并连战连胜，很快就包围了高句丽国都平壤。

史书没有记载唐高宗这一次东征部署的详情，但根据战况，我们可以推断，唐高宗原来计划先打下百济，而后以百济、新罗之兵从南面、以唐军从西面以及水路向高句丽发起全方位的进攻，同时，唐军还做好了冬季作战的准备工作，但是，由于百济局势发生逆转，已无法起到从南面牵制高句丽的作用。于是，唐高宗根据前线具体情况的变化，适时调整了部署，他改命擅长长途奔袭的苏定方担任平壤道行军总管，率领一路唐军水军直扑平壤，以期起到黑虎掏心的作用，这一招实际上是隋炀帝曾经做过、但没有做彻底，有人曾向唐太宗建议过、唐太宗没有采纳的战法。

果然，高句丽渊盖苏文派遣其子渊盖男生率领数万精兵驻守在鸭绿江，唐军各路大军被阻挡在鸭绿江以西，无法渡过，而苏定方则把高句丽的精兵甩在了脑后。在鸭绿江方向的各路唐军迟迟没有进展，契苾何力率部来到后，正巧天寒地冻，鸭绿江结成坚冰，契苾何力率众踏上坚冰，呼喊着冲过了鸭绿江。高句丽军队被神勇的唐军吓得魂飞魄散，顿时四散溃逃，唐军乘胜追击数十里，斩杀三万首级，高句丽残余部众全部投降，渊盖男生侥幸逃出一命。

正当唐高宗打算一举消灭高句丽、一雪前耻之时，帝国其他方向却发生了不容忽视的危机：

一是北方。龙朔元年（公元661年），回纥酋长婆闰去世，其侄儿比粟毒接任。由于唐朝朝廷长期征调回纥等少数民族部众征战，又改变了过去少数民族谁缴获的战利品归谁所有的旧俗，遂引发了这些少数民族的不满，比粟毒接任回纥酋长以后，趁唐军主力全在东北战场之际，就纠集了漠北的同罗、仆骨等铁勒部众一起发动叛乱，骚扰唐朝北部边境。

二是西北。一方面，到龙朔元年，唐朝朝廷以陇州南由令王名远为吐火罗道置州县使，在中亚的吐火罗国、嚈哒国、罽宾国（今阿富汗喀布尔）、波斯国（伊朗）等十六个国家设置了十六个都督府，八十八个州，一百一十个县，一百二十六个军府，均隶属于安西都护府。这十六个都督府分别是：一、月氏都督府［吐火罗国（阿富汗东北部昆都士）、共二十五州］；二、太汗都督府［嚈哒国（今阿富汗马扎里沙里夫西）、十五州］；三、条枝都督府［诃达罗支国（阿富汗加兹尼）、九州］；四、天马都督府［解苏国（今塔吉克斯坦杜尚别地区）、二州］；五、高附都督府［骨咄施国（今塔吉克斯坦境内）、二州］；六、修鲜都督府［罽宾国（阿富汗喀布尔河北）、十州］；七、写凤都督府［帆延国（今阿富汗巴米扬）、四州］；八、悦般都督府［石汗那国（今阿富汗兴都库什山北）、一州］；九、奇沙州都督府［护特健国（阿富汗北境希巴尔干南）、二州］；十、姑默州都督府［怛没国（今乌兹别克斯坦捷尔梅兹西北）、一州］；十一、旅獒州都督府［乌拉喝国（今阿富汗北境）、一州］；十二、昆墟州都督府［护密多国（今阿富汗穆尔加布河流域）、一州］；十三、至柘州都督府［俱密国（今中亚苏尔哈布河流域）、一州］；十四、鸟飞州都督府［护密多国（今阿富汗东北伊什卡什姆）、一州］；十五、王庭州都督府［久越得犍国（今塔吉克斯坦卡菲尔尼甘河下游库巴的安）、一州］；十六、波斯都督府［波斯国（波斯末代王子卑路斯驻地，今伊朗扎博勒）、一州］。

但其实，这些只不过是接受唐朝的封号而已，唐朝朝廷并不能实现有效的管理——此时，波斯实力已很弱，还是在永徽四年的时候，大食（阿拉伯帝国）发兵进攻波斯，杀掉了波斯国王伊嗣侯，伊嗣侯的儿子卑路斯逃奔吐火罗国。大食军队撤离后，吐火罗发兵护送卑路斯回国，立其为王。[1]另一方面，表面上唐朝瓦解了当时西域最大的统治者西突厥，放回了阿史那弥射和阿史那步真两位族兄弟，然而，二人有着血海深仇（阿史那步真为了当可汗，曾经射杀了阿史那弥射兄弟子侄二十余人），唐朝朝廷令二人各自管理西突厥五部，不过是企图寻求一种危险的平衡，外部一旦出现风吹草动，这种平衡很有可能被打破。

三是西部。永徽元年，松赞干布去世，因其子（非文成公主所生）早死，其孙芒松芒赞继位，由国相禄东赞专权。在整顿了内部之后，吐蕃也蠢蠢欲动。显庆二年，当唐高宗用兵西突厥之际，吐蕃禄东赞也率领十二万大军进攻吐谷浑的属国白兰，将白兰变成自己的属国，次年，禄东赞又玩弄两面手法，派人来到唐朝求婚，但遭到了唐朝的拒绝。显庆五年八月，当唐军正在东征百济时，吐蕃禄东赞又派遣其子起政（其次子论钦陵）大举进攻吐谷浑，企图拔掉唐朝的这个属国，与此同时，吐蕃也把目光投向了矛盾重重的西域，试图把西域的水搅浑。

回纥叛乱，唐军不仅失去了一支生力军，而且平白又生出一个敌人，前线唐军虽然取得了大胜，但苏定方顿兵平壤坚城之下，迟迟没有进展。到龙朔二年（公元662年）二月，浿江道行军大总管任雅相死于军中。任雅相身为大将，廉洁奉公，他经常说："不论官职大小，都是国家授予的，岂能以私废公！"二月十八日，庞孝泰率领的唐军在蛇水（今朝鲜合井江）与高句丽军队遭遇，唐军战败，庞孝泰与其十三个儿子全部战死沙场。

在这种情况下，再加上前线又突降大雪，于是，唐高宗下令唐军全线撤离。

---

① 阿拉伯帝国是一个新生的帝国，隋炀帝大业六年（公元610年），穆罕默德在麦加开始传播伊斯兰教，此时，波斯帝国与东罗马帝国已经打得筋疲力尽，处于夹缝中的阿拉伯人早已厌倦了连绵不断的战争，伊斯兰教得以迅速传播，阿拉伯帝国随之建立并扩张，唐高宗永徽二年，大食国使者首次来到中国进贡。

二一二　仁贵定西

唐军从高句丽前线撤下后，就马不停蹄地向西北进发了。

唐高宗任命左武卫大将军郑仁泰为铁勒道行军大总管，燕然都护刘审礼、左武卫将军薛仁贵为行军副大总管，鸿胪卿萧嗣业为仙萼道行军总管，右屯卫将军孙仁师为行军副总管，率领大军北上讨伐回纥、同罗、仆骨等铁勒叛军。郑仁泰，两唐书没有给他立传，他的事迹散见于《长孙无忌传》《尉迟敬德传》中，1971年出土了他的墓志，其事迹才清晰起来。他很早就加入秦王李世民的幕府，并在玄武门之变中起到了很大的作用，贞观四年，晋爵为公，贞观十三年迁左卫中郎将。唐太宗亲征高句丽，他负责胜州道行军，并且押左飞骑仗，领五马军总管。战后检校右武候将军，加上柱国，后转左屯卫将军，同安郡公。永徽四年，担任使持节、灵、盐二州都督，显庆二年，入朝担任右武卫大将军，仍检校右卫、右领大将军事。刘审礼是刘德威的儿子，刘德威为李密部将，后降唐，担任李元吉的司马，贞观中，历任大理卿、刑部尚书等职，永徽三年去世，死后陪葬献陵。刘审礼在贞观中任左骁卫中郎将，永徽中，晋升为将作大匠、检校燕然都护。

龙朔二年（公元662年）三月，郑仁泰等人在天山击败铁勒军队。铁勒共分为九个部落，俗称铁勒九姓，分别为：回纥、仆固、浑、拔野古、同罗、思结、契苾、阿布思、骨仑屋骨。显庆四年（公元659年）是思结俟斤都曼叛乱，时隔两年，回纥、同罗、仆固三部又发动了叛乱，但这一次，思结和多滥葛等部落却是受裹挟才暂时参与叛乱的。当时，他们早早就逃入天山内，听说郑仁泰等将将到，纷纷出山迎降。然而，郑仁泰等人背信弃义，纵兵向铁勒降众发起了进攻，抢掠铁勒家眷赏赐给将士们。铁勒部众遂远远遁逃，将军杨志率军追击，反被铁勒人击败。侦察骑兵向郑仁泰报告说：“铁勒人的辎重就在不远处，追赶还能追上。”郑仁泰遂率领一万四千轻装骑兵倍道兼行，穿越大沙漠，一直追到仙萼河（今色楞格河），却没有发现敌人，此时，军粮已经吃尽，只好折返。在返回途中，天降大雪，士兵们饥寒交迫，丢弃铠甲武器，杀马而食，战马吃光后，又相互残杀吞食，等到他们返回国内，只剩下了八百余人。此战，也许是郑仁泰大败，史书以降雪来讳言战败吧。

讨伐铁勒的另一路由薛仁贵统领。临行，唐高宗从宫内拿出铠甲，对薛仁贵说：“古代善射的能射穿七层铠甲，你就试着射射五层的看如何？”只见薛仁贵弯弓搭箭，一箭洞穿铠甲，唐高宗大惊，连忙命人换来更坚固的铠甲，赏赐给了薛仁贵。当时，铁勒九姓凑集了十余万大军前来抵挡，阵前，铁勒挑选数十名勇士来到唐军阵前挑战，薛仁贵弯弓搭箭，连射三箭，射杀了三人，铁勒余众纷纷下马投降。然而，薛仁贵也像郑仁泰那样杀降，将铁勒降众全部予以活埋，而后，率军度过沙漠，击败了铁勒残余部众，生擒三名叶护而还。军中唱歌道：“将军三箭定天山，壮士长歌入汉关。”这就是“薛仁贵三箭定天山”的故事。辛弃疾的《江神子·和陈仁和韵》二中：“宝钗飞凤鬓惊鸾，望重欢，水云宽。肠断新来，翠被粉香残，待得来时春尽也，梅着子，笋成竿。湘筠帘卷泪痕斑，佩声闲，玉垂环，个里温柔，容我老其间。却笑将军三羽箭，何日去，定天山。”就是用的这个典故。

郑仁泰等人回到国内后，司宪大夫杨德裔弹劾他们道：“郑仁泰等人诛杀降众，令铁勒远逃，又不爱护士兵，不计算好粮食，致使全军覆没，丢盔卸甲，尸横遍野。自从我大唐开国以来，还不曾出现过如此惨败之事。薛仁贵在军中，贪婪荒淫，胡作非为，虽然有点小胜，也无法弥补所犯的大错，恳请陛下将二人交付司法机关进行审判。”唐高宗下诏允许他们将功折罪，把他们都放了。

郑仁泰和薛仁贵处置失当，唐高宗不得不另派右骁卫大将军契苾何力担任铁勒道安抚使，以左卫将军姜恪担任副将，赶往铁勒辖区前去安抚。契苾何力挑选五百精锐骑兵，火速赶往铁勒九姓部落中。铁勒见他来到，不禁大惊失色，契苾何力对大家说：“天子知道你等都是胁从，如今，赦免了你们的罪过，罪在酋长，抓住他们就算了。”铁勒各部听后大喜，一起将部落的叶护以及设、特勒等两百余人都一一制服，交给了契苾何力，契苾何力历数他们的罪过后，将其全部斩杀，铁勒九姓这才安定了下来。

铁勒刚刚平定，西突厥又出现了叛乱。西突厥骚扰庭州，庭州刺史来济对部众说道："我很久就该死了（因反对唐高宗册立武则天为皇后），万幸活到今日，理当以身报国。"遂奋不顾身，冲入敌阵，被乱军杀死。唐高宗命令飕海道行军总管苏海政率军前去讨伐，并命令兴昔亡可汗阿史那弥射和继往绝可汗阿史那步真调派西突厥军队协同唐军作战。兴昔亡可汗阿史那弥射辖区在东，继往绝可汗阿史那步真在西，唐军先经过兴昔亡可汗阿史那弥射的辖区。继往绝可汗阿史那步真过去就曾杀害过兴昔亡可汗阿史那弥射一家，他深知阿史那弥射一直怀恨在心，为了斩草除根，他想到了利用唐军杀死阿史那弥射，遂偷偷对苏海政进谗言道："阿史那弥射谋反，请先杀了他。"当时，苏海政率领的唐军才数千人，听了阿史那步真的密报后，他召集军吏商议道："阿史那弥射如果真的要谋反，我等将死无葬身之地，不如先下手为强。"于是，他们谎称接到皇帝诏书，命令大总管携带数万段布帛犒赏西突厥可汗以及各部酋长，然而，等兴昔亡可汗阿史那弥射以及下属酋长们前来接受赏赐时，苏海政将他们全部斩杀了。阿史那弥射下属的鼠尼施和拔塞干两个部落逃出险境，苏海政与继往绝可汗阿史那步真一起追赶，将他们全部斩杀。等他们回师时，行至疏勒以南，弓月部却引领吐蕃军队而来，打算与唐军决一死战。此时的唐军已人困马乏，苏海政情知不敌，遂把军需物资送给吐蕃人，签订和解协定，而后回到了驻地。由于苏海政枉杀了兴昔亡可汗阿史那弥射，西突厥各部都认为他死得太冤，开始与唐朝离心离德。不久，继往绝可汗阿史那步真也去世了，西突厥十姓没有归属，有个名字叫阿史那都支的和一个叫李遮匐的人整顿西突厥余众，归顺了吐蕃。

龙朔前两年，唐高宗先是东征，结果是先胜后败，先夺取了百济，后百济背叛，回纥复反，唐高宗只好从高句丽撤军；而后，唐军又匆匆北上，前去平定铁勒。结果，郑仁泰和薛仁贵措施失当，铁勒各部实际上已脱离了唐朝，幸亏唐高宗派铁勒老酋长契苾何力前去安抚，唐朝才保住了这个藩属。但是，郑仁泰和薛仁贵对铁勒的铁血政策副作用太大，仅凭契苾何力还不足以说服铁勒全体部众。此后，与唐军有血海深仇的部分铁勒人再度反叛，到龙朔三年（公元663年）一月，唐高宗又命左武卫将军郑仁泰前去讨伐，这次才一一将其平定；天山附近的西突厥又发动叛乱，苏海政错杀了阿史那弥射，致使西突厥部众也企图脱离唐朝的控制。唐朝在西域的影响力大大削弱，吐蕃乘虚而入，逐渐蚕食唐朝在西域的各个藩属国。

与此同时，吐蕃也一直对吐谷浑保持着咄咄逼人的攻势。到龙朔三年，吐谷浑大臣素和贵犯罪了，他私逃到了吐蕃，将吐谷浑的虚实向吐蕃和盘托出。吐蕃发兵进攻吐谷浑，将吐谷浑打得落花流水，唐高宗派右威卫大将军薛仁贵等人救援吐谷浑，也被吐蕃军队打败。吐谷浑可汗慕容诺曷钵与妻子弘化公主率领数千部落众，放弃国土，逃往凉州（今甘肃省武威市），请求迁往内地居住。唐高宗以凉州都督郑仁泰为青海道行军大总管，率领右武卫将军独孤卿云、辛文陵等人分别驻扎在凉州和鄯州（今青海省海东市乐都区），防御吐蕃。龙朔三年六月二十六日，唐高宗又以左武卫大将军苏定方为安集大使，统领各军，负责安置吐谷浑部众。此后，唐朝把吐谷浑部众安置在灵州（今宁夏回族自治区灵武县），分置安乐州（今宁夏回族自治区中卫市沙坡头区），以慕容诺曷钵为刺史，想令其安稳、快乐。

吐蕃禄东赞驻扎在青海，派遣使者论仲琮入朝觐见，上书指责吐谷浑的罪过，并请求和亲。唐高宗予以拒绝，派遣左卫郎将刘文祥出使吐蕃，将吐蕃严厉斥责了一通。但是，斥责归斥责，吐蕃是不会把到嘴里的肥肉再吐出去的。自此，吐蕃就占领了吐谷浑领地，吐谷浑也就此灭亡了。吐谷浑自公元285年建立以来，历任十九个可汗，立国378年，是慕容家族在中国历史上立国时间最长的政权，随着吐谷浑汗国的灭亡，唐朝连接西域也只有河西走廊这条孔道了。

二一三 仁轨安东

话分两头，我们回过头来再说远隔在百济的刘仁轨和刘仁愿二人。

龙朔二年年初，当唐军主力从高句丽前线撤军之后，唐高宗也想到困守在熊津城的熊津都督刘仁愿与带方州刺史刘仁轨二人。他给二人下诏称：“进攻平壤的军队已经撤回，你们困守一城，难以持久，应该弃城前往新罗待命。如果新罗新国王金法敏（此时，在位六年的新罗国王金春秋已去世，此是其子）希望你们协助他防守，你们就暂且留在新罗；如果他无意留你们，你们就乘船回国。”唐军将士们都想趁早回国。

然而，刘仁轨提出反对意见，他对大家说：“身为臣子，理当先公后私，有死无二，岂能先顾及私情！主上志在灭亡高句丽，所以才先讨伐百济，留下军队，已控制了敌人的心腹。虽然如今叛军纵横，但是，我们的守备很严密，正该厉兵秣马，出其不意，发起反攻，一定能够取胜。取胜之后，军心安定，然后，分兵把守险要，扩张形势，上书朝廷，请求增援。朝廷得知我们有成功的把握后，一定会派出援兵，一旦传来增兵的消息，叛军自然土崩瓦解。此举不但没有放弃将到来的成功，还将令海外永远安定。如今，进攻平壤的军队已经撤离，熊津再放弃的话，百济的叛军声势将会更盛，高句丽逆贼何时才能消灭？另外，熊津一城之地位居敌国中部，一旦弃城而去，势必全军覆没，为敌所擒，就算是逃到新罗，你我也只是一个寄居海外的游子，一旦有个三长两短，后悔都来不及了！况且，福信凶恶残暴，君臣离心离德，即将自相残杀，只应坚守城池，等待时机，伺机反攻，决不可轻举妄动啊！”众人听后，觉得他说的有理，都听从了。

当时，百济国王扶余丰和福信也风闻刘仁愿、刘仁轨等人行将撤离，就派人前去说：“大使，你们何时西归？我一定派人相送。”刘仁轨和刘仁愿知道百济人已放松了警惕，出其不意，突然从城内出击，攻克了支罗城、尹城、大山、沙井等地，杀死、俘虏了很多敌人，分兵把守这些城池。福信等人认为真岘城（以上地名今地均不详）地势险要，遂增兵把守。龙朔二年七月三十日，刘仁轨趁敌人稍稍懈怠，暗中引来新罗军队趁夜进抵城下，抓住满墙的野草，攀爬上了城墙，第二天黎明，唐军冲入城内。占领真岘城后，唐军就打通了通往新罗的运粮之路，刘仁愿上书朝廷请求增兵，唐高宗下诏调派青州、淄州、莱州、海州的军队共计七千人，由右威卫将军孙仁师统领奔赴熊津。

果然不出刘仁轨所料，百济君臣的矛盾也凸显了。福信专权跋扈，慢慢与百济国王扶余丰相互猜忌起来。最终，矛盾愈演愈烈，到了火并的程度。福信谎称得病，躲在密室不出，打算趁扶余丰入内探望之际将其除掉。可是，扶余丰听到了风声，先下手为强，命亲信趁福信不备，袭杀了福信。杀掉福信后，扶余丰派人赶往高句丽和倭国（日本）请求出兵，帮助他抵御唐军。

此时，铁勒九姓也已平定，但唐朝还在西域和百济两个方向用兵。为了避免连续用兵引发社会矛盾，唐高宗分别于龙朔二年七月一日，下令大赦天下；十二月二十三日，下诏鉴于还在东方用兵，河北百姓苦于劳役，特意取消了原计划于龙朔四年进行的封禅泰山和东巡洛阳；龙朔三年八月，在吐谷浑为吐蕃所破后，唐高宗又因海东（高句丽、百济）连年用兵，百姓困顿，士兵战死、淹死的很多，下诏取消三十六州所摊派的造船计划，又派遣司元太常伯窦德玄等人分别前往全国各地访贫问苦，考核官员，以免隋末大乱再度发生。

孙仁师的援军到来后，在百济的唐军扭转了敌强我弱的不利局面，但是，扶余丰也引来了倭国的援军。众将认为加林城（今韩国林川城）地势险要，应在敌人到来之前先攻下来，但刘仁轨说：“加林城易守难攻，猛攻就会加大伤亡，缓攻则会旷日持久。周留城（今韩国韩山城），是敌人的巢穴，敌人的头头脑脑都盘踞在那里，擒贼擒王，应该先拿下那里，一旦攻克了周留城，其他各城势必闻风投降。”于是，孙仁师、刘仁愿与新罗王金法敏率领陆军齐头并进，刘仁轨与别将杜爽、扶余隆率领水军以及运粮船从熊津入白江（今韩国锦江口），与陆军会师，一起杀向周留城。在白江口，唐军与倭军遭遇，四战四胜，焚烧敌人四百艘战船，一时间烟焰冲天，海水尽赤。百济王扶余丰脱身逃往高句丽，王子扶余忠胜、扶余忠志等人率部投降，百济彻底被平定。只有别帅迟受信固守任存城（今韩国大兴县），拒不投降。白江口之战，是中国与日本千年恩怨中的第一场战斗，中国军队以偏师大破日本。

当初，百济西部人黑齿常之，身长七尺多，有勇有谋，在百济担任达率兼任郡将，如同唐朝的刺史。苏定方攻克百济后，黑齿常之率众降唐。此后，他见唐军纵兵掳掠，残杀百济年轻力壮的人，遂与十余名亲信逃离了唐军，搜罗余部，盘踞在任存山，一月左右就召集了三万余人。苏定方派军清剿，黑齿常之反把唐军击败，又夺取了两百多座城池，苏定方无力抵挡，只好撤军。唐军大部队撤离后，黑齿常之与别部将沙吒相如各自占据险要，响应福信，等到刘仁轨等人打败扶余丰后，黑齿常之和沙吒相如再次投降了唐军。刘仁轨用人不疑，他命二人仍旧统领旧部，前去进攻任存城，并给他们供应充足的粮草。

孙仁师说："这些都是人面兽心的家伙，岂能相信！"刘仁轨却说："我观察二人都是忠诚勇敢、诚实信用之人，只是过去他们投降时没有遇到合适的人，如今正是他们感恩戴德之时，不用怀疑。"遂分兵随他们进发，并顺利拿下了任存城。迟受信丢下妻子儿女，逃奔高句丽。黑齿常之后累迁为左领军员外将军。

唐高宗下诏命令刘仁轨率军继续镇守百济，命孙仁师和刘仁愿回国。经过战乱后的百济，满目疮痍，尸横遍野，一片瓦砾。刘仁轨派人安葬遗骸，调查户口，重修村落，任命官吏，修建道路，架设桥梁，修补堤坝，恢复堰塘，劝课农桑，赈济灾民，慰问老人，建立唐朝社稷，颁布唐朝年号、庙讳。百济百姓都很高兴，全境安居乐业，而后，刘仁轨又开始屯田，储备粮食，训练士卒，为消灭高句丽做着准备。

刘仁愿回到京师，唐高宗问他："你在海东时，前前后后上书言事，都很合时宜，又有文理，你原本是员武将，怎能如此？"刘仁愿如实回答："都是刘仁轨所为，不是臣能考虑到的。"唐高宗听后大喜，晋升刘仁轨六个官阶，实授其为带方州刺史，并给他在长安修建住宅，赏赐给他家很多财物，还派人对他予以慰问。时任西台侍郎（中书侍郎）的上官仪叹息道："刘仁轨虽然遭到贬谪却能尽忠为国，刘仁愿手握大权却能推崇贤才，他们都是正人君子啊！"

按：龙朔二年二月，唐高宗把百官的官名都改了：门下省改为东台，中书省改为西台，尚书省改为中台；侍中改为左相，中书令改为右相，尚书仆射改为匡政，左右丞改为肃机，尚书改为太常伯，侍郎改为少常伯等千奇百怪的名字。

二一四　义府罢相

李义府原本想把刘仁轨置之死地，岂料刘仁轨却险中求生，咸鱼翻身了。与之相反，轮到李义府开始倒霉了。

据《唐将相大臣年表》记载：龙朔年间唐将相大臣分别为：

龙朔元年，司徒李元礼，司空李勣，侍中许圉师，中书令许敬宗，兵部尚书同中书门下三品任雅相，吏部尚书同中书门下三品李义府。

二年，司徒李元礼；司空李勣；侍中许圉师改称左相，十一月被贬；中书令许敬宗改称右相，不久，又晋升为太子少师、同东西台三品、仍知西台事；上官仪西台侍郎、同东西台三品；

三年，司徒李元礼；司空李勣；右相李义府，正月拜，四月被流放。

由此可知，在龙朔这短短的三年里，朝廷发生重大的人事变化主要集中在二年和三年，前者是左相许圉师被贬，后者就是李义府被流放。

左相许圉师被贬源自儿子许自然。许自然担任奉辇直长（负责皇帝车辆，正七品），他出外打猎时践踏了庄主的田地，庄主不愿意，双方发生争执，许自然用鸣镝射向庄主。虽然没有射死庄主，但影响非常恶劣，知道此事后，许圉师仅仅把儿子打了一百大棍，并没有向皇帝禀报。庄主不依不饶，向司法机关举报，司宪大夫杨德裔不予受理。东（原门下省）、西（原中书省）台内部斗争非常激烈，西台是许敬宗、李义府的势力范围，西台舍人袁公瑜派人改名换姓向唐高宗告发了此事，唐高宗把许圉师唤到跟前，斥责道："你身为宰相，却鱼肉百姓，隐匿不言，这岂不是在作威作福！"可是许圉师不卑不亢，反驳道："臣身在中央，以公平正直的态度来侍奉陛下，自然不会让所有人满意，所以才受到别人恶毒的攻击。至于说作威作福的人，有的手握重兵，有的镇守一方，我不过是一介文臣，侍奉圣明，只知道退朝以后闭门自守，岂敢作威作福！”唐高宗最容不得别人反驳自己，一旦别人提出反驳意见，自己又找不出合适的理由予以回击，他往往会恼羞成怒，而对方的处境也就不妙了。这一次，唐高宗同样是火冒三丈，语无伦次地回击：“你是遗憾自己没有手握重兵吗！”许敬宗在一旁添油加醋地说道：“人臣竟然敢说出这种话来，罪过就算是杀了也活该！”唐高宗再次匆匆命人把许圉师拉出殿外，然后下诏将其免官。到龙朔三年三月，许圉师又受到李义府的排挤，被唐高宗贬为虔州刺史，杨德裔也因与许圉师是同党而被流放到庭州，许圉师的儿子许文思和许自然也被免官。据说，李白的第一任妻子许萱就是许圉师的孙女。

与许圉师免官相反，李义府却在龙朔三年一月被升为右相，仍知选事。李义府自从首先提出支持唐高宗册立武则天为皇后后，一直成为唐高宗和武则天的宠儿，虽然显庆元年毕正义事件源自他，他却受到两宫的庇护，毫发无损。直到显庆三年因与杜正伦内斗不已，令唐高宗大怒，这才将他贬出京师，但到显庆四年，唐高宗就又把他召回了京师，任命为吏部尚书、同中书门下三品。李义府自恃后宫有武则天的支持，专横跋扈，公然卖官鬻爵，对官员的考核随心所欲，弄得怨声载道。唐高宗也风闻了此事，从容询问李义府：“你的儿子和女婿们行事很不谨慎，总干些违法乱纪之事，还得我出面替你遮掩，你要好好约束约束他们。”谁知李义府骄傲过了头，他听了唐高宗的话，不仅没有谢罪，反而脸色大变，青筋暴露，反问唐高宗：“是谁告诉的陛下？”唐高宗回答：“只要我说得对，你何必问我是谁告诉我的？”李义府这一举动已是十分失礼的，他还没有丝毫改悔的意思，竟然迈开脚步，缓缓离去了！唐高宗虽然懦弱，但也是咽不下这口气的。

史书称，李义府“入则谄言自媚，出则肆其奸宄”。在他当权期间，有三件事可以说明他的谄媚无知、睚眦必报、专横跋扈。一是，唐高宗即位后，认为贞观时期礼仪还不完备，就命长孙无忌牵头重修，当时，许敬宗和李义府得宠，在修订五礼过程中，二人经常揣摩唐高宗和武则天的心思，随意删改。太常博士萧楚材和孔志约更会溜须拍马，他们声称凶礼是预备凶事，而皇上、皇后还活着，这不是臣子该说的，许敬宗和李义府深以为然，遂焚烧了《国恤》篇（皇家举办丧事的礼仪），由此唐朝典礼没有了凶礼。这件事说明了李义府的谄媚和无知，唐朝不是没有死过皇帝，皇帝一个接一个地死去，丧礼也是一次又一次地举行，人们能做却不记载该怎么做，这也是一件非常滑稽的事情。二是，李义府富贵后，有不少攀龙附凤之人认他为叔，给事中李崇德就是其中之一，但等到李义府被逐出朝廷后，李崇德又翻脸不认人，自行不认李义府这门亲戚了。李义府重新回到朝廷后，令人罗织罪名，最终李崇德被逼，在狱中自杀了。三是，贞观时期，唐太宗曾命吏部尚书高士廉等人修订《氏族志》，李义府耻于自己家世代无名，遂上书请求改定此书，唐高宗下令命礼部郎中孔志约等人进行修改，孔志约重新定下规矩："凡是在本朝当过五品官的家族都可以升为士族。"于是，一些原本出身低贱以军功当上五品官的家庭也都写入该书中，更名为《姓族志》。此书一出，很多过去的高门大族都以放入此书为耻，给这本书又起了一个《勋格》的名。李义府因为儿子向山东大族求婚不成，心怀怨恨，就又抬出唐太宗生前痛恨山东大族自以为门第高贵，往往借婚姻大肆敛财的陋习，劝说唐高宗改掉这一风气。显庆四年十月，唐高宗下诏严禁北魏陇西李宝，太原王琼，荥阳郑温，范阳卢子迁、卢浑、卢辅，清河崔宗伯、崔元孙，博陵崔懿，赵郡李楷这几家子孙，相互之间不得互为婚姻。又规定了天下百姓嫁女接受聘礼的数量。这些高门望族虽然已经没落，他们的地位却为世俗所承认，朝廷虽然制定了这些规定，但还是有不少人家偷偷嫁女，也有的宁可让女儿终身不嫁，也不嫁给其他他们认为低一等的人家。社会上有不少已经没落的人家，自称属于朝廷限定的"禁婚家"，反而更增添了身价。

一个名叫杜元纪的术士对李义府说他的宅第有牢狱之气，需要积攒两千万钱才能压住这股气，李义府信以为真，越发疯狂地聚敛财物。龙朔二年，李义府还在给母亲服丧，每个月的月初、十五，朝廷都会给他放假，让他在家守孝。可是，李义府利用这两天与杜元纪一起出城，登上高冢，观察天上的气色。于是，就有人揭发李义府研究灾异，图谋不轨，而恰在这时，李义府派自己的儿子、右司议郎李津召来长孙无忌的孙子长孙津，接受了长孙津七百串钱，替他谋取了一份司津监的差事，结果此事被右金吾仓曹参军杨行颖告发了。

龙朔三年（公元663年）四月，刚刚当上右相仅三个月的李义府被唐高宗下令打入大牢。唐高宗命令司刑太常伯（过去的刑部尚书）刘祥道与御史、祥刑（过去的大理卿）一起审讯李义府，又命司空李勣监督整个审判工作。经过审讯，李义府所犯罪行属实，唐高宗下令将他除名，流放到嶲州；将李津除名，流放到振州；其余诸子也都除名，流放到庭州。

李义府倒台后，唐朝朝野上下举手称快。有好事者写了一篇《河间道行军元帅刘祥道破铜山大贼李义府露布》，张贴在大街小巷。李义府贪淫好色，在位期间，多取他人儿女当奴婢，等他倒台后，家中奴婢一哄而散，各自还家，因此，文中称："混奴婢而乱放，各识家而竟入。"到乾封元年（公元666年），朝廷大赦，唯独像李义府这种长期流放之人不在赦免之列，李义府听说后，怒火攻心，死于嶲州，终年五十余岁。

二一五　帝后交锋（一）

李义府被罢相后，朝廷之上又冉冉升起了一颗政治新星——同东西台三品上官仪。

左右相许圉师和李义府贬谪的贬谪，流放的流放，同东西台三品上官仪俨然宰相。上官仪，祖籍陕州陕县（今河南省三门峡市陕县），其父上官弘曾任隋炀帝的江都宫副宫监，遂在江都安家。大业末年，上官弘为陈稜所杀，上官仪年幼逃过一劫，落发为僧。出家期间，他钻研佛经，兼涉经史，富有文采。贞观初年，杨仁恭任扬州都督，将其举荐给了唐太宗，唐太宗把他召为弘文馆直学士，逐渐升为秘书郎。唐太宗很喜欢写诗作文，总让上官仪先看一遍草稿，还让其与自己唱和。期间，上官仪也参与了《晋书》的撰写工作，此后转为起居郎。唐高宗即位后，上官仪被升为秘书少监，龙朔二年，加银青光绿大夫、西台侍郎、兼任弘文馆学士。总之，上官仪一直在秘书部门工作。

上官仪本人就是个文士，他擅长五言诗，他的诗清绝隽永，绮错婉媚，颇见风骨，为当时的士大夫所效仿，以“上官体”传世。《唐诗纪事》等书记载：“高宗承贞观之后，天下无事，仪独持国政，尝凌晨入朝，巡洛水堤，步月徐辔，咏诗曰：‘脉脉广川流，驱马入长洲。鹊飞山月曙，蝉噪野风秋。’音韵清亮，群公望之，犹神仙焉。”所录之诗就是他的代表作《入朝洛堤步月》。上官仪的诗歌大多是一些应制诗，格调不高，但他归纳了六朝以来诗歌中的对仗方法，总结有六对、八对等规律，对后世律诗的发展起到奠基的作用。上官仪的其他诗歌诸如：《王昭君》：“玉关春色晚，金河路几千。琴悲桂条上，笛怨柳花前。雾掩临妆月，风惊入鬓蝉。缄书待还使，泪尽白云天。”《奉和山夜临秋》：“殿帐清炎气，辇道含秋阴。凄风移汉筑，流水入虞琴。云飞送断雁，月上净疏林。滴沥露枝响，空蒙烟壑深。”在写作技巧上已十分成熟。

谁都知道李义府是武则天的心腹，李义府也是自恃有武则天在背后撑腰，才敢不把唐高宗放在眼里，那么，唐高宗将李义府流放是否有剪除武则天羽翼的意味呢？应该是有的。李义府罢相和上官仪受到重用，似乎说明了几个问题：一是武则天在朝中势力已初具规模，但唐高宗还有能力与之抗衡；二是唐高宗与武则天之间出现了矛盾；三是二人之间的矛盾自然是权力之争。

屈指算来，到龙朔三年，唐高宗已经登基十四年了。回顾这十四年来，永徽六年、显庆五年多、龙朔三年，概括起来，在对外方面，永徽的六年是西突厥沙钵罗可汗崛起、唐军讨伐失利的六年，显庆的五年则是唐高宗利用沙钵罗可汗与颉苾达度设矛盾、终将西突厥平定的五年。由于大食的崛起和波斯的瓦解，中亚不少小国纷纷依附于唐朝以期得到庇护，在显庆年间，唐王朝在西域的势力得到极大地扩张，这让唐高宗雄心勃勃，一方面想要封禅泰山，另一方面，他决心彻底消灭一直与大唐为敌的高句丽。龙朔的三年是战争的三年，唐高宗一改隋炀帝、唐太宗的战略，采取了先消灭百济、在朝鲜半岛上建立根据地，而后南北夹击、消灭高句丽的策略，顺利灭亡了百济。但前线将领措施失当，致使百济重新叛乱，与此同时，由于唐王朝长期以来的少数民族政策不当，铁勒反叛，再加上唐军将领措施粗暴、西突厥两可汗内讧、吐蕃崛起、吐谷浑被灭等诸多因素，唐朝在西域的影响力又迅速萎缩。到龙朔三年，大食（阿拉伯帝国）这个迅速崛起的帝国，分别击破了波斯和东罗马帝国，又继续向东南的印度半岛发展，进攻婆罗门，拥有精兵四十余万。总结这三年是唐王朝得不偿失的三年，也是唐高宗心情不爽的三年。就内部来说，永徽六年是唐高宗利用长孙无忌清除李泰残余势力、巩固统治基础的六年，也是武则天赢得后宫斗争胜利、登上皇后宝座的六年；显庆五年则是唐高宗、武则天联手清除长孙无忌势力、强化皇权的五年；而龙朔三年又是武则天染指朝政、培植个人势力、钳制唐高宗、逐渐引起唐高宗反感的三年。

龙朔三年十二月，也许是有感于龙朔年号肃杀之气太浓，这三年太不顺利了，唐高宗下诏以明年正月初一改元为麟德元年。麟德元年（公元664年），唐高宗已经三十七岁了，而武则天则已四十一岁。武则天所生的几个孩子年龄分别为：皇太子李弘十四岁，李贤十岁，李显九岁，李旦三岁。他们的几个哥哥是原皇太子李忠、李孝（已夭折）、李上金、李素节，其中，李忠、李素节被贬出京师，李忠为房州刺史、李素节为申州刺史，李上金遥领益州大都督。随着年龄的增长，李忠逐渐心怀不安，食不甘味，寝不安席，生怕为刺客所杀，整日在担惊受怕中度过，有时甚至身穿妇女的衣服。由于精神紧张，李忠时常做噩梦，不时请人给自己占卜吉凶，有人上告此事。显庆五年七月，李忠被废为庶人，流放到黔州，被安置在前太子李承乾的旧宅。

与唐高宗还活着的三个庶子相比，武则天生的这四个儿子却是春风得意：

显庆四年，唐高宗和武则天东巡洛阳时，曾命皇太子李弘留在长安监国，但李弘思念双亲，疼爱儿子的唐高宗赶忙命人把李弘接来；龙朔二年，唐高宗前往骊山温泉，也命太子李弘监国，到龙朔三年十月一日，唐高宗更是下诏让太子李弘每五日在光顺门接见中央各部门官吏，朝廷大小政务全都交由太子处理。李弘性格仁厚，他师从率更令郭瑜学习《左氏春秋》，读到楚国世子商臣弑杀国君时，不禁扔下书本，喟然叹息道："圣人写书是为了教育后世，为何写这些啊？"郭瑜回答："孔子撰写《春秋》，善恶之事都会记载下来，褒奖善行是为了劝勉世人，针砭恶行是为了告诫世人，因此商臣的罪行即便是历经千年仍然在。"李弘说："虽然如此，但我不忍听到，还是换读其他书吧。"郭瑜回答："巷子的名字叫胜母，曾子就不愿踏入。殿下天资仁孝，凶恶之事连听都不愿意听，臣听说治国安邦，没有比礼仪更重要的了，因此孔子说过：'不学礼，无以立。'请让我给您传授《礼经》吧。"此后，李弘又命太子宾客许敬宗、太子右庶子许圉师、中书侍郎上官仪、中舍人杨思俭在文思殿搜集古今文章，编纂成五百篇的《瑶山玉彩》。

李贤，字明允，举止端庄，从小就深受唐高宗的喜爱。年仅数岁，读书就能过目不忘，曾读到《论语》中的"贤贤易色"（尊重贤德之人，不看重女色）句时，反复吟诵。唐高宗询问缘故，李贤回答："个性确实喜欢如此。"永徽六年一月，刚刚出生一个多月的他就被封为潞王，当时，他的哥哥李弘还未被封为太子，同时被封为代王。龙朔元年九月，李贤又被改封为沛王。

李显，显庆元年十一月出生，显庆二年就被封为周王。

李旦，龙朔二年六月出生，当年就被封为殷王，遥领冀州大都督、单于大都护、右金吾卫大将军。

据史书记载，唐高宗还有四个女儿，其中，萧淑妃生下义阳公主和高安公主；武则天则生下安定思公主（传说中被武则天亲手杀死的那位）、太平公主

（生年不详，此时大约还未出生）。

昔日的武则天是何等柔顺，在唐高宗面前唯唯诺诺，使出浑身解数谄媚巴结，等到她登上皇后宝座以后，却变得判若两人，开始千方百计培植自己的势力。到显庆三年李义府被流放之前，因左相许圉师被贬，朝廷中出现右相（原中书令）李义府独相的局面，而且太子少师许敬宗仍然负责东西台事务，他们都是武则天集团的核心人物，唐高宗的一举一动都在他们的掌控之中。而这些年来，唐高宗身体一直不太好，时常头晕目眩，看不成奏折，开始让武则天帮助处理政务。然而，权力这根魔杖一旦到手，谁都不想再扔下，而下属们也知道谁是真正的主子了，更促进了武则天地位的巩固。

二一六　帝后交锋（二）

当唐高宗突然发现自己不知不觉已经被人架空后，顿时倒吸了一口凉气，尤其是当他看到李义府已完全不把他这个皇帝放在眼里时，更是火冒三丈。于是，李义府的悲剧就注定了。

唐高宗在处理李义府时也颇费心思，他采取了以退为进的策略，在龙朔三年一月刚刚把李义府升任为右相，到了四月就以迅雷不及掩耳之势突然将其逮捕，并命令刘祥道等人审判。数日之间就果断将其流放，打了武则天个措手不及，虽然她满心不乐，却也无可奈何。

麟德元年（公元664年）七月一日，唐高宗下诏宣布将于麟德三年（公元666年）一月封禅泰山。麟德元年八月，唐高宗以刘祥道兼任右相，以大司宪窦德玄为检校左相。刘祥道的父亲刘林甫，武德、贞观期间一直从事秘书工作，历任内史舍人、中书侍郎、吏部侍郎，号为称职，贞观三年去世。刘祥道担任的职务与父亲的差不多，唐高宗即位后，历任中书舍人、御史中丞、吏部侍郎，显庆二年，晋升为黄门侍郎，仍知吏部事。四年晋升为刑部尚书，龙朔三年，唐高宗命其负责审理李义府一案。窦德玄的祖父窦照，是唐高祖李渊妻子窦皇后的哥哥。《太平广记》记载：

窦德玄，麟德中为卿，奉使扬州。渡淮，船已离岸数十步，见岸上有一人，形容憔悴，擎一小袱坐于地。德玄曰："日将暮，更无船渡。"即令载之。中流觉其有饥色，又与饭，乃济。及德玄上马去，其人即随行，已数里。德玄怪之，乃问曰："今欲何去？"答曰："某非人，乃鬼使也。今往扬州，追窦大使。"曰："大使何名？"云："名德玄。"德玄惊惧，下马拜曰："某即其人也。"涕泗请计，鬼曰："甚愧公容载，复又赐食，且放，公急念《金刚经》一千遍，当来相报。"至月余，经数足，其鬼果来，云："经已足，保无他虑，然亦终须相随见王。"德玄于是就枕而绝，一宿乃苏。云：初随使者入一宫城，使者曰："公且住，我当先白王。"使者乃入。于屏障后，闻王遥语曰："你与他作计，漏泄吾事，遂受仗三十。"使者却出，袒以示公曰："吃杖了也。"德玄再三愧谢，遂引入。见一著紫衣人，下阶相揖，云："公大有功德，尚未合来，请公还。"出堕坑中，于是得活。其使者续至，云："饥未食，及乞钱财。"并与之，问其将来官爵，曰："熟记取，从此改殿中监，次大司宪，次太子中允，次司元太常伯，次左相，年至六十四。"言讫辞去，曰："更不复得来矣。"后皆如其言。

在左右相虚悬了一年多（其间即同东西台三品许敬宗和上官仪是名义上的宰相，但由于许敬宗系武则天一党，应当也属被排挤之列，应该属于野史中所说的上官仪的独相阶段）以后，唐高宗令刘祥道和窦德玄分别担任左右相，这显然是经过了深思熟虑的。刘祥道是李义府的对立面，自然不会为武则天所容，应当为己所用；李唐建立以来，为了皇位，宗室内部斗争激烈，在唐高宗看来，重用外戚要比重用宗室安全一些。可是，显庆四年的长孙无忌一案让外戚集团一败涂地，朝中再无坚决支持唐高宗的力量了，这才令武则天有恃无恐。痛定思痛，唐高宗这才决定起用同属外戚的窦德玄，而没有晋升上官仪。不过，唐高宗这一抉择显然是一厢情愿，这是因为，刘祥道性格谨慎小心，他深知自己收拾了武则天的宠臣李义府，已得罪了武则天，虽然被唐高宗晋升为宰相，却深怀忧愁恐惧，不愿陷入皇室斗争的旋涡，屡屡上书请求辞职，像这种胆小怕事的人对唐高宗根本是毫无用处的。至于窦德玄，虽然他的祖父窦照是窦皇后的亲哥哥，但窦照家族还没有他的堂兄弟窦威家族显赫，即便是窦威家族也在武德、贞观前期就已经衰落，在朝中并无太大的势力，况且，窦德玄是个老实人，因此，对唐高宗的帮助也不会太大。

愿望落空，唐高宗只好退而求其次，把目光转向了同东西台三品的上官仪。当时，武则天已经预感到来自唐高宗的压力，但她又无法把唐高宗怎么样，于是，她就想到了旁门左道。有个叫郭行真的道士，经常出入宫中，一天，有个名叫王伏胜的宦官向唐高祖告密，称皇后与郭行真一起行厌胜之术！厌胜之术就是诅咒之术，武则天要诅咒谁？此间隐情以后再说。

唐高宗听后，不禁勃然大怒，暗中把西台侍郎、同东西太三品上官仪召入宫中，商议对策。上官仪建议：“皇后专横跋扈，为四海所不容，请求陛下将其废掉。”唐高宗也点头同意，就命上官仪起草诏书。

上官仪此人虽然文才很好，却恃才傲物，不善于团结他人，早已招致很多人的嫉恨和孤立，而武则天又在唐高宗和上官仪的身边安插了很多亲信，因此，当上官仪起草的废后草诏送到唐高宗手中时，就有人飞报给了武则天。武则天乍听之下，不禁大惊失色，她匆匆忙忙赶到唐高宗那里申辩，当武则天来到唐高宗那里时，草诏还在唐高宗的手里。怯懦的唐高宗早已吓得魂飞魄散，武则天口齿伶俐，把唐高宗质问得无地自容，原本觉得非常有理的他经武则天这么一说，反倒是感到自己完全做错，冤枉了皇后。为了推卸自己的责任，安慰武则天，他竟然把上官仪给出卖了，支支吾吾地说：“我原本没有此意，全是上官仪教我这么干的。”过去上官仪与王伏胜都曾侍奉过前太子李忠，武则天就命许敬宗诬陷上官仪与王伏胜、李忠一起阴谋刺杀皇上。麟德元年十二月十三日，唐高宗下令将上官仪打入大牢，与其子上官庭芝及王伏胜一起均被处死，家财没收。十五日，将废太子李忠赐死在黔州，终年二十二岁。右相刘祥道因与上官仪私交很好，也被罢免，贬为司礼太常伯（原礼部尚书），左肃机（原尚书左丞）郑钦泰等与上官仪有来往的朝臣也都被流放了。上官仪的孙女上官婉儿随母亲被没入后宫为奴。

清除了上官仪一党，武则天还不放心，她担心唐高宗还能培植出另外一个上官仪。因此，不仅在后宫，而且在外朝，也必须对唐高宗时刻予以监督，她要求从今往后凡是唐高宗上朝，她也都要在后面垂帘听政。过去有太后垂帘听政，而今是妻子垂帘听政；过去是因为皇帝年纪小，而今是因为什么呢？唐高宗似乎是中国历史上唯一由妻子垂帘听政的成年皇帝！所以，就算整个高宗朝如何如何强盛，仅凭这一点，那些个试图给唐高宗翻案，说他不是个懦弱皇帝的人都是徒劳的——头风病并不能替唐高宗开脱，要知道唐太宗也有头风病，是唐高宗本人确实窝囊。

处理了上官仪，在武则天的授意下，唐高宗又提拔太子右中护、检校西台侍郎乐彦玮，西台侍郎孙处约为同东西台三品。史书对二人事迹记载甚略，《启颜录》称他身材高大，口露牙齿。《御史台记》记载，孙处约与高智周、郝处俊、来济年轻时都寓居在一起，曾各自说出志向。郝处俊先说：“情愿当宰相，就算只当一天也满足了。”高智周和来济也深以为然。只有孙处约说：“当宰相就不好说了，我只愿当个通事舍人，在皇宫内外走动，颁布诏命就可以了。”

麟德元年的废后事件，是唐高宗试图夺回皇权的最后努力，从此以后，他再也没有能力从武则天手中夺权了，成了名副其实的傀儡皇帝。武则天不仅诛杀了上官仪、加强了对唐高宗的控制，而且顺手连带着把前太子李忠也杀了，可谓是一举数得。史称，从此以后，唐朝权力全部归于武则天，官员的提拔贬谪、生杀予夺，全由武则天一句话，唐高宗只是袖手旁观，装聋作哑而已，天下人把唐高宗和武则天并称为“二圣”。《唐历》称：“群臣朝谒，万方表奏，皆呼为二圣。帝坐于东间，后坐于西间。后随其爱憎，生杀在口。”

二一七　封禅泰山

封禅之议，由来已久。

唐太宗在位期间就屡屡有人请求封禅，但因种种原因，一直没有实现，高宗即位后，到显庆六年二月，益州等地称看见了龙，因此改元龙朔；群臣又建议于龙朔三年一月封禅，武则天也表示支持，但很快就因为百济战争和铁勒反叛等取消了；到了龙朔三年十月，又有人称在含元殿发现了麒麟的脚印，遂改年号为麟德，又有人建议封禅，唐高宗遂下令在麟德三年一月封禅。麟德元年十二月废后事件流产，麟德二年（公元665年）实际上成为二圣共治的第一年。

这一年一月二十四日，吐蕃派人入朝，请求与吐谷浑和解，并要求在赤水一带游牧，但唐高宗没有答应。二月，唐高宗在与大臣们交谈时，谈到隋炀帝，他说：“隋炀帝拒谏饰非而亡国，朕经常引以为戒，虚心求谏，可是朝中竟然无人劝谏，这是什么缘故？”司空李勣回答：“陛下所作所为都非常正确，群臣无从劝谏。”这话出自那些所谓的佞臣之口倒还罢了，却出自名将李勣之口，实在是令人齿冷。这虽然与李勣的个人品性有关，但与当朝的政治风气也是密不可分的。想当年，在太宗朝时，李勣也是敢于犯颜直谏、直抒胸臆的。比如在白岩城之战中，唐太宗原先下令等破城之后将城内军民、财物全部赏赐给唐军将士，但白岩城城主后来又要请降，唐太宗将要接受，李勣率领数十名高级将领给唐太宗施加压力，唐太宗下马道歉，并承诺用国库财物赏赐将士们，李勣等人这才作罢。而如今的李勣前说出了册立武则天是皇帝的家务事，如今又说出如此谄媚之言，其原因究竟何在？对比太宗、高宗两朝，我们可以发现，虽然唐太宗也有猜忌功臣的时候，但总体来说，只要功臣们威胁不到皇权，他对大家都还是非常宽厚的。即便是玄武门之变前的很多对立面如王珪、魏徵等人也都被他化敌为友、为他所用了，而高宗一朝则不然，高宗即位这十几年来，先有永徽年间的房遗爱大案，中间是显庆年间的长孙无忌大案，后又有龙朔年间的上官仪大案，期间还夹杂着废黜李忠，罢免李义府、杜正伦等大事，开明的政治风气早已荡然无存。在这种情况下，让群臣对一个傀儡皇帝提出意见，无异于缘木求鱼，深谙明哲保身之道的李勣溜须拍马，一脸媚态，也就在情理之中了。

闰三月一日，唐高宗离开长安，前去东都洛阳。该月，疏勒与弓月部引吐蕃军队入侵于阗，唐高宗下令西州都督崔知辩、左武卫将军曹继叔率军救援。本年度，朝中重臣分别为：司徒李元礼、司空李勣、左相窦德玄、右相陆敦信（四月任命）、同东西台三品姜恪、大司宪兼知政事刘仁轨。孙处约、乐彦玮四月同时罢相，原因不详。陆敦信，两唐书无传，生平不详。姜恪，太原功臣姜宝谊的儿子，据说是三国蜀国名将姜维的后代。

七月，唐高宗命熊津都尉扶余隆与新罗王金法敏和好，八月十三日，二人在熊津城盟誓。刘仁轨率领新罗、百济、耽罗（济州岛）、倭国使者回到祖国，一起参加封禅大典；高句丽也不请自来，派遣太子福男侍奉唐高宗封禅。

所谓的封禅，是封和禅的合称，封是祭天，禅是祭地。封禅一般同时进行，封在泰山举行，禅则在泰山下的梁父山、肃然山等山举行。武则天不放过任何一个显示自己权威的机会。十月十五日，武则天上书称："封禅旧典，当祭祀地神时，由皇太后陪祭，而由朝廷重臣主持，礼仪不妥，到那一天，臣妾愿意率领宫内外有官爵的妇女主持这一仪式。"唐高宗下诏表示同意，他说："封禅坛所设的上帝、后土牌位，过去是用秸秆和陶制的瓢，现在改用绸缎垫子和金制酒器，以后其他祭祀也照此办理。从今以后，祭祀、宴会，文舞演出《功成庆善之乐》，武舞演出《神功破阵之乐》。在祭祀土地神时，以皇后为第二梯次献祭，以越国太妃燕氏（李治庶母、越王李贞的母亲）为第三梯次献祭。"

十月二十八日，唐高宗从洛阳出发，踏上了东封泰山之路。扈从车驾、文武百官，连绵数百里，队伍晚上设置的帐幕，漫山遍野。东自高句丽，西到波斯、乌长（印度半岛西北部）等国都派来使者，各自率领本国的队伍，参与大典。当时，唐朝连年丰收，一斗米仅卖五钱，小麦、大豆放到市场上根本无人购买。

十一月二十日，唐高宗一行来到濮阳（今河南省濮阳市）。唐高宗问窦德玄："古代濮阳被称为帝丘，这是为何？"窦德玄无言以对。许敬宗听到后，从身后拍马赶上，回答："上古时，颛顼（黄帝王朝的第三任国君）就住在此地，所以叫帝丘。”唐高宗连连赞赏。退下后，许敬宗对别人卖弄道：“身为大臣不能不学习啊，我见窦德玄对不上去，实在是替他害羞。”窦德玄听到后，反唇相讥道：“人各有所能，也各有所不能，我不会就是不会，不会勉强回答自己不知道的，这也是我的能处。”李勣说：“许敬宗知识渊博，确实不错；窦德玄的话说得也很对。”

寿张（今山东省东平县境内）百姓张公艺九世同居，北齐、隋朝和唐朝三朝都曾经予以表彰。唐高宗路过寿张时，专门前往张公艺家中探望，他询问张公艺是怎么做到这一点的。张公艺什么话也没说，只是拿来一张写了一百多个“忍”字的纸呈给了皇帝。唐高宗虽然贵为皇帝，却处处被武则天辖制，没有半点自由，他触景生情，不禁流下了眼泪。

十二月九日，唐高宗抵达齐州（今山东省济南市），在那里停留了十天。十九日，唐高宗从灵岩顿（今山东省济南市长清区东南）出发，抵达泰山脚下。有关部门在泰山以南兴修圆坛，在山顶修建登封坛，在社首山上修建降禅方坛。

一切准备就绪，到麟德三年（公元666年）一月一日，唐高宗在泰山以南祭祀昊天上帝。次日，他登上泰山，在泰山山顶上向昊天上帝递交奏章（玉牒），将玉牒放在玉质的盒子内，把递交给配帝（唐高祖李渊）的奏章放入金盒子内，用金线缠住，金泥封好，再把两个盒子放入一个石柜内。三日，在社首山举行禅礼，祭祀土地神。唐高宗第一次献祭后，文武百官都一并退下，而后，由武则天率领命妇们进行第二轮献祭。由宦官拉起由丝绸做成的帷幕，敬酒、呈献贡品、献歌，均由宫女完成。五日，唐高宗驾临朝觐坛，接受百官和外国使节的朝拜，大赦天下，并改元为乾封元年。三品以上的文武官员赏赐一级爵位，四品以下晋升一级。唐朝初年，官爵的晋升全靠功劳，根本没有无故晋升这么一说，而且，要想升到三品、五品，还需要有关部门上报给皇帝，由皇帝亲自裁决。自从这次封禅大典后，官员开始泛滥，人数越来越多，等到唐朝末年，身着四五品红色官服的官员已经是数不胜数了。任何一个朝代的腐败、瓦解，都是从吏治的腐败开始的。其实，形成这一情况的原因很简单：新朝建立之初，用的都是有功之臣，风气相对很正，但随着时间的推移，一些官员开始腐败，而一朝天子一朝臣，继任的皇帝出于安排自己人、政治斗争、拉拢人心等多方面的考虑，会打断官员自然的新陈代谢进程，在人员指数受到限制的情况下，会想出各种办法增加官员指数，从而破坏过去良好的规矩。皇帝如此，各级掌握大权的人也会出于派系的原因，把各自的人安排到一些岗位上去，没有岗位就因人设岗，从而让整个国家的吏治越来越臃肿，最终破坏整个国家的各个方面。

乾封元年一月十九日，完成封禅大典的唐高宗一行离开泰山，二十四日抵达曲阜，赠孔子为太师，用少牢祭祀。二十二日，到达亳州，祭祀老君庙，上老子李耳尊号为太上玄元皇帝。三月十一日，回到洛阳。四月八日，回到长安，拜谒太庙。

至此，封禅典礼完毕。在这次大典中，武则天改变了过去在祭祀土地神时由公卿大臣进行第二轮献祭的惯例，树立了自己有别于过去皇后的形象，除此之外，武则天又顺势清除了另一个威胁到自己地位的人——外甥女魏国夫人贺兰氏。如前所述，武则天有两个同父异母哥哥：武元庆、武元爽；两个同父同母姐妹，姐姐嫁给越王府法曹贺兰越石，妹妹嫁给了郭孝慎。武士彟去世后，武元庆、武元爽与堂兄弟武惟良、武怀运对武则天的母亲杨氏十分无礼。武则天的姐夫贺兰越石以及妹妹、妹夫郭孝慎都早死，姐姐生下一男（贺兰敏之）一女（魏国夫人）后守寡。武则天被立为皇后后，其母杨氏被封为荣国夫人，姐姐被封为韩国夫人，堂兄武惟良从始州长史破格提拔为司卫少卿，武怀运从瀛州长史提拔为淄州刺史，武元庆从右卫郎将升为宗正少卿，武元爽从安州户曹升为少府少监。一次，武则天的母亲荣国夫人在宴席上对武惟良等人说："你们还记得往昔之事吗？如今你们富贵了，有什么感想？"可是武惟良等人丝毫不买账，不卑不亢地回答："武惟良等人幸而是功臣子弟，早早就侧身官场，我们掂量自己的才能，不求富贵，没有想到竟然因为皇后，受到皇帝的厚恩，所以，我们日夜忧叹，不觉得有什么荣耀的。"荣国夫人听后不禁大怒，给女儿武则天一说，武则天就上书唐高宗，表示要防微杜渐，打掉外戚专权的苗头，请求把武惟良等人远调到边地任职。于是，在封禅回来后不久，唐高宗就把武惟良调任检校始州刺史，武元庆为龙州刺史，武元爽为濠州刺史。武元庆到州后不久就忧愁而死了；武元爽因事被流放到振州而死。

再说武则天的姐姐韩国夫人和外甥女贺兰氏，也经常出入宫中，竟然与唐高宗勾搭上了。不久，韩国夫人就去世了，贺兰氏被封为魏国夫人。唐高宗一直想把魏国夫人纳入后宫，但碍于武则天的面子，始终不敢张口。武则天见自己的外甥女势头很劲，非常不满，前一年她在宫中让道士郭行真厌胜，似乎就是冲着姐姐韩国夫人和外甥女魏国夫人而来的，这大约也是在废后事件中唐高宗自感理亏的真正原因。废后事件过后，皇帝、皇后各自妥协，暂时相安无事，但魏国夫人问题还没有得到解决。等到封禅归来后，武惟良、武怀运与其他各州刺史一起回到了京师，武则天在武惟良等人呈献的食物中下毒，毒死了魏国夫人，嫁祸于武惟良和武怀运二人。乾封元年八月，将二人诛杀，给他们改姓蝮。武怀运还有个哥哥叫武怀亮，早死，其妻善氏昔日对武则天的母亲杨氏尤其不好，因武惟良一案，善氏也被没入掖庭为奴，荣国夫人杨氏指使武则天找事把她用荆条打得皮开肉绽，露出骨头，活活被打死了。

二一八　灭亡高句丽（一）

还是在唐高宗封禅泰山之前，即麟德元年十月检校熊津都督刘仁轨就上书唐高宗历数经营百济、讨伐高句丽之计。

他在奏表中说："臣见我军戍守百济的士兵们，疲惫、弱小的多，勇敢、强壮的少，他们衣衫褴褛，只想西归，无心为国效力。臣询问他们：'从前在国内时，我见百姓踊跃参军，有的甚至自带军粮、服装，称之为义征。为何如今你们都变成了这样？'士兵们纷纷回答：'今日政府与过去不同了，人心也都变了。过去，东征西讨，只要为国牺牲，国家都会派来使者吊唁，追赠官爵，或者把死者的官爵回赠给子弟，凡是渡海征东的，都晋升一级。自从显庆五年以来，士兵们屡屡渡海作战，朝廷也不备案，死难者亦无从褒赠。州县招募士兵，那些强壮而家庭富有的人，只要给官员们送些钱财，都能逃匿起来，剩下那些贫穷的，即便是身体虚弱，也被强征入伍。前不久，进攻百济以及平壤苦战时，将领们在战前承诺的封赏可谓是五花八门，费尽心思，可是，等到回到国内，只听一片追究责任之声。那些立下战功的将士被夺去官爵、赏赐，州县到处追捕，无处可逃，种种苦楚，一言难尽。因此，这批军队在出发之前就已经有人自残以逃避兵役了，不是到了海东才如此的。另外，本来在战场上杀敌立功，被朝廷授予官爵是一种荣耀，可是，近年以来，遇到劳役，还是让这些勋官服役，与平民百姓无异，这也是百姓不愿从军的原因之一。'臣又问：'过去士兵们戍守五年也能坚持，为什么你们现在只戍守了一年就如此困顿呢？'回答：'离家之初，只让准备一年的装备，现在已经两年了，还没有归期。'臣检查士兵们的衣服，今年冬天还能坚持，等到来年秋天就不好说了。陛下在海外驻屯军队，就是为了消灭高句丽，百济、高句丽原本是同盟关系，倭国虽然遥远，但也能支援上，如果我们不在百济驻军的话，它很快就会复国。如今既然驻军了，又进行了屯田，就需要士兵们同心协力，如今大家是这种心态，又如何才能成功！如果不改弦更张，重重犒劳将士们，明确赏罚，鼓舞士气，还像以往那样，恐怕终究会师老兵疲，立功无望。逆耳之事，也许没有人会说给陛下，臣披肝沥胆，冒死禀报。”为了消弭朝中可能对自己的攻击，刘仁轨还在奏章中举出了晋武帝司马炎灭吴时，贾充等人意欲斩杀张华以谢天下的错误举动，提醒唐高宗明察佞臣对在外领兵大将的诽谤。

唐高宗接受了刘仁轨的建议，派遣右威卫将军刘仁愿率军东去，把刘仁轨所部接替回国，并命刘仁轨也一起归国。刘仁愿来到百济后，准备与刘仁轨交接，但刘仁轨拒绝执行皇帝的诏命，他对刘仁愿说：“朝廷在海外驻军，目的是消灭高句丽，这事很不容易。如今，秋收未完，而将军中将领和士兵们全部调回国内，主将也随之归国，百济刚刚臣服，民心不安，一定会生出祸乱。不如暂且留下旧兵，让他们收获庄稼，办好行装，分批归国，至于我这个主将则应该继续留下镇守，不可离去。”刘仁愿说：“昔日我回到国内，很受朝士的诽谤，认为我多留兵众，阴谋割据百济，差一点身陷不测。如今我只想遵旨，岂敢擅自行动！”刘仁轨说：“身为臣子只要所为有利于国家，知无不为，岂能考虑个人安危！”两人争执不下，只有请皇帝定夺。于是，刘仁轨再次给唐高宗上书，请求留下来继续镇守百济，唐高宗最终同意了，又以扶余隆为熊津都尉，命其招徕其旧部。

乾封元年，唐高宗封禅后，高句丽莫离支渊盖苏文去世了。渊盖苏文有三个儿子：长子渊盖男生、次子渊盖男建、幼子渊盖男产，渊盖苏文去世后，渊盖男生继任莫离支。渊盖男生刚继位，命两个弟弟在京师留守，自己率部出巡各地。其间，有人对他的这两个弟弟说：“你哥哥一直对你们二位不放心，想要除掉你们两个，不如先下手。”起初，渊盖男建和渊盖男产并不相信。此人又跑到渊盖男生那里离间道：“你的两个弟弟担心你回京后会夺去他们的权力，计划着阻挠你回京。”渊盖男生派自己的亲信偷偷回京察看情况，渊盖男建和渊盖男产误以为哥哥确实心怀恶意，就派人把这名亲信抓了起来，并假托国王高藏的名义招哥哥回京。渊盖男生害怕被杀，不敢回京，渊盖男建遂自立为莫离支，发兵前去讨伐渊盖男生。渊盖男生逃到国内城（今吉林省集安市），派儿子渊盖献诚赶到长安，恳请唐朝派兵解救。

高句丽内乱，给唐高宗一个千载难逢的机会。六月七日，唐高宗任命右骁卫大将军契苾何力为辽东道安抚大使，以渊盖献诚为右武卫将军，担任向导；又以左金吾卫将军庞同善、营州都督高侃为行军总管，配合契苾何力一起讨伐高句丽。庞同善是玄武门功臣庞卿恽的儿子。高侃就是永徽元年生擒车鼻可汗的那位，高侃有三子：高崇德、高崇礼、高崇文，高崇文就是盛唐著名边塞诗人高适的父亲。

九月，庞同善率领的唐军大破高句丽军队，渊盖男生率领本部人马与唐军会师。唐高宗下诏以渊盖男生为特进、辽东大都督，兼任平壤道安抚大使，封玄菟郡公。

唐军初战告捷后，唐高宗下定了大举讨伐高句丽的决心。十二月十八日，唐高宗又任命司空李勣为辽东道行军大总管兼任安抚大使，以司列少常伯郝处俊为副大总管，增援契苾何力等军；又以契苾何力、庞同善为副大总管兼任安抚大使。水陆各军总管包括运粮主管窦义积、独孤卿云、郭待封等人全部归李勣统领。河北各州的租税也都送往辽东，支援前线。郝处俊的外公是许绍，隋末，郝处俊的父亲郝相贵与许绍一起降唐，被授予滁州刺史，不久，郝相贵就去世了，贞观中，郝处俊应进士举，被授予著作佐郎，后被任命为滕王友，辞职回家；很久以后，被朝廷召入，历任太子司议郎、吏部侍郎、司列少常伯（原吏部侍郎改）。窦义积生平不详。独孤卿云，史书无传，但据《元和姓纂》卷十独孤条记载，京兆（独孤）楷“生凌云、平云、滕云、卿云、彦云……”。《隋书·独孤楷传》称:“独孤楷，不知何许人也，本姓李氏。父屯……为柱国独孤信所擒，配为士伍，给使信家，渐得亲近，因赐姓独孤也……子凌云、平云、彦云，皆知名。”由此可知，独孤卿云是隋朝名臣独孤楷的儿子；在宇文化及杀害隋炀帝的江都之变中被杀的右屯卫将军独孤盛，就是独孤卿云的叔父。独孤卿云的曾孙女后来成为唐代宗的贵妃，死后被追封为贞懿皇后。郭待封是唐朝第一任安西都护郭孝恪的次子。

李勣被任命为伐辽主帅后，曾打算让女婿杜怀恭同行，也好混个出身。杜怀恭性格放荡不羁，非常滑稽，李勣却对他十分看重。杜怀恭不愿出征，先是以自己家贫推辞，李勣送给他一些钱财；杜怀恭又以自己没有马匹为由推辞，李勣又送给他些钱，让他买马，最后，杜怀恭再无法推辞了，只好逃到岐阳山中，对人说：“我岳父是想杀了我立威罢了。”李勣听后，泫然流泪，说道：“我这女婿放浪形骸，也许会说出这话吧！”杜怀恭的忧虑不是没有一点道理的——人太神秘莫测了，谁还敢接近你？这也从另一个侧面说明李勣的为人很是失败。

二一九　灭亡高句丽（二）

由于渊盖男生驻扎在国内城，正受到高句丽军队的围攻，因此，唐军就确定了先打下新城，直趋国内城，解救渊盖男生，而后再图进取的策略。

李勣率军刚渡过辽河，就对众将说：“新城（今辽宁省抚顺市北），是高句丽西边要害之地，不先夺取，余下各城就很难攻克。”于是，唐军集中兵力，全力向新城发起了猛攻。

李勣率军在新城西南，依托山险，构筑营栅，边守边攻。城内人师夫仇等人捆绑城主，开门投降，乾封二年（公元667年）九月十四日，唐军攻克新城。攻克新城之后，李勣率领唐军乘胜进击，接连将附近十六座城池一一攻克。就在李勣率领唐军主力攻城拔寨之际，渊盖男建派高句丽军队偷袭唐军在新城的大本营。当时，庞同善和高侃还在新城，左武卫将军薛仁贵率领骁勇奔赴救援，斩杀数百名敌人，将敌人击退。

此后，唐军开始向国内城方向攻击前进。高侃率部推进到金山（今辽宁省康平县境内，一说在今吉林省双辽市境内，另一说在辽宁省海城市附近），却遭到了高句丽军队顽强抵抗，唐军失利，高句丽军队乘胜追击，情况万分危急。就在这千钧一发之际，薛仁贵率部适时赶到战场，他命令军队拦腰朝敌人发起了猛烈的进攻。高句丽军队只顾追杀高侃的军队，谁也没有想到会从斜刺里杀出一支唐军，顿时大乱，唐军前后夹击，高句丽军队大败，被斩杀了五万多人，战场上尸横遍野，血流成河。此后，唐军乘胜扩大战果，一口气拿下了南苏（今辽宁省西丰县，一说为吉林省四平市以东的赫尔苏城）、木底（今辽宁省新宾县）、苍岩（今辽宁省恒仁县）三座城池，终于与渊盖男生的军队会师了。郝处俊率军在高句丽城下，还未列好阵势，高句丽军队突然杀出，唐军将士大吃一惊。当时，郝处俊正坐在马扎上，吃着干粮，他镇定自若，暗中挑选一支敢死队，从军中杀出，一举将高句丽人击退，唐军将士都对他的胆略十分佩服。

郭待封率领水军直扑平壤，李勣派遣偏将冯师本率领运粮船给郭待封部运送军粮。冯师本的船只在途中遇险，未能按期抵达，郭待封军中断粮，他想给李勣写信报告，但又担心途中书信被敌人截获，知己虚实，遂写了一首离合诗让人送给了李勣。李勣接到后，不禁大怒，说道："军情如此危急，此人却写诗给我？看我不杀了他！"行军管记通事舍人元万顷把诗歌细读一遍，看出了其中的奥妙，李勣这才赶忙命人给郭待封另发粮船。元万顷写了一篇《讨伐高句丽檄文》，上面有"不知守鸭绿之险"之句，渊盖男建回复道："你这可提醒我了！"于是，增兵鸭绿江，唐军无法东渡。唐高宗听说后，将元万顷流放到了岭南。

转眼就是新年，一月，唐高宗又以已担任右相的刘仁轨为辽东道行军副大总管；到三月，朝廷中关于明堂制度的讨论基本上确定下来，六日，唐高宗下诏大赦天下，改元总章。因此，这一年又被称为总章元年。

侍御史贾言忠奉命从前线回京汇报战况，唐高宗询问情况，贾言忠回答："一定能灭了高句丽。"唐高宗追问："你是怎么知道的？"贾言忠回答："隋炀帝东征失败，其原因在于国内人心离散；先帝东征失利，是因为高句丽国内无隙可乘。如今，高句丽国王高藏是个傀儡，权臣专权，渊盖苏文死后，渊盖男生兄弟火并，渊盖男生情愿归降，为我向导，敌人内部情况，我已了如指掌。以陛下神武，国家富强，将士尽力，又乘高句丽内乱，由此分析，高句丽必灭。况且，高句丽国内连年饥荒，灾异频频发生，人心惊骇，其灭亡可翘首以待。"唐高宗又问："辽东众将何人贤能？"贾言忠回答："李勣是先朝老臣，这是陛下十分清楚的；庞同善虽然不是斗将，却治军严整；薛仁贵勇冠三军，大名令敌人闻风丧胆；高侃俭朴廉洁，忠诚果敢，足智多谋；契苾何力持重沉着，有统帅之才，不过稍稍嫉妒别人；然而，就夜以继日、公而忘私、忧国忧民这方面来说，没有人比得过李勣。"唐高宗深以为然。

总章元年（公元668年）四月二日，彗星出现在五车星域。唐高宗不敢在正殿主持朝会，改在偏殿，减少日常用餐的品种，撤去佐餐音乐，以示警醒。许敬宗等人上奏请唐高宗恢复正常，说："彗星出现东北，预示着高句丽即将灭亡。"唐高宗回答："朕无德，致使上天示警，岂可归咎于高句丽！况且，高句丽百姓也是朕的百姓啊！"

金山大捷后，薛仁贵率领三千人将要进攻高句丽的另外一个重镇扶余城（确址众说纷纭，一说在今辽宁省开原市，一说在今辽宁省四平市，一说在今吉林省农安县、一说在今辽宁省昌图县西北，一说在今辽宁省岫岩县一带），众将觉得他带的兵太少了，纷纷劝阻，薛仁贵却说："兵不在多，关键是看如何运用。"遂作为各军的先锋冲到前面。唐军与高句丽军队又展开了一场血战，斩杀高句丽一万余人，并顺利攻克扶余城，扶余川中四十余座城池纷纷投降。唐军攻克扶余城之后，渊盖男建率领五万高句丽军队前来反扑，与唐军在薛贺水（疑为今辽宁省凤城市附近）合战。唐军再次大破高句丽军队，斩杀俘虏三万余人，并乘胜进攻大行城（疑在今辽宁省凤城市附近），一举将其攻克。

唐军各路军在总章元年夏秋之间已基本上清除了高句丽在辽东的各个据点，饮马鸭绿江边。渊盖男建发兵抵挡，李勣等率领唐军英勇奋战，又一次大破高句丽军队，顺利突破高句丽在鸭绿江上的防线，穷追猛打两百余里，又攻克了辱夷城（今朝鲜平壤市西北），兵临平壤。兵败如山倒，沿途众多高句丽城池的守将纷纷弃城遁逃，投降唐军的军民络绎不绝。契苾何力所部最先抵达平壤城下，唐军其他各部随后赶到，把平壤围了个水泄不通。

唐军包围平壤一个多月，高句丽国王高藏派渊盖男产率领九十八名大臣手举白旗，出城投降，李勣以礼款待了他们。渊盖男建依然闭门固守，屡屡出城与唐军交战，但均被击败。渊盖男建信任一名叫信诚的和尚，将军中事务都交给他处理，信诚见以无力回天，暗中派人出城来到李勣军中，愿意充当内应。果然，五日后（九月十二日），信诚偷偷打开了平壤城门，唐军冲入城内，登上城墙，呐喊鼓噪，焚烧城墙四角的碉堡。渊盖男建想拔剑自杀，又被人救活，遂被唐军活捉。

高句丽遂告灭亡。

唐朝从贞观十八年唐太宗东征高句丽至今，前后历经二十五年之久。如果再从大业八年（公元612年）隋炀帝第一次东征高句丽算起，中原王朝经过半个多世纪的连续作战，并承受了一个王朝灭亡的代价，才终于将高句丽灭掉，代价不可谓不大，也确实是一场艰苦卓绝的战争。

唐军经过一年多的苦战终于消灭了高句丽，完成了唐太宗未竟的事业，这当然令唐高宗非常高兴。据《古今合璧事类备要》记载，在等待李勣凯旋时，唐高宗经常登上后花园的高楼向北眺望，还将这座高楼取名为"望英楼"（应暗含两层意思：一是英雄；二是李勣的爵位为英国公）。

当唐军快到长安时，唐高宗命人先把高藏等俘虏拉到昭陵前，向亡父献俘，告慰父皇的亡灵，而后举行盛大的凯旋仪式，高奏凯歌，进入长安城，又在太庙进行献俘。十二月七日，唐高宗又在含元殿上接受了一次献俘，他下诏赦免了高藏等俘虏，任命高藏为司平太常伯、员外同正（待遇类似于部长）、渊盖男产为司宰少卿（宫廷膳食部副手）、信诚为银青光绿大夫、渊盖男生为右卫大将军；将渊盖男建流放到黔州、扶余丰流放到岭南。将高句丽国中五部、一百七十六城、六十九万户分为九个都督府、四十二个州、一百个县，在平壤设置安东都护府进行管理，以右威卫大将军薛仁贵为检校安东都护，率领两万军队镇守在那里，提拔高句丽有功人员担任都督、刺史、县令等职，与汉人一起管理。

十二月十七日，唐高宗在长安南郊祭祀天神，向上天报告消灭高句丽的捷报，让李勣进行第二轮献祭。十九日，又到太庙进行禀报。

灭亡高句丽的第二年，即总章二年（公元669年），唐高宗加李勣为太子太师，增封食邑至一百一十户。当年年底，李勣就身染重病，卧床不起，唐高宗和皇太子赏赐的医药，李勣不得不服用，至于家人要给他请医生看病，他一概不许，说道："我原本是关东的一介农夫，遭遇圣明，位列三公，年将八十，岂非命也？人的寿命长短自有定数，岂能向医生求活！"李勣的达观态度似曾相识，想当年，刘邦病重期间也曾慷慨地说道："吾以布衣提三尺剑取天下，此非天命乎?名乃在天，虽扁鹊何益?"一天，李勣突然对弟弟司卫少卿李弼说道："我今天好些了，可以置酒为乐。"于是，子孙们都聚集到一起，酒喝得差不多后，他对李弼说道："我自忖是好不了了，所以才特意与你们告个别，你们不要哭泣，听我吩咐：我见房玄龄和杜如晦二人，一生勤勉，辛苦备尝，却仅仅能支撑门户不倒，遇到不肖子孙，家业荡尽，我的这些子孙全都交付给你。安葬我以后，你就迁居在我家，照看我的子孙，如果子孙们出现志向不纯、交结一些狐朋狗友的，一律先用棍子打死，而后上奏皇上。又见别人随葬埋了很多金玉，这也是不必要的。有孩子的姬妾愿意留下的就留下，其余的全部放出。"说完，再也一言不发了。十二月三日，李勣病逝，终年七十六岁。

听到李勣去世的消息，唐高宗非常悲痛，他下诏停止办公七天，进行哀悼，追赠李勣为太尉、扬州大都督，谥号为贞武，陪葬昭陵。下葬之日，唐高宗登上高楼眺望丧车悲泣，皇太子李弘随车送葬，一路恸哭；按照西汉名将卫青、霍去病的旧例，给李勣所修筑的坟墓形状像阴山、铁山、武德鞬山那样，以表彰李勣生前消灭突厥、薛延陀之功。李勣死后，因其长子李震早死，其嫡孙李敬业继承其爵位。

李勣知人善任，多谋善断，从善如流，作战所得赏赐、战利品全都散给部下，因此，人人愿意出死力，他所率领的军队往往所向无敌。李勣在临阵选将时，总是挑选那些容貌丰润之人，有人询问缘由，李勣回答："薄命之人不容易成功名。"李勣虽然贵为仆射，但姐姐生病，他必定亲自给姐姐熬粥，一次，做饭时火竟然把他的胡须烧着了。事后，姐姐说："奴仆那么多，何必把自己弄得这么辛苦！"李勣却回答："岂是因为没人手！只是想到姐姐年龄大了，我也年老了，就算我想一直给姐姐熬粥，又岂能做到！"一次，有位同乡来探望李勣，李勣招待他吃饭，席间，此人吃饼时却把饼的边缘撕下扔在一旁，李勣见状，责备道："要做成这饼子，需要犁两遍土地，撒下种子，收割，扬场，磨面，然后才能做成。你把饼边扔掉，这是什么道理？在我这里尚可，要是在皇帝面前，你做出这事，看皇帝不砍下你的脑袋！"

《朝野佥载》称，李勣下葬之初，占卜得到的卦辞是："朱雀和鸣，子孙盛荣。"张景荣听后，私下说："术士说得不对，这其实是'朱雀悲哀，棺中见灰。'"此后，李勣的孙子徐敬业（李敬业）起兵，造武则天的反，武则天大怒，下令挖开李勣的坟墓，焚烧了他的尸体。

二二〇　六年小结

李勣是凌烟阁二十四功臣中最后去世的一个，也是最会来事、深受皇帝信任并委以重任的武将。

弹指一挥间。倏忽之间又过去了六年，这短短的六年，唐高宗用了三个年号，每个年号只用两年：麟德、乾封和总章。麟德元年，唐高宗和武则天之间的矛盾激化，唐高宗废后不成，双方达成协议，武则天开始明目张胆参与朝政；麟德二年，巩固对百济的统治、准备东封泰山。乾封元年，封禅泰山，渊盖苏文去世，高句丽内乱，唐高宗发兵东征；二年，唐军增兵。总章元年，灭高句丽，设置安东都护府；总章二年，李勣病死。

据《唐将相大臣年表》记载，这六年来唐将相大臣分别为：

麟德元年：司徒李元礼，司空李勣，右相刘祥道，检校左相窦德玄，同东西台三品许敬宗、上官仪（十二月被杀）、乐彦玮、孙处约（乐、孙二人十二月晋升）。

麟德二年：司徒李元礼，司空李勣，左相窦德玄，右相陆敦信（原右相刘祥道转司礼太常伯），同东西台三品许敬宗、乐彦玮、孙处约（乐、孙二人四月罢免）、姜恪（三月任命），大司宪参知政事刘仁轨（十月任命）。

乾封元年：司徒李元礼，司空李勣（十二月出征高句丽），左相窦德玄（八月去世），右相刘仁轨（四月陆敦信被罢免、七月升任），同东西台三品许敬宗、姜恪。

乾封二年：司徒李元礼，司空李勣，右相刘仁轨，同东西台三品许敬宗、姜恪、杨弘武、戴至德、李安期（八月出为荆州长史）、赵仁本（四人均为六月升任），东台舍人参知政事张文瓘。

杨弘武是隋朝宰相杨素弟弟杨岳的次子，他的哥哥杨弘礼在太宗朝历任兵部侍郎、司农卿等职。史称，杨弘武没有特殊的才能，只是非常谨慎小心，据《隋唐嘉话》记载，还是他担任司戎少常伯（兵部侍郎）时，唐高宗发现他呈送上来的拟任名单中有一个人不合格，就责问他："怎么报上来这个人？"杨弘武回答："我的妻子韦氏非常强悍，昨天让我这么干的。臣如果不从，恐怕会有后患。"同为妻管严的唐高宗听后，也表示同情，不禁笑出声来，也就同意了。戴至德是武德、贞观初年大臣戴胄的儿子（实为侄儿，过继为子），其为人也是十分谨慎小心的。李安期是隋朝名臣李德林的孙子，撰写《北齐书》的李百药的儿子。李安期自幼聪慧，贞观年间也参与了《晋书》的修撰，高宗朝长期负责吏部工作，号为称职。唐高宗经常责备侍臣们不举荐贤才，众人无言以对，只有李安期回答："天下不是没有贤才，也不是群臣故意不给陛下举荐，只是近来公卿大臣们一旦举荐了人才，就有人给陛下进谗，称人家是在拉帮结派，被举荐的人还未得到任用，举荐的大臣自己就获罪了，所以众人只好闭口不言。陛下如果真能开诚布公，谁不愿意把自己了解的贤才举荐给陛下？原因在陛下这里，而不能怪罪群臣。"唐高宗想了想，觉得李安期说得有理。赵仁本由吏部员外郎升任，被晋升为宰相后不久，因其没有接受许敬宗的请托，不久就被贬为尚书左丞。张文瓘，贞观中举明经，被任命为并州参军，当时李勣为并州大都督府长史，张文瓘为人严正，李勣对他十分礼遇，后历任水部员外郎、云阳令、东西台舍人参知政事、东台侍郎等职。当时，唐高宗不仅征讨四夷，而且在国内也不停地大兴土木，接连兴建了蓬莱、上阳、合璧等宫室，御马上万，国库逐渐空虚。张文瓘进谏道："人力不可不惜，百姓不可不养，养之逸则富以康，使之劳则怨以叛。秦皇、汉武，广事四夷，多造宫室，使土崩瓦解，户口减半。臣闻制化于未乱，保邦于未危……殷鉴不远，近在隋朝。臣请求陛下稍稍安抚一下百姓，不要令百姓产生怨恨。"唐高宗接受了他的建议，把御马减了数千匹。后来，张文瓘父子兄弟五人也都当上了三品以上的大官，被人称为"万石张家"。

总章元年：司徒李元礼，司空李勣，检校左相姜恪（十二月任命），守右相阎立本（刘仁轨出征高句丽），同东西台三品许敬宗、杨弘武（四月去世）、戴至德、赵仁本，东台舍人参知政事张文瓘。

阎立本是唐代著名画家，他的父亲阎毗，曾任隋朝殿内少监，哥哥阎让，字立德，历任将作少匠、将作大匠、工部尚书等职，死后被追赠为吏部尚书、并州都督，陪葬昭陵。阎立本父子兄弟三人都是能工巧匠，唐高宗显庆年间，阎立本接替哥哥担任工部尚书。虽说阎立本文采也不错，却因为擅长绘画而受到牵累，不仅别人瞧不起，就连他自己也感到羞愧。据《大唐新语》记载，人们都觉得姜恪当上左相是理所应当，而对阎立本当上右相就嗤之以鼻，当年天下闹饥荒，国子监的学生放假，朝廷又限令令史们都要通一部经书。当时，就有人把这四件“怪事”串在一起，嘲讽朝廷，称：“左相宣威沙漠，右相驰誉丹青。三馆学生放散，五台令史明经。”太宗朝时期，一次，唐太宗与群臣在宫中泛舟，池上飞鸟嬉戏，唐太宗击节叹赏，命群臣赋诗，阎立本作画。当时，阎立本已经当上了主爵郎中，却被传唤：“画师阎立本。”阎立本听到传唤，慌忙赶来，汗流浃背，趴在池塘旁边绘画，自感十分羞耻。回到家中后，他把儿子召到跟前，告诫道：“我从小刻苦读书，文采不比别人差，仅仅因为爱好，涉猎了绘画，皇上却仅仅知道我这一项才能，把我看作奴仆一般，这太羞耻了，你要以此为戒，千万不要学习绘画。”其代表作有《步辇图》《古帝王图》《职贡图》《萧翼赚兰亭图》等。

总章二年：司徒李元礼，司空李勣（十二月去世），左相姜恪，右相阎立本、刘仁轨，同东西台三品许敬宗、戴至德、赵仁本、张文瓘（东台侍郎）、李敬玄（西台侍郎）、郝处俊（东台侍郎）。李敬玄，亳州谯人。博览群书，精通《五礼》。贞观末，由马周推荐，进入东宫担任李治的侍读，唐高宗即位后，历任西台舍人、弘文馆学士、西台侍郎兼太子右中护、同东西台三品，兼检校司列少常伯，负责人事工作。自永徽以后，符合条件的候补人选越来越多，每年有万人之多，但李敬玄在街上偶遇，都能说出姓名。有位叫徐太玄的杭州参军，在任期间，同僚张惠贪污被问罪，徐太玄可怜其母年事已高，遂自污也是同案犯。这样一来，二人分摊赃款，张惠得以免死流放，徐太玄也因之被免官，十余年不曾晋升。李敬玄得知后，大加赞赏，将其破格提拔为郑州司功参军，徐太玄也因此知名，后官至秘书少监、申王师，其德行为时人所重。

总章元年李勣灭亡高句丽之后，高句丽百姓纷纷发动叛乱，唐朝朝廷决定将高句丽百姓迁往唐朝内地。总章二年五月，唐高宗下诏将两万八千两百户高句丽人、一千八百辆车、三千三百头牛、两千九百匹马、六十峰骆驼迁入中国，由莱州、营州安置到江淮之间以及山南、并州、凉州以西各州的空闲之地上，高句丽本土只留下一些老弱。本年六月、七月之间，唐帝国国内接连发生大的灾难：

六月，括州大风雨，海水倒灌永嘉、安固两城，九千余人被淹死；冀州也遭遇水灾，数千间房屋受灾，到了七月，冀州连降大雨，平地水深五尺，冲毁房屋一万四千多座，毁坏良田四千四百多顷；西南地区却发生了旱灾，七月，剑南的益州、泸州、嶲州等十九州发生旱灾，受灾人数高达三十六万余户；到了这一年的冬天，一冬无雪。

二二一　兵败大非川

公元670年三月一日，因天旱，唐高宗下诏大赦天下，将年号由总章三年改为咸亨元年。这一年，唐高宗四十三岁，武则天四十七岁，历史由此步入唐高宗咸亨年间。

唐军虽然在东方取得了胜利、消灭了高句丽，然而，高句丽旧境并不太平，新罗也是蠢蠢欲动，而西方更是形势大坏。趁唐军主力东移之际，吐蕃加紧了对西域各国的控制：咸亨元年（公元670年）四月，吐蕃军队攻陷西域十八州，又与于阗一起偷袭龟兹拔换城（今新疆维吾尔自治区阿克苏市），一举将其攻陷。唐高宗不得不收缩战线，下诏撤销了龟兹、于阗、焉耆、疏勒四个军镇（安西四镇）——这是唐高宗第二次撤销安西四镇，第一次是在他即位之初的永徽元年，安西都护府迁回西州；到显庆二年，唐军平定阿史那贺鲁之后，次年，又迁回龟兹，恢复安西四镇。

在文成公主嫁给吐蕃的赞普松赞干布之后，整个太宗朝，吐蕃与唐朝一直维持着良好的关系，但随着太宗和松赞干布的去世，掌握着吐蕃实际权力的宰相禄东赞走上了扩张的道路：显庆三年（公元658年），吐蕃赞普向唐朝求婚，但唐朝不置可否，到了显庆五年（公元660年），就在唐军主力东征百济之际，吐蕃也向吐谷浑发起了进攻。当时，唐朝国威正盛，吐蕃尚不敢与唐朝翻脸，与吐谷浑各自派使者到唐朝说理，唐朝未予理睬。龙朔二年（公元662年），吐蕃军队取道象雄（西藏古国，又翻译为羊同，今西藏自治区阿里地区一带，松赞干布当政时，将妹妹赛玛噶嫁给象雄王，两国和亲，后象雄为松赞干布所灭），进入西域。到龙朔三年（公元663年），吐谷浑大臣素和贵叛逃，吐蕃再次大举进攻吐谷浑，吐谷浑尽失旧地。此时的唐朝已陷入几面作战的窘境：东面，百济不安、进攻高句丽受挫；北面，铁勒九姓叛乱；西北，西突厥十姓无主，依附吐蕃，发动叛乱，进攻庭州；西边，龟兹、弓月叛乱，吐蕃又进攻吐谷浑。唐高宗急调名将苏定方担任安集大使，统领各军，支援吐谷浑。此时，因吐谷浑问题，吐蕃已与唐朝公开翻脸，成为敌国。

麟德二年（公元665年）一月，吐蕃请求在赤水地（今青海省东南一带）畜牧，并请与吐谷浑和亲，但唐高宗没有答应。吐蕃虽说是要与吐谷浑和亲，但又要求继续霸占吐谷浑的土地，其目的就是让唐朝承认其对吐谷浑的兼并，唐高宗当然是不会答应的。唐高宗拒绝了吐蕃的无理要求后，双方关系再度恶化，接着，在西域方面，弓月部和疏勒就联络吐蕃军队向唐朝的藩属国于阗（今新疆维吾尔自治区和田市）发起了进攻，此后，到乾封二年（公元667年），吐蕃又趁着唐军主力东征高句丽之际，再次向唐朝的羁縻州发起进攻，攻克了位于今青海省东南部、四川省西北部的生羌（相对于熟羌而言，即未汉化的羌族）十二个州。到总章二年（公元669年），虽然唐朝灭掉了高句丽，但西部局势依然不容乐观，唐高宗决定挟战胜之威，对吐蕃用兵。七月，唐高宗任命左卫大将军契苾何力为乌海道行军大总管，打算把吐谷浑王诺曷钵送回旧地，但由于总章元年、二年两年内唐朝国内都遭遇水旱灾害，又刚刚对高句丽用兵，所以，唐朝朝廷之上对此次用兵意见不一。右相阎立本认为，自从去年以来，国内遭灾，粮价比往年上涨了一倍，民间匮乏，表示反对；契苾何力认为，吐蕃远在西边，大军一到，必然躲入山险，开春之后，又会卷土重来，如果等其再来，等其骄矜，可一举灭之；左相姜恪则认为，吐谷浑系唐朝属国，如果长期不救援，将有损大唐国威，边境也不得安宁，应该先帮助吐谷浑复国，而后伺机进攻吐蕃。由于大臣们意见分歧，此议最终没有定下来，九月一日，唐高宗下诏把吐谷浑的残余部落暂时迁到凉州的南山（祁连山），以避吐蕃兵锋。

此时，吐蕃已经占据吐谷浑之地六年，吐蕃也加强了对吐谷浑各部的控制，据《敦煌本吐蕃历史书》记载，至蛇年（总章二年），吐谷浑诸部前来致礼，征其入贡赋税，再就是到了如今，吐蕃又攻陷了整个西域绝大部分地区，唐朝疆域竟然又回到了贞观年间！

树欲静而风不止。事到如今，唐高宗当然再不能坐视不顾了，四月九日，他命令驻守在高句丽的右威卫大将军薛仁贵返回，以其为逻娑道行军大总管，左卫员外大将军阿史那道真（唐名将阿史那社尔之子）、左卫将军郭待封为行军副大总管，率领十余万大军前去讨伐吐蕃，并负责把吐谷浑送回旧地。虽然薛仁贵的头衔是逻娑道（拉萨）行军大总管，但实际上，唐军这次行动的目的主要是帮助吐谷浑复国，唐高宗还是采纳了姜恪稳扎稳打的作战思路。

郭待封曾任鄯州（今青海省海东市乐都区）主将，自恃熟悉地形，且与薛仁贵地位相当，耻于当薛仁贵的下属，因此，屡屡违抗薛仁贵的将令。吐蕃国相禄东赞有五个儿子：长子赞悉若，早死；以下依次为论钦陵、赞婆、悉多干、勃论。其四个儿子都很有能耐，如今，次子论钦陵就率领大军驻扎在吐谷浑旧地，抵御唐军。

唐军从鄯州出发，推进到了大非川。大非川，一说今青海省共和县切吉旷原；一说在今青海湖以西的布哈河。《读史方舆纪要》称："大非川在卫西。《唐十道图》大非川在青海南，乌海、星宿海、柏海并在其西，互相灌注……《唐志》：川在积石军西。胡氏曰：河口，积石河口也。自唐鄯州鄯城县西行三百余里，即大非川矣。"主帅薛仁贵的计划是：以轻装骑兵出其不意，长途奔袭乌海（今青海省玛多县冬给措纳湖），扼守险要，切断吐谷浑与吐蕃腹地的联络，而后依次清剿在吐谷浑的吐蕃残余势力。他对郭待封说："乌海险远，车行非常困难，带着辎重，难以趋利。应当留下两万人，在大非岭上修筑两座堡垒存粮，辎重全部放入堡垒之中，我们率领精锐骑兵，倍道兼行，掩其不备，一定能将敌人击破。"

然而，从后来战事发展的情况来看，吐蕃主帅论钦陵也是一位能征惯战的良将，他的思路几乎与薛仁贵相同：他也是集中了大部分主力部队，离开乌海一带，主动前突，寻找唐军主力决战，朝唐军所在的大非川一带扑来！

薛仁贵留下辎重，率领本部人马火速前进，他们这一支部队进展顺利，并没有与吐蕃主力遭遇。他们直扑河口（在乌海以东，积石河口），吐蕃人没有料到唐军会在这里出现，顿时被打得落花流水，缴获各类牲畜上万头。继而，唐军继续推进，一举占领乌海城，等待郭待封的到来。

虽然郭待封满口答应，但在薛仁贵出发后，他并没有按照薛仁贵的要求，留下辎重，构筑堡垒，轻装前进，而是带着辎重，缓缓而行。他们还没有到达乌海，就在半路上与论钦陵率领的二十余万吐蕃主力部队遭遇，唐军被打得大败，将辎重全部丢掉，狼狈而逃。在郭待封所部被围之时，驻扎在乌海的薛仁贵并没有前去增援，而是眼睁睁地看着郭待封所部被歼，这也成了战后薛仁贵最受人非议之处。据《旧唐书·薛仁贵传》记载，到开耀元年（公元681年），唐高宗重新起用薛仁贵时，就曾对他说过了这样一段话："昔日，九成宫遭水灾，要不是爱卿，我早已变为鱼了。爱卿又北伐铁勒九姓，东击高句丽，汉北、辽东都收复了，也都有你的功劳。你虽然有错，但这些功劳我岂能相忘？有人称正是因为你在乌海城下不与敌人作战，这才导致我军失利，朕唯一对你不满的就这事而已。如今西方还不安定，瓜州、沙州道路断绝，爱卿岂能高枕无忧，不给朕卖力呢？"薛仁贵对此并没有辩解，由此可见，在大非川之战中，也许是出于对郭待封的不满，薛仁贵的确没有出兵解救。

郭待封部惨败后，薛仁贵无法在乌海独存，也只好向大非川撤退，其原来将吐谷浑与吐蕃本土切断的计划已告破产，但此时的唐军实力尚存：薛仁贵、阿史那道真部都还完好无缺。大非川水草丰美，唐军完全还有能力采取防御态势，以完成协助吐谷浑复国这一使命，因此，薛仁贵决定驻扎在大非川。

战争是意志力的搏杀，唐朝朝廷似乎低估了吐蕃争夺吐谷浑的决心，并没有给薛仁贵增兵，相反，吐蕃却从本土、西域等地征召军队，源源不断地开到大非川。最后，论钦陵所部人数已高达四十余万，一战下来，唐军大败，几乎被吐蕃全歼。薛仁贵、郭待封、阿史那道真逃出，与论钦陵讲和而还。唐高宗大怒，命令大司宪乐彦玮亲自赶到军中，将三人押送到京师，免去死罪，革职除名。薛仁贵叹息道："今年岁在庚午，星在降娄，不应用兵西方，邓艾之所以死在蜀国，我原本就知道必败啊！"

九月，唐高宗任命左相姜恪为凉州道行军大总管，对吐蕃采取守势。

《册府元龟》记载，此战之后，吐蕃更加强盛，"尽收羊同、党项及诸羌之地，东与凉、松、茂、焉等州相接；南邻天竺；西又攻陷龟兹、疏勒等四镇；北抵突厥。地方万余里，自汉魏以来，西戎之盛未之有也。"《旧唐书》称："自是吐蕃连岁寇边，当、悉等州诸羌尽降之。"

二二二　唐新之战（一）

唐高宗之所以没有给薛仁贵增兵，自有他的苦衷。

当唐高宗把薛仁贵从高句丽调回、用兵西方时，高句丽局势就恶化了：高句丽酋长剑牟岑拥立高句丽王高藏的外孙高安舜为主，起兵反叛了，而根据朝鲜方面的史书《三国史记》记载，当时的情况要严重得多。高句丽灭亡后，很多高句丽民众不愿接受唐朝的统治，高句丽王高藏的庶子高安胜（高安舜，史书记载分歧，其确切身份已不可知）于总章二年二月率领四千余户投奔新罗。在唐朝出兵消灭高句丽的战争中，新罗态度消极，驻扎在百济的卑列道行军总管、右威卫将军刘仁愿也因行动迟缓而被唐高宗流放到了姚州，其中原因不详，极有可能是因其掉以轻心，被新罗偷袭。当高句丽被消灭之后，一直觊觎百济、高句丽土地的新罗遂阴谋对抗唐朝，因此，当高安胜逃到新罗之后，新罗国王金法敏不仅没有将其交给唐朝，反而“处之金马渚”。到咸亨元年三月，金法敏派遣新罗将领薛乌儒与高安胜的亲信将领高延武各自率领一万军队西渡鸭绿江，一直挺进到乌骨城（今辽宁省丹东市），以接应高句丽叛军南下，与驻扎在这里隶属于唐朝的靺鞨军队交战，大破靺鞨军队；七月，新罗国王金法敏又出动大军，兵分三路，进攻熊津都督府（百济旧地），一举攻陷了八十二座城池，将百济百姓迁回新罗。八月一日，他又册封高安胜为高句丽王，指示他“宜抚集遗民，绍兴旧绪，永为邻国，事同昆弟”。新罗王金法敏的如意算盘就是：利用唐军灭掉高句丽、百济这两个宿敌，然后火中取栗，吞并百济，树立高句丽傀儡政权，作为自己北方陆路的屏障，完成称霸朝鲜半岛的野心。从一定程度上来说，金法敏的阴谋得逞了。

得知消息后，就在薛仁贵率军西征的同时，唐高宗不得不又任命左监门大将军高侃为东州道行军总管，以右领军大将军、靺鞨人李谨行为燕山道总管，领兵东征。此时，唐朝面临东西两面作战的窘境，可谓是摁住葫芦起了瓢，确实是无力兼顾，而论钦陵则用的是吐蕃倾国之兵，薛仁贵战败也是预料中的事了。李谨行是隋朝末年归唐的靺鞨酋长突地稽的儿子，其容貌伟岸，勇冠三军，以军功累迁为营州都督，家中奴仆数千，富甲天下，夷人敬畏。

史书虽然语焉不详，但从事态发展情况来看，唐军在东线的战斗也非常艰苦，这一仗一打就是六年。咸亨元年，当唐军出征之后，高安舜就杀死了剑牟岑，逃奔到了新罗。咸亨二年（公元671年）六月，南线：新罗派将军率军践踏百济加林城的庄稼，与唐军在石城交战，斩杀唐、百济联军五千三百人，俘获百济将军两人，果毅六人。北线：七月一日，高侃率领唐军在安市城（今辽宁省海城市东南）击败高句丽余众。同年，唐高宗重新起用被免职的薛仁贵，以其担任鸡林道行军总管，来到熊津都督府，经营百济旧地。当时，熊津都督府损失惨重，而唐朝在大非川一战中损失不小，兵力已捉襟见肘，薛仁贵所领的军队人数似乎并不多，唐高宗起用薛仁贵，可能主要是想利用他的威名，吓阻新罗王金法敏。《旧唐书·张文瓘传》称："时文瓘疾病在家，乃舆疾请见，奏曰：'比为吐蕃犯边，兵屯寇境，新罗虽未即顺，师不内侵。若东西俱事征讨，臣恐百姓不堪其弊。请息兵修德以安百姓。'高宗从之。"《资治通鉴》将这段内容放在仪凤三年（公元678年）九月张文瓘去世前，显然是以人系事，张文瓘说这话时并非在那时，从实际情况来看，应为此时。正是唐高宗接受了张文瓘的建议，才没有出兵百济，而是派薛仁贵前去说服。

薛仁贵来到熊津都督府后，就给金法敏送去了一封书信。在信中，他回顾了当初新罗受到高句丽、百济入侵，金法敏的父王亲自前往唐朝求援的往事，指出唐朝太宗皇帝和今上不顾国内疲惫，数十年来一直没有忘记拯救新罗，才屡屡用兵高句丽，斥责金法敏听信谗言，背信弃义，穷兵黩武。称皇帝听后并不相信，特意派自己前来察看，如果金法敏能够改过自新，自己必将一一禀报皇帝。

金法敏接到书信后，给薛仁贵复信，称：我先王于贞观二十三入朝，面见太宗皇帝，太宗皇帝亲口说："我如今将要讨伐高句丽，没有别的原因，是可怜你新罗介于两国之间，常被欺凌，等我平定两国之后，平壤以南的百济土地都给你。"……显庆五年，圣上追念先帝遗志，发兵讨平百济，苏大总管留下一万唐军，新罗也驻扎了七千，一起镇守熊津。大军撤离后，百济再度反叛，我亲自率军击破叛军，给留守的一万唐军送去粮饷。数年之间，蕞尔小国为唐军送去数万斛军粮，人力已经到了极限，牛马死完，国库空虚，到麟德元年，圣上下严旨要求我们与百济盟誓，虽然我们内心不愿，但还是服从了皇帝的命令，对着大使刘仁愿，与百济人结盟。到乾封二年英国公李勣伐辽，我也率军来到边境，并秉命一起进攻平壤，我军独为先锋，先击破高句丽大阵，英国公又从我军中挑选五百猛士，最先攻进平壤。战后，我将士们都说已经征伐九年了，一定会受到重赏，可是，英国公说我军没有战功，夺得的原本是我国的高句丽之城也都设官防守，归了高句丽。到总章元年，百济背盟，侵犯我国，还称，大国修造战舰，谎称要讨伐倭国，其实是把矛头指向了新罗。咸亨元年六月，高句丽反叛，我想发兵，先给熊津报告，熊津方面回复道："如果发兵，恐怕会彼此疑惑，不如交换人质。"七月，又命令我们返还百济旧地。数年之间，先给后夺，我们实在是寒心云云。从金法敏的回信中，我们可以看出：一是新罗在唐朝灭百济、高句丽之战中支持了唐军；二是战后，他们没有得到唐太宗承诺的百济旧地，也不愿与百济和好，因此内心很是失望；三是强调自己并没有背叛，是被百济冤枉的。

九月，高侃、李谨行率领四万唐、靺鞨联军进抵平壤城下，深沟高垒，围困平壤。十月六日，新罗军队进攻唐朝运粮船，击沉七十余艘，生擒一百余人。

咸亨三年（公元672年）一月八日，唐高宗任命太子右卫副率梁积寿为姚州道（今云南省姚安县）行军总管，率军讨伐叛乱的山蛮。十七日，昆明山蛮有十四姓两万三千户归降，唐政府设置了殷州（今四川省乐山市沐川县）、敦州（今云南省盐津县东南）和总州（今云南省盐津县）三州进行管理。同月，新罗派兵攻克了百济古省城。二月，又进攻加林城，没有攻克。

二月八日，唐政府将吐谷浑部落安置在鄯州地区，但由于这里紧邻吐蕃，再加上鄯州土地狭窄，不久，又迁往灵州，在那里设置安乐州（今宁夏回族自治区中卫市沙坡头区），以诺曷钵为刺史，意欲令其安居乐业。吐谷浑复国之梦就此破灭，吐谷浑作为一个部族分别被唐朝和吐蕃统治，散居在今青海省、陕西省、宁夏回族自治区和甘肃省一带。

在此前后，吐蕃权臣禄东赞去世，论钦陵居住在拉萨，负责朝政，其三个弟弟则分别驻守各地。吐蕃派使者仲琮来到唐朝进贡，试图缓和与唐朝之间的关系。唐高宗询问吐蕃的风俗，仲琮回答："吐蕃土地贫瘠，气候寒冷，风俗质朴。然而，我们法令严整，上下一心，讨论事情时都是由下层人士发起的，上级顺应人心而行，所以，我们才能长盛不衰。"唐高宗质问使者兼并吐谷浑、打败薛仁贵、骚扰凉州等罪行，仲琮回答："我受命前来进贡，至于军事，我不曾耳闻。"唐高宗降低了接待他的礼仪。四月二十二日，唐高宗派都水使者黄仁素出使吐蕃回访，两国关系开始缓和。

七月，唐军还在平壤城下。八月，新罗军队相继攻克了韩始城、马邑城，在白水城与唐军交战，唐军败退。新罗军队与高句丽叛军一起追击，在石门被高侃击败，新罗许多将领被杀，新罗国王金法敏在北线战场不得不转入防御，而把重心转入南线。

十二月，高侃率领的唐军与高句丽叛军在白水山（大约在今韩国全州境内）交战，唐军击败叛军，而这时，背信弃义的新罗却出兵前来增援高句丽叛军，高侃乘胜又将其击败。

如愿以偿的新罗王金法敏遂上书谢罪，放还被俘唐军将士一百七十人，并进贡银三万三千五百分，铜三万三千分，针四百枚，牛黄百二十分，金百二十分，四十升布六匹，三十升布六十匹，请求得到唐朝的谅解。

咸亨四年（公元673年）闰五月，燕山道总管、右领军大将军李谨行在瓠芦河（应为临津江）以西大破高句丽叛军，生擒数千人，叛军余众逃往新罗。当时，李谨行的妻子刘氏驻守在伐奴城（今平壤西北），高句丽叛军引诱亲高句丽的靺鞨人前去进攻，刘氏身披铠甲，率众坚守城池，将敌人击退。战后，唐高宗加封其为燕国夫人。

瓠芦河之战后，高句丽境内的叛军已基本上被唐军消灭，唐新战争遂进入第二阶段。

二二三　唐新之战（二）

咸亨这四年一直都不太平。

唐军除了第一年与吐蕃交战、大非川大败之外，四年来一直都在与新罗和高句丽叛军交战，虽然勉强平定了高句丽叛军，但熊津都督府失守，百济旧地得而复失，可谓是胜负参半。

据《唐将相大臣年表》记载，这四年来唐将相大臣分别为：

咸亨元年：司徒李元礼，左相姜恪（九月被任命为凉州道行军大总管，防御吐蕃），右相刘仁轨（一月因病请求退休，被许可），阎立本继任，同东西台三品许敬宗（三月退休）、戴至德、赵仁本（十月贬为左肃机）、张文瓘、李敬玄、郝处俊。

咸亨二年：恢复官职的原有名称，即东台仍为门下省、西台为中书省、左相为侍中、右相为中书令。司徒李元礼（九月去世），侍中姜恪，中书令阎立本，同东西台三品戴至德、张文瓘、李敬玄、郝处俊。

咸亨三年：侍中姜恪（二月去世），中书令阎立本，同东西台三品戴至德、张文瓘、李敬玄、郝处俊、刘仁轨（太子左庶子）。

咸亨四年：中书令阎立本（十月去世），同东西台三品戴至德、张文瓘、李敬玄、郝处俊、刘仁轨（太子左庶子）。

大非川之战和唐新之战是这四年的主题，除此而外，唐朝朝廷还做了或者说发生了以下事件：

一是完善选人用人制度。在选人用人方面，李敬玄之所以能被世人认可，除了自身素质之外，还得益于另外两个人：司列少常伯裴行俭和员外郎张仁祎。裴行俭过去曾任长安令，因与长孙无忌、褚遂良等人私下议论反对立武昭仪为皇后而被外调为西州都督府长史，后升任为安西大都护，调为司文少卿、司列少常伯，改为吏部侍郎，与李敬玄二人同为吏部侍郎，负责人事工作十余年，与李敬玄并称为“裴李”。裴行俭擅长草书，唐高宗曾经派人将一百卷绢送给他，命其在上面抄写《文选》一部；裴行俭曾对人夸口道：“没有好笔好墨，褚遂良从不写字，说到不选择笔墨、写字又快又好的，就数虞世南和我两个人了。”在吏部期间，裴行俭和张仁祎创立了具体的考核用人办法，大致如下：先观察一个人的气质、言谈、书法、文章，再根据他的资历、政绩，拟任官职。具体而言，首先将候选人员集中在一起考试，看看他们的书法和文章写得如何；考试完毕进行评定，分出等级，然后观察每个人的气质、言语，综合评定之后，再征求各自的意愿，愿意到哪里当官、当什么官，再最后确定，确定下来以后，当众宣布。分出等级之后，将名单上报仆射（尚书省），再交门下省，给事中宣读，中书侍郎复核，侍中审查，不合格的当即驳回。审查完毕后，交给皇帝审阅，有关部门根据皇帝的最终意见执行，发给委任状。兵部选拔武将也是如此，考核科目是：骑射、举重、背米。对于不符合候选资格的人也可以破格进行考试，考试项目分别为：写三篇文章，称之为宏词，再审判三件案件，称之为拔萃，及格的就可以被任命为官。黔中、岭南、闽中三个偏远地区的州县官由当地都督直接任命。官员每年都要参与考核，六品以下官员要经过四次考核（四年）才算任职期满，有资格升迁。《隋唐嘉话》记载卢承庆曾经考核一位督运粮船遇风翻船的官员，将其考核为中下，该人听后容色不变，不发一言就退下了。卢承庆觉得此人胸怀宽广，改批为：“这并非人力所及，考核为中中。”此人既没有面露喜色，也没有羞愧道谢。卢承庆又改为：“宠辱不惊，考核为中上。”唐朝用人制度既是公开的，又是当面的，还是相互制衡的，但也有弊端，有人就指出：“如今字写得好，文章写得好，就被认为是人才了，却不注重考察人的德行，就算是一天能背诵万言，七步成诗，对治理国家又有什么益处？陛下如果在选拔人才时能够把德行放在首位，文艺放在其次，就好了。”

二是加强对西域的争夺。唐朝任命的西突厥兴昔亡可汗和继往绝可汗分别去世后，西突厥十部无人统领，龙朔年间（公元661—663年），阿史那都支和李遮匐二人出来支撑局面，依附于吐蕃，与唐朝为敌，进攻唐朝的庭州等地。到咸亨元年（公元670年），吐蕃大举进攻西域，占领了西域大部，唐朝朝廷被迫撤销了安西四镇。然而，随着吐蕃占领了天山南路，势必与在天山北麓的西突厥之间产生摩擦，唐朝朝廷看到了这一点，很快就作出反应。咸亨二年四月十八日，唐高宗任命西突厥阿史那都支为左骁卫大将军兼葡延都督，统领西突厥东部的五咄陆之众（冤死的继往绝可汗阿史那弥射旧部）。到咸亨四年十二月二十五日，曾经背叛唐朝的弓月部（今新疆维吾尔自治区霍城县）、疏勒国（今新疆维吾尔自治区疏勒县）也向唐朝投降。

三是重新修史。咸亨三年八月，退休两年多的特进许敬宗去世。太常博士袁思古将许敬宗的谥号定为缪，这当然是个恶谥，理由是说许敬宗名实不副。许敬宗的孙子太子舍人许彦伯提出袁思古与许家不和，请求更改。太常博士王福畤认为："谥号十分重要，关系一个人后世的荣辱。如果许彦伯所称属实，就要依法惩处；如果没有证据，就不可擅自更改。"戴至德对王福畤说："高阳公受到皇上如此眷顾，为何要给这么个谥号？"王福畤回答："西晋时期的司空何曾又忠又孝，仅仅因为奢侈无度，每日用餐要花去上万钱，秦秀将其谥为缪。许敬宗的人品赶不上何曾，而饮食男女方面却有过之而无不及，将其谥为缪公，没有对不起他。"唐高宗召集五品以上官员进行讨论，礼部尚书阳思敬站出来和稀泥，提议道："根据《谥法》：'过则能改曰恭'，就改为恭。"唐高宗同意了。其实，唐高宗对许敬宗并不满意，只不过许敬宗和李义府一样都是武则天的心腹，唐高宗也不得不对他们另眼相看。因许敬宗主持修撰的史书记载不实，在他死后的第二年三月，唐高宗就下诏命令刘仁轨等人重新修撰史书。王福畤是隋末大家王通的儿子、"初唐四杰"之首的王勃之父。

四是武氏外戚集团的重组。如前所述，由于母亲杨氏的原因，武则天对武氏兄弟们非常不满，又由于姐姐韩国夫人和外甥女魏国夫人威胁到了自己的地位，武则天一石三鸟，诬陷堂兄武惟良和武怀运二人毒死了魏国夫人，将二人处死了。在此前后，他的同父异母哥哥武元庆和武元爽也分别因惊吓、流放而死，确定何人作为武氏家族的掌门人就成了一个大问题。当时，武则天的姐姐韩国夫人还有个儿子贺兰敏之，是魏国夫人贺兰氏的哥哥，武则天的大哥武元庆之子武三思时任右卫将军，二哥武元爽的儿子武承嗣也随父流放在岭南，与武氏宗族子弟比较起来，武则天更倾向于自己的外甥贺兰敏之。贺兰敏之容貌俊美，武则天之母、早已年迈的荣国夫人杨氏竟然与她这个外孙通奸。在杨氏的影响下，武则天决定为贺兰敏之改姓武，继承其父武士彟的周公爵位，此后贺兰敏之仕途畅达，担任弘文馆学士、左散骑常侍。乾封元年贺兰敏之的妹妹魏国夫人暴毙之后，悲痛欲绝的唐高宗见到贺兰敏之，哭着说：“我上朝时还好好的，退朝就不行了，怎么死得这么快啊！”贺兰敏之只是哭号不已，并不回答。做贼心虚的武则天听说后，脱口说道：“这孩子怀疑我了！”从此，对贺兰敏之开始厌恶起来。

也许正是妹妹的死，让贺兰敏之决定对武则天进行疯狂的报复，奸污武则天的生母杨氏就是他报复的第一步，类似让武则天无地自容的报复还在继续：唐高宗和武则天给太子李弘挑选了司卫少卿杨思俭的女儿，准备娶为太子妃，已经定下婚期，贺兰敏之抢先与杨氏见面，并强行将她奸污，致使太子李弘无法与之成婚，只好另选他人；武则天最小、也是最疼爱的女儿太平公主，当时才六七岁，也经常去姥姥杨氏家玩，随行宫女也被贺兰敏之奸污（一说太平公主被贺兰敏之奸污）；咸亨元年九月，荣国夫人杨氏去世，杨氏死后，唐朝朝廷又追赠武士彟为太尉、太原王，杨氏为太原王妃，荣国夫人去世后，武则天从宫中拿出大瑞锦，令贺兰敏之替荣国夫人造佛像追福，但贺兰敏之置若罔闻，拿来自用；贺兰敏之在荣国夫人死后一点都不悲伤，脱去丧服，照样奏乐寻欢。这一切的一切显然都是对武则天的报复，武则天忍无可忍，终于发作。咸亨二年六月，武则天上书唐高宗要求惩处贺兰敏之，十一日，唐高宗下诏将其流放到雷州，恢复其贺兰氏本姓。武则天始终咽不下这口气，当贺兰敏之行至韶州时，被人用马缰绳活活勒死了。很多与贺兰敏之交往的大臣也都受到牵连而被流放。因武氏子弟中，武元爽的儿子武承嗣年龄最大，因此，贺兰敏之死后，武则天想到了还在岭南的他，将其召回，继承武士彟的爵位，拜为尚衣奉御，后升为宗正卿。

二二四　唐新之战（三）

咸亨四年，唐军基本上镇压了高句丽的叛军，但据朝鲜文献《三国史记》记载，在这一年的下半年，驻扎在高句丽的唐军与新罗军队又发生了一连串的战斗：“（九月）唐兵与靺鞨、契丹兵来侵北边，凡九战，我兵克之，斩首二千余级，唐兵溺瓠泸、王逢二河，死者不可胜计；冬，唐兵攻高句丽牛岑城，降之；契丹、靺鞨兵攻大杨城、童子城，灭之。”

唐高宗得知新罗吞并百济、帮助高句丽叛军，咸亨五年（公元674年）一月，唐高宗任命太子左庶子、同中书门下三品刘仁轨为鸡林道行军大总管，卫尉卿李弼、右领军大将军李谨行为副大总管，发兵讨伐新罗。唐高宗还下令削去新罗王金法敏的官爵，立其弟右骁卫员外大将军、临海郡公金仁问为新罗王，让其随唐军一起归国。

八月十四日，唐朝朝廷追赠李渊高祖父李熙为宣皇帝，其妻张氏为宣庄皇后；李渊曾祖父李天赐为懿皇帝，其妻贾氏为光懿皇后；李渊为神尧皇帝，妻窦氏为太穆神皇后；李世民为太宗文武圣皇帝，妻长孙氏为文德圣皇后。为了避免与自己的祖先名号混淆，唐高宗自称天皇，武则天自称天后，并改元为上元元年，大赦天下，因此，这一年又被称为上元元年。

二十一日，唐高宗下诏规定了各级官员官服的颜色，规定：“三品以上的文武官员身穿紫色官服，佩戴金玉腰带；四品穿深红色官服，佩戴金腰带；五品穿浅红色官服，佩戴金腰带；六品穿深绿色官服、七品穿浅绿色官服，均佩戴银腰带；八品穿深青色官服、九品穿浅青色官服，均佩戴黄铜腰带；平民百姓穿黄衣服，佩戴铁腰带。平民以下的商人、手工业者等，不得穿黄色平民的衣服。”

武则天被进号为天后，其地位得到了进一步的提高。为了进一步把持朝政，分割多多少少会倾向于唐高宗的宰相们的权力，武则天开始大胆起用那些官位较低又名气很大的文士，组成智囊团。这些人主要包括左史、弘文馆直学士刘祎之，著作郎元万顷（嘲讽高句丽不知道守鸭绿江的那位），左史范履冰（河南怀州人）、苗楚客，右史周思茂、韩楚宾等人，武则天以命他们修撰《列女传》《臣轨》《百僚新诫》《乐书》为名，时常将他们召入宫中，进行观察。其间，遇到宰相奏议和百官奏表时，武则天就暗中让他们给自己出谋划策，这批人被人称为“北门学士”，北门学士也成了武则天隐形的宰相集团。刘祎之，常州晋陵人，其父刘子翼在隋炀帝时期任秘书监；入唐后被任命为弘文馆学士，参与修撰《晋书》。刘祎之年少就负有文名，与孟利贞、高智周、郭正一齐名，号称“刘、孟、高、郭”。《全唐文》卷七百二十一《李肇·翰林志序》称：“初，国朝修陈故事，有中书舍人六员专掌诏诰，虽曰禁省，犹非密切。故温大雅、魏徵、李百药、岑文本、褚遂良、许敬宗、上官仪，时召草制，未有名号。乾封以后，始曰‘北门学士’。刘懿（祎）之、周思茂、元万顷、范履冰为之。”《石林燕语》也称：“唐翰林院在银台之北。乾封以后，刘祎之、元万顷之徒，时宣召草制其间，因名‘北门学士’。”也就是说，北门学士之称从乾封年间就有了，但《资治通鉴》将此放在了上元二年，暗示北门学士成为武则天的智囊团是在武则天被封为天后以后。但实际上，这种事情是并无确切的时间界限的。

正是在北门学士们的建议下，到了该年十二月，武则天就上书唐高宗，提出以下十二点建议：“一、劝农桑，薄赋徭；二、给复三辅地；三、息兵，以道德化天下；四、南北中尚禁浮巧；五、省功费力役；六、广言路；七、杜谗口；八、王公以降皆习《老子》；九、父在为母服齐衰三年；十、上元前勋官已给告身者无追核；十一、京官八品以上益禀入；十二、百官任事久，材高位下者得进阶申滞。”武则天提出的这十二条建议，其目的就是缓和社会矛盾，与民休息。自唐高宗龙朔年间以来，唐朝盛极而衰，十余年间连年用兵，再加上水旱灾害、中间又封禅泰山，百姓困苦，社会矛盾加深，这些建议就是针对这些情况提出的，唐高宗一一予以采纳。

武则天建议的第三条就提出了息兵，这当然是指停止讨伐新罗的战争，然而，刘仁轨已经到了新罗前线，要是一仗不打就灰溜溜地回国，这显然无法向天下人交代。

刘仁轨率兵来到朝鲜半岛后，径直渡过瓠芦河（应为临津江），上元二年

（公元675年），唐军在七重城（疑为在今首尔附近，即首尔以北、临津江以南）大破新罗军队；他又命令靺鞨军队渡海，避实击虚，直插新罗南境，斩杀俘虏了很多新罗军民。这时，唐高宗下诏任命李谨行为安东镇抚大使，驻扎在新罗的买肖城（当在今韩国境内）相机而行。李谨行三战三捷，新罗国王金法敏见再继续打下去，可能有灭国之危，于是派使者前往唐朝谢罪，进贡，唐高宗顺水推舟，下诏恢复了金法敏的官爵，命金仁问中途返回长安。

据《三国史记》记载，双方之间的战事并没有就此停止，前线仍在战斗。虽然新罗占据了百济大部分土地，但薛仁贵仍在百济坚守着。九月，薛仁贵以新罗人风训为向导，率领唐军进攻泉城，被新罗军队击败，唐军被杀一千四百人，新罗夺取唐军战舰四十艘、战马一千匹；二十九日，新罗军队又将李谨行率领的唐军从买肖城击退，新罗遂沿着安北河构筑工事。此后，唐军、靺鞨军队、契丹军队屡屡进攻七重城、石城、赤木城等城池，与新罗军队大大小小打了十八次仗，互有胜负。

显然，金法敏虽然表示谢罪，但唐军还占领着高句丽大部和百济、新罗一部，其中，百济在金法敏眼里早已被唐高宗许给自己，高句丽南境的一部分城池原来也是新罗的，后被高句丽占领，在他看来也应属于自己，更不用说唐军新占领的新罗领土了。在这种情况下，前线就不可能实现真正的停战。由于刘仁轨大军的撤离，前线唐军很快就陷于被动，另据《旧唐书·薛仁贵传》记载："寻而高句丽众相率复叛，诏起仁贵为鸡林道总管以经略之。上元中，坐事徙象州，会赦归。"史书在记载薛仁贵被任命为鸡林道总管后，紧接着就写到上元年间因事被流放之事，薛仁贵为什么被流放？应该与在百济作战有关，由此大约可以得出，上元二年下半年唐军的失利，应该是可信的。

到公元676年的上元三年二月六日，唐高宗下诏将安东都护府从平壤迁到辽东故城（今辽宁省辽阳市），汉人担任安东都护府官职全部解职；又将熊津都督府从朝鲜半岛百济旧都扶余城迁到建安故城（今辽宁省盖州市），归顺唐朝的百济百姓原来迁到徐州、兖州等地的，也都随之迁到建安故城一带，但百济方向的战斗却还是没有停止。《三国史记》记载："与薛仁贵战于所夫里州伎伐浦，败绩；又进大小二十二战，克之，斩首四千余级。"此后，熊津都督扶余隆和薛仁贵也都回到国内。到了仪凤二年（公元677年），唐高宗又生了经营辽东的想法。该年二月二十四日，他下诏以原高句丽国王高藏为辽东州都督，封为朝鲜王，派回辽东，让其安抚高句丽余众；在唐朝国内各州的高句丽百姓也都一同送回；又以司农卿扶余隆为熊津都督，封为带方王，也将其送回，命其安抚百济余众；再将安东都护府迁到了新城。当时百济已饱经战乱，非常荒凉，又隔着大海，唐朝朝廷命其暂时借住在高句丽境内。

然而，高藏回到辽东后，暗中与靺鞨人联络，阴谋背叛唐朝，事情败露后，他被唐高宗流放到了邛州（今四川省邛崃市），不久就死了；高句丽百姓再次被迁到河南、陇右等各州，家境贫寒，无力长途迁徙的，被留在安东城（今辽宁省抚顺市以北）附近。高句丽的很多土地都被新罗占领，新罗还在高句丽旧地扶植了一个安胜傀儡政权，作为与唐朝之间的一个缓冲，不少高句丽百姓分散流落到靺鞨、突厥；百济的扶余隆也不敢回国，高氏高句丽国和扶余氏百济就此灭亡了。

唐新之战横跨唐高宗咸亨、上元年间，影响波及仪凤年间，以唐朝朝廷退出熊津都督府和高句丽一部而告终。此后，朝鲜半岛上新罗一国独大，占据了平壤以南朝鲜半岛的大部分地区。所幸的是，唐朝安东都护府还继续保留着，多多少少留下点龙朔年间灭掉高句丽后的胜利果实。

二二五　李弘之死

十余年来，唐高宗东征西讨，令百姓苦不堪言，也让他自己的身体每况愈下。

唐高宗原本就体弱多病，身体时好时坏，到上元二年，他已经四十七岁了，加上国事操劳，经常是头疼欲裂，天旋地转，实在是力不从心了。

出于健康方面的原因，唐高宗很早就有意培养李弘：李弘于显庆元年（公元656年）一月被立为太子，时年五岁；显庆四年，当他八岁时加元服；龙朔元年（公元661年），当他十岁时，由他领衔编纂的《瑶山玉彩》五百卷成书；次年，当唐高宗和武皇后去骊山温泉时，第一次命他监国；龙朔三年（公元663年），唐高宗又让他在光顺门处理政务，那一年，李弘才十二岁；到乾封二年（公元667年）九月，唐高宗因久病不愈，第二次命时年十六岁的李弘监国；咸亨二年（公元671年）一月，唐高宗和武皇后临幸东都洛阳，时年二十岁的李弘被留在长安第三次监国；咸亨三年（公元672年）十月，唐高宗第四次命李弘监国；咸亨四年（公元673年）八月，唐高宗又因疟疾而命二十二岁的太子李弘在延福殿接受百官的奏事，处理政务。其间，唐高宗曾命令有关部门把李延寿编写的《政典》抄送一本给太子，供他学习。

李弘为人正直仁孝，谦虚谨慎，对士大夫们十分尊重，在朝廷内外享有很高的声誉，也深为唐高宗所喜爱。总章元年（公元668年）二月，李弘追赠颜回为太子少师、曾参为太子少保，唐高宗都答应了；当时，在辽东之役中，有很多百姓逃避兵役，纷纷逃亡，唐高宗下令，凡是在规定的期限内不自首或者自首以后又逃亡的，抓住之后斩杀，家属没入官府为奴。太子李弘上书认为：“像这种的情况很多，比如，有的因病掉队，因害怕受到处罚而逃亡；有的因出外砍柴而被敌人抓获；有的渡海翻船下落不明；有的深入敌境，被敌人杀伤。军法严厉，本队的人害怕受到牵连，也都向上呈报此人逃亡了，军旅之中，无暇认真核实，仅仅根据部队上报的情况，地方官员就将此人的家眷没入官府为奴，这确实可怜。《书经》上说：'与其杀掉一个无辜之人，不如放掉一个坏人。'因此，我请求陛下网开一面，对于那些逃避兵役之人的家属免于追究。"唐高宗也同意了。

咸亨二年，关中大旱，百姓饥乏，唐高宗和武则天带着百姓到洛阳就食，把李弘留在长安监国。其间，李弘命人把守城士兵们吃的饭拿来过目，发现里面掺杂有树皮，就让太子家令从东宫取来粮食把应发给大家的口粮补足。当时，太子体弱多病，戴至德、张文瓘兼太子左庶子与太子右庶子萧德昭尽心辅佐，政事大多由戴至德等人处理。李弘的两位姐姐义阳公主和宣城公主都是萧淑妃所生，因萧淑妃得罪了武则天，两位公主也受到牵连，被软禁在掖庭内，一直没有嫁人。也就是在这次监国期间，李弘在掖庭见到了两位姐姐，不禁大吃一惊，连忙上书请求唐高宗把姐姐嫁人，又请求把同州沙苑的土地分给穷苦百姓，唐高宗都答应了。武则天听说太子要求把两个姐姐嫁出去，顿时火冒三丈，也不择日子，当天就随便一指，把两位公主嫁给了值班的翊卫卫士权毅和王遂古二人。唐高宗和武则天原定咸亨二年给太子娶亲，但因该年贺兰敏之将太子的未婚妻奸污，婚事不得不取消，直到咸亨四年十月才给太子改娶了裴居道的女儿。据说，裴氏出嫁后，非常贤惠，唐高宗曾对侍臣们说："东宫的内政，我算是放心了。"

到上元二年，已经对政务感到倦怠的唐高宗有意把皇位传给太子李弘。但是，当听到父皇此意后，一向孝顺的李弘哽咽流泪，竟然难过得昏了过去，致使病情加重，上元二年四月，李弘陪同唐高宗、武皇后前往洛阳城西的合璧宫，二十五日，李弘就死在宫中，时年二十四岁，当时的人们都认为李弘是被武皇后毒死的。

李弘的死因历来有两种说法，一是被武皇后毒死的，一是病死的。

关于李弘系武皇后毒死的，这一说法主要出自：1.《唐历》："弘仁孝英果，深为上所钟爱。自升为太子，敬礼大臣鸿儒之士，未尝居有过之地。以请嫁二公主，失爱于天后，不以寿终。"《唐会要》也称："武后方图临朝，乃鸩杀之。"2.出自唐德宗时的宰相李泌之口，他对唐肃宗说："高宗大帝有八子，睿宗最幼。天后所生四子，自为行第，故睿宗第四。长曰孝敬皇帝，为太子监国，而仁明孝悌。天后方图临朝，乃鸩杀孝敬，立雍王贤为太子。"3.《新唐书》的

《高宗纪》《则天皇后传》《孝敬皇帝弘传》也都载明李弘是被鸩杀的。4.二十世纪九十年代出土的李弘的太子家令阎庄的墓志铭，言语晦涩，似乎指向李弘和阎庄都系非正常死亡，原文为："岂意彼苍冥昧，福寿徒欺，积痗俄侵，缠蚁床而遘祸；浮晖溘尽，随鹤版而俱逝。上元二年从幸东都，其年九月廿一日，遇疾终于河南县宣风里第。"墓志铭隐晦地透露出阎庄的死似乎与太子李弘有关。

关于李弘系病死的，这一说法主要有以下几种证据：1.李弘本身多病，这在史书上有明确记载，比如，他在咸亨二年监国时，史书就称："太子多疾病，庶政皆决于（戴）至德等。"2.在李弘死后，唐朝朝廷给其下的追谥为孝敬皇帝的制中，说："（李弘）自琰圭在手，沉瘵婴身，顾惟耀掌之珍，特切钟心之念，庶其痊复，以禅鸿名。及腠理微和，将逊于位，而弘天资仁厚，孝心纯确，既承朕命，掩欻不言，因兹感结，旧疾增甚。"沉瘵，就是指肺结核，说的是，自从他被立为太子之后，就得了肺结核，并且说，李弘的死与听说将要受禅有直接关系。3.同年八月十九日李弘安葬于恭陵时，唐高宗亲笔写下《孝敬皇帝睿德记》，其上也说明李弘在听到父皇将要传位给他后"伏枕流欷，哽绝移时，重致绵留，遂成沉痼"。基于上述证据，持这一观点的人认为，武则天就算对李弘不满，但也不至于下此毒手。

李弘的死与传说中的武则天亲手杀害亲生女儿、嫁祸于王皇后一样，到司马光写《资治通鉴》的时候就已经成未解之谜了，因此，他写到李弘死于合璧宫后，又谨慎地写道："时人以为天后鸩之也。"《资治通鉴考异》里也说："按：弘之死，其事难明，今但云时人以为天后鸩之，疑以传疑。"如今，这更成了千古之谜，根本不会有答案的。

不过，我们还是可以对这两种说法进行一些评价的：关于武皇后毒死李弘之说，应该是当时人们普遍的认识，宫闱秘闻在当时是最高机密，但没有不透风的墙，越是想要掩盖，就越会走漏风声。因此，这种传闻并非空穴来风，肯定是有来头的，换句话说，假如武则天真的毒死了李弘，正史肯定是不会记载的，那么，人们又能如何传播真相呢？也只能以流言的方式隐秘地传播了。至于支持李弘病死说的人所持的依据，其实也都是值得推敲的：一是李弘死后出台的《制》和《孝敬皇帝睿德记》中大肆说明他是死于疾病，不足为据；二是说武皇后没必要毒死李弘，同样站不住脚：1.要系统全面地观察一个人才能得出接近真理的结论，从武则天杀害小公主、杀害魏国夫人、武惟良、武怀运、贺兰敏之以及她掌握大权后大肆屠杀李唐宗室子弟及大臣们来看，武则天此人绝对是一个报复心极强、手段残忍之人；再看她能够为了出人头地，不顾伦理道德，从庶母而嫔妃，继而当上皇后，她又是一个为了达到目的早已把廉耻抛之脑后的人，她有一种强烈的权力欲，谁挡了她的道，谁就没有好下场，李弘既然得罪了她，就只有死路一条。2.留下一个不听话、又有可能登上皇帝宝座的李弘，对武皇后没有什么好处。3.如今武则天可以与丈夫一起处理朝政，等到儿子登基以后，唐高宗就退居二线了，她武则天还有脸面坐在前台指手画脚？因此，这种认为武则天能够很好地控制住嗣君、没必要杀害李弘的推测也是站不住脚的。

所以，一切又都回到了原点。

五月五日，唐高宗下诏追谥李弘为孝敬皇帝。六月五日，唐高宗册立武则天所生的次子、雍王李贤为太子，大赦天下。到次年三月，唐高宗向大臣们提出了让天后武则天暂时掌管朝政的想法。在当时，这一提法可谓骇人听闻，唐高宗一提出，就遭到了朝廷重臣们的一致反对，中书侍郎同三品郝处俊说："天子主外，天后主内，这是天道。昔日，魏文帝立下训令，要求即便后世有幼主，皇后也不得干预朝政，之所以这样规定，就是防患于未然。陛下为何要将高祖、太宗的天下，不传给子孙而要拱手让给天后呢？"中书侍郎李义琰也说："处俊的话出自一片忠心，还望陛下听从。"李义琰"身长八尺，博学多识，高宗每有顾问，言皆切直"，唐高宗听了，这才作罢。

二二六　唐初文学（一）

上元元年，唐朝重臣主要有：

尚书左仆射刘仁轨、尚书右仆射戴至德、侍中张文瓘、中书令郝处俊（上述四人均为八月唐高宗自称天皇、武则天自称天后后任命）、同中书门下三品李敬玄。

上元二年，增加黄门侍郎李义琰、高智周二人为同中书门下三品，其他人事没有变动。高智周，少好学，举进士，后为太子李弘的东宫侍读，参与了《瑶山玉彩》的修撰。

刘仁轨和戴至德分任左右仆射，二人轮流值班，处理投诉。刘仁轨常常甜言蜜语，把人们哄得美滋滋的，对人们的要求总是满口答应，而戴至德则盘根问底，未曾随意许诺，确实有冤情的，则暗中向皇帝报告。因此，人们大多都对刘仁轨赞不绝口，而对戴至德则很不以为然。有人问原因，戴至德回答：“威权是属于君王的，人臣岂能盗用！”有一位老妇人找刘仁轨投诉，当天正巧戴至德值班，戴至德拿着诉状还未看完，老妇人问旁边的人：“这个是刘仆射还是戴仆射？”旁边的人回答：“戴仆射。”老妇人听后，急忙上前，把诉状从戴至德手中夺去，说道：“这是个不懂事的仆射，把诉状还给我！”戴至德笑着给了她。戴至德在朝，显得十分木讷，后来，等到他死后，唐高宗叹息道：“自从我失去了戴至德，再也听不到忠言了。他活着时，从未令我做错事。”遂命人把戴至德生前密奏的奏章找出来，快堆满了书柜，重读奏表，唐高宗边读边哭，朝中人士才对他看重起来。

如果说上元二年大唐帝国政坛上的一件大事就是太子李弘的暴薨，那么，这一年文坛上的大事就是初唐四杰之首的王勃的去世（也有说是在次年即仪凤元年去世的），那么，就让我们借着王勃之死，将唐初的文学做一简单的回顾吧。

历史上对于唐朝各个阶段的划分与文学上的划分不尽相同，这是因为，历史上的划分往往以重大历史事件为标志，而文学上的划分则大多根据文学特色，我认为把唐朝文学分为四个时期：一是初唐文学，起自唐高祖武德年间到唐睿宗景云年间；二是盛唐文学，起自唐睿宗景云年间到唐玄宗天宝年间；三是中唐文学，起自唐玄宗天宝年间到唐宣宗大中三年；四是晚唐文学，起自唐宣宗大中三年到唐亡。根据这一划分，人们又把初唐文学分成三个阶段：一是前三十年，即唐高祖和唐太宗时代；二是中间三十年，即唐高宗时代；后三十年武则天、中宗、睿宗时代。大致与这种划分方法相契合，根据文学家和各自的文学特色，我们以诗歌为主进行考察，又可以分为几类：

一、陈隋遗老。他们以唐太宗的十八学士为主体，大多继承了六朝绮丽轻艳的遗风，根据文学特色，又可把他们分为以下四类：

1．齐梁体。以宫体诗和应制诗为主，作者主要是十八学士等人。虽然自隋文帝时就提倡质朴的文风，到唐太宗时也屡屡要求文质相符，但积重难返，就连唐太宗本人也经常写一些宫体诗。由于他们处于文坛的最高层，影响很大，因此，这一时期的诗风仍以绮丽轻艳的齐梁体为主，他们以宫廷题材为主，内容空泛，无病呻吟，社会意义不大，也没有多少新意。

2．慷慨诗等。在这些达官显贵中间，也有为数很少的一部分人写下一些好诗，主要以虞世南和魏徵为代表。虞世南被唐太宗称为德行、忠直、博学、文辞、书翰五绝集于一身的人，其代表作是《蝉》：“垂緌饮清露，流响出疏桐。居高声自远，非是藉秋风。”这首诗借蝉鸣，暗喻自己的美名并非借助于官位，而是全凭自己的才学，故沈德潜在《唐诗别裁集》中评价道：“咏蝉者每咏其声，此独尊其品格。”《岘佣说诗》把这首诗与此后骆宾王和李商隐写的咏蝉诗进行比较后，说道：“三百篇比兴为多，唐人犹得此意。同一咏蝉，虞世南‘居高声自远，端不藉秋风’，是清华人语；骆宾王‘露重飞难进，风多响易沉’，是患难人语；李商隐‘本以高难饱，徒劳恨费声’，是牢骚人语。比兴不同如此。”按：骆宾王的《在狱咏蝉》全文为：“西陆蝉声唱，南冠客思侵。那堪玄鬓影，来对白头吟。露重飞难进，风多响易沉。无人信高洁，谁为表予心。”李商隐的《蝉》全文为：“本以高难饱，徒劳恨费声。五更疏欲断，一树碧无情。薄宦梗犹泛，故园芜已平。烦君最相警，我亦举家清。”魏徵留下的诗歌不多，脍炙人口的还是那首《出关》：“中原初逐鹿，投笔事戎轩。纵然计不就，慷慨志犹存。杖策谒天子，驱马出关门。请缨系南粤，凭轼下东藩。郁纡陟高岫，出没望平原。古木鸣寒鸟，空山啼夜猿。既伤千里目，还惊九折魂。岂不惮艰险，深怀国士恩。季布无二诺，侯嬴重一言。人生感意气，功名谁复论。”

3.田园诗。主要以王绩的诗歌为代表。王绩是王通的弟弟、王福畤的叔父、王勃的叔祖，他曾在隋朝担任秘书省正字，入唐后以原官待诏门下省，后弃官回家。他为人放诞纵酒，诗歌大多以酒为题材，透露出对现实的不满，追慕阮籍、嵇康和陶潜之风。比较著名的诗有《野望》《秋夜喜遇王处士》等，《野望》：“东皋薄暮望，徙倚欲何依。树树皆秋色，山山唯落晖。牧人驱犊返，猎马带禽归。相顾无相识，长歌怀采薇。”《秋夜喜遇王处士》：“北场芸藿罢，东皋刈黍归。相逢秋月满，更值夜萤飞。”这两首诗从诗风上一扫六朝艳丽轻靡之风，显得质朴自然，充满了生活情趣，但仔细品味王绩的诗，又多少显得过于质朴，缺乏余韵。

4.白话诗。唐初白话诗人代表人物是王梵志。王梵志是一名僧人，唐初在世，他的诗歌语言浅显易懂，语言平淡却耐人寻味。代表作为《吾富有钱时》：“吾富有钱时，妇儿看我好。吾若脱衣裳，与吾叠袍袄。吾出经求去，送吾即上道。将钱入舍来，见吾满面笑。绕吾白鸽旋，恰似鹦鹉鸟。邂逅暂时贫，看吾即貌哨。人有七贫时，七富还相报。图财不顾人，且看来时道。”

二、上官体。如前所述，上官体的特点是风格婉媚，声律严整，代表了唐高宗龙朔年间以前的诗风，它归纳了六朝以后诗歌的对偶方法，在沈约“四声八病”和刘勰“四对”说的基础上，提出了“六对”“八对”之说。如六对，一是正名对，如天地对日月；二是同类对，如花叶对草芽；三是连珠对，如萧萧对赫赫；四是双声对，如黄槐对绿柳；五是叠韵对，如彷徨对放旷；六是双拟对，如春树对秋池。上官仪对于唐诗律诗的定型起到促进作用，在诗歌发展史上，他上承杨师道、李百药、虞世南，下开“文章四友” 和沈佺期、宋之问。他写的《奉和山夜临秋》：“殿帐清炎气，辇道含秋阴。凄风移汉筑，流水入虞琴。云飞送断雁，月上净疏林。滴沥露枝响，空濛烟壑深。”等诗，意境都很优美。可以归入上官体诗人的还有同时代的达官显贵，诸如，许敬宗、李义府等人。由于旧史对二人的评价不高，再加上他们写的大多是应制诗和宫体诗，过去人们对二人诗歌的成就的评价也不是太高，研究也不多，其实二人也是有一些写得不错的诗的。如许敬宗的《安德山池宴集》："戚里欢娱地，园林瞩望新。山庭带芳杜，歌吹叶阳春。台榭疑巫峡，荷蕖似洛滨。风花萦少女，虹梁聚美人。宴游穷至乐，谈笑毕良辰。独叹高阳晚，归路不知津。"李义府的《咏乌》："日里飏朝彩，琴中伴夜啼。上林如许树，不借一枝栖。"《和边城秋气早》："金微凝素节，玉律应清葭。边马秋声急，征鸿晓阵斜。关树凋凉叶，塞草落寒花。雾暗长川景，云昏大漠沙。溪深路难越，川平望超忽。极望断烟飘，遥落惊蓬没。霜结龙城吹，水照龟林月。日色夏犹冷，霜华春未歇。睿作高紫宸，分明映玄阙。"

三、唐初四杰。他们分别是：王勃、杨炯、卢照邻、骆宾王。到上元二年，上官仪已死去十余年，连常青树许敬宗也死三年了，活跃于这一时期的是所谓的"唐初四杰"和"文章四友"（崔融、李峤、杜审言、苏味道）以及在高宗朝后期和武则天时期活跃的宋之问、沈佺期、郭震、陈子昂、贺知章、张若虚等人，他们的年龄分别为：张若虚十六岁，陈子昂、贺知章十七岁，宋之问、沈佺期、郭震二十岁，崔融二十三岁，刘希夷二十五岁，王勃、杨炯二十六岁，苏味道二十八岁，杜审言三十一岁，李峤三十二岁，骆宾王三十八岁，卢照邻四十六岁（均为约数）。

二二七　唐初文学（二）

王勃，字子安，绛州龙门（今山西省河津市）人。他是隋末大学者王通的孙子，王福畤的儿子。

王福畤有三个儿子：王勔、王勮、王勃，三子都有文名，王福畤的朋友杜易简曾夸奖道：“这是王家的三棵宝树啊！”王福畤也很看好三个儿子，他曾给同僚韩思彦写信道：“勔、勮、勃文章并清俊，近小者欲似不恶。”韩思彦不以为然，回信道：“过去，王武子有马癖，今天你有誉儿癖。王武子的癖好不是更胜一筹吗？还需看看你儿子们的文章，才好下结论。”王福畤遂把三个儿子写的文章寄给韩思彦等当时的名人们传阅，看后，韩思彦这才口服心服，说道：“生下个这样的儿子，也确实值得在人前夸耀。”（《御史台记》）

王勃还未加冠，就已被举荐入仕。当时，唐高宗和武则天所生的次子李贤还是沛王，听说了王勃的才名，就把他引入幕府，后来，诸王之间斗鸡取乐，王勃写了一篇《檄英王鸡文》，给大家取乐。英王，就是李贤的弟弟李显，仪凤二年被封为英王，并改名李哲，此文标题当为后人所加，因为李显被封为英王时，王勃已死。唐高宗深受兄弟相残之苦，当他看到王勃的这篇文章之后，不禁勃然大怒，认为正是由于诸王身边有王勃这类人的撺掇，才导致了诸王之间的不和，遂下令将王勃赶出了沛王府。此后几年，王勃到四川等地游历，后被任命为虢州参军。上元元年，一个官府的奴仆曹达犯了法，王勃徇私将他藏匿起来，后又担心事情败露而将曹达杀死。事发后，王勃被判死罪，其父王福畤也因之受到牵连，被贬为交趾令。正巧，在该年八月唐高宗和武则天称天皇、天后，大赦天下，王勃也得以免去死罪，但除去了功名。次年，王勃前往交趾探望父亲，九月九日行至洪州，写《滕王阁序》，此后，在南海中溺水身亡。《旧唐书》称，他死时二十八岁，《新唐书》称，他死时二十九岁。

王勃短暂的一生是失败的，这与他恃才傲物的个性密不可分。《唐会要》称，裴行俭担任吏部侍郎时，曾对苏味道和王勮赞赏有加；李敬玄则盛赞王勃、杨炯等四杰，裴行俭却不以为然，他说："知识分子要想在仕途上走得远一些，必须先有气度见识，然后才看文艺。王勃等人虽然文才很高，却浮躁浅薄，岂是享受得了爵位俸禄的人？杨炯稍稍沉静，似乎还能当到县令一级，但他们均不会善终。"关于王勃的逸事，野史存有很多，比如，《棋天洞览》说，王勃下棋时，每走四子，随口就是一首诗，他还向人夸耀道："吾才夺造化，虽一时之间，百用亦可。"《酉阳杂俎》称，王勃每次应人之邀，给人家写碑颂文章前，总是先磨数升墨，然后蒙被而卧，一会儿，突然翻身而起，一挥而就。《翰林盛事》称，王勃因此而给家里挣了很多钱，"金帛丰积"。

王勃等人试图改变弥漫初唐文坛多年的"争构纤微、竞为雕刻"的诗风，他的诗格调清新自然，写了很多悲叹个人身世的诗歌，他也是初唐四杰中成就最高的，如今存诗七十余首。王勃脍炙人口的诗很多，比较著名的有：《山中》："长江悲已滞，万里念将归。况属高风晚，山山黄叶飞。"《咏风》："肃肃凉风生，加我林壑清。驱烟寻涧户，卷雾出山楹。去来固无迹，动息如有情。日落山水静，为君起松声。"《别薛华》："送送多穷路，遑遑独问津。悲凉千里道，凄断百年身。心事同漂泊，生涯共苦辛。无论去与住，俱是梦中人。"《江亭夜月送别二首其二》："乱烟笼碧砌，飞月向南端。寂寞离亭掩，江山此夜寒。"《送杜少府之任蜀州》："城阙辅三秦，风烟望五津。与君离别意，同是宦游人。海内存知己，天涯若比邻。无为在歧路，儿女共沾巾。"《滕王阁诗》："滕王高阁临江渚，佩玉鸣鸾罢歌舞。画栋朝飞南浦云，珠帘暮卷西山雨。闲云潭影日悠悠，物换星移几度秋。阁中帝子今何在，槛外长江空自流。"《蜀中九日九日登高》："九月九日望乡台，他席他乡送客杯。人情已厌南中苦，鸿雁那从北地来。"等等。

王勃最为著名的文章就数《滕王阁序》了，而这一篇锦绣之文、千古名作的写作过程也为历代人所津津乐道，《唐摭言》《中元传》等野史更是把王勃写这篇文章的年龄提前到十三四岁，写得神乎其神。实际上是上元二年，王勃在南下省父途中，经过洪州（今江西省南昌市）所写；滕王阁最早由唐高宗的叔父滕王李元婴修建，年久失修，都督阎伯屿予以重修，并准备在九月九日重阳节令女婿孟学士写一篇《滕王阁序》，听说名士王勃途经此地，阎伯屿也把王勃邀来参会。席间，阎伯屿假意让众人写序，众人心知肚明，相互推辞，轮到王勃，他却并不推辞，阎伯屿大怒，拂衣起身，转入他屋，只令人将王勃所写送来。一人传报第一句："南昌故都，洪都新府。"阎伯屿不以为然地说道："这也是老生常谈！"又报第二句："星分翼轸，地接衡庐。"阎伯屿又说："还是老话！"又报来第三句："襟三江而带五湖，控蛮荆而引瓯越。"阎伯屿就不吭声了。如此，衙役一直报来，阎伯屿微微点头。等到衙役报来"落霞与孤鹜齐飞，秋水共长天一色。"一句，阎伯屿不由自主地拍案而起，脱口而出道："此真天才也！当永垂不朽也！"欣然回到王勃所在之屋。王勃写完，阎伯屿边读边由衷地赞叹道："您下笔如有神助，令滕王千载留名，让老夫也名传万代，洪都的美景，江山无价，这都是您的功劳啊！"遂尽欢而罢。

每当朗诵这篇千古美文《滕王阁序》，就会想到这则故事，也总会想到王勃短暂而又凄美的身世，禁不住泪流满面。虽然《滕王阁序》有些长，但由于太喜爱了，不得不抄录于此，以祭奠这位旷世奇才。

滕王阁序

豫章故郡，洪都新府。星分翼轸，地接衡庐。襟三江而带五湖，控蛮荆而引瓯越。物华天宝，龙光射牛斗之墟；人杰地灵，徐孺下陈蕃之榻。雄州雾列，俊采星驰。台隍枕夷夏之交，宾主尽东南之美。都督阎公之雅望，棨戟遥临；宇文新州之懿范，襜帷暂驻。十旬休假，胜友如云；千里逢迎，高朋满座。腾蛟起凤，孟学士之词宗；紫电青霜，王将军之武库。家君作宰，路出名区；童子何知，躬逢胜饯。

时维九月，序属三秋。潦水尽而寒潭清，烟光凝而暮山紫。俨骖騑于上路，访风景于崇阿。临帝子之长洲，得仙人之旧馆。层峦耸翠，上出重霄；飞阁流丹，下临无地。鹤汀凫渚，穷岛屿之萦回；桂殿兰宫，即冈峦之体势。

披绣闼，俯雕甍，山原旷其盈视，川泽纡其骇瞩。闾阎扑地，钟鸣鼎食之家；舸舰迷津，青雀黄龙之舳。云销雨霁，彩彻区明。落霞与孤鹜齐飞，秋水共长天一色。渔舟唱晚，响穷彭蠡之滨，雁阵惊寒，声断衡阳之浦。

遥吟俯畅，逸兴遄飞。爽籁发而清风生，纤歌凝而白云遏。睢园绿竹，气凌彭泽之樽；邺水朱华，光照临川之笔。四美具，二难并。穷睇眄于中天，极娱游于暇日。天高地迥，觉宇宙之无穷；兴尽悲来，识盈虚之有数。望长安于日下，目吴会于云间。地势极而南溟深，天柱高而北辰远。关山难越，谁悲失路之人；萍水相逢，尽是他乡之客。怀帝阍而不见，奉宣室以何年？

嗟乎！时运不齐，命途多舛。冯唐易老，李广难封。屈贾谊于长沙，非无圣主；窜梁鸿于海曲，岂乏明时？所赖君子安贫，达人知命。老当益壮，宁移白首之心？穷且益坚，不坠青云之志。酌贪泉而觉爽，处涸辙以犹欢。北海虽赊，扶摇可接；东隅已逝，桑榆非晚。孟尝高洁，空余报国之情；阮籍猖狂，岂效穷途之哭！

勃，三尺微命，一介书生。无路请缨，等终军之弱冠；有怀投笔，慕宗悫之长风。舍簪笏于百龄，奉晨昏于万里。非谢家之宝树，接孟氏之芳邻。他日趋庭，叨陪鲤对；今兹捧袂，喜托龙门。杨意不逢，抚凌云而自惜；钟期既遇，奏流水以何惭？

呜乎！胜地不常，盛筵难再；兰亭已矣，梓泽丘墟。临别赠言，幸承恩于伟饯；登高作赋，是所望于群公。敢竭鄙怀，恭疏短引；一言均赋，四韵俱成。请洒潘江，各倾陆海云尔：

滕王高阁临江渚，佩玉鸣鸾罢歌舞。
画栋朝飞南浦云，珠帘暮卷西山雨。
闲云潭影日悠悠，物换星移几度秋。
阁中帝子今何在？槛外长江空自流。

后来，唐高宗有意起用王勃，但王勃已死。每当唐高宗读到这篇《滕王阁序》，尤其读至“落霞与孤鹜齐飞，秋水共长天一色”和后面的《滕王阁诗》处，总会掩卷很久，长叹道：“真天下奇才也！”（《青箱杂记》）

二二八　唐初文学（三）

唐初四杰的贡献主要是拓宽了诗歌的题材，将唐诗引向一条健康的发展道路。很多年后，杜甫在《戏为六绝句》中高度评价唐初四杰，他写道：“王杨卢骆当时体，轻薄为文哂未休。尔曹身与名俱灭，不废江河万古流。”

排列在第二位的杨炯也是一位神童。显庆五年，他十一岁就待制弘文馆，当时人们称“王杨卢骆”，杨炯听了，说：“我愧在卢前，耻在王后。”张说也曾说过：“杨炯的文章，如同悬河流水，不仅比卢照邻写得好，与王勃的相比也毫不逊色。耻居王后，是实话，但愧在卢前就太谦虚了。”杨炯后来历任詹事司直、盈川（浙江省衢州市下属的一个古县）令，因此，史称杨盈川。

杨炯个性也有缺陷，他不仅恃才傲物，还为官严苛，口碑并不好。杨炯擅长五言诗，他的诗对仗工整，讲究音律，以边塞诗较为著名，名作有《出塞》《紫骝马》《战城南》《从军行》等。《从军行》：“烽火照西京，心中自不平。牙璋辞凤阙，铁骑绕龙城。雪暗凋旗画，风多杂鼓声。宁为百夫长，胜作一书生！”该首诗就体现了杨炯诗歌的特点，风格雄浑刚健，慷慨激昂；对仗不仅句句对，每句中间的词也相对，如牙璋与凤阙，铁骑与龙城。

四杰后两位卢照邻和骆宾王都擅长七言诗。

卢照邻是四杰中年龄最大的一位，他的生卒年有多种说法，一般认为他大约生于唐太宗贞观四年（公元630年），比王勃和杨炯要大二十岁。卢照邻是幽州范阳人，自幼聪慧，很小就被召入邓王李元裕（李世民的第十八弟）的王府担任典签。李元裕对他十分看重，与卢照邻为布衣之交，称他是自己的司马相如，把王府的文书工作全部交给他处理，后来，卢照邻被朝廷任命为新都县尉。不幸的是，他染上了风疾，只好辞官，虽经名医孙思邈医治，但病一直不好，孙思邈去世后，卢照邻的病情加重，后他不堪忍受病痛折磨，自投颍水而死，《旧唐书》称其死时四十岁。

《唐诗纪事》称，当时，杨炯写文章喜欢把古人的名字连起来，比如，张平子之略谈，陆士衡之所记；潘安仁宜其陋矣，仲长统何足知之之类，因此人们称其为“点鬼簿”；骆宾王的文章则喜欢用数字作对，比如，秦地重关一百二，汉家离宫三十六之类，时人称之为算博士，而卢照邻的文章则没有这些明显的缺点。

惺惺相惜。杨炯誉之为“人间才杰”（《已子安集序》），明代胡震亨说“领韵疏拔，时有一往任笔，不拘整对之意”（《唐音癸签》），卢照邻的代表作是《长安古意》。

长安大道连狭斜，青牛白马七香车。
玉辇纵横过主第，金鞭络绎向侯家。
龙衔宝盖承朝日，凤吐流苏带晚霞。
百丈游丝争绕树，一群娇鸟共啼花。
游蜂戏蝶千门侧，碧树银台万种色。
复道交窗作合欢，双阙连甍垂凤翼。
梁家画阁中天起，汉帝金茎云外直。
楼前相望不相知，陌上相逢讵相识。
借问吹箫向紫烟，曾经学舞度芳年。
得成比目何辞死，愿作鸳鸯不羡仙。
比目鸳鸯真可羡，双去双来君不见？
生憎帐额绣孤鸾，好取门帘帖双燕。
双燕双飞绕画梁，罗帷翠被郁金香。
片片行云着蝉鬓，纤纤初月上鸦黄。
鸦黄粉白车中出，含娇含态情非一。
妖童宝马铁连钱，娼妇盘龙金屈膝。
御史府中乌夜啼，廷尉门前雀欲栖。
隐隐朱城临玉道，遥遥翠幰没金堤。
挟弹飞鹰杜陵北，探丸借客渭桥西。
俱邀侠客芙蓉剑，共宿娼家桃李蹊。

娼家日暮紫罗裙，清歌一啭口氛氲。
北堂夜夜人如月，南陌朝朝骑似云。
南陌北堂连北里，五剧三条控三市。
弱柳青槐拂地垂，佳气红尘暗天起。
汉代金吾千骑来，翡翠屠苏鹦鹉杯。
罗襦宝带为君解，燕歌赵舞为君开。
别有豪华称将相，转日回天不相让。
意气由来排灌夫，专权判不容萧相。
专权意气本豪雄，青虬紫燕坐春风。
自言歌舞长千载，自谓骄奢凌五公。
节物风光不相待，桑田碧海须臾改。
昔时金阶白玉堂，即今唯见青松在。
寂寂寥寥扬子居，年年岁岁一床书。
独有南山桂花发，飞来飞去袭人裾。

仅此一首就足以令卢照邻名垂千古了。

排名最后一位的是骆宾王。我们最熟悉的就是他的《鹅》，据《唐诗纪事》记载，这首诗是骆宾王七岁时所作。可见，与其他三位一样，骆宾王也是位神童。他是婺州义乌人，从小就善写文章，尤其擅长写五言诗，《五总志》记载一件事，说的是骆宾王还未出名时，曾经在杭州的梵天寺做工，总是干活干到深夜才休息。一次，劳作一天的他凭栏而立，当时月色如画，只见一位老僧嘴里念叨不已，继而又不时地唉声叹气。骆宾王问道："和尚为何不休息，在此哀叹不止？"老和尚回答："我在写《梵天寺诗》，只想起前两句，下面的一直想不出来，所以才叹息。"骆宾王说："我替你把这首诗补足，你说说前两句。"老僧一脸不屑，说道："你是什么人？还敢言诗？"但拗不过骆宾王，还是把前两句说了出来："桂子月中落，天香云外飘。"骆宾王不假思索，应声答道："楼观沧海日，门听浙江潮。"老僧听后大惊失色。

后来，骆宾王进京，写了一篇长诗《上吏部侍郎帝京篇》，投给吏部侍郎裴行俭，得到了裴行俭的赞赏，一时洛阳纸贵，被人们誉为绝唱。骆宾王入仕后，历任道王李元庆幕僚、武功主簿、长安主簿，他与四杰中的其他人一样，性格也有缺陷，喜欢与赌徒们混在一起，高宗末年因贪污而被贬为临海丞，郁郁不得志，最后弃官而去。仪凤三年（公元678年）骆宾王下狱，狱中，他写了著名的《在狱咏蝉》："西陆蝉声唱，南冠客思侵。那堪玄鬓影，来对白头吟。露重飞难进，风多响易沉。无人信高洁，谁为表予心?"

在武则天执政时期，富嘉谟、吴少微、谷倚三人都非常善写文章，号称"北京"三杰，文辞浑厚雄迈，被称为"吴富体"，尤其是富嘉谟的文章，汪洋恣肆，张说称其文"如孤峰绝岸，壁立万仞，浓云郁兴，震雷俱发，诚可畏也，若施于廊庙，则骇矣"，可惜的是，富嘉谟的文章竟然没有流传一篇。杜甫后来在《寄彭州高三十五使君适、虢州岑二十七长史参三十韵》中，有"举天悲富骆"之句，将骆宾王和富嘉谟并称，故又有"富骆"之称。

骆宾王比较出名的诗还有：《易水送别》："此地别燕丹，壮士发冲冠。昔时人已没，今日水犹寒。"文章：《为徐敬业讨武曌檄》。

徐敬业起兵失败后，骆宾王下落不明。一种说法是骆宾王被杀；另一种说法是出家为僧。此是后话，暂且不提。

二二九　唐初文学（四）

四、“文章四友”。

文章四友分别是：崔融、李峤、苏味道、杜审言，他们成名比唐初四杰稍晚，活跃于高宗末期、武则天武周时期。《新唐书·李峤传》称：“其仕前与王勃、杨盈川接，中与崔融、苏味道齐名，晚诸人没，而为文章宿老，一时学者取法焉。”

文章四友中崔、李、苏三人都当了高官，与一直郁郁不得志的四杰不可同日而语，这也许是“文章憎命达”的缘故吧。虽然四友的名气很大，但文学成就与唐初四杰相差甚远，而在四友中，又以没有当上高官的杜审言成就最高。

崔融，齐州全节（平陵县，今山东省章丘市东平陵城）人，历任宫门丞、兼直崇文馆学士、著作郎、凤阁舍人等职，史称，他的文章典雅宏丽，在当时无人能比。武则天去世后，朝廷命其撰写《哀册文》，因操劳过度而死，终年五十四岁。该《哀册文》被时人评价为两三百年没有出现过。（《隋唐嘉话》）

李峤，赵州赞皇（今河北省赞皇县）人。他历任监察御史、给事中、凤阁舍人、吏部尚书、中书令等职。武则天对其非常倚重，凡是朝廷发布大文告，都令李峤主笔。

苏味道，赵州栾城（今河北省栾城县）人，与李峤是同乡，二人均有文名，被人称为苏李。后历任凤阁舍人、检校凤阁侍郎、同凤阁鸾台平章事等职。

杜审言，擅长五言诗，又工于书法，历任隰城尉、洛阳丞、著作佐郎、膳部员外郎、国子监主簿加修文馆直学士。杜审言就是杜甫的爷爷。

在群星璀璨的唐朝，文章四友所取得的文学成就就显得很一般了，而他们的人品也不是太好。大体上来说，他们都曾经依附过武则天的面首、当时炙手可热的张易之兄弟，因此，屡为后世所诟病，但客观地说，在当时的历史条件下，身为文人的他们又能怎么样呢？

《唐诗纪事》称，在武则天久视元年，改控鹤府（武则天设置的类似后宫的机构）为奉宸府，以张易之为奉宸令，并招引文士侍奉武则天饮宴。有人献媚说："张昌宗（张易之的弟弟）是王子晋（王子乔，周灵王的儿子）再世。"崔融就赋诗称："昔遇浮丘伯，今同丁令威。中郎才貌是，藏史姓名非。"苏味道有诗《正月十五日夜》："火树银花合，星桥铁锁开。暗尘随马去，明月逐人来。"后来，崔融与苏味道相互嘲讽，说："我的诗没你的好啊，特别是无银花合之句。"苏味道反唇相讥："你的诗虽然没有银花合，却有金铜钉。"

《虞氏杂记》称，苏味道当上高官后，门客问他："如今天下多事，相公将如何处置？"苏味道无言以对，只是尴尬地用手来回抚摸着床沿，时人称其为模棱宰相；史称，他"善敷奏，多识台阁故事，然而前后居相位数载，竟不能有所发明，但脂韦其间，苟度取容而已。尝谓人曰'处事不欲决断明白，若有错误，必贻咎谴，但模棱以持两端可矣'。时人由是号为'苏模棱'"。这就是"模棱两可"成语的来历。《朝野佥载》称："苏味道才学识度，物望攸归，王方庆体质鄙陋，言词鲁钝，智不逾俗，才不出凡，俱为凤阁侍郎。或问元一曰：'苏、王孰贤？'答曰：'苏九月得霜鹰，王十月被冻蝇。'或问其故，答曰：'得霜鹰俊捷，被冻蝇顽怯。'时人谓能体物也。"大约在总章年间，吏部侍郎裴行俭看上了苏味道和王勃的二哥王勮，把两个女儿嫁给了二人。据说，苏味道有四个儿子，二儿子苏份后定居四川眉州，苏份的九世孙是苏洵，苏洵有子苏轼、苏辙，这就是大名鼎鼎的"三苏"。

李峤，与二人相比就更不堪了。《唐诗纪事》称，李峤有三个毛病：一是自己热衷于仕途，却憎恶别人这样；二是自己热爱文学，却见不得别人有文才；三是自己十分贪婪，却又憎恨别人受贿。他在高宗朝时期官位低微，常郁郁不平，到武则天时期，多少还有些正义感，再到中宗时期，则是全身保命，碌碌无为了。

杜审言最大的特点就是非常自负，爱说大话，与同僚之间的关系如同水火。唐高宗乾封年间，苏味道担任天官侍郎，杜审言在被考核之列。写好考核文件上交后，杜审言对身边的人说："苏味道必死无疑！"大家都莫名其妙，连忙询问缘故，杜审言回答："他看了我的判词，肯定会羞愧而死！"他还曾夸口道：

“我的文章能令屈原、宋玉当我的下手；我的书法，能让王羲之给我下跪！”后来，杜审言因事被贬为吉州司户参军，又与同僚不和，州司马周季重与员外司户郭若讷一起陷害杜审言，将其打入大牢。不久，杜审言的儿子杜并持刀冲入周季重府上，将其刺死，杜并也被乱刀砍死。周季重临死前叹息道：“我不知道杜审言还有这么个孝顺儿子，郭若讷竟把我害到这步田地！”杜审言因此免官。后来，武则天召见杜审言想给他一个官做做，问他：“你心里高兴吗？”杜审言当即翩翩起舞，拜伏谢恩，并写了一首《欢喜诗》。武则天大喜，将他拜为著作佐郎，后为膳部员外郎。武则天去世后，杜审言也因与张易之兄弟交往而被流放岭南，不久又被召回，任国子监主簿，没多久就去世了。

杜审言临终前还不忘奚落一下他人。据《景龙文馆记》记载，当时，宋之问等名士都去探望他，杜审言对大家说：“我被造化这小儿可是捉弄苦了。有我在，让你们太讨厌了；如今我死了，你们自然是满心欢喜，只是遗憾再也找不到像我这样的人了。”杜审言次子叫杜闲，也就是杜甫的父亲。杜审言的族兄杜易简也是一位文士，其姨表兄是曾任中书令的岑文本，历任殿中侍御史、考功员外郎，与裴行俭一党，与李敬玄不和，后被唐高宗贬斥。

崔融存诗不多，其中有《留别杜审言并呈洛中旧游》一首，是写给杜审言的：“斑鬓今为别，红颜昨共游。年年春不待，处处酒相留。驻马西桥上，回车南陌头。故人从此隔，风月坐悠悠。”杜审言也曾写过一首《送崔融》，比较有名，可见二人很早就交往了：“君王行出将，书记远从征。祖帐连河阙，军麾动洛城。旌旗朝朔气，笳吹夜边声。坐觉烟尘少，秋风古北平。”崔融还写了一些边塞诗，但成就不是太高。

李峤的存诗相对多些，现存209首，是文章四友中存诗最多的一个，但大多是应制诗，并无太大的社会意义，比如《长宁公主（唐中宗的女儿）东庄侍宴》：“别业临青甸，鸣銮降紫霄。长筵鹓鹭集，仙管凤凰调。树接南山近，烟含北渚遥。承恩咸已醉，恋赏未还镳。”倒是李峤的小诗《风》清新隽永，耐人寻味：“解落三秋叶，能开二月花。过江千尺浪，入竹万竿斜。”

与李峤、崔融一样，苏味道的诗大多也是一些应制诗，最让人称道的还是前述的《正月十五日夜》。

杜审言的诗以五言律诗成就最高，风格清新雄健，他的诗风对杜甫影响很大，杜甫就曾自豪地说过：“吾祖诗冠古。”杜审言最出名的诗主要有：《和晋陵陆丞早春游望》：“独有宦游人，偏惊物候新。云霞出海曙，梅柳渡江春。淑气催黄鸟，晴光转绿苹。忽闻歌古调，归思欲沾巾。”《和康五望月有怀》：“明月高秋迥，愁人独夜看。暂将弓并曲，翻与扇俱团。露濯清辉苦，风飘素影寒。罗衣一此鉴，顿使别离难。”《渡湘江》：“迟日园林悲昔游，今春花鸟作边愁。独怜京国人南窜，不似湘江水北流。”

二三〇 唐初文学（五）

五、宋之问、沈佺期及刘希夷。

“岭外音书断，经冬复历春。还乡情更怯，不敢问来人。”这是宋之问的一首诗，名字叫《渡汉江》，是他在中宗神龙二年（公元706年）从泷州（今广东省罗定市东南）贬所北回，途经汉江时写的一首诗。诗歌一方面写与家人音讯断绝，日夜思念家人，但另一方面又害怕听到家人的消息，担心家人会因为自己而受到连累，将这种矛盾心理表达得淋漓尽致。

宋之问和沈佺期齐名，在当时被人称为沈宋，二人经历也非常相似，都是上元进士，也都曾经依附张易之兄弟、太平公主。他们稍晚于唐初四杰，与文章四友大致活跃于同一时期，他们也与文章四友一样属于宫廷诗人。在他们得势时，大多写的是一些应制诗，文辞华靡，内容贫乏，无足可称，但他们继承了上官仪讲究诗歌韵律等形式要求，对唐诗律诗的定型起到了很大作用。而在他们命运不济时，则写出了一些流传后世的流露真情之作，前述的《渡汉江》就是其中之一。

宋之问籍贯是虢州弘农（今河南省灵宝市）人。他的父亲宋令文是个文武双全的猛将，出身下层，渴望出人头地，刻苦学习，不仅擅长文辞，还深通书法，更是精通武艺，号称三绝。唐高宗时，被任命为左骁卫郎将、东台详正学士。《朝野佥载》称，宋令文有神力，禅定寺有头牛经常伤人，人不敢接近，用围栏将它关了起来。宋令文得知后，挺身而入，牛直前冲向宋令文，只见宋令文抓住牛角，用力一掰，牛颈骨登时断裂，应声倒地而死；在太学上学时，他曾把教室的房柱抬起，将同学的衣服压在下面，同学答应请客，他才又把衣服拿了出来。宋令文生了三个儿子：宋之问、宋之悌、宋之逊，其中，宋之问文采斐然，宋之悌武艺高强，宋之逊书法很棒，时人称其三子各得其一绝。宋之悌在开元年间官至右羽林将军、益州长史、剑南节度兼采访使、太原尹。

宋之问年少时就已出名，他擅长五言诗，史称“当时无能出其右者”。最初，他与杨炯分别在殿内值班，不久，又改任洛州参军，后担任尚方监丞、左奉宸内供奉。张易之兄弟喜欢宋之问的才华，宋之问也倾心巴结二张，经常陪同武则天游宴。一次，武则天驾临龙门，命大家赋诗，先写成的赏赐锦袍。左史东方虬先写成，武则天把锦袍赏给了他，东方虬还未坐稳，宋之问的诗也写好了，武则天一看，对宋之问的诗大加赞赏，当即下令把已经赏给东方虬的锦袍夺下，转赐给了宋之问。

武则天去世后，宋之问被贬为泷州参军，不久，他从贬所逃回，藏匿在洛阳侠客张仲之的家中。张仲之与驸马都尉王同皎等密谋诛杀专横跋扈的武三思，宋之问听说后，派侄儿宋昙告发。武三思大怒，将王同皎等人诛杀，又把宋之问升为鸿胪丞、宋之逊升为光禄丞、宋昙升为尚衣奉御。天下之人都说：“宋之问等人当上五品官，都是王同皎的鲜血染成的。”不久，宋之问又被晋升为考功员外郎，并与杜审言等人一起被挑选成为修文馆学士，继而转任越州长史。唐睿宗即位后，因宋之问依附张易之、武三思而被流放到钦州，后被赐死。

宋之问的人生三起三落，人品很差，不仅出卖恩人，还非常谄媚，令人作呕。《本事诗》称，宋之问一直想当上北门学士，但武则天没有答应，宋就写了一首《明河篇》表达自己的意愿，诗的最后，他写道：“明河可望不可亲，愿得乘槎一问津。更将织女支机石，还访成都卖卜人。”武则天见了这首诗后，对崔融说：“我不是不知道宋之问这人有才华，有品位，只是听说他的嘴太臭了。”宋之问牙口不好，所以口臭。宋之问终生以此又惭愧又愤恨。《朝野佥载》还称，侍御史郭霸曾尝来俊臣的粪便，宋之问则手捧张易之的尿壶，二人均谄媚可耻。除此之外，还有一个流传很广的宋之问“因诗杀人”的故事。说的是宋之问的外甥刘希夷，也是初唐的一位诗人，当时并没有什么名气。此人善弹琵琶，诗歌多以歌行见长，诗风柔婉感伤。刘希夷曾经写了一首《代悲白头翁》的诗：“洛阳城东桃李花，飞来飞去落谁家？洛阳女儿好颜色，坐见落花长叹息。今年花落颜色改，明年花开复谁在？已见松柏摧为薪，更闻桑田变成海。古人无复洛城东，今人还对落花风。年年岁岁花相似，岁岁年年人不同。寄言全盛红颜子，应怜半死白头翁。此翁白头真可怜，伊昔红颜美少年。公子王孙芳树下，清歌妙舞落花前。光禄池台开锦绣，将军楼阁画神仙。一朝卧病无相识，三春行乐在谁边？宛转蛾眉能几时？须臾鹤发乱如丝。但看古来歌舞地，惟有黄昏鸟雀悲。”宋之问酷爱诗中的“年年岁岁花相似，岁岁年年人不同”这两句名句，当时，刘希夷写成这首诗还没有公开发表，宋之问就恳请外甥把这两句送给自己，但刘希夷拒绝了。宋之问恼羞成怒，竟然将刘希夷用土袋压死了。这个故事出自《临汉隐居诗话》《滹南诗话》《大唐新语》《唐诗纪事》等书中，但《大唐新语》《唐诗纪事》等书说得没有那么肯定，称刘希夷为奸人所杀，有人说是宋之问杀的。

宋之问人品不咋样，但写的诗还是不错的。他比较出名的诗还有：《送别杜审言》：“卧病人事绝，嗟君万里行。河桥不相送，江树远含情。别路追孙楚，维舟吊屈平。可惜龙泉剑，流落在丰城。”《题大庾岭北驿》：“阳月南飞雁，传闻至此回。我行殊未已，何日复归来。江静潮初落，林昏瘴不开。明朝望乡处，应见陇头梅。”《早发始兴江口至虚氏村作》：“候晓逾闽嶂，乘春望越台。宿云鹏际落，残月蚌中开。薜荔摇青气，桄榔翳碧苔。桂香多露裛，石响细泉回。抱叶玄猿啸，衔花翡翠来。南中虽可悦，北思日悠哉。鬒发俄成素，丹心已作灰。何当首归路，行剪故园莱。”《题灵隐寺》：“鹫岭郁岧峣，龙宫锁寂寥。楼观沧海日，门对浙江潮。桂子月中落，天香云外飘。扪萝登塔远，刳木取泉遥。霜薄花更发，冰轻叶未凋。夙龄尚遐异，搜对涤烦嚣。待入天台路，看余度石桥。”关于《题灵隐寺》中“楼观沧海日，门对浙江潮”这两句，又是一桩公案。据说，徐敬业兵败后，骆宾王死里逃生，当了和尚，隐居在杭州的灵隐寺。宋之问被贬为越州长史后，一次到灵隐寺游玩，吟咏“鹫岭郁岧峣，龙宫锁寂寥”两句，苦思冥想，再也想不出下句了，一位老僧说出了“楼观沧海日，门对浙江潮”这两句，后来，宋之问才知道这位老僧就是骆宾王。

沈佺期，字云卿，相州内黄人。上元进士，历任通事舍人、考功员外郎、起居郎、加修文馆学士、中书舍人、太子詹事等职，开元中去世。沈佺期诗文与宋之问齐名，张说曾说：“沈三兄诗，直须还他第一。”入仕期间也曾依附张易之兄弟，但他没有宋之问做得那么过分，因此得以善终。

《唐诗纪事》记载，唐中宗时，有次邀群臣赋诗百篇，命昭容上官婉儿从中挑选一篇作为新翻御制曲。帐殿前张灯结彩，从臣们都齐集在彩楼下等着。一会儿，彩楼上纸落如飞，群臣各自认领自己所作的诗，只有沈佺期和宋之问的诗迟迟没有扔下。又过了一会儿，沈佺期的诗也被扔了下来，只见上面上官婉儿评价道："沈佺期的结句为'微臣雕朽质，羞睹豫章材'，显得词气已经衰竭了，而宋之问诗的结句是'不愁明月尽，自有夜珠来'，显得陡健豪举。"沈佺期这才口服心服。

沈佺期流传于世的诗主要有：《杂诗》（三）："闻道黄龙戍，频年不解兵。可怜闺里月，长在汉家营。少妇今春意，良人昨夜情。谁能将旗鼓，一为取龙城。"《夜宿七盘岭》："独游千里外，高卧七盘西。晓月临窗近，天河入户低。芳春平仲绿，清夜子规啼。浮客空留听，褒城闻曙鸡。"《独不见》："卢家少妇郁金堂，海燕双栖玳瑁梁。九月寒砧催木叶，十年征戍忆辽阳。白狼河北音书断，丹凤城南秋夜长。谁谓含愁独不见，更教明月照流黄！"《酬苏员外味道夏晚寓直省中见赠》："并命登仙阁，分曹直礼闱。大官供宿膳，侍史护朝衣。卷幔天河入，开窗月露微。小池残暑退，高树早凉归。冠剑无时释，轩车待漏飞。明朝题汉柱，三署有光辉。"

二三一　唐初文学（六）

陈子昂也是活跃于武则天时期的一代文宗。

如果说“唐初四杰”将唐诗引入一个更为广阔的空间，那么陈子昂就是在这片辽阔空间中纵横驰骋的一代旗手，是他将唐初的诗歌推向了一座高峰，他的诗歌成就也得到了历代人们的一致肯定。刘克庄在《后村诗话》中写道：“唐初王、杨、沈、宋擅名，然不脱齐梁之体，独陈拾遗首倡高雅冲淡之音，一扫六代之纤弱，趋于黄初、建安矣。”杜甫在诗中称赞道：“千古立忠义，感遇有遗篇。”韩愈也写道：“国朝盛文章，子昂始高蹈。”萧颖士称：“近日陈拾遗子昂文体最正。”元好问更称：“沈宋横驰翰墨场，风流初不废齐梁。论功若准平吴例，合著黄金铸子昂。”陈子昂进一步发展了“初唐四杰”充实、刚健的诗风，彻底抛弃了齐梁诗歌中的绮靡纤弱之气，对于李白、杜甫等盛唐诗人产生了深远影响，对唐诗的健康发展起到了无可比拟的积极作用。

陈子昂，梓州射洪（今四川省射洪县）人。陈家世代都是富豪，唯独陈子昂折节读书，曾写了《感遇诗》，京兆司功王适一见之下，大吃一惊，说道：“此子必将成为天下文学宗师啊！”陈子昂也由此成名，被举荐为进士。正巧唐高宗病逝，灵柩将送归长安，陈子昂上书盛称洛阳形胜，关中萧条，予以阻止。武则天原本就对洛阳情有独钟，当即召见，拜陈子昂为麟台正字，后为右拾遗；武攸宜曾率军北伐契丹，以陈子昂为军中管记，后陈子昂的父亲被县令段简羞辱，陈子昂听说后赶忙回家，打算上交二十万钱，但段简仍不满足，把陈子昂打入大牢。不久，陈子昂就忧愤而死，时年四十二岁。

《独异志》记载了一件陈子昂出名前的逸事：陈子昂在京师居住十年一直没有成名，一天，东市上有一个卖胡琴的，价百万，京师名士、富豪纷纷传阅，但都无人能分辨真假，也没有人买。陈子昂突然从人群中挤出来，对侍从说：“可用一千串钱买来。”众人吃惊地问道：“买来干啥？”陈子昂回答：“我擅长此乐。”有人就问：“能听听吗？”陈子昂说：“我就住在宣阳里，明日我准备丰盛的美食，恭请大家一起前来，最好带上名士们一起前来。”第二天，果然来了百余人，都是京师的名流。陈子昂大摆筵席，吃完，他拿出胡琴，对众人说：“我陈子昂有一百多篇文章，奔走于京师，一直无人知晓。此乐不过是下贱人才学的，我岂能留心于此！”遂抬手扔了，将自己写的文章摆满文案，给每人都赠了一套。宴会过后，陈子昂立刻名满京师。

陈子昂一共写了三十八首《感遇诗》，其中比较著名的有（二）：“兰若生春夏，芊蔚何青青。幽独空林色，朱蕤冒紫茎。迟迟向日晚，袅袅秋风生。岁华尽摇落，芳意竟何成！”（四）：“乐羊为魏将，食子殉军功。骨肉且相薄，他人安得忠。吾闻中山相，乃属放麑翁。孤兽犹不忍，况以奉君终。”（二十三）：“翡翠巢南海，雄雌珠树林。何知美人意，骄爱比黄金。杀身炎州里，委羽玉堂阴。旖旎光首饰，葳蕤烂锦衾。岂不在遐远，虞罗忽见寻。多材信为累，叹息此珍禽。”（三十四）：“朔风吹海树，萧条边已秋。亭上谁家子，哀哀明月楼。自言幽燕客，结发事远游。赤丸杀公吏，白刃报私仇。避仇至海上，被役此边州。故乡三千里，辽水复悠悠。每愤胡兵入，常为汉国羞。何知七十战，白首未封侯。”（三十五）：“本为贵公子，平生实爱才。感时思报国，拔剑起蒿莱。西驰丁零塞，北上单于台。登山见千里，怀古心悠哉。谁言未忘祸，磨灭成尘埃。”

其他比较著名的诗有：《登幽州台歌》：“前不见古人，后不见来者。念天地之悠悠，独怆然而涕下。”《燕昭王》：“南登碣石馆，遥望黄金台。丘陵尽乔木，昭王安在哉！霸图今已矣，驱马复归来。”《晚次乐乡县》：“故乡杳无际，日暮且孤征。川原迷旧国，道路入边城。野戍荒烟断，深山古木平。如何此时恨，噭噭夜猿鸣。”《送魏大从军》：“匈奴犹未灭，魏绛复从戎。怅别三河道，言追六郡雄。雁山横代北，狐塞接云中。勿使燕然上，惟留汉将功！”《春夜别友人》：“银烛吐青烟，金樽对绮筵。离堂思琴瑟，别路绕山川。明月隐高树，长河没晓天。悠悠洛阳道，此会在何年？”

唐高宗中晚期对外战争频仍，再到武则天一朝，随着吐蕃的崛起和唐朝内部斗争的加剧，大唐帝国出现了中衰的局面。在这种情况下，陈子昂身为有识之士，心中充满了忧虑，因此，他的诗歌里一直渗透着一种苍凉悲壮之气，在他的《送魏大从军》等不少诗里，也都表现了诗人渴望建功立业、扬名四海的雄心壮志，充满了奋发有为的精神，感情激昂丰沛，语言质朴，慷慨悲凉，动人心魄，极具遒劲之美。难怪胡应麟在《诗薮》中评价道："唐初承袭梁隋，陈子昂独开古雅之源。"

初唐诗人很多，代表人物大致就这些，但还有一些因一言一诗而名垂不朽的人，除了刘希夷外，还有就是张若虚。张若虚与贺知章、张旭、包融并称为"吴中四士"，生平不详。我们只知道他曾任兖州兵曹，《全唐诗》仅存两首诗，其中一首就是名垂千古的《春江花月夜》。《春江花月夜》出自乐府《清商曲辞·吴声歌曲》，过去陈后主、隋炀帝等人都写过，但只有张若虚写得最好。

春江潮水连海平，海上明月共潮生。
滟滟随波千万里，何处春江无月明！
江流宛转绕芳甸，月照花林皆似霰；
空里流霜不觉飞，汀上白沙看不见。
江天一色无纤尘，皎皎空中孤月轮。
江畔何人初见月？江月何年初照人？
人生代代无穷已，江月年年只相似。
不知江月待何人，但见长江送流水。
白云一片去悠悠，青枫浦上不胜愁。
谁家今夜扁舟子？何处相思明月楼？
可怜楼上月徘徊，应照离人妆镜台。
玉户帘中卷不去，捣衣砧上拂还来。
此时相望不相闻，愿逐月华流照君。
鸿雁长飞光不度，鱼龙潜跃水成文。
昨夜闲潭梦落花，可怜春半不还家。
江水流春去欲尽，江潭落月复西斜。
斜月沉沉藏海雾，碣石潇湘无限路。
不知乘月几人归，落月摇情满江树。

再有就是贺知章，人们习惯于把他看作盛唐早期诗人，在此不妨也提一下。贺知章，字季真，号称四明狂客，是越州永兴（今浙江省杭州市萧山区）人。他官至秘书监，后回乡当道士，喜欢饮酒，与李白友善，他的写景抒情之作，清新通俗，自然纯真，其名作是《咏柳》：“碧玉妆成一树高，万条垂下绿丝绦。不知细叶谁裁出，二月春风似剪刀。”《回乡偶书二首》：“少小离家老大回，乡音无改鬓毛衰。儿童相见不相识，笑问客从何处来。”“离别家乡岁月多，近来人事半销磨。唯有门前镜湖水，春风不改旧时波。”

陆游说过：“文章本天成，妙手偶得之。”贺知章的这些诗，看似大白话，不经意间写出，却已进入诗歌的最高境界，即化境——完全朴实无华，语言、情感、意境都从胸中流出，毫无为写诗而写诗的雕琢痕迹，不愧为千古传诵的好诗。

二三二　仪凤西讨（一）

回到现实。

上元元年（公元674年），唐高宗发动讨伐新罗之役；上元二年（公元675年），撤军，也就是这一年，太子李弘去世；到上元三年（公元676年），唐朝朝廷在东线收缩，将安东都护府迁到了辽东故城。唐朝朝廷之所以采取这一政策，一方面由于连年征战，国力难以为继；另一方面，吐蕃已虎视眈眈，准备在西线向唐朝发动攻势了。

自从咸亨元年（公元670年）大非川一战唐军惨败后，唐朝朝廷虽然拒不承认吐蕃对吐谷浑旧地的占领，但亦无可奈何，一直在东线用兵，无暇兼顾。东线唐军虽然勉强扑灭了高句丽的叛军，却陷入与新罗角力的泥潭当中，而恰恰就在这时，吐蕃又在西线蠢蠢欲动了！

乾封元年（公元666年）封禅泰山，武则天美美地风光了一回，事后，她就劝说唐高宗把五岳都封禅一遍，原本上元三年武则天是劝唐高宗去中岳嵩山封禅的。然而，到了这一年（公元676年）的闰三月，就传来了吐蕃军队侵犯鄯州（今青海省海东市乐都区）、廓州（今青海省化隆县）、河州（今青海省临夏市）、芳州（今青海省东南部）等州的军报，唐高宗取消了封禅中岳的大典，急命左监门卫中郎将令狐智通调派兴州（今陕西省略阳县）、凤州（今陕西省凤县）等州的军队赶往西线抵御；十七日，唐高宗又下令以洛州牧、周王李显（高宗第七子，时年二十一岁）为洮州道行军元帅，率领工部尚书刘审礼（刘德威之子）等十二总管；以并州大都督、相王李轮（李旦，原名李旭轮，后改为李轮，高宗第八子，时年十五岁）为凉州道行军元帅，率领左卫大将军契苾何力等人，大举讨伐吐蕃。二位亲王不过是虚衔，并未亲行，不久，契苾何力也去世了，也就是说，唐高宗的这项部署并没有落实。

七月二十九日，吐蕃军队又侵犯叠州（今甘肃省迭部县）。

九月七日，大理弹劾左威卫大将军权善才、右监门中郎将范怀义误砍了昭陵的松柏，罪当除名，唐高宗看后，特意批复将二人杀掉。大理丞狄仁杰上奏提出异议，说："二人罪不当死。"唐高宗说："权善才等人砍伐昭陵的松柏，我不杀了他们，我就不孝。"狄仁杰一再坚持称杀掉二人于法无据，说得唐高宗顿时火冒三丈，拉下脸来，喝令狄仁杰退下。狄仁杰毫不畏惧，说道："人人都说犯颜直谏，自古所难，但臣以为，遇到了夏桀、商纣这样的昏君，臣子劝谏当然非常为难，而遇到尧舜那样的圣君则十分容易。臣今日就是遇到了尧舜那样的明君，所以我才不担心会遭到像比干那样的惨剧。昔日，汉文帝时有人偷盗高庙的玉环，张释之当庭争辩，称此人依法只应斩杀；魏文帝曾想流放一人，辛毗拉着魏文帝的衣袖劝谏，最终魏文帝总算接受了。陛下制定法律，公布于世，罪刑适应，哪有未犯死罪就赐死的？如今，按照法律二人罪不当死，而陛下却特批要杀掉二人，这是制定了法律却又无法取信于民，百姓又该怎么做才好呢？陛下如果真的想要变法，那就从今日开始。汉朝名臣张释之曾经说过：'假如盗取长陵（汉高祖刘邦的陵墓）一抔土，陛下又该用什么样的刑罚惩处呢？'如今，仅仅因为一棵柏树就要诛杀两位将军，后世又会怎样看待陛下呢？臣之所以不敢奉命，就是害怕陷陛下于不道，也羞于在九泉之下见到张释之啊！"唐高宗听后，慢慢平息了怒气，将二人除名，流放到了岭南。数日后，唐高宗下令提拔狄仁杰为侍御史。

狄仁杰，字怀英，并州太原人。狄仁杰的祖父狄孝绪，在贞观年间担任过尚书左丞，父亲狄知逊，曾任夔州长史。《南部新书》记载，狄仁杰年幼时，遇到擅长相术的海涛法师，海涛法师一见之下，大惊失色，说道："此儿将位极人臣，是苍生的依靠，只恨我已年老，见不到那一天了！"狄仁杰家的一个门客被杀了，县吏到家中盘问，众人纷纷到县吏面前回话，唯独狄仁杰依旧坐在那里读书。县吏到狄仁杰跟前训斥，狄仁杰毫不示弱，反唇相讥道："书中处处都是圣贤，尚未迎候，哪有工夫与你这种俗人相见呢？"狄仁杰后举明经，担任汴州判佐；时任工部尚书的阎立本见到狄仁杰后，称赞他道："足下可谓海曲之明珠，东南之遗宝啊！"推荐他为并州都督府法曹。狄仁杰非常孝友，同僚郑崇质母亲年事已高，又身体不好，官府派他出远差，狄仁杰找到长史蔺仁基请求代替一行。狄仁杰的仗义之举感动了很多人，原本蔺仁基与司马李孝廉不和，经此一事，二人相互说："我等难道不感到羞愧吗？"从此和好如初。狄仁杰不仅是位光明磊落的官员，还是位妙手回春的医道高手。《集异记》称，狄仁杰尤其擅长针灸，一次，他路过华州，看到北门外人头攒动，近前一看，只见一块牌子上写道："能治好我儿，酬谢一千匹绢。"旁边躺着一个十四五岁的"富二代"，鼻子上长了一个拳头那么大的肿瘤，非常疼痛。狄仁杰顿生恻隐之心，用银针从脑后刺入，然后，迅速抽针，肿瘤应手而落。富人夫妇跪地拜谢，要按约酬谢。狄仁杰笑道："我岂是用医术换钱之人？"头也不回，弃之而去。此后，狄仁杰被晋升为大理丞，他每年要提审一万七千多人，无一人喊冤。后狄仁杰历任朝散大夫、度支郎中等职。唐高宗将临幸汾阳宫，以狄仁杰为知顿使。并州长史李冲玄因皇帝车驾经过妒女祠，据说，身穿艳丽服饰的人经过这里都要遭风雷之累，李冲玄就调发数万人要另外修筑一条御道。狄仁杰听说后，赶忙制止，说道："天子出行，千乘万骑，风伯清尘，雨师洒道，哪里是妒女之害呀？"唐高宗听后，赞叹道："狄仁杰真乃大丈夫也！"

十月十二日，武则天污蔑萧淑妃的儿子、郇王李素节贪污受贿，将其降封为鄱阳王，软禁在袁州（今江西省宜春市）。李素节聪慧好学，武则天对他非常厌恶，把他从岐州刺史贬为申州刺史；在武则天等人的蒙蔽下，乾封初年，唐高宗又下诏称："素节既然长期患病，就不必来朝了。"其实，李素节根本就没病，在无法拜谒父皇的苦闷之中，李素节撰写了一篇《忠孝论》，以表达对父皇的思念之情，然而，李素节的身边到处都是武则天安插的耳目。王府仓曹参军张柬之偷偷将这篇文章报给了武则天，武则天更是怒火中烧，也加快了对李素节迫害的脚步。

十一月八日，陈州称发现了凤凰，遂改上元三年为仪凤元年，大赦。

十二月，唐高宗以来恒为河南道大使，薛元超为河北道大使，尚书左丞崔知悌、国子司业郑祖玄为江南道大使，命令他们分赴三地安抚百姓。来恒是来护儿之子、来济的哥哥；薛元超是薛道衡之孙、薛收之子，唐太宗命其娶了李元吉的女儿和静县主为妻，后因与上官仪有文字之交而被流放嶲州，上元元年被放还，拜为正谏大夫。《古今事文类聚》称，唐高宗有一次对薛元超说："我昔日在东宫，当时与你都还很年轻，倏忽之间已经三十年了，与你都成了老头子，读读历史，能一起变成老头子的又能有几人？"《南部新书》称，中书省内有块大石头，薛道衡担任内史侍郎时，经常坐在石头上写诏书，后来薛元超每次见到这块石头，未尝不泫然流泪。《隋唐嘉话》称，薛元超对亲人们说："我平生有三个遗憾：一是不是进士出身；二是没有娶五姓之女；三是没有参与修撰国史。”崔知悌，许州鄢陵（今河南省鄢陵县）人，贞观朝为吏部侍郎，后晋升为尚书左丞，他深通医学，擅长针灸，著述以《骨蒸病灸方》最为著名，被收入《外台秘要》，名为“灸骨蒸法图”，即世传崔丞相灸法；郑祖玄，生平不详。

仪凤二年（公元677年）四月，唐高宗又因河南、河北遭遇旱灾，派遣御史中丞崔谧等人分道前往赈济。侍御史刘思立上书劝阻道：“如今正值农耕时节，朝廷派员巡抚，官民一定会非常高兴，甚至会放下农活，盼望得到赈济，聚集迎候，妨害农事。既然要赈济，就需要登记造册，本意是为了安抚百姓，这样反而给百姓带来烦扰。请求陛下把这项工作暂时交给地方官员处理，等到秋后农闲时再派员下去考核即可。”唐高宗同意了。

五月，吐蕃军队又骚扰扶州（今四川省九寨沟县）的临河镇（今甘肃省文县境内），生擒唐守将杜孝升，威逼杜孝升给松州都督武居寂写信劝降，但杜孝升不从。等到吐蕃军队撤离后，把杜孝升丢下，杜孝升又率领残余部众坚守，朝廷晋升他为游击将军。

为了应对日益严峻的西部局势，唐高宗以尚书左仆射刘仁轨为洮河道行军镇守大使，率军镇守洮河军（今青海省海东市乐都区），并于十二月二十七日下诏在关内、河东各州招募战士，组织大军，准备大举讨伐吐蕃；他还要求三品以上的文武京官，每年推荐武能做将帅、文能当地方官的人才各一名。

刘仁轨与中书令李敬玄不和，镇守洮河期间，刘仁轨向朝廷有所请求，总被李敬玄搁置起来，这让刘仁轨非常恼火。刘仁轨明知李敬玄不懂军事，但为了达到打击李敬玄的目的，故意向唐高宗推荐由李敬玄担任讨伐吐蕃的主帅，称：“西边镇守，非李敬玄不可。”李敬玄向唐高宗表示自己没有帅才，坚决推辞，但唐高宗说：“刘仁轨如果需要朕前去，朕也会亲自前往，你岂能推辞！”话说到这个分上，李敬玄心中只能暗暗叫苦了。

仪凤三年（公元678年）一月十九日，唐高宗下诏任命李敬玄代替刘仁轨为洮河道大总管，兼安抚大使，仍检校鄯州都督，率军抵御吐蕃；又命令益州大都督长史李孝逸等人征召剑南（今四川省西部、云南省一部分）、山南（今湖北省西部及陕西省南部）之兵开往前线；又派遣金吾将军曹怀舜等人前往河北、河南等地招募猛士，不问出身贵贱，以增强军队的战斗力。李孝逸为李唐宗室，其父为淮安王李神通。

二三三　仪凤西讨（二）

仪凤三年七月，李敬玄上报唐军在龙支（今青海省海东市乐都区南）击破吐蕃军队。

到了九月十二日，李敬玄率领十八万唐军与吐蕃论钦陵主帅在青海湖一带展开决战。当时，工部尚书、左卫大将军刘审礼率领前锋杀入吐蕃军队的纵深地带，驻扎在濠所（今地不详），遭到吐蕃军队的围攻。李敬玄胆小，见刘审礼被围，却按兵不救，眼睁睁看着刘审礼所部被吐蕃军队歼灭，刘审礼被擒。当听说唐军先头部队全军覆没的消息后，李敬玄更是魂不附体，狼狈后撤，在承风岭（今青海省海东市乐都区西南三百里处）安营扎寨，开挖泥沟试图抵挡吐蕃追兵。吐蕃追兵则驻扎在高岗之上，居高临下，威慑唐军。《黑齿常之传》却称："刘审礼之没贼，敬玄欲抽军，却阻泥沟，而计无所出。"据此可翻译为：李敬玄率领唐军后撤，却被泥沟阻挡，只好驻扎在承风岭。

《朝野佥载》记载了这次惨败：唐军主力行至树墩城（今青海省贵德县西一百四十里处），听说刘审礼战败，李敬玄鞋都来不及穿上，狼狈而逃。军中将领王杲、副总管曹怀舜等人更是惊恐万状，唐军将士们在狂逃中，把带着的麦饭扔了一地，前后上千里的地面上，麦饭竟然堆积了一尺多厚！当时，军中有人编歌谣讽刺道："洮河李阿婆，鄯州王伯母。见贼不能斗，总由曹新妇！"

左领军员外将军黑齿常之趁夜率领五百名敢死之士，偷偷摸上高岗，偷袭敌营。吐蕃人没有想到唐军会来这一手，顿时一片大乱，四散而逃，吐蕃领兵将领跋地设率军撤去。李敬玄这才率领残兵败将，回到了鄯州。

刘审礼的儿子们自行用绳索捆绑着来到宫门前，恳请唐高宗允许自己前往吐蕃赎回父亲，唐高宗答应让其次子、岐州司兵参军刘易从前去看望其父。刘审礼于三年后的唐高宗开耀元年（公元681年）病故。等刘易从到达吐蕃时，刘审礼已经病死了，刘易从昼夜哀号，哭声不绝于耳，最终感动了吐蕃人，他们把刘审礼的尸体还给了刘易从，任其拉回。刘易从一路赤脚，背负亡父的尸体（一说拉着灵柩），行走近万里，终将父亲的尸体带回老家彭城（今江苏省徐州市），他的孝行得到了唐朝朝野的一致称赞。

战后，唐高宗提拔黑齿常之为左武卫将军，兼检校左羽林军，赐金五百两、绢五百匹，仍充河源军副使；又命令李敬玄继续留在鄯州防御。李敬玄早已吓破了胆，屡屡上书称自己得了重病，恳请回京治疗，最终，唐高宗还是答应了。然而，等李敬玄回到长安拜谒唐高宗时，唐高宗发现李敬玄说了假话，他根本就没有得什么重病！唐高宗大怒，将其贬为衡州刺史。

李敬玄西征时，监察御史娄师德也上书唐高宗，请求充当一名猛士，应募西征，唐高宗大喜，特意晋升其为朝散大夫。唐军战败后，娄师德搜罗败兵，唐军的士气才得以恢复。唐高宗命他出使吐蕃，吐蕃将领论赞婆在赤岭（今青海省共和县西）与娄师德会面。娄师德传达了唐高宗的旨意，并给论赞婆分析利害祸福，论赞婆很高兴，数年之内不再骚扰唐朝边境。娄师德也被唐高宗晋升为殿中侍御史，接任河源军司马，兼管营田事。娄师德，郑州原武人。进士出身，入仕为江都尉。扬州长史卢承业看出他是块当宰相的料子，曾对他说："你有宰相之才，我当以子孙相托，岂能以下属的礼节要求你呢？"

唐军一再战败，唐高宗深以吐蕃为忧，他召集群臣商议对策，但满朝文武各执一词，有的建议与吐蕃和亲，让百姓休息；有的建议加强边防，等国家富裕后再全力讨伐；有的则建议迅速发兵讨伐，不给吐蕃喘息之机。讨论了半天，也没有商量出个眉目来，唐高宗赏赐给大家一顿美食，也就不了了之了。

高官们想不出好办法，下层人士却没有闲着。太学生魏元忠上书言事，提出制服吐蕃之策，他在奏表中写道："治理国家的关键就在于一文一武，如今，那些文士只注重文辞的华丽而不研究古代经典著作，那些武将只注重骑马射箭而不学习谋略，这对于治理国家、平定叛乱又有什么用处！臣曾经阅读曹魏、西晋的历史，对何晏、王衍整日空谈非常鄙视，近来，又看齐梁之书，其间也不乏才能之士，但是，他们对于国家的治理何曾有过一点用处！陆机虽然写了《辨亡论》，却还是遭受了河桥之败；养由基就算能射穿七层铠甲，也无力挽救在鄢陵之战中惨败的楚军，这就是其中的原因。古人说过：'人无常俗，政有理乱；兵无强弱，将有巧拙。’所以，挑选将领要以智略作为根本，其次才是身体是否强壮。臣听说什么时候都有人才，只有朝廷没有发现、重用人才的事，而不存在没有人才的事。有志之士不论富贵还是贫贱都想立下功名，名传后世，所以，班超投笔从戎，祖逖击楫中流，他们都是有才而又能实现抱负的，至于那些有才而未被发现的，普通人只看到他们贫贱，却根本不知道他们心中的韬略。所以，汉高祖拜韩信为大将，全军都耻笑；西蜀重用魏延，群臣都发牢骚。富贵之人容易成功，而贫贱之士难以立业，竟然到了这步田地！臣请求广泛征集五品以上官员的意见，借以发现身怀奇计的将才。

“李靖破突厥，侯君集灭高昌，苏定方开西域，李勣平辽东，虽奉国威灵，也与他们个人的才能密不可分。

“如今，朝廷大多选用将门子弟以及死难人家的子孙，这些人都是庸才，就算他们尽忠报国，也难免失利，岂能担当抵御外侮的重任！后汉马贤讨西羌，皇甫规陈其必败；宋文帝使王玄谟收复河南，沈庆之悬知不克。谢玄以书生之姿，拒苻坚天下之众，郗超也预料晋军必胜；桓温提数万之兵，万里而袭成都，刘真长判断他肯定能够成功。董仲舒说过：‘为政之用，譬之琴瑟，不调甚者，必解弦而更张之，乃可鼓也。’因此，阴阳不和，就把底层的士人直接提拔为宰相；蛮夷不从命，就把士兵直接晋升为将帅，这就体现了改弦更张之义。李左车、陈汤、吕蒙、孟观都是出身贫贱之人，却立下不世之功，没听说过他们家祖上世代为将的。以四海之大，亿兆之众，怎么会没有卓越奇绝之士？”

魏元忠又说：“赏罚是治国之本，如果有功不赏，有罪不杀，就算是尧舜再世，也难以把国家治理好。吐蕃本是一群乌合之众，薛仁贵、郭待封受命出征，却损兵折将，单身逃命，朝廷宽恕，只将他们革职除名，当今朝廷岂少了这两个人？天皇本来想让薛仁贵戴罪立功，可是他在海东没有尺寸之功，浪费财帛，贪污无度，如今又不杀他，实在是在放纵罪恶。臣并非要离间天皇君臣，和薛仁贵有什么恩怨，确实是感觉一旦刑罚不当，会贻害百年啊！如今，既然罚不能行，赏也做不到位，因此，有人就说：‘近期的出征，空有赏赐的承诺，却是一纸空文。’那些才能平庸之臣鼠目寸光，担心把财帛赏赐给功臣会令国库空虚，却不知道假如将士们不出实力，损失的将会是多少！百姓虽然低贱，也不可随意欺骗，怎能开出空头支票而期望将士们立下战功呢？自从苏定方东征辽东、李勣击破平壤后，朝廷战前许诺的赏赐就不再兑现了，官爵晋升也出现了虚报战功的情况，至今没有辨明真伪，落实到位，没有听说陛下斩杀一个郎中、令史以向有功之人谢罪。贞观年间，万年县尉司马玄景舞文弄墨，投机取巧，被太宗发现，将其斩首；东征高句丽，总管张君乂临阵退缩，被太宗皇帝下令斩杀。臣认为弄虚作假、虚报战功，比司马玄景的罪严重得多；薛仁贵等人战败也比张君乂的罪严重得多，假如早早杀掉薛仁贵和郭待封二人，其余众将岂敢再失利？如今的将帅大多是贪婪残暴之徒，只想着声色犬马，所求都是金银珠宝，根本没有赵奢、吴起散金养士之风，臣恐怕要想平定吐蕃，不是一天两天的事情。

“另外，出兵打仗，全靠战马。臣请求允许百姓养马，如果朝廷需要大举征兵，就命令地方官以高于市场价从百姓手中购买，这样马匹都变成了朝廷所有。吐蕃自恃马力而日渐强大，假如我们允许民间养马，就把敌人的长处变成我们的长处了。”

看过魏元忠的奏表，唐高宗觉得说得有理，当即召见了他，授予他秘书省正字一职，令到中书省值班，仗内供奉，不久，又晋升他为监察御史。

二三四　行俭平叛（一）

自从武则天得势后，唐高宗就不停地更改年号，期间还更改了官名。

到公元679年，唐高宗在位30年，年号已用了9个：永徽、显庆、龙朔、麟德、乾封、总章、咸亨、上元、仪凤。唐高宗频繁更改年号有没有受到武则天的影响？也许是有的，这从武则天后来也不时更改年号似乎能看出端倪，如果这是真的，又是什么原因促使武则天这么做呢？也许迷信的她一直在用不断更改年号的办法，让上天感觉唐高宗在位的时间够长该升天了吧？当年四月，朝廷内又酝酿着明年改元的事情了，决定改元通乾。公布后，有人称反过来读通乾这个词，语音是天穷，不吉利，于是，朝廷在年底又发布公告，取消明年的改元。然而，唐高宗和武则天改元的瘾还没过完，到了这一年的六月，还是下令将年号改为调露元年，宣布大赦天下。

调露元年（公元679年）二月（当时还是仪凤四年），吐蕃赞普芒松芒赞（松赞干布之孙）去世，其子八岁的器弩悉弄（又翻译为赤都松赞）继位。芒松芒赞去世时，器弩悉弄与舅舅麴萨若前往羊同（象雄，今西藏自治区阿里地区）征兵，不在国中。而器弩悉弄有个六岁的弟弟在论钦陵军中，国人都畏惧论钦陵，打算拥立器弩悉弄的弟弟为赞普，但论钦陵处事公道，与麴萨若一起拥立了器弩悉弄。

实际上，根据藏族史料记载，芒松芒赞死于唐高宗仪凤元年，即三年前。芒松芒赞去世时，唐朝朝廷声称将要大举讨伐吐蕃，论钦陵正率军驻扎在青海一带，抵御唐军。而这一年，唐军收复了安西四镇，吐蕃赶忙分兵，以论钦陵的三弟赞婆为统帅，联合西突厥十姓可汗阿史那都支等人正准备在西域方向向唐朝发动攻势，同时，吐蕃国内政局也非常不稳，这种情况下，吐蕃上层贵族一致决定隐瞒了芒松芒赞去世的消息。这一瞒就是三年，直到仪凤二年吐蕃军队再次攻克安西四镇、三年大破李敬玄之后，这才公开消息，到这一年的十月十六日，文成公主正式派遣大臣论寒调傍把芒松芒赞去世的消息通报给了唐朝，并请和，唐高宗派郎将宋令文出使吐蕃参加葬礼。

还是在二月唐高宗通过其他渠道听到这个消息后，就命吏部侍郎裴行俭伺机经营吐蕃，裴行俭反对说："吐蕃论钦陵当政，大臣和睦，不可图啊！"唐高宗这才作罢。虽然没有再次兴兵与吐蕃正面交锋，但唐高宗始终无法忘记唐朝在西域的存在，唐高宗又想出兵西域，裴行俭再次提出反对意见，他说："吐蕃入侵，刘审礼全军覆没，眼前干戈未息，岂可再在西域点燃战火？如今波斯王卑路斯已经去世，他的儿子泥洹师还在我国当人质，应当派遣使者将其送回国，在途经西突厥阿史那都支和李遮匐之地时，再伺机动手，可兵不血刃，将他们活捉。"于是，唐高宗就命裴行俭为安抚大食使，册封泥洹师为波斯王，裴行俭请求以肃州刺史王方翼为自己的副手，仍令其担任检校安西都护。如前所述，王方翼是唐高宗废后王皇后的堂兄，永徽中由安定令逐渐被升为肃州刺史，是一位非常能干的地方官。

裴行俭曾经担任过西州（今新疆维吾尔自治区吐鲁番市）长史，这次，他路过西州时，当地官员都出城迎接。裴行俭将西州的豪杰子弟都召集了起来，组织起一支一千多人的军队，又对外扬言天气正热，不可远行，等到稍稍转凉之后再动身。细作很快就把这些情报报告给了阿史那都支，阿史那都支就放松了警惕。裴行俭又把安西四镇的胡人酋长都召集起来，对大家说："昔日，我在西州时，他们经常纵情游猎，十分快乐，如今，我打算追寻往昔的乐事，你们谁愿意随我一起游猎？"胡人子弟争先恐后地表示愿意从行，很快就凑集了近万人。裴行俭托名打猎，整顿部队，数日过后，突然下令倍道兼行，一路西进。

当裴行俭率领的大军突然进抵距离阿史那都支大本营仅仅十余里之处时，裴行俭先派遣阿史那都支信任的人前去问安，显示自己仅仅是奉命路过，并无恶意，让阿史那都支放松警惕，而后又接连命人前去催促其见面。阿史那都支原本与李遮匐约定好了，到秋天唐朝使者路过时，一起抵御，如今却突然听说唐朝使者带领军队已到眼前，顿时无计可施，最后只好率领子弟五百余人前来迎接。阿史那都支一行一到，裴行俭就命人当场把他们控制起来。接着，他又派人拿着阿史那都支的令箭通知各部酋长前来开会，这些酋长随即也都被一网打尽，全被逮捕，押送到碎叶城（今吉尔吉斯斯坦北部托克马克市、条支都督府所在地）。

麻利地收拾了阿史那都支后，裴行俭挑选精锐骑兵，轻装前进，倍道兼行，掩袭李遮匐。途中，正巧遇到了阿史那都支派往李遮匐那里的使者回来复命以及李遮匐回访的使者，裴行俭放了李遮匐的使者，命他先回去给李遮匐传话，告知阿史那都支已经被擒的消息。李遮匐走投无路，也只好归降，于是，裴行俭把阿史那都支、李遮匐二人押回长安，命波斯王自行返回本国，留下王方翼镇守安西，重新整修碎叶城。此后，以碎叶城逐渐取代焉耆，成为安西四镇之一，据说李白就出生在此地。

裴行俭漂亮地收拾了西突厥，稳定了西域的局势，这让唐高宗长长地舒了一口气。然而，还没等唐高宗回过神来，到调露元年（公元679年）十月传来了一个更加惊人的消息——近在咫尺、一直效忠唐朝的漠南单于大都护府（今内蒙古自治区和林格尔县）东突厥的阿史德温傅、阿史德奉职两部一起造反，他们共同推举阿史那泥熟匐为可汗，很快，漠南二十四个羁縻州的东突厥酋长们全都响应，聚集了数十万人马！

五十年前的贞观四年李靖击破东突厥颉利可汗后，曾经把东突厥残余的三百帐百姓迁到云中（今内蒙古自治区托克托县），以阿史德氏作为酋长。到唐高宗麟德元年（公元664年），部众逐渐增多，阿史德氏来到长安，请求唐朝立亲王为可汗以统领该部。当时，唐高宗说："如今的可汗就是古代的单于。"遂把云中都护府改名为单于大都护府，以八子、殷王李旭轮（后来的李旦）遥领；把漠北的燕然都护府又改为瀚海都护府，统领漠北的回纥等部。

如果说远在西域的西突厥是疥癣之疾的话，那么，近在漠南的东突厥一旦发动叛乱就是心腹之患了，这是因为：一、东突厥汉化时间较长，对中原文化更为熟悉，更难平定；二、东突厥所处位置就在并州、幽州北部，可以直接威胁到唐朝腹地；三、东突厥的叛乱势必波及临近的契丹、奚人以及漠北的回纥，甚至东北的靺鞨，令唐朝整个北方、东北方向的防御体系陷于瘫痪，后果不堪设想。因此，唐朝朝廷反应迅速，唐高宗立即命令鸿胪卿、单于大都护府长史萧嗣业，右领军卫将军花大智，右千牛卫将军李景嘉等人率军平叛。

萧嗣业等人初战连战连胜，遂放松了警惕，不再戒备。正巧天降大雪，东突厥叛军趁夜偷袭唐军大营，萧嗣业狼狈败逃，唐军大败，死伤无数。花大智和李景嘉率领步兵边打边撤，一直退入单于都护府内。萧嗣业被处以免死流放桂州，花大智和李景嘉二人均被免官。

得胜之后，突厥叛军长驱直入，十月五日，唐高宗派遣左金吾卫将军曹怀舜率军驻扎在井陉（今河北省井陉县），右武卫将军崔献驻扎在龙门（今山西省河津市西）防御突厥。突厥叛军很快就冲入山西、河北中部地区，他们侵扰定州（今河北省定州市），定州刺史、霍王李元轨（唐高宗叔父）下令大开城门，偃旗息鼓，突厥人担心有埋伏，不敢强攻，趁夜撤去。城内一个叫李嘉运的人私通突厥叛军，事情败露后，唐高宗严令彻查李嘉运的同党，李元轨却说："大敌当前，人心不安，假如牵连太多，势必逼迫更多的人加入叛军。"遂只杀掉李嘉运一人，其余一概不究。事后，李元轨主动上书谢罪，唐高宗看到奏表后大喜，说道："朕也后悔了，要是没有大王，定州肯定已丢了。"从此以后，朝廷很多机密大事，唐高宗都用密诏与李元轨商量。

突厥人又煽动契丹人和奚人造反，入侵营州（今辽宁省朝阳市），营州都督周道务派遣户曹唐休璟率军将叛军击退。周道务是唐太宗之女临川公主的丈夫；唐休璟后在武周时期成为名将、名相。

二三五　行俭平叛（二）

调露元年十一月，裴行俭从西域归来。

唐高宗设宴款待，夸奖他说：“前不久，因西方不稳，我派卿率军讨伐，你孤军深入，行程万里；你忠诚卓著，权略过人，兵不血刃，叛党就被消灭了。讨伐叛党，安抚百姓，做得都非常好，我非常满意！”不久，又设宴，对他说：“你文武双全，如今就授予你两个职务。”当即拜他为礼部尚书，兼任检校右卫大将军。十一月二十七日，唐高宗以裴行俭为定襄道行军大总管，率领十八万军队，与西路军检校丰州（今内蒙古自治区五原县）都督程务挺、东路军幽州（今北京市）都督李文暕一起，一共出动三十万大军前去讨伐东突厥，各路大军均受裴行俭的指挥。各路大军连绵数千里，史称，唐军出师之盛，未之有也。唐高宗又派使者命令漠北的回纥等部由北而南，夹击东突厥。程务挺是程名振的儿子，十分骁勇，担任右领军卫中郎将；李文暕，李唐宗室，襄邑王李神符的儿子。

裴行俭率军行至朔州（今山西省朔州市），对部下说：“用兵之道，对自己的将士们要诚心诚意，对待敌人就得诡诈。前不久，萧嗣业的粮道被突厥人切断了，士兵们又冻又饿，所以才兵败了，如今，突厥人一定会故技重演，应该将计就计。”他把三百辆粮车集中起来，每辆车上都埋伏五名壮士，各自手持陌刀（长柄大刀）、强弩，以数百名老弱之兵担任护卫，引诱突厥人前来劫粮；又在险要之处提前埋伏下精兵，只等突厥人上钩。果然不出所料，突厥人发现唐军的运粮队，立即赶来劫杀，护送粮车的数百唐军见状，丢下车辆，抱头鼠窜。突厥人把“粮车”赶往接近水草之处，解鞍下马，准备歇息，就在这时，壮士们突然从“粮车”内杀出，突厥人被打得落花流水，四散而逃，又被唐军伏兵截杀，几乎全军覆没。从此以后，突厥人再也不敢袭击唐军的运粮队了。

调露二年（公元680年，后改为永隆元年）三月，裴行俭率领的唐军在黑山（今内蒙古自治区包头市西北）大破东突厥叛军。阿史德奉职临阵被生擒；可汗阿史那泥熟匐为部下所杀，将其人头献给唐军。

唐军进至单于都护府以北，天色已晚，部队安营扎寨，军营周边的壕沟也已挖好，士兵们正要休息，裴行俭却下令全体离开原地，转移到高岗之上。大家都不明原委，众将纷纷说士兵们已经安定下来了，不宜再扰动，但裴行俭就是不听，严令立即行动。当天深夜，天气突变，狂风大作，暴雨倾盆，唐军原来的营地积水一丈多深。众将大惊，对裴行俭佩服得五体投地，纷纷询问缘故，裴行俭笑着说："从今往后，只用遵从我的命令，不必询问我是怎么知道的。"

唐军生擒阿史德奉职之后，突厥余党退守狼山（阴山）。原本文成公主于去年十月派使者来到唐朝告丧，唐高宗暂时打消了继续讨伐吐蕃的计划，派人会丧，双方初步恢复了外交关系。然而，当吐蕃听说东突厥叛乱的消息后，又背信弃义，撕毁了合约，试图与北线的东突厥配合，朝唐朝西部边境发起新一轮的攻势。在这种日益严峻的情况下，已不容唐军主力长期滞留在漠南，唐高宗决定让户部尚书崔知悌乘坐驿马车火速赶往漠南，在定襄（单于都护府所在地，今内蒙古自治区和林格尔县）安抚将士们，并继续清剿突厥余党，而命令裴行俭率领主力部队撤回。

果然，到了七月，吐蕃军队就向河源（今青海省西宁市境内）发起了进攻，黑齿常之将敌人击退。当初，剑南道招募士兵在茂州（今四川省茂县）西南修筑了一座安戎城，以切断吐蕃人与羌族部落的联系，而吐蕃人以未归附唐朝的羌族人为向导，攻陷了这座城池，并派兵驻守。从此，益州西部、西南部以及云南等地的少数民族也都投降了吐蕃。此时的吐蕃国境东面已经延展到大唐益州西北部，东南面直达今云南等地，西面攻克龟兹、疏勒等安西四镇，北达西突厥，南与天竺为邻，青藏高原内原有的羊同、党项、羌族全都归附了吐蕃，方圆有万里之遥，吐蕃也进入全盛时期。

唐军主力一撤，突厥余众就卷土重来了。阿史那伏念自立为可汗，与阿史德温傅合兵一处，继续侵扰唐朝北部。七月，他们包围了云州（今山西省大同市），代州都督窦怀悊、右领军中郎将程务挺将敌人击退。次年，即公元681年（后改为开耀元年）一月，东突厥军队又骚扰唐朝的原州（今宁夏回族自治区固原市）、庆州（今甘肃省庆阳市）等地，显示出与吐蕃军队协同配合，夹击唐朝陇右的态势，并已突入唐朝腹地。一月五日，唐高宗命令右卫将军李知十等人率军驻扎在泾州（今甘肃省泾川县）、庆州抵御。一月二十三日，唐高宗任命裴行俭为定襄道行军大总管，以右武卫将军曹怀舜、幽州都督李文暕为副大总管，率军再度讨伐东突厥。

三月，曹怀舜与裨将窦义昭率领前锋寻敌。有人报告：“阿史那伏念与阿史德温傅都在黑沙（阴山以北）以北，二人身边才二十名骑兵，可径前将二人生擒。”曹怀舜等人信以为真，遂将老弱之兵留在瓠芦泊（今山西省大同市北），率领轻装骑兵倍道兼行，直扑黑沙。然而，等他们来到黑沙后，一无所获，根本没有阿史那伏念和阿史德温傅的影子。唐军人困马乏，垂头丧气而回。

在他们返回途中，遇到薛延陀的一个部落正打算西去，投奔阿史那伏念，碰到了唐军，就势归降了。唐军继续徐徐南下，行至长城以北，遇到了阿史德温傅的军队，双方刚一交手，就各自撤出了战场。行至横水（流经山西省大同市西北），又遇到了阿史那伏念的大队人马，曹怀舜、窦义昭、李文暕、刘敬同四将所率的这四支部队合兵一处，组成方阵，边打边撤。就这样激战了一整天，突厥军队的攻势丝毫没有减弱，阿史那伏念趁着顺风之利组织起猛烈的进攻，唐军军中顿时出现混乱，曹怀舜等人见势不妙，丢下军队，狼狈而逃，唐军遂大败，死伤不可胜数。曹怀舜等人搜集残兵败将，将大家身上带的金银财帛送给阿史那伏念，双方杀牛盟誓，约定和解，阿史那伏念撤军北去，曹怀舜等这才得以脱身。五月十八日，唐高宗下令免去曹怀舜等人的死刑，将他们流放到了岭南。

七月，裴行俭的主力推进至代州的陉口（句注山口），但他并没有立即对突厥人发起进攻，而是派出大量间谍，散布谣言，离间阿史那伏念和阿史德温傅二人，果然，二人开始相互猜忌起来。阿史那伏念掩袭曹怀舜等人时，把妻子和辎重都留在了金牙山（此金牙山与苏定方西征阿史那贺鲁的金牙山应不是一地，胡三省注称，金牙山即可汗建牙帐之山），裴行俭曾命裨将何迦密从通漠道，程务挺从石地道掩袭。阿史那伏念与曹怀舜等人约和后，率军北还，等回到金牙山时，却发现其妻子和辎重全不见了，很多士兵又染上了疾病，只好率军继续北撤，退入沙漠地带。裴行俭又命令程务挺和唐玄表、刘敬同等将率领单于都护府的府兵跟踪追击，阿史那伏念自忖已无力回天，暗中派人表示愿意生擒阿史德温傅，归降唐军，裴行俭答应饶其一死，并密报给了唐高宗。但阿史那伏念一直犹豫不决，又自恃距离唐军很远，判断唐军肯定不会很快赶来，遂放松警惕，不设戒备。刘敬同等军突然出现在阿史那伏念面前，阿史那伏念狼狈不堪，已没有时间整顿自己的军队，遂生擒阿史德温傅，率军从小路投奔裴行俭而来。

侦察兵报告北面烟尘张天而来，唐军将士都十分害怕，裴行俭却坦然说道："这是阿史那伏念押送阿史德温傅而来，并非别的敌人。不过，受降如受敌，不可不做戒备。"遂整顿军队，而后只派一名使者上前慰问。不一会儿，阿史那伏念果然押送着阿史德温傅来到军门前谢罪。裴行俭遂将阿史那伏念和阿史德温傅一起送归京师。唐高宗大喜，派崔知悌前往军中犒赏三军。

九月二十七日，裴行俭等将向唐高宗献上定襄战俘。三十日，唐高宗下令改元为开耀元年；十月一日，将阿史那伏念、阿史德温傅等五十四人全部斩杀。

裴行俭曾经许诺饶阿史那伏念一命，但中书令裴炎嫉妒裴行俭立下大功，就上奏唐高宗说："阿史那伏念是被张虔勖、程务挺逼迫，再加上回纥等部从北面向南压迫，走投无路才投降的。"因此，裴行俭的功劳也未加赏，而阿史那伏念也被处死了。裴行俭叹息道："西晋王浑、王濬争功，古今都以此为耻，只恐杀降之后，再也不会有归降的了！"遂称病不出了。裴炎，绛州闻喜人，明经及第，由濮州司仓参军起家，逐渐晋升为兵部侍郎、中书门下平章事、侍中、中书令。

二三六　废黜李贤

在唐高宗在位的这最后四五年里，他像得了换年号病，是一年换一个年号：调露（公元679年）、永隆（公元680年）、开耀（公元681年）、永淳（公元682年）、弘道（公元683年）。

调露元年，裴行俭生擒西突厥阿史那都支、李遮匐，东突厥阿史德温傅、阿史德奉职叛乱；永隆元年，裴行俭重创东突厥叛军，生擒阿史德奉职，阿史那泥熟匐被杀；东突厥余党入寇内地；吐蕃骚扰河源；开耀元年，裴行俭平定东突厥叛军，生擒阿史那伏念、阿史德温傅。这三年来，唐朝可谓是祸事连连，版图几乎又回到唐初，而国内的政局也一直动荡不安。

调露元年五月三日，正谏大夫明崇俨被人暗杀。当时，天皇、天后都在东都，四天之后，天皇命令太子李贤监国，捉拿凶手，却一直没能抓到，朝廷追赠明崇俨为侍中。

明崇俨被杀，是天后武则天与新任太子李贤矛盾激化的标志。为什么这么说呢？明崇俨又是何许人？明崇俨是偃师人，其父明恪曾任豫州刺史。明崇俨年少时，曾跟父亲的一个深通术数的下属学习，尽得其真传。乾封初年，明崇俨入仕，任黄安丞，期间，刺史的女儿得了重病，生命垂危，明崇俨用术数将她的病给治好了。唐高宗听说此事后，把明崇俨召来问话，对他十分满意，就把他提拔为冀王（李旦）府文学。仪凤二年，被晋升为正谏大夫，特命其入阁供奉。《朝野佥载》称，明崇俨会法术，一次，唐高宗想试试他的本事，命伎女藏到地窖里奏乐，对明崇俨说："此地经常有音乐之声，这是什么缘故？"明崇俨就画了两个桃符，钉在上面，不一会儿，就鸦雀无声了。唐高宗笑着把下面的伎女叫上来询问原因，伎女们回答说她们看到两条龙张着大嘴，非常害怕，所以才不敢奏乐了。唐高宗听了，大喜。另称，蜀县令刘静的妻子患病，明崇俨说需要吃一块活龙的肝，才能痊愈。刘静感到非常为难，明崇俨就画了一道符，随手扔向天空，一会儿，就见一条龙从空中下来，进入水缸中，明崇俨把龙肝取出，让刘妻吃掉，治好了她的病。唐高宗盛夏需要雪、枇杷、龙眼，明崇俨瞬间就从阴山取来雪，从岭南取来枇杷、龙眼。

明崇俨是一人坐在堂中，夜里被刺死的，人们发现他时，刀子还在心窝上。有人说是他役使鬼太苦了，被鬼杀死了。这当然是无稽之谈，而更多的人则认为是他介入了宫廷内部斗争，最终招致了杀身之祸。

明崇俨不单单是个术士，每次觐见皇帝，总是借助于神道，说一些时政的得失。此后，他又秘密与天后一起行厌胜之法，还曾对天后说："太子不堪继承大位，英王李显长得像太宗皇帝。"又说："相王（李旦）相貌最尊贵。"原本，李贤就与原太子李弘仅仅相差两岁，二人中间还有一个夭折的公主，因此，宫中就有一种谣言说李贤并非天后之子，而是天后的姐姐韩国夫人所生，李贤也风闻了这种说法，也是半信半疑。天后大约听信了明崇俨的话，曾命北门学士撰写《少阳正范》《孝子传》，赏赐给李贤，又多次写信训斥他，这让李贤更加不安起来。

实际上，天皇一直对李贤是寄予厚望的。早在咸亨二年，李贤年仅十八岁时，就已被任命为雍州牧兼右卫大将军、封沛王，同年一月，唐高宗和武则天前往东都，命李弘监国，但因李弘多病，五月十三日，唐高宗下令尚书省事务应通报给沛王定夺。李贤继任太子后，就被委以监国重任，仪凤元年，唐高宗还下诏予以表扬，对李贤的作为表示满意——但武则天并不满意。

武则天一直警惕地看护着自己的权力禁地，一方面，她采取一切措施来提高自己的权威，比如与唐高宗并称二圣，到分称天皇、天后；组成北门学士"隐形宰相集团"；封禅泰山，由其出面祭祀等，另一方面，她残酷打击一切可能削弱自己权力的潜在对手，切断其他人接近天皇的渠道，避免出现分享自己权力的情况。比如，在太子李弘暴毙后，武则天指示有关部门弹劾杞王李上金，将其免官；又采取欺骗的手段让唐高宗下了一道不让郇王李素节入朝的命令，后又污蔑李素节贪污受贿，将其贬斥；周王李显的岳父岳母分别是左千牛将军赵环和唐高宗的姑姑常乐公主，唐高宗素来和这个姑姑很亲近，这引起了武则天的厌恶。上元二年，武则天找个借口把周王妃软禁起来，只送给她生菜，让她自己烹饪，数日，看不到炊烟，打门一看，王妃早已死了。赵环也由定州刺史被贬为括州刺史，令常乐公主一起前往，并不得再回京觐见。对于一个视权如命的人来说，李贤的所作所为已威胁到了她的权力，双方之间的矛盾自然而然地就出现了。

也许正是明崇俨看到了天后的内心，他才敢于在天后面前说太子李贤的坏话，而天后放任明崇俨对太子说三道四，也恰恰说明她已经对太子心存芥蒂了。到永隆元年，太子李贤二十六岁，英王李显（此时叫李哲）二十五岁，相王李旦十九岁，明崇俨在天后面前盛赞李显、李旦是否受到李显、李旦的指使？也就是说李显、李旦也觊觎太子之位，这也未可知。

如今，明崇俨却被人暗杀了！天后自然怀疑幕后黑手就是太子李贤，但她不动声色，永隆元年二月八日，唐高宗驾临汝州的温泉，十三日，前往嵩山隐士田游岩的住所探望；次日，又来到道士潘师正的住所，唐高宗、武则天和太子李贤都向潘师正下拜。二十日，唐高宗一行回到了洛阳。

虽然李贤不论监国还是读书都很用功，但他颇好声色，还与家奴赵道生等人非常亲昵，赏赐给他们很多东西，早在明崇俨被杀的当月，司议郎韦承庆（韦思谦之子）就曾上书劝谏，但李贤不听，依然故我。这原本不是个什么大事，但武则天要想拿下李贤，就必须有个由头，实在找不到由头了，只好让人就拿这件事说事。永隆元年八月，武则天命人告发李贤亲昵小人，图谋不轨，于是，唐高宗下诏命令薛元超、裴炎与御史大夫高智周等人会审此案。很快，他们从东宫的马坊找出了数百领黑色铠甲，作为太子谋反的证据；继而，赵道生又承认了太子李贤命其杀害明崇俨的事实。

唐高宗素来喜爱李贤这个孩子，他犹豫很久，想要赦免他，但又不敢开口，武则天早已看透了唐高宗的心思，她厉声说道："身为人子而心怀逆谋，天地所不容，大义灭亲，岂能赦免！"在强势的武则天面前，唯唯诺诺的唐高宗只好从命。八月二十二日，唐高宗下令废李贤为庶人，派遣右监门中郎将令狐智通等人把李贤从东都洛阳押送回京，囚禁起来，将其党羽全部诛杀，又在天津桥上当众焚烧了那些铠甲。

次日，唐高宗立左卫大将军、雍州牧、英王李哲为太子，改元为永隆元年，大赦天下。太子洗马刘讷言曾经写了一本《俳谐集》送给李贤，李贤被废后，这本书也被人搜出，唐高宗见到后大怒，说："用《六经》来教育人还唯恐无法把人给教育好，却送来这种异端邪说，你就是用这来辅佐太子的吗！"将其流放到振州；左卫将军高真行（高士廉之子）的儿子高子政担任太子典膳丞，李贤事发后，也受到牵连，唐高宗让高真行自行训导。高子政刚进家门，高真行就拔出佩刀，一刀刺中他的咽喉，高真行的哥哥、户部侍郎高审行又刺中他的腹部，高子政的堂兄高璇割下他的人头，扔到街上。唐高宗听说后，很不高兴，将高真行贬为睦州刺史，高审行贬为渝州刺史。太子左庶子、同中书门下三品张大安（玄武门功臣张公谨之子）也因此事受到牵连，被贬为普州刺史，其余官僚都予以赦免，太子左庶子薛元超等人都拜伏舞蹈，连连谢恩，只有右庶子李义琰引咎涕泣。十月一日，苏州刺史、曹王李明（唐高宗叔父），沂州刺史、蒋王李炜（唐高宗侄儿）也因与李贤一党，李明被降封为零陵郡王，黔州安置；李炜被除名，道州安置。

李贤被废后，武则天为了显示自己的大度，特意在次年（开耀元年，公元681年）二月上书，请求赦免杞王李上金、鄱阳王李素节的罪过，以李上金为沔州刺史、李素节为岳州刺史，但仍然不令二人入朝拜谒。十一月八日，将李贤押到巴州安置。

二三七　最后岁月（一）

在唐高宗在位最后的这五年里，朝廷重臣分别为：

调露元年：

尚书左仆射刘仁轨，尚书右仆射戴至德（一月去世），侍中郝处俊，中书令李敬玄，太子左庶子同中书门下三品薛元超，同中书门下三品张大安、李义琰，御史大夫高智周。

永隆元年：

尚书左仆射刘仁轨，侍中郝处俊，同中书门下三品薛元超、李义琰、王德真（生平不详）、裴炎、崔知温。

崔知温是那位医学宰相崔知悌的弟弟，历任左千牛、灵州都督府司马，在灵州期间，境内有浑、斛薛部落一万多人竟然骚扰汉人，汉人不得不丢下农作，练习骑射。崔知温上书请求把斛薛部落迁到河北，契苾何力却从中说情，一开始唐高宗没有答应，但崔知温锲而不舍，一连上了十余道奏表，最终唐高宗还是同意了，汉人才安定下来；后崔知温被晋升为兰州刺史，期间，有三万党项人入侵，城内兵少，众人都十分害怕，但崔知温命令大开城门，党项人反而不敢入城，继而，将军权善才将敌人击破；权善才想趁机把党项降众全部坑杀，崔知温却表示反对，对党项人采取了宽大政策进行安抚，党项人纷纷归附。崔知温也被晋升为尚书左丞、黄门侍郎、同中书门下三品。

开耀元年：

尚书左仆射刘仁轨，三月兼任太子少傅，七月辞去尚书左仆射；侍中郝处俊，三月为太子少保，罢政事，属于明升暗降；七月裴炎被任命为侍中；崔知温、薛元超并为中书令。

永淳元年：

侍中裴炎；中书令崔知温、薛元超；同中书门下三品刘仁轨、李义琰；同中书门下平章事郭待举、岑长倩、郭正一、魏玄同、刘齐贤。

郭待举，史书无传，生平不详，只知道他是颍川人，其父郭处范为诸城丞；岑长倩是贞观名臣岑文本的侄儿；郭正一，贞观中为弘文馆学士，《全唐诗》存有他的诗一首，《朝野佥载》称，郭正一曾经随李勣东征高句丽，回国后，李勣说："这一路上我记下郭正一的可笑事，就算写上十卷都写不完啊！"魏玄同，进士出身，为司列大夫，因与上官仪有书信往来而被流放，后遇赦回来，经工部尚书刘审礼举荐，被拜为岐州长史，逐渐晋升为吏部侍郎；刘齐贤，祖父刘林甫，武德时内史舍人、吏部侍郎；父亲刘祥道为高祖、太宗、高宗三朝元老，历任御史中丞、刑部尚书、右相等职。刘齐贤非常正直，他曾经担任晋州司马，有人听说晋州多鹞鹰，就建议唐高宗命刘齐贤弄些，唐高宗说："刘齐贤岂是捕鹞鹰的主？你怎么这样看待刘齐贤呢？"刘齐贤因避李贤的名字，改为刘景先。

弘道元年：

唐高宗去世前，李义琰、薛元超退休、崔知温去世，人事未变动。

从调露元年开始，唐高宗最后这五年一刻都没消停过，大唐帝国用内外交困来形容一点都不为过。我们先简单地回顾一下高宗一朝所发生的大事，理一理大唐帝国是怎么慢慢走到今天的：

永徽元年（公元650年），高侃擒获东突厥车鼻可汗，设瀚海、单于二都护府。

二年，西突厥阿史那贺鲁击败西突厥乙毗射匮可汗，自称沙钵罗可汗，与西突厥乙毗咄陆可汗联合，骚扰庭州，唐朝以梁建方、契苾何力等将前去讨伐；赵孝祖平定白水蛮；特浪羌、辟惠羌到茂州（今四川省茂县）归顺。

三年，梁建方、契苾何力等破处月部后即撤；赵孝祖平定西南蛮；立陈王李忠为太子；房遗爱案发。

四年，杀房遗爱、薛万彻等人；陈硕贞起兵造反，被扑灭；乙毗咄陆可汗死，其子真珠叶护与西突厥沙钵罗可汗内讧。

五年，羌族酋长冻就归顺，设置剑州（今四川省阿坝藏族羌族自治州）；以处月部设置金满州（今新疆维吾尔自治区新源县）；追赠包括武士彟在内的十三名武德功臣；王皇后失宠；大食击破波斯；新罗女王金真德死，其弟金春秋即位。

六年，曹继叔在斜山（今四川省会理县）攻克山蛮十余座城池；高句丽、百济、靺鞨联合进攻新罗，新罗求救，唐以程名振、苏定方进攻高句丽；李义府首倡立武则天为皇后；后立武则天为皇后。

显庆元年，废太子李忠，立李弘为太子；西洱蛮等（今云南省中东部一带）山蛮归降；程知节率军讨伐西突厥，先胜后败；羌族酋长归顺，在其地设置柘州（今四川省黑水县西南）、栱州（今四川省阿坝藏族羌族自治州一带）。

二年，分葛逻禄部（额尔齐斯河一带）设置阴山（今哈萨克斯坦阿拉湖）、大漠（今新疆维吾尔自治区福海县）都督府；唐高宗前往洛阳，以洛阳为东都；以苏定方为主帅再度讨伐西突厥，取得胜利；将西突厥一分为二，由阿史那弥射和阿史那步真分别统领，设置濛池、昆陵二都护府。

三年，回到长安；平定龟兹叛乱，将安西都护府迁至龟兹；尉迟敬德、褚遂良死。

四年，长孙无忌谋反案发，长孙无忌等被流放；苏定方平定思结酋长都曼之乱；前往东都洛阳。

五年，到并州巡视；兴修合璧宫（洛阳境内）；以苏定方为元帅讨伐百济，取得胜利，在百济之地设置熊津都督府；吐蕃进攻吐谷浑；以契苾何力等将大举讨伐高句丽。

龙朔元年，前往合璧宫；百济叛乱；唐军包围平壤；回纥叛乱；伐高句丽军只得撤军，北上讨伐回纥。

二年，改百官名；薛仁贵三箭定天山，但唐军军纪不严，致使铁勒九姓骚动，以契苾何力前去安抚；返回长安，兴修蓬莱宫（大明宫）；刘仁轨坚持固守熊津都督府，与百济叛军苦战；苏海政杀阿史那弥射，不久，阿史那步真亦死，西突厥无主，阿史那都支、李遮匐依附于吐蕃；原计划后年一月封禅泰山，次年二月前往东都，很快就因讨伐高句丽、百济而停止。

三年，燕然都护府改名为瀚海都护府，迁至漠北回纥；瀚海都护府迁到云中，改名云中都护府，管理漠南；李义府被流放，唐高宗与武则天的矛盾加剧；唐高宗移居蓬莱宫居住、办公，称原宫为西内；吐蕃攻下吐谷浑之地，命苏定方率军声援吐谷浑；孙仁师率领唐军在白江口大破倭人，再定百济。

麟德元年，改云中都护府为单于大都护府，管理东突厥部众；设置姚州（今云南省姚安县）都督府；决定后年一月封禅泰山；唐高宗欲废武则天未果，上官仪引火烧身，被杀；武则天开始参与外朝，与唐高宗并称二圣。

二年，前往合璧宫；东都乾元殿建成；驾临东都；吐蕃与唐军继续在西域进行争夺；要求百济与新罗和解；启程东封泰山。

乾封元年，封禅泰山；返回长安；高句丽莫离支去世，发生内乱，以李勣、契苾何力等将讨伐高句丽；武则天毒死外甥女魏国夫人，处死武惟良、武怀运等人。

二年，唐军进攻辽东；吐蕃攻陷生羌十二州（今四川省西北部一带）；海南獠人攻陷琼州（今海南省海口市琼山区）；唐高宗久病，以太子李弘监国。

总章元年，李勣灭高句丽；各地旱灾、饥荒。

二年，改瀚海都护府为安北都护府；李勣去世。

咸亨元年，因旱灾而大赦，改元；吐蕃攻克西域十八州，撤销安西四镇；高句丽叛乱；以薛仁贵郭待封等将讨伐吐蕃，唐军大非川一战大败；恢复官职旧名；关中大旱，决定明年前去东都就食；武则天因久旱请求避位，唐高宗没有答应。

二年，前去东都；杀贺兰敏之。

三年，以梁积寿为元帅讨伐姚州山蛮，十四姓昆明蛮归顺，设置殷州（今四川省乐山市沐川县）、敦州（今云南省盐津县一带）、总州（今云南省盐津县一带）；吐谷浑旧地全部被吐蕃占领；唐朝、吐蕃互派使节；新罗帮助高句丽叛军，并攻占百济；太子监国。

四年，唐军继续与高句丽、新罗军队作战；以疟疾去九成宫，令太子在延福殿处理朝政。

上元元年，以刘仁轨等将讨伐新罗；前去东都。

二年，从新罗撤军；李弘暴毙，立李贤为太子。

仪凤元年，将安东都护府迁至辽东，熊津都督府迁至建安；武则天劝说封嵩山，决定明年封嵩山；吐蕃入侵边境，停止封嵩山；返回长安。

二年，吐蕃继续进攻，下诏大举调兵准备讨伐吐蕃，以刘仁轨镇守洮河军。

三年，李敬玄青海一战，大败。

调露元年，前往东都；命太子监国；裴行俭生擒西突厥阿史那都支、李遮匐，以王方翼守碎叶城；东突厥阿史德温傅、阿史德奉职突然反叛，萧嗣业战败；停封嵩山；以裴行俭为元帅发兵讨伐东突厥。

永隆元年，前往嵩山；裴行俭生擒阿史那奉职后，即撤回；吐蕃进攻河源，被黑齿常之击退；废黜太子李贤，立李哲（李显）为太子；文成公主去世；唐高宗返回长安。

开耀元年，东突厥阿史那伏念自立，与阿史德温傅联合，再度发动叛乱；以裴行俭为主帅，再次发兵，将其平定；黑齿常之在良非川击破吐蕃论赞婆及素和贵，杀两千余人；薛延陀达浑等五州四万余落来降；太平公主出嫁。

二三八　最后岁月（二）

我们借着太平公主出嫁，继续说唐高宗在位最后两年发生的故事。

据说，太平公主叫李令月，她大约生于唐高宗麟德二年（公元665年），是唐高宗和武则天最小的女儿；长得方面大脸，宽额头，很有心计，深得唐高宗和武则天的喜爱，武则天就曾说过太平公主像她。咸亨元年（公元670年），武则天之母荣国夫人去世，武则天请求以太平公主为女道士，给荣国夫人积冥福，等到仪凤年间（公元676—678年），连连取胜的吐蕃请求为赞普娶太平公主，武则天不愿把自己最喜爱的女儿嫁到蛮荒之地，就真的给太平公主修筑了道观，让她住在里面，以此拒绝吐蕃。又过了很久，一天，太平公主身穿紫袍玉带，在父皇、母后面前歌舞。唐高宗、武则天看后大笑，说道："孩儿又不是武将，为何突然这副打扮？"太平公主回答："把这赏赐给驸马不是也行吗？"唐高宗立即明白了女儿的心思，就挑选光禄卿薛曜的儿子薛绍为驸马。薛曜的妻子就是唐高宗的同父同母妹妹、太宗皇帝的第十六女城阳公主，城阳公主最初嫁给杜荷，后杜荷因牵连到李承乾谋反案中而被杀，城阳公主又改嫁给了薛曜，生下薛绍，所以薛绍与太平公主是表兄妹关系。麟德元年，因城阳公主巫蛊（具体情况不详，考虑到当时唐高宗打算废后，城阳公主巫蛊也许与此有关），薛曜被贬为房州刺史，城阳公主也随夫前往。数年后，到咸亨年间（公元670—673年），薛曜和城阳公主二人双双死于房州。

开耀元年（公元681年）七月，太平公主与薛绍在万年县县衙举行婚礼，门窄不能过车，有关部门请求把正门毁掉，唐高宗说："这座门楼是宇文恺（隋朝著名建筑家）所造，不要拆，可在别处另开一座门。"婚礼场面盛大，从兴安门以南到宣阳坊以西，火把一个接着一个，道路两旁的很多槐树都被烤死了。薛绍的哥哥薛顗非常担心弟弟娶了这么个妻子，就问堂兄户部郎中薛克构，薛克构说："皇帝的外甥娶了公主，这也是惯例，只要谨慎小心，又会有什么可担忧的呢？然而，俗话说：'娶妇得公主，无事取官府。'因此，不得不忧虑啊。"

武则天认为薛绍的哥哥薛顗的妻子萧氏和弟弟薛绪的妻子成氏不是贵族，想强迫二人把各自的妻子休掉，说："我的女儿岂能与平民的女儿成为妯娌！"有人说："萧氏是萧瑀的侄孙女，也是皇家旧亲（萧瑀之子萧锐是唐高宗大姐襄城公主的驸马）。"武则天听了，这才作罢。

女儿出嫁对于唐高宗来说确实是件喜事，再就是到年底裴行俭平定了东突厥的叛乱，生擒阿史那伏念和阿史德温傅等人。然而，对于唐高宗而言，值得忧虑的事还很多：一是自己的身体每况愈下，求生的欲望让他重蹈了太宗的覆辙，开始服食丹药，从这一年的闰七月开始，因服食丹药无法处理朝政，他就命令太子李显开始监国了；二是灾荒连连。关中先是发生水灾，接着又是旱灾、蝗灾，发生严重的饥荒、传染病，到来年二月，唐高宗再次改元为永淳元年，关中一斗米价钱就高达三百钱。四月三日，唐高宗决定前往东都就食，留下太子李显在长安监国，以刘仁轨、裴炎、薛元超辅佐。由于是临时决定，禁卫军将士准备不及，所带粮食不足，竟然有人饿死在半途之中。唐高宗担心途中会有盗匪，命监察御史魏元忠负责巡察皇家车队。魏元忠接到命令后，即来到万年县监狱，从狱中找到一个与其他囚犯神采迥异的人，命人卸下他的镣铐，穿戴整齐，与自己同吃同宿，要求他协助自己预防盗窃事件；那人笑着满口答应，等到人马来到东都，上万人众，竟然没有丢失一文钱。然而，天公不作美，等唐高宗到了洛阳，五月，洛阳竟然下起了连绵大雨，五月十五日，洛水泛滥，有上千家百姓遭灾。史称，由于饥荒，长安、洛阳之间路上的死人一个接着一个，还发生了人相食的惨剧！三是外患再起。永淳元年（公元682年）年初，就传来了西突厥阿史那车簿率领西突厥十姓再度叛乱的消息。实际上，大约在裴行俭调露元年（公元679年）平定西突厥阿史那都支、李遮匐不久，西突厥就再度发生了叛乱，大约是基于叙述方便起见，《资治通鉴》才将此事系于永淳元年（公元682年）。由于唐朝分别在永隆元年（公元680年）和开耀元年（公元681年）两次讨伐东突厥，实在无力兼顾遥远的西突厥，所以，直到永淳元年四月，才腾出精力来决定再出师远征西域。四月八日，唐高宗以礼部尚书裴行俭为金牙道行军大总管，率领右金吾将军阎怀旦等三将军兵分三路，准备讨伐西突厥。遗憾的是，部队还未出发，裴行俭就去世了。

裴行俭有知人之明，受他提拔的将领诸如程务挺、张虔勖、王方翼、刘敬同、李多祚、黑齿常之等人，后来都成了一代名将；他为人还非常宽和，一次，他曾让人去拿名贵的犀角、麝香，那人却把东西给弄丢了；皇帝赏赐的御马，令史偷偷牵出来驰骋，结果马在狂奔中摔倒，马鞍也摔坏了。涉事的那两个人都吓得躲了起来，裴行俭派人把二人召回，说道："你们都看错我了，怎么如此小看我呢？"对二人还像原来一样。讨平阿史那都支后，军中得到了一个两尺多宽的玛瑙盘，裴行俭命军吏王休烈拿着盘子，上台阶时一不小心摔了一跤，玛瑙盘被打得粉碎。王休烈吓得魂不附体，跪倒在地，叩头流血。裴行俭却笑着说："你又不是故意的，何至于如此！"脸上再无痛惜之色。唐高宗将阿史那都支的三千多件金银器以及数量相当的牲畜赏赐给裴行俭，裴行俭把这些财物全部分给亲朋好友以及部下，几天就分得一干二净了。

阿史那车簿叛乱后，率军包围了弓月城（今新疆维吾尔自治区霍城县），安西都护王方翼率军从碎叶城赶往救援。两军在伊丽水（今伊犁河）交手，唐军击破了叛军，斩首一千多级。不久，三姓部落、咽面部落与阿史那车簿合兵一处抵御唐军，双方又在热海（伊塞克湖）激战。战斗中，流箭射穿王方翼的手臂，王方翼拔出佩刀，一刀将箭杆砍断，继续投入战斗，身边的将士们毫无察觉。王方翼率领的胡人军队策划逮捕王方翼倒戈，王方翼得到密报后，谎称给各军分配军需物资，把这些胡人酋长全都召来廾会。等到这些人全都到来后，王方翼下令依次将他们拉出斩首。当时，正巧刮起大风，王方翼下令擂起战鼓，敲响军锣，以掩盖斩杀这些人的惨叫声，一共诛杀了七十余人，他们的部下一直被蒙在鼓里。接着，王方翼率领唐军奔袭阿史那车簿和咽面部落，大破叛军，斩杀叛乱酋长三百余人，西突厥遂被平定，而阎怀旦等远征军最终也没有成行。

史称，王方翼不久就被提拔为夏州都督，召回京师，研究西域事务。唐高宗见王方翼的衣服上有血迹，就问是什么原因。工方翼这才把热海苦战的经过说了一遍，唐高宗看着王方翼手臂上的伤疤，不禁连连叹息，但由于他是王皇后的亲属，唐高宗就算内心想重用他，也不敢做主。王方翼并没有杀死阿史那车簿，王方翼被召回内地，史书对西域西突厥的情况也没了下文，我们认为，阎怀旦没有成行和王方翼被召回，本身似乎就说明唐朝已经失去了西域。《旧唐书·薛仁贵传》记载："开耀元年，复召见，谓曰：'往九成宫遭水，无卿已为鱼矣。卿又北伐九姓，东击高句丽，汉北、辽东咸遵声教者，并卿之力也。卿虽有过，岂可相忘？有人云卿乌海城下自不击贼，致使失利，朕所恨者，唯此事耳。今西边不静，瓜、沙路绝，卿岂可高枕乡邑，不为朕指挥耶？’于是起授瓜州长史，寻拜右领军卫将军，检校代州都督……”由此可知，正是苦于没有良将，唐高宗才想起犯过错误的薛仁贵，既然王方翼如此能干，又为何把他召回呢？而阎怀旦等人组建的远征军没有成行，不仅有主帅裴行俭去世、西域形势已经大坏、国内灾荒严重等因素，还有东突厥叛军卷土重来的原因……

二三九　最后岁月（三）

唐高宗在位最后的这几年用以下文字可以概括：一是天灾人祸；二是内忧外患；三是政风日下。

天灾人祸，前面已经说过不提，内忧外患，先说说外患。

这几年，东西突厥轮番叛乱，吐蕃又趁火打劫，让唐军东西万里疲于奔命，摁起葫芦起了瓢。裴行俭刚把东突厥阿史那伏念搞定，西突厥阿史那车簿就再起了，阿史那车簿刚被击败，东突厥叛军的余党阿史那骨笃禄、阿史德元珍等人就又于永淳元年再度起兵了。

阿史那骨笃禄是颉利可汗的疏族，他的祖父原本是单于都护府下属的右云中都督舍利元英手下的头领，世袭吐屯啜。阿史德元珍在单于都护府负责管理归降的部落，因事被长史王本立逮捕关押起来，阿史那骨笃禄起兵后，阿史德元珍请求王本立把自己放归部落，好统领部民协助唐军抵御阿史那骨笃禄。王本立信以为真，把阿史德元珍放了，谁知阿史德元珍回到部落后，就投靠了阿史那骨笃禄。阿史那骨笃禄大喜，以他为阿波达干，专门负责打仗。二人以黑沙城（在阴山北麓）为大本营，率军南下骚扰并州、单于都护府的北部边境，杀死了岚州刺史王德茂。唐高宗赶忙把薛仁贵从西边调到北方，拜为右领军卫将军、检校代州都督，抵御东突厥。薛仁贵率军在云州（今山西省大同市）遭遇阿史德元珍，叛军问："唐军大将是谁？"我方将士回答："薛仁贵。"叛军不信："我们听说薛仁贵已被流放到象州，死了很久，为何要骗我！"薛仁贵只好把头盔摘下，露出脸庞，叛军看到果然是三箭定天山的薛大将军，不禁大惊失色，不由自主地投身下马，拜服于地，而后，不少人自行撤离了战场。薛仁贵趁机指挥唐军猛击，大破叛军，斩杀一万多人，俘虏两万余人，缴获牛羊马三万多头（匹）。然而，不幸的是，就在当年，名将薛仁贵就去世了，终年七十岁。薛仁贵已七十岁的高龄，死在沙场之上，真的能被称作马革裹尸了。

到永淳二年（公元683年）二月，东突厥叛军又转兵骚扰定州，定州刺史霍王李元轨将敌人击败；十七日，叛军又进攻妫州（今河北省怀来县）；到了三月二日，阿史那骨笃禄、阿史德元珍合兵一处，包围了单于都护府，将司马张行师抓获并杀掉。唐朝派遣胜州（今内蒙古自治区托克托县）都督王本立、夏州（今陕西省榆林市横山区）都督李崇义率军分道救援。

东突厥的骚扰引发了社会固有的矛盾，立即引起连锁反应。绥州（今陕西省绥德县）步落稽（稽胡）白铁余把铜佛像埋到地下，时间长了，其上生了野草，他就谎称："我在这里屡屡看见佛光。"挑选日子召集众人开始往下挖，果然挖到了铜佛像，遂说："谁能见到铜佛像，百病就会痊愈。"于是，远近百姓纷纷拥来，后来信奉他的人越来越多，白铁余就阴谋作乱了。他率众占领了城平县（今陕西省绥德县东），自称光明圣皇帝，设置百官，而后攻陷了绥德、大斌（今陕西省子洲县）两座县城，杀掉唐朝官吏，焚烧百姓房屋。唐高宗命令右武卫将军程务挺、夏州都督王方翼率军前去讨伐，永淳二年四月二十七日，唐军攻克城平县，生擒白铁余，平定了叛乱。

白铁余的叛乱虽然被平定了，但东突厥的叛乱丝毫没有停息的迹象。五月十八日，阿史那骨笃禄等人率领叛军入侵蔚州（今山西省灵丘县），杀害唐蔚州刺史李思俭，丰州（今内蒙古自治区五原县）都督崔知辩率军在超那山北麓（今内蒙古自治区固阳县以东）截击叛军，却被击败，并被叛军生擒。朝廷打算取消丰州，把百姓迁到灵州（今宁夏回族自治区灵武县）和夏州。丰州司马唐休璟上书提出反对意见，他说："丰州背靠黄河，易守难攻，扼守交通要道，自从秦汉以来，中央政府就在这里设置了州县，这里土地肥沃，适宜农耕。隋末大乱，将百姓迁往宁州和庆州，致使胡人能够轻易南下，黄河以南的灵州和夏州就成了边境。贞观末年，朝廷招募百姓迁往这里，西北边境才算安定。如今取消了丰州，黄河沿岸就会为东突厥所有，灵州、夏州等州将民不聊生，这对国家十分不利。"朝廷方面这才作罢。六月，突厥叛军一部又劫掠岚州，偏将杨玄基将敌人击破。看到军事镇压效果不佳，到十一月，唐朝朝廷又以右武卫将军程务挺为单于道安抚大使，前去招抚阿史那骨笃禄等人。

与东突厥叛乱相配合，吐蕃大将论钦陵也于永淳元年下半年率军开始向唐朝的柘州（今四川省黑水县）、松州（今四川省松潘县）、翼州（今四川省茂县东北）等州发起进攻。唐朝命令左骁卫郎将李孝逸、右卫郎将卫蒲山调发秦州、渭州等州的军队前去迎战；与此同时，吐蕃军队又在西北方向发起了攻势，他们进攻河源军，河源军使娄师德率军迎战，唐军在白水涧（今青海省大通县）八战八胜。唐高宗大喜，夸奖娄师德道："你能文能武，文官、武官我都给你！"遂晋升其为比部员外郎、左骁卫郎将、河源军经略副使。

这是外患，那么，内忧又是什么呢？回顾高宗一朝，有几个时间节点：一是永徽四年（公元653年）房遗爱案，这是唐高宗与长孙无忌联手清除异己势力的一次行动，它毒化了贞观一朝相对开明的政治气氛。显庆四年（公元659年）长孙无忌谋反案，这是唐高宗联手武则天清除权臣、树立自己权威的一次行动，无形中造成了高宗自己失去宗室、外戚支持的局面。麟德元年（公元664年）武则天开始参与外朝，与唐高宗并称二圣，唐高宗屈服，武则天加紧了在外朝培养自己势力的脚步，也更进一步地盯紧了唐高宗。总章元年（公元668年），李勣灭高句丽；各地旱灾、饥荒。军事上的辉煌，掩盖不了帝国长期积累下来的种种矛盾，大唐帝国已经到了一个拐点。咸亨元年（公元670年），这一年，天下遭遇严重的旱灾；吐蕃攻克西域十八州，撤销安西四镇；高句丽叛乱；以薛仁贵、郭待封等将讨伐吐蕃，唐军大非川一战大败，即位二十年的唐高宗终于迎来了一个历史的转折点。上元二年（公元675年），从新罗撤军；李弘暴毙，立李贤为太子。唐帝国已经意识到最大的敌人不在东线而在西线，采取了东线收缩的战略，准备用一个拳头打人，在西线胖揍吐蕃。仪凤三年（公元678年），李敬玄青海一战，大败，准备多年的努力再次付诸东流；接着就是到了调露元年以来的这五年，局势更是每况愈下，岌岌可危。那么，究竟是什么让大唐帝国一步一步走到今天的呢？还是内部矛盾。随着武则天的崛起，大唐帝国各种矛盾逐渐叠加，政治气候变幻无常，贞观时期的政治风气荡然无存。高宗一朝不能回避的就是武则天的崛起问题，假如没有武则天，高宗一朝极有可能在永徽之政的道理上走得更远一点，正是由于武则天的出现，出现了二圣这一二元体制，出现了更为复杂的权力斗争，出现了本不该出现的清洗，这都让高宗一朝的政治风气逐渐变坏，君君臣臣、父父子子之间的关系也被扭曲了。

到高宗后期，大唐帝国实际情况是：上有多病昏聩的皇帝，内有强悍凶狠的天后，朝中有碌碌无为、明哲保身的朝臣，国家已经到了十分危险的境地而不自觉，统治阶层仍然骄奢淫逸，粉饰太平，无休无止。唐高宗在封禅泰山后，封遍五岳的念头一直没有打消，就算到了永淳元年这么一个大灾之年，他还于七月下令在嵩山南修筑奉天宫，以备封禅。监察御史里行李善感实在是看不过去了，上书劝谏说："陛下封泰山，告太平，致祥瑞，已与三皇五帝媲美了。这些年来，连年灾害，颗粒无收，饿殍遍野，四夷交侵，兵戈不断。陛下应该谦恭沉默，以禳天灾，可是您反而不停地修筑宫室，令天下之人无不失望。臣身为国家耳目之臣，深以此为忧！"唐高宗听了，虽然没有惩处李善感，却拒不采纳。越是孱弱的君主，越是害怕批评，唐高宗就是如此。他还一心想封禅嵩山，《朝野佥载》称，调露中，就想封嵩山，突厥背叛停止；后又想封，吐蕃入侵，又停；到永淳年，又驾临嵩山，民谣讽刺道："嵩山凡几层，不畏登不得，只畏不得登。三度征兵马，旁道打腾腾。"

史称，高宗一朝自从褚遂良、韩瑗死后，无人敢于犯颜直谏，已有二十余年，等到李善感劝谏后，天下之人都高兴地说："凤鸣朝阳"了。唐高宗曾经派宦官到长江边上把长得好的竹子运回，准备移栽到上林苑中。宦官们一路上作威作福，骄横不法，当他们路过荆州时，荆州长史苏良嗣将他们逮捕起来，然后上书唐高宗，认为："从远方罗致奇花异草，给百姓带来灾难，这恐怕不是圣人爱护百姓的本意。低贱之人狐假虎威，也会让陛下蒙受恶名。"唐高宗亲自写信解释说明，并命令把竹子扔入江中。苏良嗣是秦王府十八学士之一苏世长的儿子。

二四〇　高宗驾崩

永淳二年（公元683年）一月一日，唐高宗驾临奉天宫（今河南省登封市境内）。四月二日，他返回了洛阳。五月三日，他又前往位于渑池境内的芳桂宫，但行至合璧宫时，遇到了倾盆大雨，只好作罢。

七月七日，他又下诏将于十月封禅嵩山，不久，又因身体不适，改称等到来年一月再去。八月，因将要举行封禅嵩山的大典，唐高宗下令让太子李显前来东都，留下唐昌王李重福（太子李显的次子）守卫京师，以刘仁轨为副留守。十月二十六日，太子李显来到了东都。

李显来到东都前后，唐高宗的病情不仅没有好转的迹象，反而越来越重了，到了十一月三日，因病情严重，唐高宗下诏取消了明年的封禅嵩山大典。唐高宗头部一直疼痛难忍，目不能视，令御医秦鸣鹤诊治，秦鸣鹤称，用针把脑袋刺出血，就有救。武则天只想让唐高宗快死，在帘子后面厉声喝道："这家伙真该死！竟想在天子头上刺出血来！"秦鸣鹤吓得叩头连喊饶命。还是唐高宗说道："你就刺吧，未必不好。"于是，秦鸣鹤才针灸了唐高宗的百会穴和脑户穴。针灸后，唐高宗说道："我的眼睛似乎能看见东西了。"武则天佯装高兴，把手放在额头上面，说道："这是上天的恩赐啊！"亲自背来一百匹绸缎赏赐给秦鸣鹤。不久，下诏以太子监国，裴炎、刘景先（刘齐贤）、郭正一兼任东宫平章事。

十一月二十四日，唐高宗从奉天宫返回洛阳，百官在天津桥南拜谒。

十二月四日，改元为弘道元年，大赦天下。唐高宗想驾临则天门城楼亲自宣布大赦诏书，但是因剧烈的气喘令他无法骑马，只好把百姓代表召到殿前宣布。就在当天夜里，将裴炎召入宫中，受遗诏辅政，接着，唐高宗就在贞观殿驾崩了，终年五十六岁。遗诏命太子在灵柩前即皇帝位，军国大事决定不下来的，听取天后的意见。取消万泉、芳桂、奉天等宫室。

七日，中书令裴炎上书称，由于太子还没有即位，不应以皇帝的身份发布诏书，遇到紧急事务，希望天后以天后命令发至中书省和门下省执行。十一日，时年二十八岁的唐中宗李显正式即皇帝位，尊天后为皇太后，政事由皇太后全权处理。武则天因泽州刺史、韩王李元嘉辈分很高，担心他发动政变，加其三公等官以示安抚。

截至十二月底，唐朝朝廷重臣分别是：太尉、韩王、定州刺史李元嘉，司徒、霍王李元轨，司空、舒王、青州刺史李元名，尚书左仆射刘仁轨（京师留守），侍中刘景先，中书令裴炎，同中书门下三品岑长倩、郭待举、魏玄同。过去，唐朝宰相们都是在门下省商议政事的，门下省也因此被称作政事堂，长孙无忌为司空，房玄龄为尚书仆射，魏徵为太子太师，也都挂一个知门下省事的官衔。如今，裴炎当上了中书令，由于他是辅政大臣，就把中央的政事堂迁到了中书省。

十二月二十九日，唐朝朝廷派遣左威卫将军王果、左监门将军令狐智通、右金吾将军杨玄俭、右千牛将军郭齐宗分别前往并州、益州、荆州、扬州四个大都督府，与当地官员一起加强对地方的控制。

唐高宗就这样死了。虽然在他执政前期曾经将大唐帝国的疆域拓展到了极致，但是，这里面很大因素在于唐太宗留下的宝贵的政治财富所致。其后，朝政日渐混乱，到他去世时，大唐帝国不仅失去了吐谷浑、西域大部地区，甚至东突厥也起来造反，铁蹄竟然深入定州等地，几乎把其父打下的江山断送了，此时的局势与唐初、与北魏末年又是何等相似！一屋不扫，何以扫天下；修身，齐家，治国，才能平天下。如唐高宗，连自己的老婆都管不好，又如何能治理好天下呢？近代试图给他翻案的人，仅仅看到高宗一朝曾经把势力扩张很大，就大言他是被人低估的伟大君王。其实不然，他们是没有用辩证的、动态的眼光看待问题，一叶障目，不见高宗一朝后期岌岌可危的局面，也没有分析导致这一结果的根本原因。所谓盖棺论定，假如只看君王曾经如何，不看他最后的结局，那么，隋炀帝也不该被视为亡国之君了。唐高宗最大的悲剧就在于没有能力制服武则天，由此，他也没有能力保护好自己的孩子，治理好自己的国家。尽管如此，唐高宗个人私德还是可圈可点的：比如，《南部新书》称，一次他出猎，看见一个大官在杀羊，顿时于心不忍，就用死鹿代替。《大周正乐》称，从西域来的天竺国人会幻术，能把自己的四肢切断，挖开五脏六腑，然后缝好，这种人过去历代都有，唐高宗讨厌他们惊世骇俗，就严令边防军不得令其进入国境。《法书要录》称，唐高宗的书法很好，许圉师对他的书法评价很高，称其兼有二王之美。

转眼就是新年。唐朝朝廷把刚刚使用不足一月的弘道年号又改为嗣圣元年，大赦天下。同日，立太子妃韦氏为皇后，提拔韦氏的父亲、普州参军韦玄贞为豫州刺史。韦氏是唐中宗李显的第二任妻子，如前所述，他的第一任妻子赵氏因母亲常乐公主受到唐高宗的礼遇，引起武则天的警惕，遂于十年前的上元二年（公元675年）被武则天软禁至死，韦氏是李显被册封为太子后才娶的。

史书虽然没有透露唐中宗李显与前妻赵氏之间是否恩爱，但母后狠毒地将自己的结发妻子活活饿死，肯定会在李显的心中留下深深的烙印。当上皇帝的他迫不及待地想要组建自己的权力核心，嗣圣元年一月十日，唐朝朝廷提拔韦玄贞同门、左散骑常侍韦弘敏为太府卿、同中书门下三品。但这并不能让唐中宗满意，他还打算把韦皇后的父亲韦玄贞直接提拔为侍中，又想把乳母的儿子封为五品官，裴炎觉得这已经触犯到自己的利益了，因而坚决劝谏。唐中宗口不择言，对身边的人说道："就算我把天下交给韦玄贞又有什么不可！还说什么侍中呢！"

裴炎没再继续劝谏，而是偷偷把这话告诉给了皇太后武则天。也许，武则天一直没有忘记神通广大的明崇俨说过的李旦相貌最贵的话，她决定废掉李显，另立幼子李旦为帝。

二月六日，武则天将文武百官召集到乾元殿上，中书令裴炎、中书侍郎刘祎之、羽林将军程务挺、张虔勖率军入宫，当场宣布太后的命令，废唐中宗李显为庐陵王，将其搀扶下殿。

唐中宗问道："我有什么罪？"

武则天回答："你想把天下交给韦玄贞，还敢说无罪！"遂将他囚禁了起来。

唐中宗才当了一个多月的皇帝就被赶下台了。

七日，立雍州牧、豫王李旦为皇帝，也就是唐睿宗，时年二十三岁。武则天把唐睿宗安排在偏殿，不让其过问政事，军国大事全部由武则天处理。立李旦的妃子刘氏为皇后，刘氏是刘德威的孙子，刘审礼的侄女。政变过后，有十几个禁卫军士兵在酒店饮酒，其中一人说道："要是早知道没有赏赐，还不如支持庐陵王呢！"其中一人起身出外，到北门告发。不一会儿，就来了一群衙役，把一起喝酒的士兵们全都抓了起来，打入禁卫军大狱，最后，判决说了那句话的人斩首；其余人等犯知情不报罪，被判处绞刑；破格提拔那位告密者为五品官。从此以后，告密之风开始盛行。

二月，以李旦的长子、永平郡王李成器为皇太子，改年号为文明元年，大赦天下；八日，废李显的嫡长子、皇太孙李重照为平民，命刘仁轨专门负责西京留守事宜。将韦玄贞流放到了钦州。

二四一　武氏临朝

武则天以皇太后的身份另立幼子李旦为帝，自己也临朝称制，主要做了以下几件事情：

一是改组中央。在立了唐睿宗之后，武则天就把豫王府的高级幕僚补充到重要岗位上来，文明元年（公元684年）二月二十五日，以太常卿、检校豫王府长史王德真（据《大唐新语》称，他是裴炎的舅舅）为侍中；以中书侍郎、检校豫王府司马刘祎之同中书门下三品。武则天还重用以武承嗣、武三思为代表的武氏集团，闰五月，提拔礼部尚书武承嗣为太常卿、同中书门下三品。武则天在晋升韩王、定州刺史李元嘉为太尉，霍王李元轨为司徒，舒王、青州刺史李元名为司空的同时，又晋升滕王李元婴为开府仪同三司，鲁王李灵夔为太子太师，越王李贞为太子太傅，纪王李慎为太子太保，这七位都是活着的唐高宗的叔父辈，是李唐宗室的代表人物。武则天给予他们高官厚禄，表面上以示尊崇，但实际上是欲擒故纵，麻痹他们。因太尉、韩王、定州刺史李元嘉和鲁王李灵夔是同父同母兄弟，武承嗣和武三思等人就屡屡劝说武则天先拿他们两位兄弟开刀。武则天招来宰相商议，刘祎之和韦思谦闭口不言，而裴炎从大局出发，极力反对，武则天虽然内心不悦，但还是没有动手。

二是树立个人和家族权威。唐睿宗即位后，二月十二日，武则天驾临武成殿，唐睿宗率领文武群臣给武则天上了个尊号；十五日，武则天又临朝，派遣礼部尚书武承嗣册封李旦为嗣皇帝。此后，武则天就经常临朝听政，武氏摇尾系统开始争相奉献符瑞，为武则天改朝换代制造舆论。高宗晚年委任尚书左丞冯元常，百官奏事，高宗经常会说："朕身体不佳，你们禀报给元常平章。"冯元常曾经秘密对高宗说："中宫（指武则天）威权太盛，宜予以压制。"虽然唐高宗没有实施，却深以为然。嵩阳令樊文献上瑞石，武则天命于朝堂上予以展示，冯元常说："有献媚欺诈的嫌疑，不可以此来糊弄天下。"武则天很不高兴，将其贬为陇州刺史。等到八月把唐高宗埋葬到乾陵之后，武承嗣又请求太后武则天追赠武氏祖宗，建立武氏的七庙，裴炎劝谏道："太后母仪天下，应该显示大公无私，不可对自家亲戚过于偏袒。难道没有看到西汉吕太后的覆辙吗？"武则天说："吕雉把大权交给了自己家的人，所以才导致反抗。如今，我只是追尊我家祖先，又有什么关系呢？"裴炎又说："什么事都该防微杜渐，把问题消灭在萌芽状态。"裴炎的话完全与武则天的心思南辕北辙，武则天自然是听不进去。九月二十一日，武则天追尊自己的五世祖武克己为鲁靖公，其妻为夫人；高祖武居常为太尉、北平恭肃王，其妻为王妃；曾祖武俭为太尉、金城义康王，妻为王妃；祖父武华为太尉、太原安成王，妻为王妃；父亲武士彟为太师、魏定王，其妻为王妃。又在老家文水县修建五代祠堂。根据《唐大诏令集》记载，武则天还下诏追尊李唐宗室的祖先老子李耳的母亲为先天太后。此举的暗示意义非常明确，那就是追尊李唐祖先的母亲，提高其地位，是为了身为当今皇帝母亲的武则天自己服务的，为让其与儿子并立于朝堂之上找到一个合理的依据。

三是消除隐患。武则天担心长安方面会出现问题，她给西京留守刘仁轨写信道："昔日，汉高祖刘邦把关中托付给萧何，如今我把关中交给你也与此相仿。"时年已八十三岁的刘仁轨上书，推辞自己年迈，请求辞职，又举出吕雉覆灭之事给武则天敲一敲警钟。武则天专门命武承嗣携带亲笔信前去安抚，她在信中写道："如今，因皇帝还在服丧，我才代替皇帝处理朝政，您的教诲令我既感到羞愧，又觉得宽慰。大人忠贞的操守，始终不渝，正直的气节，古今少有。我刚听您的话，还非常茫然，仔细回想起来，实在是良药啊！您是先朝的旧德，为四海所仰望，希望您能以匡救天下为怀，不要再提年老了。"刘仁轨在朝中威望甚高，他又年事已高，根本不会再产生非分之想，武则天对其进行拉拢要比打压有利得多。然而，对于能够危及自己统治的人就不是这样了，就算是自己的儿子，武则天也绝不手软。文明元年（公元684年）二月九日，武则天命令左金吾将军丘神勣（丘行恭的儿子）前往巴州，名义上是查看前太子李贤的住宅，以免受到危害，实际上却暗示丘神勣杀掉李贤。二月二十七日，丘神勣来到巴州后，将李贤囚禁起来，逼迫李贤自杀。《邺侯外传》记载，唐肃宗时，宰相李泌曾谈及往事，称，李贤当上太子后，李显、李旦也是日夜忧虑恐惧，在父母面前，什么话都不敢说，李贤曾写了一篇《黄台瓜辞》，希望能让唐高宗和武则天回心转意，歌词为："种瓜黄台下，瓜熟子离离。一摘使瓜好，再摘令瓜稀。三摘尚自可，四摘抱蔓归。"即便写了这，也无法避免自己的被废和被杀。李贤被害后，武则天归罪于丘神勣，将其贬为叠州刺史，但这不过是为了掩人耳目，不久，丘神勣又官复原职了。三月十六日，唐朝朝廷在显福门给李贤举行哀悼仪式，次日，追封其为雍王。四月十日，武则天又把毕王李上金改为泽王，任命为苏州刺史；葛王李素节改为许王，拜为绛州刺史。二十二日，把庐陵王李显押往房州（今湖北省房县），二十六日，又将他迁往均州（今湖北省丹江口市），令其住在过去濮王（唐高宗哥哥李泰）的房子里。

四是进行改革。九月六日，武则天下令大赦天下，再次改元为光宅元年。武则天不惜一年改三次元，把年号改为光宅，意味着什么？武氏自称出自姬姓，而洛阳则是东周的旧都，重造旧都，令其光宅四方，最后实现武周的革命，这是武则天改元光宅所蕴含的重要暗示意义；与此同时，武则天又下令把东都改为神都，洛阳宫殿的名称改为太初宫。旗帜以金色为最尊贵，以紫色修饰，画以杂文；八品以下，过去穿青色的官员改穿碧色。改变官衙名称：尚书省改为文昌台；尚书左右仆射改为左右相；六部改为天、地、春、夏、秋、冬六官；门下省改为鸾台，长官由侍中改称纳言；中书省改为凤阁，长官由中书令改称内史；御史台改称左肃正台，专管中央，又增加了一个右肃正台，负责地方巡视；其余部门的名称也都换了一个遍。

五是防御东突厥。如今，东突厥已俨然唐朝最直接的威胁了，其兵锋时常及于今河北、山西、陕西、宁夏中部一带，直接威胁到了唐朝的统治。武则天命程务挺担任单于道安抚大使，对东突厥采取安抚、打击、瓦解、防御结合的策略，以期稳定帝国的北部边境。

武则天的这一系列举措，让明眼人一眼就看出了她意欲夺取政权、改朝换代的用心。当时，朝中武氏集团飞扬跋扈，李唐宗室子弟人人自危，朝中上下正直之士个个心怀不满，在这种情况下，一群失意之人就聚集在一起，决定以拥护庐陵王李显复辟为名，起兵讨伐武则天！这群人主要包括：眉州刺史、英公李敬业（李勣的孙子）及其弟弟、周至县令李敬猷，给事中唐之奇，长安主簿骆宾王，詹事同直杜求仁，周至县尉魏思温，监察御史薛仲璋等。李敬业因故被贬为柳州（今广西壮族自治区柳州市柳江区）司马，李敬猷被免官，唐之奇被贬为括苍

（今浙江省丽水市）令，骆宾王被贬为临海（今浙江省临海市）丞，杜求仁（杜正伦的侄儿）被贬为黟（今安徽省黟县）令，魏思温原本担任御史，也遭到贬谪。

李敬业也不是一个寻常之人。据《唐语林》称，李敬业十余岁时，就非常喜欢骑马射箭，箭术马术都非常好，但李勣经常说："此儿相貌不善，肯定会让我灭族的！"一次，趁出外打猎之际，李勣让李敬业到林中，然后四面放火，想把他烧死。李敬业见无处可逃，急中生智，他拔出佩刀，割开马肚子，然后伏在其中。等到大火过去后，李敬业浑身血水，侥幸活了下来，李勣大为惊奇。《隋唐嘉话》也称，高宗时，有一个地方经常有强盗，官军前去讨伐却屡屡失利，就以李敬业为刺史。李敬业上任后，根本不把强盗们放在眼里，他把其他事务处理完毕后，才从容不迫地问："强盗们在哪里？"回答："南岸。"李敬业就带上一两个随从前往，人们无不大惊失色。李敬业径直来到强盗的军营内，说道："朝廷知道你们是为贪官污吏所逼才如此的，可以全部解散回乡，继续留在这里的才是真正的强盗。"只把强盗头领招来，斥责他们为何不早早归降，各打数十大板后也释放了，叛乱就此平定。李勣听说后，对孙子的胆略大加赞赏，却说："我做不了这种事，然而，破我家的一定会是此儿。"

就是这样一个李敬业，召集一帮同党聚集在扬州（今江苏省扬州市），他们各自心怀怨愤，要干出一番惊天动地的大事来。

一场突如其来的声势浩大的变故就此发生了……

二四二　敬业举兵（一）

李敬业等人经过精心的策划，决定以扬州为基地举兵。

李敬业以魏思温为军师，魏思温让前同僚、监察御史薛仲璋请求朝廷派自己到扬州出差。等薛仲璋来到扬州后，李敬业又指使同党韦超到薛仲璋处诬告扬州长史陈敬之谋反，薛仲璋遂以此为由把陈敬之打入了大牢，这样一来，扬州大都督府就没有了实际上的最高领导。又过了数日，李敬业乘坐驿马车来到扬州，谎称自己是朝廷新任命的扬州司马，称自己“接受皇帝密诏，因高州（今广东省信宜市）酋长冯子猷谋反，调发扬州军队前去讨伐”。于是，他下令打开府库，命士曹参军李宗臣前往铸币厂，释放数百名在此劳作的囚犯、工匠，将他们武装起来。在监狱将陈敬之予以斩杀；录事参军孙出行不从，也被杀死，扬州大小官吏无人敢动。

李敬业还找了一个与前太子李贤相貌相似的人，谎称：“李贤并没有死，流落在扬州城内，是李贤命我等起兵的。”遂调发扬州一州的军队，继续奉行嗣圣元年（唐中宗李显）的年号，设置匡复府、英公府和扬州大都督府三府，李敬业自称匡复上将、兼任扬州大都督。以唐之奇、杜求仁为左右长史，李宗臣、薛仲璋为左右司马，魏思温为军师，骆宾王为记室，十余天之内就凑集了十余万大军。楚州（今江苏省淮安市）司马李崇福率领下辖三个县都投靠了李敬业；盱眙人刘行举占据本县不从，李敬业派部将尉迟昭领兵进攻，被刘行举击退；朝廷以刘行举为游击将军，以其弟弟刘行实为楚州刺史。

为了号召广大军民起来响应，李敬业命骆宾王起草了一篇铿锵有力的檄文，这就是著名的《代李敬业讨武曌檄》（又称《讨武曌檄》）。全文如下：

伪临朝武氏者，性非和顺，地实寒微。昔充太宗下陈，曾以更衣入侍。洎乎晚节，秽乱春宫。潜隐先帝之私，阴图后房之嬖。入门见嫉，蛾眉不肯让人；掩袖工谗，狐媚偏能惑主。践元后于翚翟，陷吾君于聚麀。加以虺蜴为心，豺狼成性，近狎邪僻，残害忠良，杀姊屠兄，弑君鸩母。人神之所同嫉，天地之所不容。犹复包藏祸心，窥窃神器。君之爱子，幽之于别宫；贼之宗盟，委之以重任。呜呼！霍子孟之不作，朱虚侯之已亡。燕啄皇孙，知汉祚之将尽；龙漦帝后，识夏庭之遽衰。敬业皇唐旧臣，公侯冢子。奉先君之成业，荷本朝之厚恩。宋微子之兴悲，良有以也；袁君山之流涕，岂徒然哉！是用气愤风云，志安社稷。因天下之失望，顺宇内之推心，爰举义旗，以清妖孽。南连百越，北尽三河，铁骑成群，玉轴相接。海陵红粟，仓储之积靡穷；江浦黄旗，匡复之功何远？班声动而北风起，剑气冲而南斗平。喑呜则山岳崩颓，叱咤则风云变色。以此制敌，何敌不摧；以此图功，何功不克！公等或家传汉爵，或地协周亲，或膺重寄于爪牙，或受顾命于宣室。言犹在耳，忠岂忘心？一抔之土未干，六尺之孤何托？倘能转祸为福，送往事居，共立勤王之勋，无废旧君之命，凡诸爵赏，同指山河。若其眷恋穷城，徘徊歧路，坐昧先几之兆，必贻后至之诛。请看今日之域中，竟是谁家之天下！移檄州郡，咸使知闻。

据《酉阳杂俎》等书记载，当武则天看到檄文中“入门见嫉，蛾眉不肯让人；掩袖工谗，狐媚偏能惑主”之句时，不禁面露微笑，等看到“一抔之土未干，六尺之孤何托”时，问道：“此文是何人所写？”回答：“骆宾王。”武则天说道：“这是宰相之过。人有如此之才，岂能让他流落至此！”十月六日，武则天命令左玉钤卫大将军李孝逸为扬州道大总管，以将军李知十、马敬臣为副大总管，率领三十万大军前去讨伐李敬业。李孝逸，淮安王李神通之子，论辈分是唐高宗的族叔。

薛仲璋是内史裴炎的外甥，等李敬业举兵后，裴炎为了表示自己胸有成竹，迟迟没有商议讨伐事宜——亦有心存观望的可能。等武则天询问他该如何应对时，裴炎却说：“皇帝年纪已经不小了，却未能亲政，所以，这帮不肖之徒才以此为借口。只要太后您交还大权，不用发兵，叛乱自然就会平息。”裴炎这话其实就是在糊弄武则天：李敬业等人已经造反，武则天交出政权，也无法令他们收手，相反，对于武则天来说无疑就是自投罗网。监察御史崔詧听说后，遂上言："裴炎身为顾命大臣，大权在握，如果没有异心，为何要让太后归政？"武则天遂命左肃政大夫骞味道、侍御史鱼承晔把裴炎打入大牢，进行审讯。裴炎被捕后，却始终不卑不亢，有人劝他求饶，他却慷慨地说："宰相下狱，哪里还有活着的道理！"裴炎的下属、凤阁舍人李景谌证明裴炎谋反属实，但侍中刘景先和凤阁侍郎胡元范都说："裴炎是社稷重臣，对国家有功，尽心侍奉主上，这是天下人都知道的，我们敢担保他肯定不会谋反。"武则天说："裴炎谋反证据确凿，只是你们不知道罢了。"二人回答："要说裴炎谋反了，那么我们也都谋反了。"武则天说："我知道裴炎谋反了，也知道你们没有谋反。"满朝文武有很多人站出来证明裴炎并没有谋反，但武则天根本不听，不久，武则天觉得这些人可能都是刘景先和胡元范给忽悠起来的，又将二人也打入了大牢。十月八日，武则天任命骞味道为检校内史同凤阁鸾台三品（同一级宰相），以李景谌为同凤阁鸾台平章事（同二级宰相）。十月十八日，武则天下令把裴炎在洛阳的驿马车总站（都亭）斩首。裴炎将死，对兄弟们说："你们的官职都是靠自己的努力获得的，没沾我一点光，如今却受到牵连而被流放，我难道不痛心吗！"在抄裴炎的家时，人们发现他的家中一贫如洗。因裴炎一案，刘景先被贬为普州刺史，后又被贬为辰州刺史；胡元范被流放到琼州而死。裴炎的侄儿、太仆寺丞裴伷先年仅十七岁，他上书请求面见武则天，说有事禀报。武则天召见了裴伷先，责问道："你的伯父谋反，你有何话说？"裴伷先回答："臣是来替陛下谋划的，岂敢喊冤！陛下是李家的媳妇，先帝驾崩，陛下总揽朝政，废黜太子，疏远宗室，尊崇武氏。臣的伯父忠于社稷，您反而诬陷他有罪，陛下做出这种事情，臣实在替陛下痛惜！陛下应该早早把政权交还给李家，就可高枕无忧，宗族安全，不然，一旦天下有变，就再也无法挽救了！"武则天听后，大怒说："胡说八道！你一个小孩胆敢说出这种话来！"命人把他拉出大殿。裴伷先回头大声喊叫道："您如今采纳臣的建议，为时还不晚啊！"连喊了三次。武则天余怒未消，命人在朝堂之上打了他一百棍，永远流放到瀼州（今广西壮族自治区上思县南）。

裴炎下狱后，郎将姜嗣宗奉命前往长安，刘仁轨询问东都里的情况，姜嗣宗说："我很早就觉察到裴炎与往常不一样。"刘仁轨又问："你真的这样认为？"姜嗣宗肯定地说："是的。"刘仁轨说："我正巧有一封奏表，烦请您捎回。"姜嗣宗回答："行。"第二天，姜嗣宗带上刘仁轨的奏表就返回了。武则天看了刘仁轨的奏表，只见上面写道：“姜嗣宗明知裴炎谋反而不揭发。”当即命人在朝堂上拉断姜嗣宗的四肢，在都亭绞死。数月前刘仁轨还委婉地劝说武则天不要步吕后的后尘，为何如今却表现得如此这般？也许，经过这一段时间的观察，刘仁轨已经断定武则天会倾覆李唐天下，在随后的日子里，将迎来一场血雨腥风的搏杀。为了保全自己家族，刘仁轨做出了站在武则天一边的决定，并深为自己曾经说过的话而感到后悔，他正要拿姜嗣宗的人头来换回武则天对自己的信任……

十月十九日，唐朝朝廷下令追削李敬业的祖父李勣和父亲李震的官爵，挖开李勣父子的坟墓，毁坏棺木和尸体，并把李敬业改回徐姓。贬凤阁鸾台平章事李景谌为司宾少卿；以右史沈君谅、著作郎崔詧为正谏大夫、同平章事。

二四三　敬业举兵（二）

回过头来再说徐敬业。

徐敬业起兵之后，魏思温就建议他采取积极进取的态度，直取东都，拼死一搏。他说道：“明公以匡扶社稷为号召，就该率领大军鼓行而进，直指洛阳，如此一来，天下之人都知道明公的志向在于勤王，必然会四面响应了。”但是，薛仲璋提出了另外一套方案，他觉得先夺取了江南，再图进取中原，更加稳妥。他说：“金陵有王气，况且有长江天险，足以自守，因此，不如先夺取常州（今江苏省常州市）、润州（今江苏省镇江市），奠定霸业的基础，再北向以图中原。这样一来，前进就不会不利，就算遇到挫折，也有地方可退，这才是良策啊！”魏思温说：“山东豪杰因武氏专制，无不心生悲愤，听说大人起兵的消息，个个自行蒸馒头充当干粮，准备锄头当武器，就等义军前来。不趁此有利形势建立大功，反而消极退缩，只想给自己找一个巢穴，远近之人听后谁不灰心丧气！”但最终，徐敬业采纳了薛仲璋的建议，命令唐之奇守卫江都，他亲自率军南下，进攻润州。魏思温对杜求仁说：“军队集中起来才强大，分散开来就弱小了，徐敬业不集中兵力北渡淮河，搜罗山东之众夺取洛阳，转眼就要失败了啊！”

十月十四日，徐敬业攻克了润州，生擒润州刺史李思文，以李宗臣担任刺史。李思文是徐敬业的叔父，他提前知道了徐敬业的阴谋，派人从小路向朝廷报告。魏思温请求杀了李思文，但徐敬业没有答应，只是对李思文说：“叔父与武氏是一党，应改姓武。”润州司马刘延嗣（刘审礼的堂弟）也拒不投降，徐敬业要杀了他，魏思温把他搭救了下来，与李思文一起被关在狱中。曲阿令尹元贞率军救援润州，战败，被徐敬业擒杀。与此同时，徐敬业还派徐敬猷率领五千人马沿长江西进，夺取土地。徐敬猷进抵和州（今安徽省和县），前弘文馆学士高子贡率领本乡军民固守，击退了徐敬猷。战后，高子贡也被拜为朝散大夫、成均助教。

徐敬业听说李孝逸的军队快要到了，就从润州北上迎战，驻扎在高邮的下阿溪；命徐敬猷进逼淮阴（今江苏省淮阴市），部将韦超、尉迟昭驻扎在都梁山（今江苏省盱眙县南）。

李孝逸率军进抵临淮（今安徽省泗县），偏将雷仁智与徐敬业交战失利。李孝逸害怕起来，按兵不动，监军侍御史魏元忠说："天下安危，在此一举。四方承平日久，忽然听说徐敬业起兵，都等待着官军将其讨平。如今，大军久留不进，远近失望，万一朝廷再派一员大将替换将军，将军又有什么理由来替自己开脱逗留玩寇之罪呢？"李孝逸这才率军前进。十月二十四日，副大总管马敬臣在都梁山击斩叛将尉迟昭，但韦超率领叛军依然固守着都梁山。

十一月四日，朝廷方面又以左鹰扬大将军黑齿常之为江南道大总管，率军从江南夹击徐敬业。

李孝逸手下众将均说："韦超依托山险自守，我军将士无用武之地，况且，穷寇死战，如果强攻肯定会造成大量伤亡，不如留下一部分军队看住他们，我大军直扑江都，倾其巢穴。"支度使薛克构说："韦超虽然占据山险，但他手下的部队并不多，如今，我们在这里留下的军队多了，主力就削弱了；留的军队少了，其在后方终究会成为后患。不如先把他拿下，肯定能成功；攻克都梁山之后，淮阴的徐敬猷、高邮的徐敬业所部也会望风瓦解了！"李孝逸同意了，他组织唐军向韦超发起猛攻，韦超不敌，趁夜溃逃。

魏元忠建议先进攻淮阴的徐敬猷，众将都说："不如先进攻徐敬业，徐敬业战败了，徐敬猷则不战而降了；如果先进攻徐敬猷，那么徐敬业一定会赶来相救，我们就会腹背受敌。"魏元忠说："不对。敌人的精兵都在徐敬业的手上，他们虽然是一群乌合之众，却是亡命之徒，寄希望于在一场战斗中拼出输赢，一旦我军有个什么闪失，则大事去矣！而徐敬猷是个赌徒，不懂军事，其众弱小，军心不稳，我军一旦进逼，徐敬猷肯定会不战而败。就算徐敬业想来救援，算算路程也赶不到。等到我军击败了徐敬猷之后，乘胜而进，就算韩信、白起再世也无能为力了！如今，如果不先进攻弱小之敌，就着急忙慌地要与强敌拼杀，这不是上策。"李孝逸听从了魏元忠的建议，率军进攻徐敬猷，徐敬猷败退。

十一月十三日，徐敬业在下阿溪南岸整军固守，唐军后军总管苏孝祥趁夜率领五千人马乘小舟最先渡到溪水南岸，向叛军发起进攻，结果被叛军击败，苏孝祥被杀，唐军士兵被溪水淹死了一多半。左豹韬卫果毅成三朗被擒。唐之奇欺骗下属说："这就是李孝逸。"成三朗大叫："我是果毅成三朗，不是李将军。如今，官军大队人马已经赶到了，你们的失败就在眼前！我死了，妻子儿女还能享受到荣华富贵；你们死了，妻子儿女反被罚没，你们还是不如我啊！"成三朗遂被叛军斩杀。

唐军主力虽然赶到，但叛军战斗力很强，官军屡战屡败，李孝逸担心了，打算撤退。魏元忠与行军管记刘知柔对李孝逸说："现在风顺，芦苇干枯，正是火攻的良机。"恳请李孝逸与叛军决一死战。徐敬业列阵已久，士卒已十分疲惫，军阵不整，李孝逸趁着风势纵火，挥兵发起总攻，徐敬业大败，被斩杀了七千多级，被水淹死的不计其数。徐敬业等人率领轻装骑兵逃入江都，带上妻子儿女南奔润州，将入海逃往高句丽。李孝逸率军攻入江都后，派遣部将分道缉拿要犯。

十一月十八日，徐敬业等人逃到海陵（今江苏省泰州市）境内，遇到逆风，船只搁浅，随行的部将那相杀掉了徐敬业、徐敬猷、骆宾王，持三人的人头投降。余党唐之奇、魏思温也都被抓获，人头送到了神都洛阳，扬州、润州、楚州完全被平定。《朝野佥载》称，唐高宗永淳以后，社会上流行唱"杨柳，杨柳，漫头駞"之句，后来有人认为徐敬业的人头被用驿马拖入洛阳，是应了这句话的谶。但另有一些野史记载徐敬业、骆宾王等人并没有被杀，比如，《纪闻》记载，徐敬业提前找了一个与自己相貌相似的人养在身边，等兵败后，官军杀了这人请功，而徐敬业本人则与数十人隐居在大孤山中，削发为僧。到唐玄宗天宝年间，有个法号住括的老和尚，已九十余岁，带着弟子来到南岳衡山，自称徐敬业，死后就葬在了衡山。《树萱录》也有类似记载。《本事诗》《唐诗纪事》《唐才子传》等书也记载骆宾王隐居在灵隐寺中。

李孝逸因功被拜为镇军大将军，转左豹韬卫大将军，改封吴国公。武则天认为徐思文是个忠臣，拜他为司仆少卿，对他说："徐敬业把你的姓改为武，朕就不强迫你改回去了。"

十二月，武则天又把刘景先贬为吉州员外长史，郭待举贬为岳州刺史。裴炎刚下狱时，单于道安抚大使、左武卫大将军程务挺密表替裴炎求情，由此引起了武则天的不满。程务挺又素来与唐之奇和杜求仁私交很好，有人就在武则天面前诬陷程务挺说："程务挺与裴炎、徐敬业是同党。"二十六日，武则天派遣左鹰扬将军裴绍业来到军中，将程务挺斩杀，查抄了他全家。东突厥人听说程务挺被杀的消息，无不饮酒庆贺，又给程务挺修建祠堂，每次出征，总要先到祠堂里拜祭一番，祈求程务挺保佑他们取胜。武则天又因为程务挺与夏州都督王方翼是同僚，平时关系很好，再加上王方翼是王皇后的本家，为了斩草除根，也把王方翼召回京师，以莫须有的罪名将其流放到崖州而死。

徐敬业失败的根本原因就在于一开始没有积极主动进取，幻想着先留条后路，任何起义，在最初的时候都只能是闭着眼睛一路拼杀，方能死中求生。假如李渊晋阳起兵之初就只想着经营好晋阳，而不是积极主动地夺取关中，那等待他的也只有覆灭了。

二四四　垂拱年间（一）

唐高宗刚刚去世一年，武则天就做出了很多大事，体现了她雷厉风行的一贯作风：废黜唐中宗李显、另立唐睿宗李旦、逼死前太子李贤、建立武氏七庙、平定徐敬业、处死宰相裴炎等人。

在这一年里，武则天还得到了一个她引以为心腹的人——冯小宝。唐高宗在世时，武则天就已苦心经营了很多年，着力培植自己的势力，但裴炎、徐敬业事件说明士大夫阶层对于武则天专权存在着天然的不满，要夺取李唐政权，武则天身边客观上需要一个贴心人；另外，唐高宗晚年久病，武则天与唐高宗之间的夫妻关系似乎早已名存实亡，等唐高宗一死，武则天压抑已久的欲望顿时迸发了。而这一苗头恰恰被一个人准确地捕捉到了，这个人就是武则天的姑姑千金公主。千金公主是唐高祖李渊的第十八女，也是他倒数第二小的女儿，论辈分是唐高宗的姑姑。冯小宝是京兆鄠县（今陕西省西安市鄠邑区）人，他容貌伟岸，虎背熊腰，臂力过人，因在洛阳集市上卖药而被千金公主的侍女看上，后来，千金公主知道后，趁入宫之际偷偷对武则天说："冯小宝不是寻常之人，可以留在您的身边。"武则天一见之后，果然十分满意，为了能让他随时入宫侍奉，就让他剃发为僧；因冯小宝出身低贱，武则天又命他改姓薛，令他与女婿薛绍合族，当薛绍的小叔，改名为薛怀义。从此以后，薛怀义经常出入内庭，与洛阳城内著名的高僧法明、处一、惠俨、稜行、感德、感知、静轨、宣政等人在宫内的寺庙里诵经。薛怀义每次入宫，都是骑着御马，十余名宦官紧随左右，百姓在路上遇到薛怀义，无不纷纷躲避，来不及避让的，常常被人打得头破血流。看见道士们，薛怀义也总是下令暴打一顿，强行把人家剃成光头才罢休。朝廷百官见到薛怀义全都跪倒在地，极尽巴结之能事，武承嗣、武三思等人在薛怀义面前也都像奴仆一般，亲手为其牵马，而薛怀义却不以为意，旁若无人。薛怀义在自己的身边聚集了很多市井无赖，让他们也都剃度为僧，四处为非作歹，无人敢管，民间称呼薛怀义为薛师。右台御史冯思勖屡屡上书弹劾薛怀义，薛怀义怀恨在心，一次在路上碰见冯思勖，薛怀义下令侍从把他打得半死。

不久，武则天又下令重修白马寺，以薛怀义为白马寺的住持。武则天借口薛怀义心灵手巧，命其入宫制造器具。补阙王求礼上书称："太宗时，有个叫罗黑黑的人擅长弹琵琶，太宗命人将他阉割后，任命为给使，让他入宫教宫女。陛下如果认为薛怀义真的心灵手巧，想把他放入宫中使唤的话，臣请求把他阉割了，这样才能保证他不污染宫闱。"要是真把薛怀义给阉割了，武则天还要他何用？王求礼的奏表，武则天不知道该如何答复，只好装聋作哑，留中不发。一次，苏良嗣在朝廷上遇到了薛怀义，薛怀义还是非常傲慢，没有施礼，苏良嗣大怒，命侍从上前把薛怀义打了几十个耳光。薛怀义到武则天那里告状，武则天犯不着为了一个薛怀义而得罪了整个士大夫集团，再加上她自己也情知理亏，就对薛怀义说："师父该从北门出入，南衙宰相往来，你还是不要冒犯人家。"此事也就不了了之了。

公元685年一月一日，喜欢改年号的武则天又下诏大赦天下，将这一年改为垂拱元年，历史也进入了垂拱年间。

垂拱是什么意思？垂拱出自《尚书·武成》："谆信明义，崇德报功，垂拱而天下治。"意思是什么事也不干，就可以轻松治理好天下。武则天把年号改为垂拱，是让皇帝什么事不干，还是自己什么事不干呢？当然是前者。垂拱这个年号一共用了四年，这也是武则天加强个人权威、积极准备改朝换代的四年。

垂拱元年（公元685年）一月二十二日，文昌左相、同凤阁鸾台三品刘仁轨去世，这个多少能让武则天感到"徊惶愧慰"的老臣去世之后，武则天立马就加紧了肃清潜在异己分子的步伐。徐敬业之乱让武则天意识到下情上达的极端重要性，二月七日，唐朝朝廷下令："朝堂设置的登闻鼓和肺石（伸冤石），不必派人看管。有人鸣鼓或者站到肺石上时，御史要接受状纸，代为转奏。"紧接着，到了三月二十六日，唐朝朝廷就颁布了《垂拱格》。格式是唐法律文书中律、令、格、式四类中的两类。格出自诏敕，过一段时间就要整理一次，此前有《贞观格》《永徽格》。式是各种规章细则，前有《贞观式》《永徽式》。武则天令内史裴居道、夏官尚书岑长倩、凤阁侍郎韦方质，与删定官袁智弘、王守慎等十余人，把武德以后垂拱之前有用的诏敕编为两卷，由她亲自作序；又令裴居道等删改旧式，与旧式汇成二十卷，成《垂拱式》。

据《唐将相大臣年表》记载，这四年李唐朝廷重臣分别是：

垂拱元年：太尉李元嘉，司徒李元轨，司空李元名，左相刘仁轨（一月去世），纳言王德真（五月被贬为同州刺史、流放到象州，以苏良嗣为纳言），内史骞味道［五月被贬为青州刺史，以裴居道（前太子李弘的岳父）为内史］，同凤阁鸾台三品岑长倩、魏玄同、刘祎之、武承嗣（二月任命、三月免职）、韦思谦（右肃政大夫）、韦方质（五月任命）、韦待价（天官尚书，六月任命），同凤阁鸾台平章事：沈君谅（二月免职）、崔詧（三月免职）。

垂拱二年：太尉李元嘉（出任绛州刺史），司徒李元轨（出任青州刺史），司空李元名（出任郑州刺史），文昌左相苏良嗣，文昌右相韦待价，纳言裴居道、韦思谦，内史岑长倩，同凤阁鸾台三品魏玄同、刘祎之、韦方质。

垂拱三年：太尉李元嘉，司徒李元轨，司空李元名，文昌左相苏良嗣，文昌右相韦待价，纳言裴居道、韦思谦（三月退休）、魏玄同（八月任命为检校纳言），内史岑长倩，同凤阁鸾台三品刘祎之（五月被杀）、韦方质，同凤阁鸾台平章事：张光辅。

垂拱四年：太尉李元嘉（阴谋起兵被杀），司徒李元轨（被流放至死），司空李元名，文昌左相苏良嗣，文昌右相韦待价，纳言裴居道、韦思谦（三月退休）、魏玄同（八月任命为检校纳言），内史岑长倩，同凤阁鸾台三品韦方质，同凤阁鸾台平章事：张光辅、骞味道（九月任命，十二月被杀）、王本立（九月任命）。

韦方质是玄武门之变后被窦轨擅杀的益州行台兵部尚书韦云起的孙子；韦待价是贞观时期的重臣韦挺的儿子；沈君谅，生平不详；崔詧，举报裴炎的那位；张光辅，京兆人，曾任司农少卿；王本立，生平不详。

纵观这四年来李唐朝廷之上的人事变化，我们可以清楚地看出以下几个特点：一是宰相人数剧增。从唐高祖中后期开始，就采取了增加宰相员额的办法来分割相权，避免出现相权威胁君权的现象，武则天当权之后，继续采取这一办法。有时三省的最高长官不仅设置两名，还把相当于宰相的人员又细分为二：一种是同凤阁鸾台三品，另外一种是资历相对较浅的同凤阁鸾台平章事，更是扩大了准宰相的人选范围。二是朝臣升降变化快。垂拱元年，有人因贬官而找到宰相们申诉，内史骞味道回复说："这是太后的意思。"而同凤阁鸾台三品刘祎之则说："你因受到牵连而调任，是臣下向太后建议之故。"武则天听说后，不禁大喜，说道："君臣一体，岂能把害处推给上级，自己落好处呢？"遂将骞味道贬为青州刺史，而给刘祎之加官太中大夫。好景不长，到了垂拱三年（公元687年），凤阁侍郎、同凤阁鸾台三品刘祎之私下对凤阁舍人贾大隐说："太后既然已经废昏立明了，还需要继续临朝称制吗？还不如归还政权，安抚天下之心。"贾大隐很快就向武则天告密了，武则天听后很不高兴，说道："刘祎之是我提拔的，如今却又背叛我了！"就有人诬告刘祎之接受了诚州（当在辽河上游契丹部落游牧区）都督、契丹头领孙万荣的贿赂，又与许敬宗的小妾私通，武则天下令肃州刺史王本立负责审理调查此事。王本立来到刘祎之家中宣布这一命令，刘祎之却嗤之以鼻，说道："你拿的这道命令又没有经过凤阁鸾台，岂能称作敕令！"武则天听后，不禁大怒，给刘祎之扣上了一顶抗拒君命的帽子，五月七日，将其赐死在家中。骞味道被贬、刘祎之被杀都是因为得罪了武则天，朝廷重臣走马灯似的变换也与武则天挑选、考察、掂量各人对自己的忠诚程度有关。三是缺乏名臣。这一时期的朝廷重臣都如同匆匆来去的过客，乏善可陈，像王本立、沈君谅等人甚至于在史书上也没有留下一点痕迹，这也符合改朝换代时期的特点。这些人物大多没有什么立场，只知道明哲保身，不会对武则天的专权构成太大的威胁。

二四五　垂拱年间（二）

为了打击异己分子，武则天大肆重用酷吏，大兴告密之风。

垂拱二年（公元686年）一月，武则天假惺惺地下诏，表示自己将要归政于唐睿宗，唐睿宗明知母后根本就是做做样子，遂上表坚决要求母亲继续代行皇帝职权。武则天顺水推舟，只好继续临朝称制，并大赦天下。

徐敬业叛乱让武则天心神不宁，由于自己长期把持朝政，又宠幸薛怀义，她也知道李唐宗室大臣们都心怀不满，一直不服，遂打算大肆杀戮异己分子以树立自己的威信。徐敬业叛乱时，侍御史鱼承晔的儿子鱼保家曾教徐敬业制造刀、车和弓弩，徐敬业起兵失败后，鱼保家侥幸逃过一死。武则天生怕再有人起来造反，很想洞悉世事，鱼保家上书请求制成铜箱，允许任何人投入揭发信。铜箱的构造是：内部分成四个小箱子，箱子上留有一个小口，接收密奏，投信人只能投入，不能取出。三月八日，武则天下令将制成的铜箱放置在朝堂之上，东面的称为延恩，接受那些歌功颂德和要求仕进的；南面的叫作招谏，议论朝政得失的奏表投到那里；西面的称为伸冤，接纳喊冤的状子；北面的叫通玄，那些说天象灾异以及军国密计的奏表就投到里面。武则天专门派正谏大夫、补阙、拾遗轮流值班，先询问投书人对铜箱功能是否完全了解，然后才能往里投信。

武则天担心地方官员会阻挡言路，还专门下令凡是有上书言事的，地方官员不得询问情况，一律按照五品官员的待遇给告密人提供食物，用驿马车把告密人送至皇帝和皇太后所在之地。即便是普通农夫，武则天都会亲自接见，安排在宾馆，一旦他们所言符合武则天的心意，武则天就会破格提拔他们；说得不实的，也从不惩处。于是，普天之下，告密成风，人人自危，谁也不敢乱说乱动了。不过，也许是害人害己，作法自毙。武则天这一鼓励告密的措施实施不久，最初建议制造铜箱的鱼保家的仇人也向铜箱内投书，举报鱼保家替徐敬业制造兵器，令官军伤亡惨重，朝廷核查之后，鱼保家遂被处死了。

有一个叫索元礼的胡人，看出了武则天的心思，就以告密为名，受到了武则天的接见，被武则天破格提拔为游击将军（武散官十五级，从五品下），命其在洛阳负责审理案件。索元礼本性残忍，审问一人，必定要令其再牵出数十或者上百人，把士大夫们吓得魂飞魄散，惶惶不可终日。而武则天却对他的表现十分满意，赏赐给他很多财物，并多次召见予以勉励，以增加他的威势，人称其为“索使”。这样一来，尚书都事周兴、来俊臣等人纷纷效仿，一时间到处笼罩在一片恐怖氛围之中。

周兴是长安人，因熟悉法律而被任命为尚书都事，后历任司刑少卿、秋官侍郎。周兴就是刑部的主管，因此，从垂拱年间以来所有的冤狱也都记到了他的头上，史称：“自垂拱已来，屡受制狱，被其陷害者数千人。”而另一名酷吏叫来俊臣，发迹就相对较晚一些，可名气最大。来俊臣是万年人，其父亲来操是个赌徒，与同乡蔡本为友，却与蔡本的妻子私通。此后，来操借赌博赢了蔡本数百万钱，蔡本无力还债，就把妻子抵给来操为妻。蔡本的妻子来到来操家时已怀有身孕，不久就生下了来俊臣。来俊臣长大后，不从事农业生产，整天四处游荡，胡作非为，他曾在和州犯法被逮捕，狱中，胡乱举报，被和州刺史王续打了一百杖。等到天授年间（公元690—692年），王续被杀，来俊臣再次告密，声称自己上一次所告就是垂拱四年诸王谋反之事（此事见下文），正是由于王续从中作梗自己才不敢上告了。武则天认为来俊臣是位忠臣，将其任官，后逐渐晋升为侍御史，加朝散大夫。到天授二年，来俊臣被晋升为左台御史中丞。由此可知，来俊臣发迹于天授年间，但《资治通鉴》将索元礼、周兴、来俊臣之事统统集中在垂拱二年，只是为了书写方便而已。

除了他们三人外，还有侍御史侯思止、王弘义、郭霸、李仁敬，司刑评事康暐、卫遂忠等人，都是他们一党，这些人罗致了数百名市井无赖，专门以告密为生。一旦他们想陷害一人，总是让几个人在不同的机关一起告发，内容相同，给人造成确实属实的假象；他们还统一口径，说：“请来俊臣审理，一定能查明事情的真相。”武则天在丽景门另外开辟了推事院，专门让来俊臣在那里查案，又称为新开门。由于一旦被送入新开门，无人能活着出来，所以，王弘义又戏称丽景门为例竟门，意思是进入此门，按照惯例就完蛋了。

来俊臣又与司刑评事万国俊、朱南山等人撰写了《告密罗织经》一书，教育他们的手下如何陷害无辜，制造假象，设置陷阱。来俊臣每次审问囚犯，不论轻重，经常用醋灌囚犯的鼻子，或者将囚犯投入地牢、瓮中，外面用火烧烤，并断绝食物。每当遇到赦令，来俊臣总是先命狱卒杀掉重犯，然后才予以宣布。

武则天又让索元礼等人制造了十种大号木枷，分别命名为定百脉、喘不得、突地吼、著即承、失魂胆、实同反、反是实、死猪愁、求即死、求破家。在动用这些刑具上也有种种名号：或者把囚犯的手脚固定，然后扭转，称为“凤凰晒翅”；或者将囚犯的腰部固定住，而拉着木枷向前，称为“驴驹把橛”；或者让囚犯跪在地上，手捧木枷，上面又放上砖块，称为“仙人献果”；或者命囚犯立在高梯之上，用绳子拴住木枷后面，慢慢往后拉，称为“玉女登梯”；或者把囚犯倒悬，又在颈部挂上石头；或者将铁环套在囚犯头上，在空隙处钉入钉子，有时囚犯会脑骨破裂，脑浆流出。每次审讯囚犯之前，他们总是先把这些刑具展示一遍，囚犯往往会吓得魂不附体，自认有罪。朝廷大臣常因上朝时被这些人逮捕，随后就生不见人，死不见尸了。所以，很多人上朝之前都与家人诀别说：“也不知道还能再见吗？”人们对这些人恨之入骨，又畏之如虎，他们还将来俊臣和索元礼并称，“来索”，意思是最为凶残毒辣之人。

人们都怕索元礼等人，唯独麟台正字陈子昂不怕。武则天故意制造恐怖气氛，无非害怕李唐宗室和同情李唐宗室的大臣联合起来反对自己，她重用索元礼这些人也只是权宜之计，并不代表她就是个昏君。实际上，武则天拥有丰富的政治经验，她深知发现、选拔、任用贤才对于治国的极端重要性，因此，在垂拱元年五月，她就下令朝廷百官以及全国百姓，都可以毛遂自荐，经过考察，就可以被任命为一定的官职，而她对陈子昂的态度也反映了她爱护人才的一面。如前所述，陈子昂因上书劝谏把唐高宗安葬在关中而受到武则天的赏识，被拜为麟台正字。此后，陈子昂屡屡上书言事，一次，他上书称：“朝廷派人巡视四方，不可委派一些不合格的官员前去，包括地方上的刺史、县令也都要谨慎挑选。往年，百姓因连年战争已筋疲力尽，不可不予以安抚……如果派出的使者不合格，就会赏罚不当，朋比为奸，正直之士被斥退，朋党之人被引荐；还往往让百姓整修道路，送往迎来，对百姓有害无益，所以，民谣说：‘欲知其人，观其所使。’……宰相是陛下的心腹，而刺史、县令则是陛下的手脚，如果没有了腹心和手脚，陛下岂能独自治理国家……天下出现危机，祸福因之而生；发生危机就是祸，消除了危机就是福，关键在于百姓。百姓安乐，就会乐意活下去；百姓不安，就会轻易赴死；如果百姓不把死亡当一回事的话，他们什么事都能做出来，心怀不轨之徒趁势而起，天下就大乱了……隋炀帝不知道天下危机，而轻信奸佞之臣，寄希望于在蛮族那里得到好处，最终国破家亡，这就是历史的教训啊！”

对于武则天重用酷吏的做法，陈子昂也提出了不同的看法，他上书认为：“由于徐敬业之乱，朝廷执政大臣们想堵塞作乱之源，彻底清除乱党，遂令陛下大兴诏狱，严刑峻法。凡是有一点嫌疑的，或在口供上稍有牵连的，都要彻底查清，致使心存奸猾的人蛊惑陛下，辗转诬陷，企图得到赏赐，这恐怕不符合陛下吊民伐罪的本意。臣观察当今天下，百姓思安，所以，徐敬业之乱，虽长达五十余天，但海内十分安定，陛下不用沉静的策略去安定疲惫的人民，却采用严刑峻法让百姓失望，臣的确非常不解。我看各地纷纷告密，囚犯动辄成百上千，等到审讯结束，一百个人中竟然没有一个是真凶。陛下仁爱，又网开一面，容忍那些诬告之人，如此一来，就造成了奸佞之徒更加有恃无恐，一点恩怨就声称告密，一人被告，要连累上百人，使者四处搜捕，士人受到牵连，像集市上人满为患。有人说陛下这是爱一个人而伤害了一百个人，天下议论纷纷，没有宁日，臣听说，在隋朝末年，当时天下尚属安定，杨玄感之乱，不过一月就失败了。彼时，天下尚未土崩，百姓还盼望着安居乐业，可是，隋炀帝没有看到这一点，遂派兵部尚书樊子盖严刑峻法，穷治党羽，四海壮士，无不受到牵连，以至于杀人如麻，血流成河，天下怨恨，这才人人思乱，于是豪杰并起，隋朝随之灭亡了。所以说，大狱一起，就不能保证没有冤狱，受到冤枉的人长吁短叹，势必伤害天地之间的祥和之气，继而水灾、旱灾、虫灾就会随之而来，百姓也就失去了赖以生存的来源，作乱之心自然而然就产生了，古代的圣王之所以看重刑罚，慎用刑罚，就在于此。昔日，汉武帝时巫蛊大案，太子逃走，无辜被杀的成千上万，西汉几乎因之灭亡，幸赖汉武帝得到壶关三老令狐茂的书信才幡然醒悟，诛杀了江充的三族，其余全部赦免，天下这才安定下来。古人称：‘前事不忘，后事之师。’希望陛下深思。”但武则天并没有接受。

二四六　垂拱年间（三）

由于武则天专注于夺权，所以整个垂拱年间，李唐帝国在对外关系上并没有大的起色，一直处于穷于应付的窘境。

随着光宅元年武则天诛杀了裴炎一党、名将程务挺之后，东突厥叛军的气焰更加嚣张，阿史那骨笃禄等人屡屡发兵南下骚扰唐朝边境，垂拱元年二月，武则天不得不任命左玉钤卫中郎将淳于处平为阳曲道行军总管，北上迎战。但是，淳于处平与程务挺显然不是一个档次的人物。四月八日，东突厥人进攻代县（今山西省代县），淳于处平率军救援，行至忻州（今山西省忻州市），遭到东突厥人的围攻，唐军大败，被杀了五千余人。

到了六月，铁勒同罗、仆骨等各部也都发动了叛乱，武则天派遣左豹韬卫将军刘敬同调发河西骑士，直扑居延海（位于今内蒙古自治区阿拉善盟额济纳旗北部），同罗、仆骨等部均纷纷败逃。唐朝朝廷下令将安北都护府侨置在同城（居延海东南），以收容归降的铁勒部众。

淳于处平惨败后，到了十一月一日，武则天只好又任命天官尚书韦待价为燕然道行军大总管，以讨伐东突厥。韦待价于次年六月被晋升为右相，他是否率军亲临前线，战况如何，史无明文，已无从考证了。在随后的几年里，史书只记载了黑齿常之与东突厥军队交战的事迹。

黑齿常之长期驻守在帝国西北，史称：他“在军七年，吐蕃深畏惮之，不敢复为边患”。黑齿常之爱兵如子，每每得到赏赐，总是分给部下们，一次，他胯下的一匹良马被一个士兵误伤，副使牛师奖等人建议把那位士兵鞭打一顿，但黑齿常之说：“为何因为我的一匹私家的马而鞭打国家的士兵呢？”嗣圣元年（光宅元年，公元685年），黑齿常之被调入中央，被晋升为左武卫大将军，仍检校左羽林军。垂拱二年（公元686年），东突厥入侵内地，黑齿常之率军抵御，唐军行至双井（在今阴山以东地区），与三千余名东突厥军队遭遇。东突厥见到唐军后，争相下马，披上铠甲，准备迎战。就在这时，黑齿常之立即指挥先头部队向东突厥发起了进攻，他亲自率领两百余名骑兵冲入敌人阵中，打了敌人个措手不及，丢盔卸甲，狼狈而逃。夜幕降临，东突厥大举前来，黑齿常之镇定自若，命令军中砍伐树木，燃起篝火，好像烽火一般。这时，东南方向又突然刮起了大风，敌人怀疑唐军另有援军，遂不敢发起攻击，趁夜撤去了。黑齿常之因功被封为燕国公。

垂拱三年（公元687年）二月二十二日，东突厥阿史那骨笃禄等人发兵骚扰昌平（今北京市昌平区），黑齿常之率领各军前去抵御。七月，东突厥阿史那骨笃禄、阿史德元珍等人又进攻朔州（今山西省朔州市），武则天以黑齿常之为燕然道行军大总管，以李多祚、王九言为副总管。唐军在黄瓜堆（今山西省山阴县东北）大破东突厥军队，追杀四十余里，突厥人逃往大沙漠以北。李多祚，骁勇善射，为人义气，世代为靺鞨酋长。他因军功而被调入禁卫军，逐渐晋升为右羽林军大将军，执掌禁卫军长达二十余年。

唐军取胜后，右监门卫中郎将爨宝壁见黑齿常之立下战功，遂上书请求度过沙漠，穷追余寇。武则天下诏命其与黑齿常之商议，互为声援，然而，爨宝壁自以为东突厥已无还手之力了，不等黑齿常之到来，率领一万三千精兵贪功先行。唐军出塞两千余里，寻找敌人，发现东突厥后，爨宝壁又鬼使神差地派人提前通知东突厥，他原本是想吓唬人家，可是这么一做，不仅没有达到目的，相反，东突厥还提前做好了战斗准备，唐军遂大败，全军覆没，爨宝壁只身逃了回来。武则天大怒，下令诛杀了爨宝壁，余怒未消，她又把阿史那骨笃禄改名为阿史那不卒禄。

虽说唐军爨宝壁部全军覆没，但东突厥暂时已无力南下了，武则天又把目光投向蠢蠢欲动的吐蕃。垂拱三年年底，她打算任命文昌右相韦待价为行军大总管，发兵进攻吐蕃。凤阁侍郎韦方质建议，按照过去的制度，令御史监军。武则天说："古代，著名的君主派遣大将，军中之事交付将领全权处理，我听说，派御史监军，军中大事小事，动辄要向御史禀报，听从御史的指挥。下级指挥上级，这不是一个好办法，怎么要求将领们立功呢？"遂没有派御史。这一年，全国发生了十分严重的饥荒，尤其以山东、关中最为严重。

计划中的韦待价之军并没有按时出征，除了饥荒之外，更重要的原因是在数月后，就发生了琅邪王李冲等人的叛乱。如果说在垂拱初年，武则天还是犹抱琵琶半遮面，到垂拱后期，她已是明目张胆地加快了改朝换代的步伐。要实现这个目标，不外乎建立自己的统治集团，清除异己势力尤其是李唐宗室贵族，这两个法子。徐敬业叛乱被平息后，右卫大将军李孝逸声望陡升，垂拱二年二月，在武承嗣等人的建议下，武则天找个理由把他贬为施州（今湖北省恩施土家族苗族自治州）刺史；次年，武承嗣又命人诬陷李孝逸自称："我的名字中有兔，兔是月亮中的，当有天下。"武则天因李孝逸曾立下大功，就饶其不死，十一月十八日，把他流放到儋州（今海南省儋州市），李孝逸就死在了那里。

垂拱四年一月五日，武则天下令在神都洛阳修建高祖、太宗、高宗三庙，四时祭祀与长安宗庙一样，又建立武氏宗庙。自从唐高宗去世后，武则天就再也没有回过长安，此举更是表明洛阳已成为首都，她不会再回长安了。武则天命令有关部门商议武氏宗庙应该设立几间房子，司礼博士周悰建议设置七间，同时把李唐宗庙减少为五间。春官侍郎贾大隐反对说："根据礼仪，天子七庙，诸侯五座，这是永远不变的惯例。如今，周悰的建议只尊崇太后临朝称制的威仪，而不顾国家的制度。皇太后亲受顾托，武氏崇先庙应当比照诸侯的庙数，国家宗庙之数不应减少。"武则天只好作罢。

唐太宗和唐高宗在世时，屡屡想建立明堂，命诸儒讨论明堂的制度、样式，但由于年代久远，一直没有达成一致意见。武则天称制以来，只与北门学士们一起商议，不再征求其他人的意见。诸儒的意见是明堂应该建在首都偏东南之地，距首都三里以外、七里之内，但武则天认为太远了。垂拱四年二月，武则天下令毁掉乾元殿，在原址上建造明堂，以薛怀义为总管，征调了数万人参与建设。

四月十一日，武则天下令诛杀了太子通事舍人郝象贤。十四年前，唐高宗曾经打算把政权交给武则天，遭到时任中书侍郎同三品的郝处俊的反对，随后就发生了李弘死亡事件。正是由于郝处俊的反对，让武则天称制的时间一直拖到唐高宗去世，以武则天的性格，她岂能忘记！郝处俊早在唐高宗开耀元年（公元681年），武则天已无如之何，而郝象贤正是郝处俊的孙子，她却能把那一腔怒火发泄到他的身上。正巧，郝象贤的家奴上告郝象贤企图谋反，武则天命令周兴负责审理此案，周兴判决族诛，郝象贤的家属前往朝廷喊冤，监察御史任玄殖受理了此事。此后，任玄殖上书称郝象贤并无谋反的证据，但武则天把任玄殖削职为民，批准了周兴的判决。临刑之时，郝象贤破口大骂武则天，把武则天在宫中的种种丑事和盘托出，还夺下街头卖柴人的木柴打击刽子手，现场一片大乱，最终禁卫军士兵一哄而上，将郝象贤乱拳打死。武则天下令肢解郝象贤的尸体，挖开郝象贤父亲、祖父（郝处俊）的坟墓，毁掉棺椁，焚烧尸体。从此以后，每到处死罪犯，总先把罪犯的嘴巴用木球塞住，以防他乱说。

六月，武则天下令削掉唐太宗第九女、东阳大长公主的采邑，与其两个儿子一起流放到巫州（今湖南省洪江市黔城镇）。东阳公主的命运一直比较坎坷，下嫁高履行。唐高宗的同父同母妹妹，也是唐太宗最小的女儿新城公主原嫁给长孙诠（长孙无忌的堂弟），长孙诠被武则天害死后，经东阳公主推荐，新城公主又改嫁给了韦正矩。由于新城公主与前夫关系甚深，与韦正矩不和，双方关系冷淡，不久，新城公主就病死了。唐高宗失去了自己心爱的妹妹，迁怒于韦正矩，将其处死，余怒未消，又降于媒人、自己的姐姐东阳公主身上，把东阳公主流放到了集州。不久，又受到章怀太子李贤的牵连而被削减封邑。此时，武则天认为高履行家是长孙无忌的舅家，又将东阳公主流放了。

二四七　垂拱年间（四）

在打压异己势力的同时，武则天还大肆制造符瑞，为改朝换代创造舆论环境。

早在垂拱二年九月，雍州就上书称新丰县（今陕西省西安市临潼区）南平地冒出一座小山，武则天下诏，将新丰县改名为庆山县，于是，全国各地立刻掀起了一场向武则天祝贺的热潮。可是，就在这场热潮中，一个叫俞文俊的江陵人不识时务，上书说："天气不和，寒暑才会在同一季节里出现；人气不和，身体上才会生出肿瘤；地气不和，才会突然冒出丘陵岗坡。如今，陛下身为女人，却占据阳刚之位，颠倒阴阳，所以，地气受到压制，才会冒出土丘，陛下却将其命名为庆山，臣认为这不值得庆贺。臣反而觉得陛下应该培养自身的德行来消除天灾，不然的话，大祸很快就会降临！"满心欢喜的武则大被俞文俊的这道奏疏泼了一头冷水，不禁火冒三丈，当即下令把俞文俊流放到岭南。不久，俞文俊就被武则天派遣的六道特使杀死了。

垂拱四年，武承嗣命人在石头上凿下铭文："圣母临人，永昌帝业。"再把紫色石块磨成石末，混合草药填入石缝内，而后命雍州百姓唐同泰献给武则天，谎称是在洛水中发现的。武则天大喜，称该石为宝图，提拔唐同泰为游击将军。五月十一日，武则天下诏称将要亲临洛水拜谒，接受宝图。于是，她亲自到南郊祭祀上天，而后驾临明堂，接受百官的朝贺，又下令各州都督、刺史、宗室贵族、外戚，在拜洛水大典之前十日来到洛阳。十八日，武则天自称圣母神皇。六月十六日，武则天下令给自己铸造了三枚圣母神皇玉玺。七月一日，武则天下诏大赦天下；并把宝图改称为天授宝图；洛水改名为永昌洛水；封洛水神为显圣侯，加特进，禁止百姓在洛水捕鱼，比照祭祀四岳予以祭祀；命名得到宝图之地为圣图泉，泉旁边设置永昌县；又改嵩山为神岳，封嵩山神为天中王，拜为太师、使持节、神岳大都督，禁止在嵩山采伐、放牧；因过去在汜水就曾得到过瑞石，又把汜水县改为广武县。

武则天之心，路人皆知。绛州刺史韩王李元嘉、青州刺史霍王李元轨、邢州刺史鲁王李灵夔、豫州刺史越王李贞、李元嘉的儿子通州刺史黄公李譔、李元轨的儿子金州刺史江都王李绪、虢王李凤的儿子申州（今河南省信阳市）刺史东莞公李融、李灵夔的儿子范阳王李蔼、李贞的儿子博州刺史琅邪王李冲等人，在宗室中都因有才有德而享有盛名，尤其为武则天所猜忌，必欲除之而后快。而李元嘉等人也不是不知道武则天的心思，都是心怀不安，暗中有匡复社稷之心。

涉及的这些宗室诸王，有武则天的叔父辈的，也有平辈的，还有小一辈的。

叔父辈的是李元嘉、李元轨和李灵夔三人，如前所述，唐高宗和武则天叔父辈的诸王，到永徽年间只剩下了荆王李元景、徐王李元礼、韩王李元嘉、彭王李元则（永徽三年四月去世）、郑王李元懿、霍王李元轨、虢王李凤、道王李元庆、邓王李元裕、舒王李元名、鲁王李灵夔、江王李元祥、密王李元晓、滕王李元婴十四个。其中，李元景因牵扯到房遗爱案中而被杀，李元则病死，李元礼大约也在永徽年间被其子活活饿死（其子李茂与李元礼的小妾通奸，被李元礼发现后怒斥一通，李茂怀恨在心，将病中的老父饿死），高宗时期去世的还有李元懿［咸亨四年（公元673年）］、李凤（确切去世时间不详）、李元庆［麟德元年（公元664年）］、李元裕［麟德二年（公元665年）］、李元祥［永隆元年（公元680年）］、李元晓［仪凤三年（公元678年）］，高宗驾崩后不久，到中宗嗣圣元年（公元684年），李元婴也去世了。因此，到如今，武则天的叔父辈诸王也只剩下了李元嘉、李元轨、李元名和李灵夔四人。

平辈的是越王李贞、李元嘉的儿子黄公李譔、李元轨的儿子江都王李绪、李凤的儿子东莞公李融（又记作李茂融）、李灵夔的儿子范阳王李蔼。如前所述，唐高宗兄弟十四人，在高祖时去世的有李宽；太宗时死的有原太子李承乾、李祐、李嚣（夭折）、李简（夭折），高宗时死的有李泰、李恪（因房遗爱案而被冤杀）、李愔（因是李恪的同母弟而受到牵连被流放而死）、李恽（上元中被人诬告谋反而吓死）、李福、李明（牵扯到李贤被流放而死）。因此，到如今，唐高宗的弟弟们也只剩下越王李贞和纪王李慎二人还活着。

黄公李譔，擅长写文章，为世人所称道；他被朝廷任命为通州刺史，称病辞职，密谋倒武。他给越王李贞写信称：“内人的病情日益加重了，应当速速治疗，如若等到今年冬天，恐怕就会变成痼疾了。”范阳王李蔼也对李贞和李冲说：“如果诸王同时发动，一定能成功！”诸王之间开始暗中商议，约定起事日期，但还未最终敲定下来。等到武则天下令召集全国地方官员和宗室诸王进京，在明堂举行大典后，李元嘉又派人给诸王传口信：“举行大典之后，太后一定会大肆诛杀诸王，不如先发制人，不然的话，我李氏就将绝种了啊！”李譔又假造睿宗写给琅邪王李冲的诏书称：“朕被软禁，诸王应当立刻发兵救我！”李冲接到这份“诏书”后，也伪造了一份睿宗的诏书，称：“神皇行将倾覆我李氏社稷，建立武氏王国。”

八月十七日，博州（今山东省聊城市）刺史琅邪王李冲不等诸王商议确定，以为只要自己率先起事，其他各王一定也会趁势而起。他召见长史萧德琮等人，命令他们招募军队，发动叛乱，同时，分别派人前去通知绛州刺史韩王李元嘉、青州刺史霍王李元轨、邢州刺史鲁王李灵夔、贝州刺史纪王李慎以及自己的父亲豫州刺史越王李贞，请求大家一起起兵，向洛阳进军。武则天听说后，即以左金吾将军丘神勣为清平道行军大总管出兵前去讨伐。

丘神勣是唐初功臣丘和的孙子、丘行恭的儿子。丘和在隋末担任交趾太守，高士廉就是他的司马，唐朝建立后，他已经年老，以交趾归顺了唐朝；隋朝末年，其子丘行恭、丘师利在眉县聚集了一万余众，高祖起兵南下关中时，丘行恭兄弟率众归顺了秦王李世民。邙山之战中，李世民率领数十名精锐骑兵绕到王世充大军的背后截杀，激战中与随从相失，只有丘行恭一人紧随李世民；突然一群敌人追了上来，射杀了李世民的战马；危急关头，丘行恭驻马回身，弯弓搭箭，敌骑应弦落马，不敢上前，而后，丘行恭将自己的战马交给李世民，自己手持长刀步行保护，只见他狂呼跳跃，接连砍死数名敌人，这才救出了李世民。丘神勣就是他的儿子，早已投靠了武则天，曾经奉命害死了章怀太子李贤，深得武则天的信任。

李冲招募了五千余人，打算渡河夺取济州（今山东省茌平县）。叛军先向武水（今山东省聊城市境内）发起进攻，武水县令郭无悌向魏州（今河北省大名县）求救。莘县（今山东省莘县）县令马玄素率领一千七百人准备拦击叛军，又恐兵少力寡，难以取胜，也进入武水城内，与郭无悌一起固守县城。

叛军用积满柴草的车辆堆在武水南门内，借着风势纵火焚烧，打算烧毁南门，趁机攻入城内。谁知天公不作美，火起之后，风向却转了，朝叛军方向而来，叛军攻不进去了，由此士气低落。李冲的部将董玄寂对人说：“琅邪王与朝廷交战，这可是谋反啊！”李冲听说后，就处死了董玄寂，此举非但没有起到预期的作用，反而令叛军将士们大为恐惧，纷纷丢下武器，脱离了军队，无人能够阻止，五千余人的军队很快就土崩瓦解，最后只剩下数十名家奴还留在李冲的身边。李冲看到大势已去，只得狼狈逃回博州，二十三日，当他行至博州城下时，却被守门人杀死了，从起兵到被杀，仅仅过去七天。李冲被杀后，丘神勣率领的讨伐军才赶到博州，博州官吏身穿白色孝服出城迎接，丘神勣不仅没有安抚，相反却大开杀戒，将大小官员全部斩杀，致使上千家家破人亡。

越王李贞听说儿子起兵的消息，也在豫州（今河南省汝南县）起兵，并攻占了上蔡（今河南省上蔡县）。九月一日，武则天以左豹韬大将军麴崇裕为中军大总管，岑长倩为后军大总管，率领十万大军前去讨伐，又以同凤阁鸾台平章事（一说凤阁侍郎）张光辅为总司令，统一指挥这两支军队。麴崇裕是高昌最后一任王麴文泰的孙子，麴文泰的次子麴智湛在高昌灭亡后被唐朝封为右武卫中郎将、天山县公，麴智湛的次子就是麴崇裕。

李贞听说李冲失败的消息后，打算戴上刑具前往洛阳自首，正巧，他任命的新蔡县令傅延庆刚刚招募了两千余名勇士赶到，顿时，他又改变了主意，当众宣布：“琅邪王李冲已经攻克了魏州、相州等地，拥众二十余万，很快就与我们会师了！”于是，他调发下属各县的军队，凑了五千人马，分为五个营，让汝阳县丞裴守德等人率领，又任命了五百多名九品以上的官员。由于提前准备不足，只有裴守德一人是他的铁杆亲信，李贞把女儿嫁给了他，任命他为大将军，引为心腹，而其他被任命的官员都是受到胁迫的，全无斗志。李贞起兵后，亦无进取之心，只是困守穷城，他让道士、和尚一起诵经作法，祈祷成功，还让战士们都佩戴辟兵符，以壮士气。麴崇裕率领的平叛军进至豫州城东四十里时，李贞派小儿子李轨以及裴守德前去迎战，一战而败，李轨、裴守德狼狈逃回城内。李贞见状更是无计可施，吓得魂不附体，躲在阁楼里就是不出。唐军很快就来到豫州城下，有人劝李贞道：“大王岂能等着被人拉到街市上斩杀？”李贞、李轨、裴守德及其妻子遂全部自杀。

二四八　垂拱年间（五）

李贞、李冲父子闪电般起事，又闪电般被扑灭了，武则天随即拿此事大做文章，彻底摧毁宗室诸王。

李贞起兵之前，曾派人联络寿州刺史赵环。谁都知道赵环与武则天有杀女之仇，如前所述，赵环的妻子是唐高祖最小的女儿常乐公主，唐高宗与自己这个最小的姑姑很是亲近，把常乐公主的女儿（唐高宗的表妹）赵氏嫁给了自己的儿子周王李显，这让武则天心生妒恨，竟然把赵氏活活给饿死了，还把赵环贬官外放，所以，当李贞的使者来到寿州之后，赵环就同意了。不仅如此，常乐公主听说李贞的使者来了，也亲口对使者说道："你替我谢谢越王，我们一定会与你们一起前进，也不会与你们一起退缩的。如果诸王都是大丈夫的话，此事不该拖到现在。我听说杨坚篡夺周朝时，尉迟迥只是周朝的外甥，还能北连突厥，兴兵匡救社稷，虽然没有成功，却威震四海，足以成为忠烈。何况诸王都是先帝之子，社稷所托，岂能不舍生取义，还等什么！与国家同呼吸共命运的臣子，就是忠臣，反之就是逆臣，大王努力啊！"

李贞起兵失败后，武则天打算借此把宗室诸王全部杀死，就派监察御史苏珦进行调查。苏珦调查后，却一无所获，有人就在武则天面前说苏珦的坏话，说他与韩王、鲁王一个鼻孔出气。武则天把苏珦召来问话，苏珦据理力争，毫不屈服，最后，武则天只好说："卿是位高雅之士，朕会另行给你安排工作，此事就不让你再插手了。"改任苏珦为河西监军，另派周兴等人负责此事。周兴一接手，很快就取得了韩王等人与李贞同谋的证据。于是，逮捕了韩王李元嘉、鲁王李灵夔、黄公李譔、常乐公主，将他们押到东都洛阳，逼迫自杀，改姓虺，各家全被灭族。苏珦是蓝田人，曾担任鄠县尉，时任雍州长史的李义琰说："过去鄠县诉讼很多，如今数量大减，询问得知全因你善于审理。”指了指衙门，又说：“这个位置将来必定是你的，只恨我老了，见不到那一天了。”后苏珦被提拔为右台监察御史。

武则天还任命文昌左丞狄仁杰为豫州刺史，专门负责处理越王李贞一案，根据武则天的旨意，要在地方上彻查与李贞关系密切的人，经过调查，受到牵连的就多达六七百家，需要被没入官府当奴婢的就有五千人，最高法院屡屡催促狄仁杰赶快执行。狄仁杰直接给武则天呈上密奏，称：“这些人都是受到引诱而失足，陷入此事，臣想公开上书，又好像是在替逆党伸冤；但如果知而不言，又恐怕会违背陛下仁慈的本意。”武则天特意将这些人都流放到了丰州（今内蒙古自治区五原县）。被流放到丰州的百姓途经宁州，宁州百姓迎接慰劳，知道原委后，说道：“是我们的狄使君救了你们的性命吗？”遂手拉着手，来到德政碑下失声痛哭，斋戒三天之后才上路。等到这批人抵达丰州后，又在丰州刻碑歌颂狄仁杰的恩德。

狄仁杰在高宗朝曾任度支郎中，被唐高宗赞叹为大丈夫，后来，他被调到地方上工作，担任宁州（今甘肃省宁县）刺史。在任期间，他能妥善处理好汉人与少数民族之间的关系，深受各族民众的爱戴，当地百姓刻碑歌颂狄仁杰的功德。御史郭翰巡察陇右，所到之处，无不受到弹劾，等他进入宁州境内后却发现歌颂刺史美德的百姓塞满道路。郭翰到了驻地后，就对负责接待的州吏说：“进入辖区，自然就了解地方官的政绩了，我愿意成全你们府君之美，不在此地久留了。”宁州百姓这才散去。郭翰回朝后，就向朝廷推荐了狄仁杰，狄仁杰也因此被征召为冬官侍郎，充任江南巡抚使。江南当地信奉神道，民间形形色色的祭祀很多，狄仁杰上书朝廷毁掉了一千七百多座祠堂，只留下祭祀夏禹、吴太伯、季札和伍员的祠堂。《吴兴掌故集》《唐语林》称，毁掉了项羽、夫差、勾践、春申君等人的神庙七百多座。

回过头来继续说尚在豫州的狄仁杰。

当时，平叛总司令张光辅还滞留在豫州，官军将士自恃有功，在地方上要这要那，狄仁杰一概不予理睬。张光辅勃然大怒，责备狄仁杰道：“州官还敢轻视我这个元帅？”狄仁杰不卑不亢，回答：“过去，搞乱河南的只有一个越王李贞，如今，李贞已经死了，却生出了上万个李贞！”张光辅追问狄仁杰这话是什么意思，狄仁杰说：“大人统领三十万大军，只需杀掉一个李贞就行了，城内听说官军到来了，纷纷越城归降，可是，大人放纵部队滥杀无辜，将士们屠杀已经投降的军民当成军功，豫州百姓的鲜血染红了旷野，你们不是一万个李贞是什么！只恨我未能拿到尚方宝剑，亲自砍下大人你的头颅，就算是死了，我也像回家一样快乐！”有骨鲠的狄仁杰就是这样，为了正义，就算是面对手握重兵的上级，他依然敢于将对方痛骂一通。狄仁杰义正词严的话让张光辅张口结舌，无话可说，可是，他对狄仁杰是怀恨在心，回京后，就在武则天面前打狄仁杰的小报告。他找不出狄仁杰的其他过错，只好说狄仁杰对上级无礼，武则天遂把狄仁杰贬为复州（今湖北省仙桃市）刺史，过了一段时间，狄仁杰又被调任为洛州司马。

杀掉韩王李元嘉等人之后，武则天并没有就此罢手。申州刺史东莞公李融在接到入京在明堂朝见的诏命后，派人偷偷询问成均助教（国立大学副教授）高子贡，高子贡回答：“来，一定会有不测。”于是，李融就称病请假。越王李贞起兵后，派人来到申州联络李融，提前没有准备，仓促之间李融没有响应，被下属逼迫，反而逮捕了李贞的使者，送到洛阳，李融也被武则天提拔为右赞善大夫（东宫参议官，五品上）。可是，不久，同党就泄露了实情，十月十四日，李融被押赴街市，公开处死，其家被抄；高子贡也因之受到牵连被杀。

经过进一步的调查，武则天还发现就连自己最喜爱的女儿太平公主的驸马薛绍，还有薛绍的哥哥济州刺史薛顗、薛绪，也都参与了琅邪王李冲的阴谋，其中，薛顗在听说李冲起兵后，还积极行动起来，招募军队，制造兵器，准备响应，只是由于薛顗还没来得及响应，李冲就失败了，所以，薛顗才没有暴露。李冲失败后，薛顗杀掉了知情的录事参军高篡灭口，企图把此事长期隐瞒下去。可是，哪有不透风的墙？在高篡死后不久，薛顗也被人揭发，十一月六日，武则天下令将薛顗、薛绪公开处死；薛绍因曾是太平公主的驸马，重责一百大棍，活活被饿死在监狱之中。

十二月一日，司徒、青州刺史霍王李元轨也被人揭发，称其与越王李贞是同谋，武则天下令将其废为平民，流放到黔州。李元轨被关在囚车中，行至陈仓，就死了；李元轨之子江都王李绪、殿中监裴承先也都被处死。十五日，左肃政大夫、同平章事骞味道及其儿子骞辞玉也受到牵连被杀。当初，骞味道一直看不起侍御史周矩，总是说周矩不会办事。这一次，有人告发骞味道，正好武则天让周矩主审此案，周矩对骞味道说：“大人经常说我不会办事，今天我就把你给办了！”

武则天对李唐宗室的屠杀一直持续到次年。次年（永昌元年，公元689年）四月二十二日，武则天下令诛杀了辰州别驾汝南王李炜、连州别驾鄱阳公李諲等十二名宗室成员，将他们的家人都流放到了嶲州。李炜是蒋王李恽的儿子，李諲是道王李元庆的儿子，被杀的还有徐王李元礼、曹王李明等宗室的子孙。二十七日，又诛杀了受到牵连的天官侍郎邓玄挺。邓玄挺是李諲的岳父，又与李炜私交很好，李諲计划从庐陵把唐中宗李显迎回，曾经征询过邓玄挺的意见；李炜也对邓玄挺说过："我打算找个救命的紧急方案，怎么样？"虽然邓玄挺都没有作答，但也没有向朝廷告发，李炜事发后，邓玄挺也因知情不报之罪被处死。

七月七日，武则天下令将贝州刺史纪王李慎投入囚车，流放到巴州，改姓虺，行至蒲州，李慎就死了。在诸王起兵之际，诸王多多少少都被卷进去了，唯独李慎不肯参与，但也被武则天下令关进了监狱；临刑之前，改判免死，流放。他有八个儿子，其中五个儿子被杀，家属流放到岭南。李慎喜欢读书，与李贞齐名，并且，李慎的家风也很好。当时，宗室之女都非常傲慢奢侈，只有李慎之女东光县主李楚媛自幼就以孝顺谨慎闻名，长大后嫁给了司议郎裴仲将，夫妻二人相敬如宾。其他皇族之女见李楚媛非常俭朴，就嘲讽她说："人们之所以向往富贵的生活，就是能随心所欲，而今你却如此俭朴，你究竟追求什么呢？"李楚媛回答："我从小就喜欢礼仪，如今身体力行，这难道不是随心所欲？自古女子都以恭敬勤俭为美德，以放纵奢侈为恶行，我唯恐自己的不当行为会令亲人蒙羞，还追求什么？富贵不过是偶然得到的身外之物罢了，有什么值得自命不凡的呢？"众人听了无不羞愧，口服心服。李楚媛的父亲李慎的死讯传来，她哭得死去活来，吐了数升鲜血；服丧期满后，近二十年间，李楚媛一直不曾涂脂抹粉。

十月十日，武则天又下令诛杀了鄂州刺史嗣郑王李璥（李元懿之子）等宗室六人；次日，又将嗣滕王李循琦（李元婴之子）等六人流放到岭南。

二四九　杀伐立威（一）

武则天在杀人的同时，也在大肆粉饰太平，为自己的改朝换代创造舆论氛围。

垂拱四年十二月二十五日，就在杀死诸王不久后，武则天又举行盛大仪式，亲自前往洛水，接受据说是从洛水中出来的宝图，这当然是在向天下人表明上天将要将国家重器交付给她。唐睿宗李旦和皇太子李成器、文武百官以及蛮夷酋长也都一同前往，各种奇珍异兽都被罗列在祭坛之前，仪仗盛大，典礼隆重奢华，为唐朝立国以来所从未有过的。

二十七日，明堂也如期建成了。建成的明堂高两百九十四尺，方圆三百尺，一共有三层：最下层效仿四季，每一季有一个方位，每个方位有一种颜色；中间一层效法十二时辰，由九条蟠龙顶起圆形屋顶；最高一层效法二十四节气，也是圆形屋顶，最高处铸造了一只一丈高的铁凤，用黄金涂抹在外面。明堂的中央竖立一根十个人才能抱住的巨木，一直通到最高层，以这根巨柱为依托，向四周伸出横梁等，构建整座大厦。在明堂的下面又用铁铸造成一条河，河里流水潺潺，模仿西周时期的国立贵族大学（辟雍）。武则天把这座雄伟的建筑命名为万象神宫。她在这里设宴招待群臣，大赦天下，还特许百姓随意进入参观；又改河南县为合宫县。此后，武则天又下令在万象神宫北面建造了一个五层高台，号称天堂，上到天堂的三层就可以俯瞰万象神宫了，在天堂最高处又放置了一尊巨大的佛像。薛怀义因修建之功而被武则天拜为左威卫大将军、梁国公。侍御史王求礼上书称："古代的明堂，屋顶盖的是没有经过修剪的茅草，柱子、横梁也都未经砍削，如今，我们盖的明堂却用珍珠玉石装饰，色彩艳丽，铁凤高入云端，金龙藏身雾霭，比商纣的琼台、夏桀的瑶室还要华丽。"武则天看后，置之不理。

次年（公元689年）一月一日，武则天身穿龙袍，头戴皇冠，手持玉圭，在万象神宫举办盛大的祭祀仪式。她自己最先祭祀，唐睿宗李旦第二个献祭，皇太子李成器最后献祭。最先叩拜昊天上帝的神位，其次分别为唐高祖、唐太宗、唐高宗，再次为魏国先王武士彟，最后是五方帝君的神位。而后，武则天驾临则天门，宣布大赦天下，改元为永昌元年。三日，武则天来到明堂，接受百官的朝贺。四日，她又在明堂宣布施政纲领，颁布九条原则，教育百官。五日，她再次来到明堂，设宴款待百官。二月十四日，武则天又追尊魏忠孝王武士彟为周忠孝太皇，母亲杨氏为忠孝太后，文水陵（武氏祖坟）为章德陵，咸阳陵（武士彟坟墓）为明义陵，并分别设置护陵官。十五日，武则天又追尊五世祖、鲁公武克己为太原靖王，四世祖、北平王武居常为赵肃公王，三世祖、金城王武俭为魏义康王，祖父、太原王武华为周安成王。

建造雄伟的明堂固然能吸引人们的眼球，但大唐帝国已失去了昔日的辉煌，如果能在边疆建立功勋、重振大唐雄风，就更能赢得民心。因此，武则天又把目光投向了帝国的周边地区。

早在垂拱元年，武则天就已分别提拔兴昔亡可汗阿史那弥射之子、左豹韬卫翊府中郎将阿史那元庆为左玉钤卫将军，兼任崐陵都护，仍然称作兴昔亡可汗，管辖西突厥五咄陆部落。次年，她又以西突厥继往绝可汗阿史那步真之子阿史那斛瑟罗为右玉钤卫将军，仍称继往绝可汗，管辖西突厥的五弩失毕部落，这一举措算是维持着唐朝在西突厥的影响力，以期在西域与吐蕃抗衡。如今，武则天又打算在与吐蕃的较量中取得决定性的胜利，她突发奇想，打算征发梁州（今陕西省汉中市南郑区）、凤州（今陕西省凤县）、巴州（今四川省巴中市）的山蛮，从雅州（今四川省雅安市）一路向西开山架桥，进攻尚未归附的羌族部落，并趁机从东路对吐蕃发起进攻。麟台正字陈子昂上书劝谏道："自我朝建立以来，雅州一带的羌族就从未冒犯过我们，如今一旦没有罪过而受到攻击，一定会怨恨很深，再加上害怕被剿灭，肯定会蜂拥而起，一旦如此，蜀地就不得不驻扎大量军队，兵连祸结，臣判断蜀地的灾难就到了。臣还听说吐蕃人早就对蜀地的富饶垂涎欲滴，想收入囊中已很久了，仅仅因为山川阻隔，道路难行，才没有得手。如今，假如我们自己引发山蛮的叛乱，打通道路，反而会让吐蕃人收留逃亡的羌人，用作向导进攻我们的边境，这是我们自己借来敌人、替敌人开辟来犯之路、把整个蜀地都拱手让人啊！蜀地是我们国家的宝库，可以支援国家经济，现在的当权者只是图侥幸，要挑衅西羌，就算夺来他们的土地也毫无用处，夺得他们的财物也不足以让国家富裕，只会浪费我们的资财，对陛下的圣德没有一点好处，更何况胜败难料呢？蜀地所依赖的是险要，那里的百姓之所以安定，就在于没有劳役，如今朝廷要铲平险要，征调他们去做苦力。一旦削平了山险，反而方便吐蕃进攻；百姓去服劳役，就会令当地官民的资财受到损失，臣担心还没有见到敌人，蜀地内部就先乱了。况且，蜀地百姓体力虚弱，不善打仗，如今我们无事生非，我们担心不出一百年，蜀地就会沦为吐蕃的领土。前不久，陛下废除了安北都护府（居延海东南），内迁了单于都护府（今内蒙古自治区和林格尔县），放弃了龟兹（今新疆维吾尔自治区库车县）、疏勒（新疆维吾尔自治区疏勒县），国内一致认为陛下的决定十分英明，这是因为陛下的用意是在休养百姓，而不在于开疆拓土。如今，关东在闹饥荒，关西也很疲敝，陛下却听信贪婪之人的建议，计划发动大规模的战争，自古迄今，一个国家灭亡无不是由于穷兵黩武，请陛下深思。”武则天采纳了陈子昂的建议。永昌元年三月十九日，武则天又向陈子昂询问治国之道，陈子昂退下后，上书认为：“应当实行轻刑主义，培养仁德，停止战争，减轻赋税，安抚宗室，让人人心安。”

虽然武则天放弃了从蜀地开山进攻吐蕃的计划，但她并没有放弃用兵东突厥、吐蕃以立威的国策。永昌元年五月五日，她任命文昌右相韦待价为安息道行军大总管、安西大都护阎温古为副大总管，率领大军前去讨伐吐蕃。从韦待价的官职上可以看出，唐军这次的目的是与吐蕃争夺西域。十八日，武则天又任命薛怀义为新平军大总管，领兵北伐东突厥。薛怀义率领唐军推进到紫河（今内蒙古自治区南部浑河），未见敌人，在单于台（今内蒙古自治区呼和浩特市北）刻石立碑，记下这次出征功勋，而后撤军。

薛怀义无功无过，而韦待价率领的唐军却遭到惨败。韦待价原本就没有将帅之才，他率领的唐军行至寅识迦河（今新疆维吾尔自治区霍城县一带）后，与吐蕃军队遭遇，结果唐军大败。当时，天降大雪，唐军粮草不继，韦待价无计可施，眼睁睁看着很多士兵又被冻死了，他深感已无力再战，只好率领残兵败将狼狈逃回国内。武则天闻讯不禁大怒，七月二十六日，她下令将韦待价除名，流放到绣州（今广西壮族自治区桂平市西），斩杀了副大总管、安西大都护阎温古。安西副都护唐休璟收拾余众，安抚西域剩余的据点，武则天提拔他为西州都督。

武则天没有选择进攻眼前的吐谷浑旧地，而是舍近求远，去争夺西域，自有她的道理：虽然吐谷浑旧地近在眼前，但吐蕃在此已经营很久，这里是屏护吐蕃本土的要地，又是进攻唐朝的策源地，地理位置十分重要。吐蕃在此驻扎了重兵，唐军很难有所作为，而相对于偏远的西域，武则天早已在那里布下西突厥兴昔亡可汗和继往绝可汗两颗棋子，唐军可以得到西突厥的支持，先易后难，唐军应该能轻松取得胜利，为武则天改朝换代增加一些分量。可是，事与愿违，韦待价以宰相之尊遭到惨败，不仅没能给武则天增光，反而让她颜面扫地，这也难怪她会勃然大怒。为了挽回颜面，九月三日，武则天又任命薛怀义为新平道行军大总管，率领二十万大军前去讨伐东突厥阿史那骨笃禄。东突厥经过黑齿常之的打击，受到重创，已元气大伤，武则天让薛怀义前去打击东突厥，真是应了“柿子专拣软的捏”这句俗话。薛怀义此次出兵战况不详，实际情况很可能是武则天只是让薛怀义前去耀武扬威一番，为她在国内篡权服务，唐军可能并没有与阿史那骨笃禄的叛军交上手。

二五〇　杀伐立威（二）

永昌元年，武则天在大肆诛杀李唐宗室的同时，对异己大臣也掀起了诛杀的狂潮，整个国家笼罩在一片空前恐怖的氛围中。

徐敬业起兵失败后，其弟徐敬真被流放到了绣州（今广西壮族自治区桂平市西），后来，徐敬真从绣州逃了出来，打算北逃到东突厥避难。回到洛阳后，徐敬真得到了洛州司马弓嗣业、洛阳县令张嗣明的资助，行至定州，徐敬真被官府抓获，弓嗣业自杀。徐敬真、张嗣明被投入大牢后，二人揭发、诬告国内很多知名人士，想借此立功活命，称他们心怀不轨，企图造反，朝野很多知名人士被杀。张嗣明还诬告内史张光辅，称张光辅在讨伐豫州期间，私下与人谈论图谶、天文，首鼠两端。

永昌元年八月四日，武则天下令将张光辅连同徐敬真、张嗣明等人一起斩首，查抄各家。十五日，同时受到牵连的朝臣秋官尚书张楚金、陕州刺史郭正一、凤阁侍郎元万顷、洛阳县令魏元忠等人一并免去死罪，流放岭南。徐敬真等人谎称张楚金等人与徐敬业是同党，临刑前，武则天命凤阁舍人王隐客飞马传言免去死罪。消息传来，张楚金等人顿时欢声雷动，喜形于色，叩头不已，唯独魏元忠不动声色，安坐不动。有人劝他站起身来，魏元忠却平静地说："是真是假，还未可知。"王隐客到后，有人又劝他起身拜谢，魏元忠又说："等宣布诏书后再说！"等使者宣布完诏书后，魏元忠这才缓缓站起身来，三跪九叩谢恩，脸上毫无喜忧之色。当天，阴云密布，等到释放张楚金等人后，乌云散去，天气转晴。

闰九月十五日，武则天又下令将检校纳言魏玄同在家中赐死。魏玄同是位老臣，过去，他曾因与上官仪互赠诗文而被流放岭南，后经工部尚书刘审礼的举荐，被提拔为岐州长史，逐渐升迁至吏部侍郎。唐高宗弘道初年，魏玄同又被晋升为文昌左丞，兼任地官尚书、同中书门下三品；高宗死后，他又被晋升为太中大夫、鸾台侍郎；垂拱三年，加银青光禄大夫，检校纳言，封巨鹿男。魏玄同与裴炎是好朋友，二人友情始终不渝，时人称赞二人为"耐久朋"。唐高宗曾召见时任河阳县令的周兴，打算予以提拔，当时有人说周兴不是科举出身，高宗就打消了原意，可是周兴对此毫不知情，还是每天前往朝廷等候命令。所有的宰相都故作不知，沉默不语，唯独魏玄同出于同情，对他说："周大人，没你的事了，你可以回去了。"周兴误以为是魏玄同从中作梗，一直对他怀恨在心。此时，周兴诬告魏玄同曾说："太后已经老了，我们不如侍奉皇嗣（指唐睿宗李旦）。"时年武则天已六十六岁了，年龄的确不小了，但对于武则天来说，她政治生命的春天刚刚到来，最怕别人说自己老了，听了周兴的告发，武则天大怒，当即下令杀掉魏玄同。监督行刑的御史房济劝魏玄同说："大人为何不上书也称要告密？这样就有可能得到太后的召见，趁机洗刷自己的冤屈。"魏玄同叹息道："被人杀死也好，被鬼杀死也好，又有什么区别？我岂能当一个告密之人！"遂从容赴死，时年七十三岁。武则天又下令暗杀了夏官侍郎崔詧，其他受到牵连而被处死、被贬谪、被流放的大臣又有很多。

彭州长史刘易从也被徐敬真供出，闰九月二十九日，武则天下令在彭州就地将其斩杀。刘易从为人仁厚、孝顺、忠诚、谨慎，曾从吐蕃将老父的尸体背回国内，可以说是个孝感天地的好人。彭州百姓可怜他无辜被杀，纷纷从各处来到刑场，争相解下衣服扔在地上，说："为长史祈请阴间之福。"官府将地上的衣物估价，竟值十余万钱。周兴等人还污蔑右武卫大将军黑齿常之谋反，十月九日，武则天下令将这位百济名将绞死。

武则天连兴大狱，令群臣噤若寒蝉，不敢作声，唯独陈子昂看准时机，婉言劝谏，他上书称："周朝最受歌颂的是成康之治，西汉时有文景之治，他们都能做到不经常使用刑罚，如今，陛下的治理虽然很好了，但太平天下，上下安乐，不该总出现乱臣贼子。近期，大案增加，逆贼增多，臣愚昧，开始的时候也认为这都是事实，然而，自从上个月十五日，陛下复审案件，发现李珍等囚犯确实是被人诬陷的，百官听说后，无不庆贺陛下圣明，臣由此才得知狱中确实存在受人诬陷的无辜者。陛下一心减轻刑罚，而法官们却背道而行，严刑峻法，伤害了陛下仁慈的形象，令太平盛世蒙羞，臣感到非常遗憾。九月二十一日，陛下赦免了张楚金等人的死罪，那天原有风雨，突然天上就变成了祥云。臣听说天空阴沉惨淡，是因为用刑太过；阳光灿烂，是由于仁德所致；圣人效法上天，上天也会帮助圣人，天意就是这样，陛下何不遵从呢？今天又是阴霾密布，我想恐怕原因还在于法官身上。凡是狱中的囚犯，大多被判为死刑，民间议论纷纷，陛下何不一一召见，亲自审问他们到底是否冤枉？证据确凿的，公开宣布他的罪状，予以斩杀；被冤枉的，要严惩法官，这样就会让天下百姓口服心服，也知道国家政治清明，这不是很好吗！”

武则天为了达到自己的政治目的，才亲手制造了很多冤案，岂能案案都证据确凿？哪能摆上台面？所以，陈子昂的这些建议自然也不会有下文了，只有等武则天觉得自身安全了，她才会停止屠杀的脚步，但如今她还丝毫没有罢手的意思。

十一月一日，武则天驾临万象神宫，宣布大赦天下，开始使用周朝历法，将本年十一月改为载初元年正月，以十二月为腊月，夏历的正月为一月。将周朝和汉朝的后裔改称“二王”，以舜帝、夏禹、成汤的后代为“三恪”，将北周和隋朝的后裔称作“列国”。在古代，当朝往往给前朝的皇室一个名号，不当臣子，以示尊崇，“二王”“三恪”就是这种称号。

武则天堂姐的儿子、凤阁侍郎宗秦客（他还有两个弟弟宗楚客、宗晋卿）创造了天、地等十二个字献上，十一月八日，武则天下令执行；武则天从这十二个新字中取“曌”字，当作自己的名字，为了避讳，又把诏书改称制书。十六日，周兴上书请求废除李唐皇室皇族身份。一月十日，武曌晋升武承嗣为文昌左相，岑长倩为文昌右相、同凤阁鸾台三品，凤阁侍郎武攸宁为纳言，邢文伟为内史，左肃政大夫、同凤阁鸾台三品王本立贬为地官尚书。武攸宁是武曌的伯父、武士彟的哥哥武士让的孙子；武攸宁有个弟弟叫武攸暨，任右卫中郎将，薛绍被杀后，武则天看中了武攸暨，就派人杀了他的妻子，把守寡的太平公主又改嫁给了他。邢文伟，高宗时以进士为太子典膳丞，当时，太子李弘常在内宫不出，邢文伟上书请求给李弘降低膳食规格，后来，右史空缺，唐高宗说：“邢文伟因为我儿不好好读书，就上书请求不给我儿肉吃，此人十分正直，可以担任右史。”后来，邢文伟逐渐升任为凤阁侍郎，兼任弘文馆学士。

如今，李唐朝中当权之人是武家的人，尤其以武承嗣和武三思为代表，武承嗣已成为名副其实的宰相，而武三思也由右卫将军升为夏官尚书，其他宰相对二人都是礼让三分。地官尚书、同凤阁鸾台三品韦方质患病，武承嗣、武三思前往探病，韦方质却斜靠在床上的茶几，对二人并不答拜。有人劝他，韦方质却说：“死生有命，大丈夫岂能为了活命而委屈自己、巴结外戚呢！”事后不久，周兴就诬陷韦方质犯法，一月十六日，韦方质被流放到儋州，全家被抄，十月，被杀。

二月十四日，武曌亲自在洛城殿主持贡士考试，贡士殿试制度从此开始。唐朝人才来源主要有三条途径：一是来自学校，称之为生徒；二是来自地方推荐或考试，称之为乡贡；三是特殊情况皇帝亲自挑选，称为制举。科目分为：秀才、明经、俊士、进士、明法、明字、明算、一史、三史等等，其中，明经又细分为：明五经、明三经、明二经、学究一经等等。

中央一共设立六个学校、两个学馆：国子学（300学生，三品以上官员子孙）、太学（500人，五品以上官员子孙）、四门学（1600人，其中500人是七品以上官员子孙，800人是优秀的百姓子弟）、律学（50人）、书学（30人）、算学（30人），各地分配学生名额不等；门下省设立弘文馆（30人）、东宫设立崇文馆（20人），以宗室、外戚、宰相以及黄门侍郎等重臣之子充任。

学馆规定了严格的学习要求和学习日程，以明经为例，规定《礼记》《春秋·左氏传》为大经，《诗》《周礼》《仪礼》为中经，《易》《尚书》《春秋·公羊传》《谷梁传》为小经。通二经的，要求大经小经各通其一，或者通两部中经。通三经的，要求大经中经小经各通晓其一。通五经的，两大经都要通晓，中经小经各通其一，但《孝经》《论语》都要通晓。学习《孝经》《论语》的时间合起来是一年；《尚书》《公羊传》《谷梁传》的时间各一年半；《易经》《诗经》《周礼》《仪礼》各两年；《礼记》《春秋·左氏传》各三年。十天放假一天，年终考试，考官询问十个问题，答对八个以上的为上等，六个为中等，五个为下等。每年冬天，各地送来乡贡，学馆送来生徒，由考功员外郎主持考试。比如秀才科，考生要写出五篇治国方略的策文，根据文理情况，上上、上中、上下、中上这四等为及第。

及第之后，才有资格被任命为官，这就是所谓的铨叙。铨叙也有一定的规矩，文官由吏部负责，武官由兵部负责。根据一个人的四个方面进行打分：一是身，身体相貌丰满魁伟；二是言，要求言语机敏正确；三是书，即书法，要求楷书遒劲秀美；四是判，要求文章文理俱佳。这四点都符合后，再比较人选的德行；德行一样，再看才能；才能不分高下，再考虑各人的劳绩。确定后，呈送尚书仆射，再给门下省，由给事中宣读，黄门侍郎阅读，侍中审核，而后上报给皇帝批准。

由于官职有限而读书人越来越多，录取率逐年下降，进士科的录取率在百分之十一二。于是，舞弊之风盛行，武曌也正是看到了这一点，这才创立了对贡士进行殿试的制度。

二五一　杀伐立威（三）

永昌元年徐敬真一案，让李唐朝廷人事发生了很大变化：

司徒李元名，一月由司空晋升，任滑州刺史；

文昌左相苏良嗣；

文昌右相韦待价，七月因兵败被流放；

纳言裴居道、魏玄同（闰九月被杀）、武承嗣（三月任命）；

内史岑长倩、张光辅（八月被杀）；

同凤阁鸾台三品韦方质（被贬为地官尚书）、王本立（七月任命）；

同凤阁鸾台平章事王本立（三月贬为御史大夫、七月升为同凤阁鸾台三品）、范履冰（春官尚书）、邢文伟；

载初元年二月，地官尚书王本立去世，三月，苏良嗣去世，四月，春官尚书、同平章事范履冰也因举荐过谋反之人而被打入大牢，死于狱中。

然而，这还没有完，武曌还要继续重用酷吏们一一除掉前进途中的绊脚石。她用的酷吏们大多出身低贱，毫无廉耻，像侯思止，原本就是个卖烧饼的，后来当了游击将军高元礼的奴仆，素来狡诈无赖。恒州刺史裴贞曾因事杖打了一个下属，这位下属怀恨在心，就指使侯思止告发裴贞与舒王李元名谋反，载初元年七月七日，司徒李元名被免官，流放和州，八日，诛杀了李元名的儿子、豫章王李亶，裴贞也被灭族。《两唐书》则称，李亶受到丘神勣的诬陷而被杀，李元名也被流放到利州，不久，也被杀了。又称，李元名性格高洁，很少过问家人产业，经常告诫其子李亶说：“藩王不用担心钱财官职，只需多行善事，一生忠孝。”李元名担任石州刺史二十年，醉心于赏玩山水，不问世事。

侯思止也因功被提拔为游击将军，当时，告密之人往往被提拔为五品官，而侯思止却只请求当一个地位较低的御史（御史最高从六品下，最低正八品下），武曌说："你大字不认识一个，岂能当御史！"侯思止回答："独角兽何尝认识一个字，只要能用角撞奸邪之人就行！"武曌听后大喜，当即就拜他大夫（从五品下）、侍御史（从六品下）。过了几天，武曌打算把从前没收的房子赏赐给侯思止，侯思止坚决不要，说道："臣憎恶叛逆之人，不愿住乱党的房子！"武曌听后，对他更是赏识。

另一个酷吏叫王弘义，也是个市井无赖。他曾向邻居要瓜吃，邻居不给，他就跑到县里对县官说邻居家的瓜田里有白兔，县官派人搜捕，瓜田瞬间被糟蹋得一塌糊涂。他去贝州、赵州游玩，见当地父老在给和尚们施舍斋饭，就向县官告发他们谋反，结果有二百余人被害，王弘义也因此而被提拔为游击将军，不久又晋升为殿中侍御史。内史李昭德说："昔闻苍鹰狱吏，今见白兔御史。"有人告发胜州都督王安仁谋反，武曌命令王弘义前去查办。王安仁拒不招供，王弘义就在木枷上砍下他的人头，又下令去捉拿王安仁的儿子。正巧王安仁的儿子自己来了，王弘义当即下令将其斩首，把王安仁父子的两颗人头放入木盒里回神都复命。路过汾州，州司马毛先生设宴款待王弘义，二人正吃饭，突然王弘义喝令毛司马站到台阶下面，当即将其人头砍下，用枪尖挑着进入洛阳，路人见了，无不吓得浑身发抖。

当时的法官大多是酷吏，只有司刑丞徐有功、杜景俭公平仁爱，囚犯们都说："遇到来、侯必死；遇到徐、杜必生。"徐有功是隋末名儒徐文远的孙子，名弘敏，以字行。以明经科入仕，当了蒲州司法参军。他在任期间，不忍杖打囚犯，百姓相互告诫："如果犯法就如实承认，谁要是惹得徐参军杖打，大家都不与他往来。"直到卸任，徐有功也未曾杖打过一人，后被升为司刑丞。在武曌篡位前后，由于担心会遇到阻力，她不仅大肆诛杀李唐宗室、重臣，而且故意纵容酷吏们告发天下豪强人家，一律以谋反的罪名予以诛杀，告发谋反的案件一个接一个。朝野震恐，无人再敢直言，只有徐有功屡屡在武曌面前据理力争，武曌厉声斥责，身边的人都吓得浑身发抖，而徐有功却神色不变，毫不退缩。琅邪王李冲在起兵前曾派家奴到乡下追要欠款的利息，与县尉余庆联系，事后，家奴回去时自己买了些弓箭。李冲事发后，有人就告发余庆是李冲的同党，来俊臣给余庆定了个谋反的罪名。有关部门的评议意见是："永昌大赦后，余庆依法应该被判为流放。"但侍御史魏元忠说："余庆给李冲还债、通信，与李冲同谋，这一点十分清楚，并非赦令上指的支党，请求诛杀、抄家。”武曌同意了。徐有功却提出反对意见，他说：“法律规定，生出犯罪念头的人是首犯，余庆是赦令之后被告发的，应该属于支党，如今，把支党当作首犯，是把该活命的人给处死了，大赦之后又把人给杀了，就不如别赦；该让人活的却又把人给杀了，还不如别承诺让人活，臣认为堂堂朝廷不该这样。”武曌怒道：“什么是主犯？为什么余庆不该定为主犯？”徐有功回答：“虺贞是主犯，已经被杀，如今余庆才被论罪，不是支党又是什么？”武曌觉得有理，这才平息怒气，免去了余庆的死罪。如此等等，徐有功前前后后让数十家躲过了灭顶之灾。

杜景俭，本名杜元方，他与徐有功的经历差不多，也是以明经科入仕，历任殿中侍御史、益州录事参军、司刑丞。他的性格与徐有功也差不多，《朝野佥载》称他“刚直严正”。文章学识都很高远，时人称其“鹤鸣鸡树”。同为司刑丞的李日知也与徐、杜二人相似。史称：“时用法严急，日知独宽平，无冤滥。”少卿胡元礼指令要将一人判为死刑，李日知不从，二人你来我往反复四五次进行论辩，最后，惹得胡元礼大怒，蛮横地说道：“有我胡元礼在，这人就得死！”李日知毫不示弱，说道：“我李日知在法院一天，这人就死不了！”于是，法院没有定论，二人各自把意见报了上去，结果，武曌采纳了李日知的意见。

虽然经过徐有功等人的努力，武曌少冤杀了很多人，但他们丝毫改变不了武曌逐一清除李唐宗室和与李唐宗室有渊源的朝廷重臣这一既定国策。就在她诛杀范履冰三个月后，载初元年七月，武承嗣又指使周兴诬告隋州刺史泽王李上金、舒州刺史许王李素节谋反，武曌下令将二王征召进京。李素节从舒州出发时，路遇送葬悲哭的，他凄凉地叹息道：“能病死就已经很幸运了！还哭什么！”七月十三日，李素节行至龙门，就被人勒死。武曌又杀害了李上金，并将二王的儿子、同党们也全部处死了。只有李上金的庶子李义珣逃窜岭南躲过一死，李素节最小的四个孩子被流放雷州，勒令严加看守。八月十一日，武曌又诛杀了太子少保、纳言裴居道（大约因其是前太子李弘的岳父）；二十日，诛杀尚书左丞张行廉（生平不详）；二十八日，杀南安王李颖（唐高宗之孙、密王李元晓之子）等宗室十二人，又用皮鞭打死了前太子李贤的两个儿子。至此，武曌已将李唐宗室子孙搞了个一锅端，几乎全部处死，只剩下年纪非常小的也被流放到了岭南。与此同时，又诛杀了数百家他们的亲朋好友，也就是李唐宗室的外戚们。只有千金长公主为了活命，对武曌极尽巴结，以姑姑之尊主动降低两辈分，还改姓武，恳求当武曌的干女儿，赢得了武曌的欢心，武曌大喜，改其封号为延安大长公主。

疯狂诛杀李唐宗室贵族、朝廷重臣，大肆修建宏伟的建筑，发兵震慑东突厥阿史那骨笃禄，重用大批酷吏鹰犬，大兴告密之风，制造一片恐怖气氛等，这都是在为自己改朝换代铺平道路，为了同一个目标，武曌还大肆宣传佛教，以麻痹世人。洛阳东魏寺和尚法明等人撰写了伪经《大云经》四卷，声称武曌是弥勒佛下凡，应该取代唐朝统治中原。武曌下诏将《大云经》在全国公开发行。陈寅恪等人则认为《大云经》出自天竺，讲述了净光天女下凡成为国王的故事，薛怀义等人将这一故事加以引申，附会到武曌身上了。

二五二　女皇登基

一切准备就绪，武曌就等着人们劝进了。

载初元年（公元690年）九月三日，侍御史傅游艺率领关中百姓九百余人来到宫门外，请求改国号为周，赏赐唐睿宗李旦为武氏，武曌没有同意，却给傅游艺连升十级，提拔为给事中。武曌此举透露出一个明确的信号，于是，全国上下立即掀起了一场劝进的热潮，满朝文武、皇室宗亲、远近百姓、四夷酋长、和尚道士共计六万余人纷纷上书恳请武曌答应傅游艺的请求，就连当朝皇帝唐睿宗李旦也主动请求改姓武。陈子昂也献上《大周受命颂》《神凤颂》及《上大周受命颂表》，表达自己的忠诚；一代文豪李峤代百官也上了《请立周七庙表》。到了五日，百官们又集体上书，称："有只凤凰从明堂那里飞进了上阳宫，又从上阳宫回到左肃政衙门的梧桐树上，停了很久，才飞往东南去了。"又称："有数万只赤雀（传说中的瑞鸟）曾聚集在朝堂之上。"

七日，武曌终于答应了唐睿宗和群臣们的请求。

九月九日重阳节，武曌驾临则天门楼，宣布大赦天下，改国号为周，改元为天授元年，这是一年中第二次改元。十二日，百官给武曌上尊号为圣神皇帝，唐睿宗为皇嗣，赐姓武，以皇太子李成器为皇孙。至此，开国七十三年的唐朝平静地覆灭在一个六十七岁的残忍的老太婆之手。

十三日，圣神皇帝武曌下令在神都洛阳建立武氏的七庙，她以西周姬姓为武姓的始祖，追尊周文王姬昌为始祖文皇帝，其妻姒氏为文定皇后；西周第十三任王周平王的少子姬武为睿祖康皇帝，其妻姜氏为康惠皇后；五世祖太原靖王武克己为严祖成皇帝，其妻为成庄皇后；四世祖赵肃恭王武居常为肃祖章敬皇帝，其妻章敬皇后；曾祖父魏义康王武俭为烈祖昭安皇帝，其妻为昭安皇后；祖父周安成王武华为显祖文穆皇帝，其妻为文穆皇后；父亲忠孝太皇武士彟为太祖孝明高皇帝，其妻杨氏为孝明高皇后。

又追尊长兄武元庆为梁王，谥号宪，次兄武元爽为魏王，谥号德；伯父武士让为楚王，谥号僖；伯父武士逸为蜀王，谥号节；追赠侄儿武承业为陈王，其子武延晖为嗣陈王、武延祚为咸安王。据《新唐书》记载，武士彟有两个哥哥，一个叫武士稜，一个叫武士逸，而没有武士让，该书还称武士让是武曌的从父，即堂叔父，据此，武士让应是武曌的堂叔。

册封侄儿武承嗣（武元爽之子）为魏王（实封一千户，监修国史），其子武延基为南阳王、武延秀为南阳王；

武三思（武元庆之子）为梁王，其子武崇训为高阳王、武崇烈为新安王；

册封堂叔武士让之孙，武曌堂侄武攸宁为建昌王、武攸归为九江王、武攸望为会稽王；

册封伯父武士逸之孙，武曌堂侄武懿宗为河内王、武嗣宗为临川王、武仁范为河间王、武仁范的儿子武载德（武曌的堂侄孙）为颍川王；

册封伯父武士稜之孙武攸暨为千乘郡王、族兄武惟良的儿子（武惟良大约就是武士稜的儿子，因武惟良对武曌的母亲尤其不好，其父子均未得封）武攸宜为建安王、武攸绪为安平王、武惟良的堂侄武攸止为恒安王、武重规为高平王；

武曌的姑姑、表妹也都被封为长公主。

武曌又提拔了一大批新贵，她晋升司宾卿史务滋为纳言，凤阁侍郎宗秦客为检校内史，给事中傅游艺为鸾台侍郎、平章事。傅游艺与岑长倩、右玉钤卫大将军张虔勖、左金吾大将军丘神勣、侍御史来子珣等人均赐姓武。

武曌还下令将州改为郡，又命史务滋等十人前往全国各地予以安抚。命令下达后不久，就有人对武曌说："大周刚刚建立，就废黜了州（与周谐音），这恐怕不是好兆头。"一向迷信的武曌听后，赶忙派人追回了成命。十月二十九日，武曌下令在长安、洛阳以及各州的州府各修建一座大云寺，藏《大云经》，命僧人讲授此经，注释此经的云宣和尚等九人都被赐爵为县公，赏赐给紫色袈裟、银龟袋（四品官员的待遇）。武曌还下令全国所有姓武的全部免交赋税。

大周天授二年（公元691年）正月（原十一月）一日，武曌在万象神宫举行大典，接受尊号，旗帜一律用红色。二日，在神都建立大周社稷。九日，将武氏祖先的牌位安放在太庙内；将长安的李唐太庙更名为享德庙，一年四季只祭祀唐高祖、唐太宗和唐高宗三人，其余四个享堂全部关闭；改长安的武氏崇先庙为崇尊庙。十三日，冬至，武曌又在明堂举行仪式，祭祀昊天上帝，天上百神、武氏祖先以及唐三帝也都一起享用香火。饶阳县尉姚贞亮等数百人上书请求圣神皇帝上尊号为上圣大神皇帝，武曌没有同意。

武曌登基后，其推行的恐怖政策并没有就此中止，这是因为，在武曌看来，针对自己的谋杀阴谋还没有停止。据说，就在天授二年除夕，武曌在宫中守夜，收到了一封没有署名的书信，信中自然把武曌奉承一番，而后说道天降祥瑞，上林苑中的牡丹竟然像腊梅花一样凌霜盛开了，敬请陛下前去观赏。

牡丹花会在冬天开放吗？武曌兴奋之余，冷静了下来，她很快就意识到这有可能是一场精心策划的阴谋，趁自己到上林苑赏花之时谋杀自己！想到这里，她急中生智，提笔写下一首诗交给下面，只见她写道："明朝游上苑，火急报春知。花须连夜发，莫待晓风吹。"这首看似荒诞的诗，其实却给禁卫军传递了一个明确的信号，那就是自己明天将要去上林苑赏花，你们要做好准备！

《全唐诗》在这首诗的下面有一段背景材料，称："天授二年腊，卿相欲诈称花发，请幸上苑，有所谋也。许之，寻疑有异图，乃遣使宣诏云云。"

于是，一场大狱再次来临。

侍御史来子珣（武子珣）指控尚衣奉御刘行感兄弟谋反，二人均被处死；深入挖掘刘行感一案，左金吾大将军丘神勣（武神勣）、纳言史务滋也被牵扯其中。史务滋与来俊臣一起审理刘行感一案，来俊臣上奏称史务滋与刘行感关系亲密，一直回护刘行感。武曌密令来俊臣一并审查史务滋，史务滋恐惧自杀；丘神勣也被处死。

又有人控告说文昌右丞周兴与丘神勣是同党，武曌也命来俊臣负责审理。来俊臣与周兴正同桌吃饭，问周兴："很多罪犯拒不招供，你说该咋办？"周兴回答："这太容易了！弄来一个大瓮，四周架起炭火烧热，把囚犯放入瓮中，还愁有什么不招的？"来俊臣就命人取来大瓮，按周兴说的四周放上炭火，而后站起身来，对周兴说："奉皇上密旨审讯老兄，就请老兄入瓮吧！"周兴顿时跪倒在地，连连叩头认罪。武曌饶了周兴的死罪，二月将他流放到岭南，途中却为仇人所杀，这就是成语"请君入瓮"的来历。周兴和索元礼、来俊臣都是著名的酷吏，周兴、索元礼各杀数千人，来俊臣也让上千家家破人亡，此后，武曌也杀了索元礼，以化解民怨。[①]

武曌的清洗行动还在持续。到了八月二十二日，武曌又下令诛杀了右玉钤卫大将军张虔勖。来俊臣负责审理此案，张虔勖却跑到徐有功那里申诉；来俊臣大怒，命卫士将张虔勖乱刀砍死，在街市上砍去脑袋。又有人告发地官尚书武思文（徐思文）过去与徐敬业是一党，二十六日，武曌将其流放到岭南，恢复姓徐。九月八日，又杀死了岐州刺史云弘嗣。此案也是来俊臣处理的，来俊臣不问一句，上来就砍下云弘嗣的人头，而后再伪造口供，给武曌汇报，与擅杀张虔勖一模一样。鸾台侍郎、同平章事傅游艺梦见自己登上了湛露殿，他把这事告诉了自己的亲友，谁知亲友却向朝廷告密了，二十五日，他被打入大牢后自杀。

①《朝野佥载》称，索元礼经常用铁笼头审讯囚犯，后因贪污受贿而被下狱，索元礼拒不承认，法官称，拿来你的铁笼头！索元礼当即就承认了。

二五三　连起大狱（一）

从天授元年（公元690年）武曌登基建立大周，到神龙元年（公元705年）被逼退位并于同年十一月二十六日去世，武周王朝持续了十五年，她也当了十五年的女皇帝。如果把唐高宗去世后，唐睿宗当的六年傀儡皇帝［分别用了光宅（公元684年）、垂拱（公元685—689年）、永昌（公元689年）三个年号］也算上的话，武曌实际上当了二十一年的皇帝。

在这十五年间，武曌一共使用了十四个年号，分别为：天授（年初为载初元年，公元690—691年）、长寿（年初改元如意，公元692—693年）、延载（公元694年）、天册万岁（年初改元证圣，公元695年）、万岁通天（年初改元万岁登封，公元696年）、神功（公元697年）、圣历（公元698—699年）、久视（公元700年）、长安（公元701—704年）、神龙（公元705年）。

武周一朝，武曌威权自任，政治黑暗，但细分起来，大致还可以将这十五年分为三个阶段：前五年为初期，中间五年为中期，后五年为后期。这三个阶段也呈现不同的特点：前期，武曌继续重用酷吏，有意制造恐怖气氛，巩固自己的统治；中期，态度开始有所转变，酷吏来俊臣被杀；重用狄仁杰，政治生态有所好转；在权衡利弊之后，决定弃侄立子，迎回了庐陵王李显，立为皇嗣；后期，考虑后事，重用二张，力图缓和武氏集团与李唐宗室之间的矛盾。

我们先说初期的五年，即天授、长寿、延载、天册万岁（年内改元不计入）年间。

大周革命，朝堂上换了一群新面孔。据《唐将相大臣年表》记载，这五年大周朝廷的重臣分别为：

天授元年：

司徒李元名，七月被流放和州，后被杀；

文昌左相苏良嗣，二月改特进，三月去世；武承嗣，二月任命；

文昌右相岑长倩，二月任命，兼同凤阁鸾台三品；

纳言裴居道，八月被杀；武攸宁，二月任命；宗秦客，八月任命为检校纳言，九月因贪污被贬为遵化县尉；史务滋，九月任命。

内史邢文伟，二月任命，十月被贬；

同凤阁鸾台三品王本立，二月转为太子少保；

同凤阁鸾台平章事范履冰，四月被杀；傅游艺，九月任命。

一年中，高官被杀的三人，被贬的三人，去世的一人，剩下的都是武氏集团的人。

天授二年：

文昌左相武承嗣；

文昌右相岑长倩，五月领兵抵御吐蕃，十月被杀；

纳言武攸宁；史务滋，正月自杀；欧阳通，八月任命，十月被杀；

同凤阁鸾台平章事傅游艺，九月自杀；乐思晦，六月任命，十月被杀；任知古，六月任命；格辅元，六月任命，十月被杀；裴行本；狄仁杰，九月任命。

傅游艺事件是个孤立事件，但接着就发生了十月大肆诛杀朝臣事件。

长寿元年：

文昌左相武承嗣，八月转为特进；

纳言武攸宁，八月贬为冬官尚书；

同凤阁鸾台平章事任知古，正月被贬为江夏令；裴行本，正月被流放岭南；狄仁杰，正月被贬为彭泽令；杨执柔，一月任命，八月被贬为地官尚书；李游道，正月任命，九月被流放岭南；袁智弘，二月任命，九月被流放岭南；崔神基，八月任命，十月被流放岭南；崔元综；李昭德；姚琇，八月任命，九月被罢免；李元素；王璿，八月任命，九月被流放岭南。

武承嗣谋求被立为太子，双方展开激烈的斗争，年初狄仁杰等人被贬，是武承嗣集团对异己势力的打击；八月，武承嗣等人被贬，是武曌对武承嗣集团有限的打压；十月大批重臣被贬，系王弘义诬陷，从处罚程度上看，肯定不是谋反，当与朝廷两派势力斗争有关。

长寿二年：

纳言豆卢钦望，九月任命；

同凤阁鸾台平章事崔元综；李昭德；娄师德，二月任命；韦巨源；陆元方，与韦巨源并为九月任命。

延载元年：

纳言豆卢钦望；姚琦，八月代理；

内史李昭德，三月检校内史，出为朔方道行军长史，九月被贬；

同凤阁鸾台平章事崔元综，八月被流放振州；娄师德，二月出为河源军营田大使；韦巨源；陆元方；苏味道，三月任命，出为朔方道行军司马；王孝杰，四月任命，八月出征吐蕃；武什方，自称几百岁的嵩山骗子；杨再思；杜景俭；李元素；周允元。

天册万岁元年：

纳言豆卢钦望，正月被贬；

同凤阁鸾台平章事娄师德；韦巨源；陆元方；苏味道；杜景俭，四人正月同时被贬；王孝杰；杨再思；李元素；周允元，三月去世。

史务滋，宣州人。欧阳通，欧阳询第四子，书法家。《书小史》称其每次写字，只用象牙犀角笔杆、狸毛笔芯、秋兔毛做成的毛笔，以松烟为墨，杂以麝香，纸张也必须是坚硬、平滑、细薄的。乐思晦，高宗时的大司宪乐彦玮的儿子。格辅元，汴州人，年轻时与同郡王孝逸等人号称为陈留八俊。其兄格希元，与章怀太子李贤一起注释了《后汉书》。任知古、裴行本，生平不详。杨执柔，观国公杨恭仁（隋朝观王杨雄之子）弟弟杨续的孙子，据说，武曌的母亲杨氏就是观王杨雄弟弟杨达的女儿，论辈分，杨执柔是武曌的堂外甥。李游道，出身于赵郡李氏，生平不详。袁智弘，生平不详。崔神基，崔义玄的儿子。李昭德是前殿中侍御史李乾祐的庶子，刚强干练，明经出身，累迁凤阁侍郎。姚琦是姚思廉的孙子，博览群书，口才很好，由秘书郎而中书舍人而夏官侍郎；因从父弟参与徐敬业之乱而被贬为桂州府长史，武曌喜欢祥瑞，姚琦把岭南所有带武字的草木一一列上，武曌大喜，将其晋升为天官侍郎，长寿二年，被晋升为文昌左丞、同凤阁鸾台平章事。崔元综，相貌敦厚，勤于为政。豆卢钦望，累迁司宾卿。唐高宗即位后，负责记载历史的左右史就不再参与皇帝与丞相们的密议了，姚琦认为，如果一直这样，后世将无从得知前代之事，遂请求武曌明确一名宰相负责记录军国机要，每月送给史馆，号称时政记，这一做法就是从姚琦开始的。韦巨源，北周名将韦孝宽的玄孙，累迁司宾少卿、司府卿、文昌右丞。陆元方，苏州吴人，累迁殿中侍御史、鸾台侍郎、同凤阁鸾台平章事。王孝杰，曾以副总管的身份随刘审礼与吐蕃作战，二人在大非川之战中均为吐蕃所俘。因王孝杰的长相与赞普的亡父相似，赞普将他放回，后晋升为右鹰扬卫将军。杨再思，以明经授予玄武尉，累迁天官员外郎、左右肃政台御史大夫、守鸾台侍郎、同凤阁鸾台平章事。史称他："为人巧佞邪媚，能得人主微旨，主意所不欲，必因而毁之，主意所欲，必因而誉之。"在朝中十余年，从未举荐过一个人，不过，他也非常谨小慎微，未尝与人红过脸。有人对他说："大人名高位重，又何必如此委屈自己呢？"杨再思回答："世路艰难，正直的人就要大祸临头，我如果不这样，哪能保全自己啊！"李元素是宰相李敬玄的弟弟；周允元，豫州人。进士出身，累迁为左肃政御史中丞、同凤阁鸾台平章事。一次，他曾与群臣陪武曌吃饭，武曌让大家都说说各自读书觉得说得最好的一句话，周允元说："耻其君不如尧、舜。"武三思以为周允元说这话似有指斥，武曌说："听到这话，足以引以为戒，岂能追究？"

由此不难看出，武曌用人特点鲜明：可以很快地破格提升一个人，但稍不如意，或杀或贬，很快又会换一群新人。之所以如此，完全是出于武曌自身安全的考虑，源于她内心的极度恐惧，唯恐稍有不慎，会被他人架空或者被人谋杀。

历史上改朝换代时，多多少少会出现一些杀戮事件，但武曌的杀人数量远远高于他人，且贯穿她整个统治时期，很多时候，这种大规模的屠杀是不必要的。猜测起来，大致不外乎两点原因：一是武曌本性残忍，无恩，果于杀戮；二是武曌明白自己以一女人身份而夺取政权，阻力很大，内心非常恐惧不安，转而十分敏感。天授元年，在她改朝换代之前，还不忘兴起了屠杀李唐宗室和朝廷重臣的大狱，李唐宗室在那场劫难中几乎被屠杀殆尽。到了本年，即天授二年，武曌又将前太子李贤的儿女义丰王李光顺、嗣雍王李守礼、永安王李守义、长信县主等人均赐姓武，与皇嗣（唐睿宗李旦）的儿子们皇太孙李成器、恒王李成义、楚王李隆基（后来的唐玄宗、唐明皇）、卫王李隆范、赵王李隆业等人（他们都是武曌的亲外孙）全部软禁在宫中，此后十余年间不准走出门庭。除此之外，武曌还分别在年初和年终兴起了另外两场大狱。年初的刘行感兄弟、丘神勣等人被杀一案，原因史无明文，但我们猜测与上林观花有关，而年末的这场大狱则与武承嗣争夺皇嗣有关。

从武曌登基当了皇帝开始，是立儿子还是立侄儿为继承人，就一直让她十分纠结。武曌能实现改朝换代，靠的是大肆诛杀李唐宗室，建议武氏集团，从这一点来说，立武家的人即自己的侄儿为继承人，那是顺理成章的事，当然要让国祚转移给武氏，然而，侄儿毕竟与自己的血缘关系较远，根据迷信观念，自己死后鬼魂吃不上血缘关系疏远的人所上的供品，将成为饿鬼。可是，立自己的儿子们吧，他们毕竟姓李，是李氏后代，就算他们迫于压力暂时改姓了武，那又怎么样呢？自己死后，这依然是李唐的天下，自己的武周政权只是成了一个小插曲。因此，在她登基之初就已经考虑到了这一点，为给自己留下回旋余地，她在给儿子李旦封号时只给了一个奇怪的皇嗣，并没有明确他就是皇太子——这个模糊字眼既可以当皇太子来解释，亦可以作其他解释。

瞅准了姑姑的心思，文昌左相武承嗣心痒难耐，开始运作起来。很快，就有凤阁舍人张嘉福暗中指使洛阳人王庆之等数百人上书武曌，请求册立武承嗣为皇太子。

武承嗣集团的这一投石问路之举却遭到了宰相们的一致反对。武曌征求文昌右相、同凤阁鸾台三品岑长倩的意见，岑长倩回答："皇嗣就住在东宫，不该再提此议。"并建议武曌表明态度，痛斥提出此议的上书者，勒令这些人散去。武曌又问地官尚书、同平章事格辅元，格辅元也坚决表示反对。

武曌最终还是接见了王庆之。武曌说："皇嗣是我的孩子，为何要废掉？"王庆之回答："'神灵不会接受不是同类的祭祀，百姓不会祭祀不是同族的祖先。'如今的天下是姓谁的天下？却让姓李的当继承人？"武曌听了，也没有说什么，命令王庆之退下，王庆之却趴在地上，一把鼻涕一把眼泪，以死恳请武曌同意，武曌递给他一张盖有玉印的纸条，说道："以后想见我的话，只需把这纸条让卫兵看看就可以了。"从此往后，王庆之就像是一块牛皮糖一样黏住了武曌，屡屡请求入宫，老调重弹。是立儿子还是立侄儿，武曌始终拿不定主意，现在只想把此事暂时放一放，而王庆之却不断施加压力，终于，有一天把武曌给惹恼了，命凤阁侍郎李昭德把王庆之给痛打一顿。李昭德把王庆之拉出光政门外，对群臣说："此贼想要废掉我皇嗣，拥立武承嗣！"命人将其推倒在地，打得眼耳出血而死，那群同党这才散去。

李昭德遂对武曌说："天皇，是陛下的丈夫；皇嗣，是陛下的儿子。陛下自己则拥有天下，理当传给子孙，为万代基业，岂能传给侄儿呢？自古以来，还没听说过侄儿当上皇帝还给自己的姑姑立庙祭祀的！况且，陛下受天皇的托付，假如把天下传给了武承嗣，天皇也是不会接受供品的啊！"武曌觉得李昭德说得也有道理。

二五四　连起大狱（二）

朝臣们的反对让武承嗣一党怀恨在心，在他们的撺掇下，天授二年五月，武曌任命岑长倩为武威道行军大总管，命其率军进攻吐蕃。岑长倩一离开洛阳，武承嗣集团就指使来俊臣等人诬陷岑长倩等人谋反。

武曌下令将岑长倩从军中召回，打入大牢。来俊臣又威胁岑长倩的儿子岑灵原，让他揭发司礼卿兼判纳言事欧阳通等数十人都参与了谋反。岑灵原被打得皮开肉绽，但自始至终不肯承认，来俊臣命人伪造了口供。十月十二日，武曌下令诛杀了岑长倩、格辅元、欧阳通等人。不久，武曌又下令诛杀了鸾台侍郎、同平章事乐思晦、右卫将军李安静。李安静是李纲的孙子。武曌登基前，百官纷纷劝进，只有李安静不在劝进表上签名。李安静被打入大牢后，来俊臣让他交代谋反的经过，李安静回答："我乃唐家老臣，要杀你就杀！要是说我谋反，我实在是无言以对。"

转眼就是新年，而武承嗣的反扑还在继续。

公元692年（该年四月改元为如意，九月又改元为长寿，因此又称为长寿元年）一月一日，武曌接见存抚使举荐的人才们，不论是否有真才实学，一律授予官职，职位高的有实习凤阁舍人、给事中，其次有实习员外郎、侍御史、补阙、拾遗、校书郎。从此，朝廷上开始有了实习官。时人嘲讽道："补阙连车载，拾遗平斗量；把推侍御史，腕脱校书郎。"有个举人又续了两句："糊心存抚使，眯眼圣神皇。"御史纪先知弹劾他诽谤朝政，请求在朝廷上予以杖打，而后依法审判。武曌笑着说："你们只要没有滥竽充数，就不怕别人这么说！最好还是把他放了。"武曌用人也有自己的一套，虽然她广开官路以拉拢人心，但对于那些不称职的，她又能果断予以罢免，甚至杀头。史称，武曌利用刑罚、赏赐以统治天下，完全控制了朝廷大权，明察善断，当时的优秀人才也都争相为她服务。

《资治通鉴》的这一评价似乎有点过头，实际上，武曌一朝风气很坏，其重用的朝臣们大多是些碌碌无为，甚至是蝇营狗苟之徒，乏善可陈。宁陵丞郭霸以谄媚取得了武曌的欢心，被任命为监察御史。御史中丞魏元忠生病了，郭霸前去探病，竟然用口尝魏元忠的粪便，高兴地说道："大人的粪便假如味道发甜就令人担忧了，如今发苦，这没关系。"魏元忠对郭霸这一谄媚行径非常反感，四处宣扬。武曌一朝像郭霸这样的小人可以说是比比皆是。

左台中丞来俊臣又命人诬告同平章事任知古、狄仁杰、裴行本、司农卿裴宣礼、前文昌左丞卢献、御史中丞魏元忠、潞州刺史李嗣真谋反。来俊臣提前请求武曌下诏，同意初次审讯就认罪的犯人，可以被免去死罪。等到任知古等人被打入大牢后，来俊臣就以此引诱他们认罪。问到狄仁杰，狄仁杰立马回答："大周革命，万物更新，唐朝旧臣，甘愿一死，谋反属实。"判官王德寿对狄仁杰说："尚书，你肯定会被免去死罪。我受长官的驱使，处理此案，也想借此加官晋级，麻烦尚书您把杨执柔也给带出来，行吗？"狄仁杰回答："皇天后土让我狄仁杰来干这种伤天害理的事吗！"当即一头撞到柱子上，头破血流，王德寿连连道歉，只好作罢。

侯思止审讯魏元忠，魏元忠毫不屈服，侯思止大怒，命人拉住魏元忠的双脚，在地上倒拖着走。魏元忠说道："我薄命，就像是从驴背上掉下来，双脚却挂在了鞍上，被畜生们拖着。"侯思止更加恼怒，又要倒拖魏元忠，魏元忠说："侯思止！你想要我魏元忠的人头就来砍，何必非要我承认谋反呢？"

狄仁杰承认谋反后，有关部门很快就结案了，只等武曌批准，所以对狄仁杰的看管也就松了下来。狄仁杰撕开被面，写下喊冤的诉状，封到棉衣中，对王德寿说："天气渐热，请让我的家人把棉衣改成夹衣。"王德寿答应了。狄仁杰的儿子狄光远得到了书信，来到宫门外声称告变，得到了武曌的接见。武曌看了狄仁杰写的状纸后，就询问来俊臣。来俊臣回答："狄仁杰等人下狱后，臣连他们的衣服、衣带都没碰过，给他们安排得很好，假如没有谋反，他们岂肯承认！"武曌就派通事舍人周綝前去探视，来俊臣提前给狄仁杰等人穿戴整齐，让他们站在西厢房；周綝不敢直视，只是呆呆地望着东面，连连称是而已。来俊臣又命人伪造了狄仁杰等人的感谢被杀的奏表，让周綝给武曌带回宫去。

至此，狄仁杰的努力已化为泡影，他们依然是命悬一线，而恰在此时，一件意外的事情却发生了。

三个月前，乐思晦被杀后，其年仅十岁的儿子也被没入司农当奴仆，此时，他声称有紧急事情需要向武曌告发，武曌就召见了他。武曌问他要举报什么情况，他说："臣的父亲已经死了，臣已家破人亡，只可惜陛下的法律为来俊臣等人玩弄。如果陛下不相信我说的话，我请求陛下找一个素来受到陛下信任的忠直清廉之臣，声称此人谋反，交给来俊臣处理，肯定都会承认谋反的。"武曌沉思一会儿，似有所悟，遂召见狄仁杰等人，问道："你为什么承认谋反了？"狄仁杰回答："如果不承认，我早已被严刑拷打死了。"武曌又问："那你为什么写感谢被杀的奏表呢？"狄仁杰回答："我从未写过。"武曌拿出所谓的奏表给狄仁杰看，这时真相才大白。于是，武曌下令将此案牵扯到的这七个家族的人都释放了。尽管如此，武曌还是下令将任知古贬为江夏令、狄仁杰贬为彭泽令、裴宣礼贬为夷陵令、魏元忠贬为涪陵令、卢献贬为西乡令，将裴行本、李嗣真流放到岭南。

武承嗣和来俊臣等一党坚决要求诛杀这几个人，但武曌没有答应。退而求其次，来俊臣声称裴行本的罪行尤其严重，请求杀了他一人，秋官郎中徐有功反驳道："明主有更生之恩，而来俊臣却拒不从命，这有损陛下的恩德、信义。"殿中侍御史霍献可是裴宣礼的外甥，为了显示自己大义灭亲，他竟然用头猛撞大殿的台阶，撞得鲜血直流，高呼："陛下不杀裴宣礼，臣请求死在陛下的面前！"武曌一朝经常出现一些令人匪夷所思的场景，这其实正是高压恐怖政治氛围下产生的畸形现象。后来，霍献可经常用绿布裹住自己的伤口，微微露在头巾外面，希望能让武曌看到，想起自己曾经是多么忠心。

来俊臣向左卫大将军泉献诚［高句丽莫离支渊盖苏文之孙、渊盖男生之子，于唐高宗乾封元年（公元666年）归降唐朝］索要金钱，泉献诚不给，来俊臣遂诬陷泉献诚谋反，将其打入大牢。一月九日，泉献诚被绞死。泉献诚是一名猛将，又是一个识大体的人。天授元年，他由右卫大将军转任左卫大将军，其年，武曌拿出钱财让善射的将领们比赛，结果，泉献诚名列第一。他十分谦让，要把第一让给右玉钤卫大将军薛咄摩，薛咄摩又让回给了泉献诚。泉献诚上奏道："陛下选拔的善射之人，大多不是汉人，臣恐怕长此以往四夷会轻视汉人，臣请求取消这种比赛。"武曌觉得他说得有理，就取消了。

武曌大肆杀人，却严禁百姓们杀生。五月一日，她下令禁止百姓屠宰以及捕鱼捕虾。当时，江淮之间发生了严重的旱灾，百姓饥馑，又不能捕鱼捕虾，饿死了很多人。右拾遗张德生了个儿子，偷偷杀了一只羊宴请同僚们，补阙杜肃怀揣了一块羊肉，当晚就写奏表告发了。第二天，武曌当着群臣的面对张德说："听说你生了个男孩，我也很替你高兴。"张德赶忙跪下拜谢。武曌又问："从哪弄的羊肉？"张德叩头认罪。武曌说："朕严禁天下屠宰，但是婚丧大事不在此限。然而，卿从今往后再请客时，应该认真挑选一下才是。"然后把杜肃的奏表拿出来让张德看。杜肃一脸羞愧，恨不得找个地缝钻进去，满朝文武无不想吐他一脸唾沫。

从天授二年（公元691年）下半年到如意元年（公元692年）上半年，应该是武承嗣最为得意的一段时间，他虽然没有被册立为皇嗣，却成功地对朝臣集团发起了反击，致使一大批朝臣或被杀或被流放或被贬官，武承嗣的势力得到很大的发展。好景不长，到了长寿元年七月，事态陡然就发生了变化。

武曌威权独任，决不能容忍任何人威胁到自己的权力，哪怕是自己的丈夫、孩子、情人，更不用说自己的侄儿了。夏官侍郎李昭德敏锐地捕捉到武曌的这一心病，不失时机地偷偷对武曌建言道："魏王武承嗣的权力太大了。"武曌说："那是我的侄儿，所以，我才把他当成我的心腹。"李昭德又说："侄儿与姑姑，亲情怎能与父子相比？当儿子的尚且发生篡夺、弑杀父皇的事情，何况是侄儿呢？如今，武承嗣不仅是陛下的侄儿，又被封为亲王，还是宰相，其权力已与陛下相当，臣担心陛下难以长期坐稳皇位！"武曌听后，不禁打了个冷战，两眼直直地盯着他说道："朕从未想到这一层！"

七月十五日，武曌对朝廷予以改组，削弱了武氏集团的权力：以文昌左相、同凤阁鸾台三品武承嗣为特进；以纳言武攸宁为冬官尚书，与夏官尚书、同平章事杨执柔一起免去兼任宰相职务。与此同时，又提拔了一大批非武氏集团人士：以秋官侍郎崔元综为鸾台侍郎；夏官侍郎李昭德为凤阁侍郎；检校天官侍郎姚璹为文昌左丞；检校地官侍郎李元素为文昌右丞；营缮大匠王璿为夏官尚书，这些人与司宾卿崔神基一起同平章事，即兼任宰相。武承嗣也在武曌面前说李昭德的坏话，但武曌正信任李昭德，说道："我委任李昭德，晚上才能安眠，他这是代替我操劳，你就不要多说了！"

二五五　风云再起（一）

武瞾滥用人士以及高压政策都遭到当时一些正直士人的反对，他们不断上书，从不同层面进行劝谏。

早在天授二年，御史中丞知大夫事李嗣真就上书，认为：“如今，告发之事越来越多，但经查虚假的占一大部分，证据确实的很少，臣恐怕会有奸邪之人以此来离间陛下与君臣的感情。古代规定，案件审结以后，由公卿们会商，君王还要宽恕三次，再执行刑罚。如今，调查人员奉命前往，调查之后，法官仅凭这一面之词就作出了判决，也没有复核程序，有时甚至独断专行，临时决断，也不向陛下汇报。这样一来，大权掌握在臣下的手里，这不是审慎之法，一旦出现冤案，又怎能发现！何况让一个九品的官员去负责调查，掌握着生杀大权，假借君王的权威，不经秋官（司法部）的复审，又没有门下省的监督，朝廷的大权轻易就送给别人，臣恐怕这是社稷之祸啊！”但武瞾不听。也许，在武瞾看来，只有这样才能打破原有官僚阶层形成的关系网，让那些世家大族真真切切地受到震慑，不敢犯上作乱。

长寿元年五月，万年县主簿徐坚也上书称：“古籍上说，审理案件要遵循五听原则［《周礼》称，辞听（观察嫌疑人说话）、色听（观察嫌疑人脸色）、气听（观察嫌疑人气息）、耳听（观察嫌疑人听审讯人说话时的态度）、目听（观察嫌疑人眼睛）］，法令上明确规定，结案后要三次向君王上报。臣见近来诏书下令审理谋反的嫌疑人，规定只要使者查清了事实，就可以即刻斩首。人命关天，死不再生，万一冤枉了好人，一家全被斩杀，岂不可怜！这种做法不能肃清奸党，严明刑罚，反而会让执法人员作威作福，臣民心怀疑惧。臣请求取消这一做法，结案后执法人员要依法三次汇报，再予以处理。另外，法官人选要仔细挑选，那些执法公平、宽恕、受到百姓拥护的，希望陛下亲近他们，重用他们；那些残忍苛刻、在百姓中间口碑不好的，希望陛下疏远他们，罢免他们。”徐坚的父亲徐其聃，太宗时被誉为神童，高宗时为崇文馆学士，曾教过高宗的几位皇子，他的姐姐徐惠是唐太宗的徐贤妃，妹妹则是唐高宗的徐婕妤。徐坚自幼也非常聪明，博览群书，他进士出身，初任汾州参军，后升为万年主簿。

从垂拱年间开始到长寿元年的这六七年间，武曌重用酷吏，先诛杀了数百名李唐宗室贵戚，而后又有计划地屠杀了数百家朝廷重臣，至于受到牵连而被诛杀的刺史、郎将以下的人员则是数不胜数，致使当时告密成风，每任用一名官员，宫女们都会窃窃私语道：“鬼杀手又来了。”果然，不出十天半月，这人总会被逮捕、屠杀。

物极必反。

到长寿元年中期，一个标志性事件就是武曌对武承嗣等人开始疏远，而对李昭德非常器重，随之而来的就是她对沿用六七年的告密政策进行了局部的修正。随着大周政权的日渐稳定，告密之风盛行导致的负面效应也开始显现，不仅不利于政权的稳定，甚至会危及她的政权。由于很多告密者所告之事都是查无实据，武曌慢慢地也不厌其烦起来，遂下令监察御史严善思进行审核。严善思将其中诬告的八百五十多人都予以严惩，酷吏们经营多年的告密集团受到了空前的打击，他们把矛头转向了严善思，罗织罪名，武曌将严善思流放到了驩州（今越南境内）。武曌也知道严善思是被冤枉的，不久，又把他召回朝廷，任命为相对超脱的浑仪监丞，负责天文台的工作。

右补阙朱敬则上书认为：“李斯当秦国的宰相时，用严刑峻法屠杀诸侯，不知道适时改弦更张、代之以宽和之政，结果秦国土崩瓦解，这是不知变通所导致的恶果；汉高祖刘邦平定天下，陆贾、叔孙通劝他以礼仪之说来治理国家，结果，汉祚传了十二世，这就是知道变通所带来的好处。自从陛下执政以来，旧王朝的反抗势力层出不穷，如果不重用刑罚，就不可能消灭奸党，开创大周基业，因此，陛下这才设置了铜匦（用于接收告密信的铜柜子），大开告密之门，是非曲直悉数显现，阴谋诡计也无处遁形。神明帮助正直，有罪必罚，百姓安居乐业，陛下顺利登基。然而，人走得太快，步履就无法做到整齐；弦绷得太紧，乐曲也难以悦耳，当时用得很好的政策，如今就显得有点落伍了，需要适时予以调整。希望陛下能够反思秦汉的得失，结合当前的情况，堵塞罗织的源头，清除朋党的痕迹，让天下苍生舒心欢喜，岂不快乐！”武曌觉得他说得很好，赏赐给他三百段帛。

侍御史周矩也上书说：“酷吏们都以虐待囚犯相互炫耀，他们用泥巴堵住囚犯的耳朵，用铁笼罩住囚犯的头颅，用木枷固定住囚犯的脖子，用铁圈套住囚犯的头顶，再打入楔子，然后，猛击囚犯的肋骨，将竹签刺入囚犯的指甲，吊起囚犯的头发，用烟熏囚犯的耳朵；有时候，数日不给囚犯食物，有时候几夜不让囚犯合眼。人非木石，这些人只顾眼前，只求一死。臣也听到人们私下议论，都说当今天下太平，何必去谋反！难道说被告密的个个都是英雄豪杰，人人都想当上皇帝？都是受不了严刑拷打，自己不得不编出瞎话罢了，希望陛下明察。如今，满朝文武个个心怀不安，夜不安枕，人人觉得陛下早上与自己亲密，晚上可能就会变脸，有性命之忧。周朝以仁义治国，国运昌盛，秦朝用严刑理政，很快灭亡，希望陛下也能放宽刑罚，多施仁义，则天下百姓就有福了！”武曌采纳了他的建议，酷吏集团受到了一定程度的打击，冤狱慢慢也减少了一些。

酷吏政治与吏治黑暗相互关联，补阙薛谦光上书认为：“选举官员，要选拔出有真才实学之人，陛下取舍之间，将直接影响到全国百姓的价值趋向。现在的候选人，纷纷请托举荐者，四处奔走，喧哗吵闹，不知羞耻，至于正该考察的文官的经国之才，却只需写一篇文章，武将的制胜之术，也只试试射箭。昔日，汉武帝读了司马相如的赋，禁不住叹息遗憾自己与此人没有生在同一时代。当他得知司马相如就是当世之人后，将他召入朝廷，终其一生也不过给他一个文园令的小官，就是因为汉武帝知道司马相如没有当公卿大臣的才干啊。打仗之前，部下给吴起呈上佩剑，吴起却说：‘大将的职责是擂起战鼓，控制进退，面对复杂战况，作出正确的判断，至于手持刀枪，冲锋陷阵，那不是大将该做的。’由此可知，毫无意义的文章岂能对治国有益？就算是个神箭手，对于击败敌人又有多大用处？选举的关键在于：考察文官，重点是看他的才能；武将则看他的勇气谋略；根据现任官员的优劣，强化对举荐者的奖惩即可。”

选人激增，这从高宗中期就已是一个大问题了，武曌革命，更是让人人得以自举，令这一矛盾更为突出。虽然武曌大肆诛杀朝臣，朝廷重臣走马灯地换来换去，但僧多粥少这一基本状况无法改变，这让选司官员非常为难。官员们为难的事，对于武曌来说未必就是坏事，在她看来，这正是自己拉拢人心、挑选为自己效力之人的好机会，她最需要的是效忠自己的人，其次才是所谓的才能。如今，虽然武曌可以暂时放宽刑罚，搁置一下恐怖政策，但刚刚即位的她对自己的统治还是不大放心，无法完全抛弃自己用来打碎旧官僚体系的选举用人办法，也不可能丢掉一直以来充当自己马前卒的酷吏集团。所以，薛谦光的奏表也就没有了下文。

公元692年，武曌已六十九岁，喜好祥瑞的她在八月二十四日宣称自己又长出了新牙，九月九日，她登上则天门，大赦天下，改元为长寿元年，把祭祀地神的日期改到九月，并将并州改为北都。

二五六　风云再起（二）

树欲静而风不止。

长寿元年武曌的转变非常短暂，效果也非常有限。由于这种政策的转变，势必带来朝廷各个势力之间力量的消长，也必定引起酷吏集团的反扑。就在她改元不久，即九月二十四日，王弘义就又兴起了一场大狱，武曌下令将同平章事李游道、王璿、袁智弘、崔神基、李元素、春官侍郎孔思元、益州长史任令辉七人流放到了岭南；左羽林中郎将来子珣也因事被流放到爱州（今越南清化），不久就死了。

这场大狱的详情已不得知，来子珣一案与李游道等七人是否有联系也无从考证，但从随后发生的事情来看，李游道一案也许与现任皇嗣李旦有关，也最终导致了次年武曌政治态度再次摇摆。

长寿二年（公元693年）正月（原来历法的十一月）一日，武曌驾临万象神宫，举行祭祀天神的大典。在这一盛大的典礼上，令所有人瞠目结舌的是：武曌第一次献祭，作为第二轮献祭的不是皇嗣李旦，而是魏王武承嗣；作为第三轮献祭的不是皇太孙李成器，而是梁王武三思！从长寿元年七月武曌罢免武承嗣的宰相之位，到如今以武承嗣为亚献，仅仅过去三个多月，武曌的态度就来了个一百八十度的大转折，显示了抛弃皇嗣李旦，以武承嗣、武三思为继承人的姿态，其间到底又发生了什么惊天动地的事情呢？由于武曌一朝的史料也都经过后世的篡改，我们有理由相信，武曌兴起的大狱只要涉及唐中宗（现在均州的李显）和唐睿宗（现任皇嗣李旦）的，就没有了详情，仅一句“……为谁所陷”就一笔带过，而李游道一案就是如此，并且，在这短短三个月里，除了李游道等七人的案件之外，大周朝廷并没有发生其他大事，这更让我们相信此案确实与皇嗣李旦有关。

接下来，武曌又对皇嗣李旦集团进行了打压。

此时，武曌的亲信宫女团儿也趁火打劫，在武曌面前进谗言，告发皇嗣李旦的妃子刘氏、德妃窦氏诅咒武曌。正月初二，刘氏和窦氏照例入宫，在嘉德殿朝见武曌，退下后，武曌下令将二人同时斩杀，埋在宫中一个不知名的地方。刘氏的祖父刘德威，贞观中曾任刑部尚书，娶妻宗室之女平寿县主；窦氏的曾祖窦抗，是唐高祖李渊妻子窦氏的族兄，其祖父是刑部尚书窦诞，其父窦孝谌为太常少卿、润州刺史。李旦一生共有六个儿子、十一个女儿，其中，六个儿子分别是：嫡长子、皇孙李成器（又名李宪），次子、恒王李成义（又名李撝，柳氏所生），三子、楚王李隆基（窦氏所生，后来的唐玄宗），四子、卫王李隆范（崔氏所生），五子、赵王李隆业（王德妃所生）、六子李隆悌（早死）。十一个女儿分别是：寿昌公主（下嫁崔真）、安兴昭怀公主（早死、追封）、荆山公主（下嫁薛伯阳）、淮阳公主（下嫁王承庆）、代国公主（名李华，字华婉，刘氏所生，下嫁郑万钧）、凉国公主（字华庄，始封仙源，下嫁薛伯阳）、薛国公主（始封清阳，下嫁王守一，王守一被杀后，又嫁裴巽）、鄎国公主（崔氏所生，始封荆山，下嫁薛儆，又嫁郑孝义）、金仙公主（始封西城县主，后与玉真公主出家为女道士）、玉真公主（字持盈）、霍国公主（下嫁裴虚己）。刘氏是李旦的正妻，为李旦生下嫡长子李成器和嫡长女寿昌公主、嫡五女代国公主；窦氏生下三子李隆基和第九女金仙公主、第十女玉真公主。

李旦害怕母亲会迁怒于自己，在武曌面前，也不敢说什么，举止如常。团儿又想加害于李旦，有人对武曌说团儿与李旦有仇，武曌这才杀了团儿。

团儿为什么要陷害皇嗣李旦以及刘氏、窦氏？她与李旦又会有什么深仇大恨？我们猜测，团儿不过是武承嗣等人拉拢过去的工具，刘氏和窦氏的被杀并非武承嗣等人的真正目的，他们的目的是想借武曌之手杀死李旦，取皇嗣之位而代之。而平衡武氏集团和李旦集团，让他们相互牵制，不让任何一方坐大，对武曌来说是最有利的，因此，在不出意外的情况下，武曌既不可能处死武承嗣等人，也不会轻易除掉李旦，所以，当武曌发觉武承嗣集团的反击有点过头之后，她又果断地处死了出头鸟团儿，以安抚李旦集团。

不过，即便如此，武曌对李旦集团的打压还在继续。德妃窦氏的父亲窦孝谌担任润州刺史，当时，告密者想要诬告一个人，都是采取引诱这家的奴婢来告发主人，窦孝谌家也遇到了这种事。窦氏被杀后，窦家的一个奴仆就装神弄鬼，吓唬窦氏之母庞氏，庞氏被吓傻后，这人又趁机让她深夜祭祀祈祷，而后，到官府告发庞氏诅咒。武曌命令监察御史薛季昶前去调查，薛季昶回京见到武曌后，先哭得泪流满面，称，庞氏与女儿窦氏一起诅咒，说道："庞氏干的事，我作为臣子不忍说出口。"武曌提拔薛季昶为给事中，而判令庞氏斩首。判决下来后，窦孝谌的儿子窦希瑊到侍御史徐有功那里鸣冤，徐有功下令有关部门停止执行，上奏认为庞氏无罪。薛季昶上书称徐有功与叛党沆瀣一气，请求交付审判；有关部门判处徐有功绞刑。令史把结论告诉徐有功，徐有功叹息道："难道说天下只有我会死，你们都永远也不会死吗？"吃完饭，他把扇子往脸上一挡，就呼呼大睡去了。武曌知道徐有功是个忠臣，特意召见了他，迎面就问："你近来审案，为何错放了那么多人！"徐有功回答："错放了人，是为臣的小错；爱惜人命，却是陛下的大德啊！"武曌听后，沉默不语，但庞氏也因此得以免死，与其三个儿子都被流放到了岭南，窦孝谌被贬为罗州司马，徐有功也被除名了。

腊月（原来的十二月）十二日，武曌下令将李旦的五个儿子全部降爵：皇孙李成器降为寿春王，恒王李成义降为衡阳王，楚王李隆基降为临淄王，卫王李隆范降为巴陵王，赵王李隆业降为彭城王。说实在话，降不降，对于这几个孩子而言都是一样的，他们还是被软禁在宫中，但对于李旦和武承嗣就不一样了，尤其是武曌把皇孙李成器降为寿春王所隐含的意义就太大了。也就是说，李旦现在虽然是名义上的皇嗣，但他随时会被拉下，而武承嗣不是皇嗣，随时也有可能成为皇嗣……

一月二十四日，前任尚方监裴匪躬、内常侍范云仙被人控告曾经私下晋见皇嗣李旦，武曌下令将二人在街市上处以腰斩之刑。范云仙称自己侍奉几位先帝，最终却被人诬告陷害，十分冤枉，来俊臣下令将其舌头拔去，不让他说话。从此以后，朝廷百官无人再敢与皇嗣相见了。长寿二年年初是皇嗣李旦最为艰难的时期，很快，又有人控告李旦企图谋反，武曌命令来俊臣审讯李旦身边的亲信们，这些人被打得死去活来，人人都快受不了，打算承认算了。

就在这时，太常工匠安金藏对来俊臣大喊说："大人既然不相信我说的话，我安金藏请求剖开我的心，以证明皇嗣没有谋反！"他当即抽出佩刀，自己割开胸膛，五脏六腑顿时流出体外，弄得满地是血。

武曌听说后，赶忙命人把昏迷的安金藏用轿子抬入宫中，让御医将他的五脏六腑放回肚中，又用桑皮线把肚子缝好，涂上药物，过了一晚，安金藏才苏醒过来。武曌也被安金藏的义举感动，她亲自来到安金藏的床边探视，歉疚地说道：

“我对我自己的儿子都不了解，竟然把你害到这步田地！”遂命令来俊臣停办此案，李旦就此逃过了一劫。

安金藏是西域安国的胡人，因其父来到中国，他也做了太常的乐工，如果没有安金藏的义举，李旦很有可能像他的几个哥哥一样要么被废，要么被杀，而武承嗣就有可能被立为皇嗣，整个历史进程就改变了。后来，李旦即位后，为了报答安金藏的救命之恩，破格提拔安金藏为右武卫中郎将。唐玄宗即位后，又晋升他为右骁卫将军，后又封其为代国公。

就在告发皇嗣李旦、刘氏、窦氏、庞氏等人前后，又有人告发被流放到岭南的人也企图谋反，武曌命令司刑评事万国俊暂代监察御史，赶往广州办案。历年来被流放到岭南的人无非武氏集团的异己分子，反观这一系列事件，我们更有理由相信，这是武承嗣集团有预谋的大规模反击行动。万国俊来到广州之后，将流放犯全部召集到一起，假传圣旨（按理说，万国俊怎敢假传圣旨？当然是武曌的命令，史书极有可能是在替武曌遮掩，毕竟后来的唐中宗、唐睿宗都是武曌的儿子，把自己的母亲说得如此不堪，自己的脸也没处放），让这些人全部自杀。流放犯们纷纷喊冤，不肯就范，万国俊下令将他们驱赶到水边，全部斩杀，一天之内就杀死了三百多人。杀完了人，万国俊回京复命，伪造了这些人谋反的证据，并且对武曌说，其他各道的流放犯也都不乏心怀不满、图谋不轨之徒，也应该早早除掉。

武曌听后，非常高兴，提拔万国俊为朝散大夫、行侍御史，又派遣右翊卫兵曹参军刘光业、司刑评事王德寿、苑南面监丞鲍思恭、尚辇直长王大贞、右武威兵曹参军屈贞筠均代理监察御史，前往各道屠杀流放犯人。刘光业等人看到万国俊大肆杀戮反而得到赏赐，也争先恐后地以多杀人为功，刘光业杀了七百多人，王德寿杀了五百人，其余杀得少的也不少于一百人，那些早年被流放的普通刑事犯也在这场浩劫中同时被杀。后来，为了安抚人心，武曌又出面收拾残局，她下诏：“还活着的六道流放犯与他们的家属，允许返回故乡。”能幸免于难的又有几人？这不过是做做样子罢了。此后，在风云变幻的大周政治舞台上，万国俊等人也当了武曌的替罪羊，有的被杀，有的被流放了。

武承嗣等人则抓住时机，极力讨好武曌，九月，他率领五千多人上书请求武曌加尊号“金轮圣神皇帝”。九日，武曌再次驾临万象神宫，接受了尊号，大赦天下。制作七宝，每次朝会，都陈列在殿堂之上。十四日，武曌又追尊曾祖武俭为浑元昭安皇帝，祖父武华为立极文穆皇帝，父亲武士彟为无上孝明皇帝。

二五七　恢复四镇

大周朝廷之上风云变幻，但总体来说，由于武曌实际掌控朝廷数十年之久，在她的高压政策下，其统治也日渐稳固，在稳定国内的同时，武曌也没有忘记经营周边地区，试图恢复昔日大唐的荣光。

吐蕃于唐高宗龙朔三年（公元663年）吞并吐谷浑，顿时让李唐帝国的整个战略态势严峻起来，不仅威胁到中央政府与西域各国的联系，也让陇西、关中平原甚至长安暴露在吐蕃兵锋之下。李唐朝廷乃至后来的武曌一直试图收复吐谷浑旧地，扭转这一不利态势，但是，咸亨元年（公元670年）大非川战败后，李唐采取了收缩战略，不仅不再寻战，还主动将安西四镇废掉。在随后的几年里，吐蕃接连入侵李唐帝国西部边陲，李唐则以宰相刘仁轨镇守洮河军，直到仪凤三年（公元678年），李敬玄以十八万人马再败于青海。此后，东突厥再叛，李唐无暇兼顾，遂派黑齿常之、娄师德镇守河源，抵御吐蕃，双方没有大的战事。

唐高宗去世后，武则天临朝称制，又于永昌元年（公元689年）以韦待价为总管，自西域发兵进攻吐蕃，结果再次大败；隔年，到了天授二年（公元691年），她又以岑长倩为武威道行军大总管，试图再进攻吐蕃，但中途停止。长寿元年（公元692年）二月，吐蕃所属的党项部落一万多人归降大周，武曌下令设置了十个州，五月，吐蕃酋长葛苏率领下属的并贵川部落请求归降大周，武曌命令右玉钤卫大将军张玄遇率领两万精锐部队前去迎接，六月，周军行至大渡河西岸，但葛苏事情败露，被吐蕃人生擒。其别部酋长昝捶率领八千余名羌族人归顺了大周，张玄遇将其部落设置为莱川州，而后撤离。

安西四镇也是中原人的一个伤痛。永徽元年（公元650年），唐高宗根据当时西域形势，罢四镇，安西都护府迁回西州。显庆二年（公元657年），大唐朝廷平定了西突厥阿史那贺鲁叛乱，次年，安西都护府又迁回龟兹城，四镇随之恢复。咸亨元年（公元670年）四月，吐蕃攻陷龟兹拔换城（今新疆维吾尔自治区温宿县），四镇再罢。调露元年（公元679年），裴行俭平定阿史那都支之叛后，又重置四镇，并由王方翼在碎叶水旁修建碎叶镇城以代焉耆，此后，安西四镇变成碎叶、龟兹、于阗、疏勒。武则天称制后，到了垂拱二年（公元686年），唐军再败于吐蕃，四镇再次失守。

长寿元年，西州都督唐休璟请求收复安西四镇，武曌下令以王孝杰为武威军总管，与左武卫大将军阿史那忠节率军进攻吐蕃，十月二十五日，周军大破吐蕃军队，顺利收复了安西四镇，将安西都护府由碎叶迁至龟兹，并驻军两万四千人，稳定了西域。至此，在周军的严密防守下，吐蕃军队已很难从喀喇昆仑山口进入西域，而必须绕道向西，经勃律（今巴基斯坦巴勒提斯坦），这也为将来吐蕃经营中亚并与大食产生联系提供了条件。

时隔一年，到了武曌延载元年（公元694年），大周周边局势又发生了新的变化：

北部：垂拱三年（公元687年），黑齿常之在黄花堆之战中大破东突厥，此后，东突厥一直处于守势；永昌元年（公元689年）薛怀义出兵北讨，已见不到东突厥的踪迹；其间，东突厥将注意力转向了依附于唐周的西突厥十姓，不断向西扩张。到天授元年（公元690年），被武则天任命为蒙池都护的继往绝可汗阿史那斛瑟罗在西域已无力自存，率领六七万人迁入内地，武则天任命其为左卫大将军，改号为竭忠事主可汗。此后，东突厥可汗阿史那骨笃禄去世，其子年幼，其弟阿史那默啜自立为可汗，长寿三年（公元694年）腊月二十五日，阿史那默啜率军进攻大周灵州（今宁夏回族自治区灵武市）。同月，位于黑龙江一带的室韦部落反叛，右鹰扬卫大将军李多祚（靺鞨酋长）率军将其击破。

西部：周军与吐蕃之间的战争仍在持续，一月，武曌以同平章事娄师德为河源等军检校营田大使，增加周军的后援力量。二月，武威道总管王孝杰率军分别在冷泉、大岭击破吐蕃将领勃论赞刃（应为论钦陵的五弟勃论）和吐蕃扶植的西突厥可汗阿史那俀子等各三万人，论钦陵的四弟悉多干在败逃途中被粟特人俘虏。碎叶镇守使韩思忠也击破了泥熟俟斤等一万余人。按：关于冷泉、大岭的地望，众多资料毫无例外地认为在今青海湖东，但据《吐蕃传》的记载，论钦陵的三弟赞婆“专在东境，与中国为邻，三十余年，常为边患”。而此战所涉的却是论钦陵的四弟和五弟，并说悉多干在败逃途中被粟特人俘虏，因此，此战有可能是发生在西域一带，是周军在夺回安西四镇后在西域对吐蕃继续展开的攻势。

西南：天授年间（公元690—691年），武曌派遣监察御史裴怀古前去西南地区安抚山蛮，到延载元年六月，永昌蛮酋长熏期率领二十余万户归降了大周。

东突厥阿史那默啜可以轻易地威胁到武曌的老家、现已升为北都的并州，因此，在稳定了西北、西南之后，武曌就决定集中力量一举消灭北方的阿史那默啜。

长寿三年二月十六日，武曌任命情人薛怀义为代北道行军大总管，率军讨伐阿史那默啜；次月一日，她又以凤阁舍人苏味道为凤阁侍郎、同平章事，李昭德为检校内史，改薛怀义为朔方道行军大总管，以李昭德为长史，苏味道为司马，率领大将契苾明、曹仁师、沙吒忠义等十八人出兵北伐。周军还未成行，阿史那默啜就撤离了。八月十七日，武曌又任命王孝杰为瀚海道行军总管，接受朔方道行军大总管薛怀义的指挥，但本年周军也没有出兵，一直到了次年，即天册万岁元年（公元695年）十月，阿史那默啜派来使者请求投降，武曌十分高兴，册拜其为左卫大将军、归国公。北方边境也暂时安定了下来。

回到国内。

就在武曌下令封薛怀义为代北道行军大总管后不久，也就是武承嗣上表请求武曌加金轮圣神皇帝尊号七个月之后，他故技重演，率领两万六千余人恳请武曌上尊号为越古金轮圣神皇帝。五月十一日，武曌登上则天门楼，接受了尊号，大赦天下，改元为延载元年。紧接着，武三思又率领四夷酋长请求以铜铁铸造“天枢”，立在端门之外，铭刻大周的恩德，贬损李唐。武曌任命姚璹为督作使，从胡人那里筹措了一百万亿钱，购买铜铁，即使这样还不够，又从民间征收农器才凑够。

随着武承嗣逐渐恢复了元气，他的死对头李昭德的处境就开始不妙了，但李昭德本人浑然不觉。李昭德自恃深受武曌的信任，独断专行，颐指气使，同僚对他都是牢骚满腹。同平章事娄师德性情宽厚，心宽体胖，一次，与李昭德一起上朝，娄师德太胖了，走得很慢，李昭德走在前面，干等娄师德，他就是赶不上来，不禁大怒，骂道：“你这个庄稼汉！”娄师德听后，一点都不恼怒，反而咧开嘴笑得很甜，慢慢回答：“娄师德不当庄稼汉，谁当？”武曌下令禁止民间私藏锦缎，而酷吏侯思止偷偷藏了一些，李昭德奉命调查此事，在朝堂上当场将侯思止打死。《御史台记》还记载了一件事：当时，来俊臣抛弃发妻，请求娶太原王庆诜的女儿为妻，而侯思止也上奏请求娶赵郡李自挹的女儿，武曌让宰相们商量。李昭德认为来、侯二人此举是辱国，他拍着手对大家说："太可笑了！太可笑了！"最后侯思止的婚事就搁置下来了。虽然李昭德在别人面前作威作福，但他在武曌更大的红人薛怀义面前就只能当孙子了。一次，李昭德与薛怀义商议事情，惹恼了薛怀义，薛怀义一拳打过去，李昭德吓得赶紧谢罪。

眼看李昭德得罪了很多人，前鲁王府功曹参军丘愔趁机上书弹劾，称："陛下在天授之前，大权独揽，从长寿年间以来，托付李昭德，让他最后决断。有些事情根本没有什么问题，陛下也签过字了，可是送到李昭德那里，他横生枝节，卖弄聪明，显示权力。"又说："臣观察此人的胆子比他的身子都大，经查是鼻孔朝天，出的气能冲破云汉……蚂蚁的巢穴能让大堤溃坏，小小的针尖能把气球刺破，君王的大权一旦离手，再想收回来就难了。"长上果毅邓注又写了数千字的《石论》，专门写李昭德的专权之恶，凤阁舍人逄弘敏拿来呈给了武曌，武曌看后，遂对李昭德厌恶起来，对姚璹说："李昭德身为内史，受国厚恩，真如书上所说，实在是负心啊！"九月二十一日，武曌将李昭德贬为南宾尉，不久，又将其免去死罪，流放了。

李昭德专权的两年里，打压了武承嗣集团和酷吏集团，但好景不长，仅仅过去两年，他就这样垮台了。

二五八　明堂大火（一）

武曌喜欢祥瑞是出了名的，也因之闹出了很多笑话。

她训练了一只猫，让猫与鹦鹉待在一只笼里，然后，拿出来在百官面前展示，传观没够一遍，那只猫饿了，突然扑向鹦鹉，把那只鹦鹉给吃了，弄得武曌一脸通红；还有一次，有人献上一块白色石头，石头上有红色纹路，有关官员问这石头有什么神奇的。那人回答：“在于它有一颗红心。”当时还当权的李昭德反唇相讥：“这块石头有红心，难道其他的石头都谋反叛变吗？”说得大家都咧嘴而笑了。襄州人胡庆在乌龟的腹部用红漆写上“天子万万年”，献给武曌。李昭德用刀把红漆刮掉，要把胡庆交给法院惩处，武曌说：“他也没有什么恶意。”就把他放了。一次，武曌手拿一枝梨花，宰相们都说是祥瑞，唯独杜景俭说：“如今是冬天，草木凋零，而此花却开放，阴阳不时，过错在微臣们身上。”武曌只好说：“你真是位好宰相啊！”

像改年号、改官号、建明堂、建天枢之类的，我们都已领教过了，武曌对给自己加尊号似乎也上了瘾。自从长寿二年（公元693年）加金轮圣神皇帝尊号后，次年（公元694年）又在金轮之前加了“越古”二字，到了今年（公元695年）正月初一，武曌又接受了一个更长的尊号：慈氏越古金轮圣神皇帝。大赦天下，改元为证圣元年。

到证圣元年（公元695年），上一年九月发生的李昭德一案还在发酵。周允元与司刑少卿皇甫文备弹劾内史豆卢钦望、同平章事韦巨源、杜景俭、苏味道、陆元方等人依附李昭德，不能有所匡正，武曌遂下令将豆卢钦望贬为赵州刺史，韦巨源贬为麟州刺史，杜景俭贬为溱州刺史，苏味道贬为集州刺史，陆元方贬为绥州刺史。

豆卢钦望等人被逐出朝廷之后，朝堂之上就剩下同凤阁鸾台平章事娄师德、杨再思、李元素三人了。娄师德和杨再思二人都是和事佬，比如娄师德，他的弟弟被任命为代州刺史，临行之前，娄师德告诫他说：“我身为宰相，你又当上了州官，荣耀已经太过了，别人会眼红的，你说该怎么应对？”弟弟跪下回答：“从今往后，就算是有人往我脸上吐口水，我也只是轻轻擦去而已，决不会在意的，哥哥，你就放心吧！”谁知娄师德听后却一脸忧愁，说道：“你这么做，正是我不放心的啊！别人往你脸上吐口水，是对你恼火，而你再把人家吐的口水擦去，就是在拂逆人家，会令人家更加恼火。吐在脸上的口水，就算不擦也会自然干的，假如别人往你脸上吐口水，就咧开嘴笑着接受。”《清异录》称，娄师德经常捧腹大笑，时人称其为“齿牙春色”。《御史台记》称，武曌时期禁止吃肉。一次，娄师德出差在外，厨师进呈肉菜，娄师德问：“圣旨要求严禁屠宰，你们为什么有肉？”厨师回答：“这只羊是豺狼咬死的。”娄师德脱口而出：“真是只懂事的豺狼啊！”大口大口地吃了起来。一会儿，厨师又上了一道鲙鱼，娄师德又问：“怎么还有鱼？”厨师回答：“这条鱼也是豺狼咬死的。”娄师德大声呵斥道：“真是缺心眼！咋不说是水獭咬死的？”厨师赶忙说是水獭。娄师德又吃得津津有味了。

唐高宗去世后，武曌身边换了一拨又一拨的人，唯独一个人一直没有换掉，这个人就是她的情人薛怀义。自从成为武曌的情人之后，薛怀义一步登天，得到了高官厚禄，成为十年来武曌身边最为得宠的人，而武曌在薛怀义那里也可以宣泄一下泛滥的情欲。多年以来，武曌让薛怀义负责建造明堂，明堂建成之后，又让他负责在明堂以北修建天堂，安放一座巨佛，这尊巨佛的脚指头上就能站下数十人。然而，天堂刚刚建成，就被大风摧毁，武曌又让薛怀义重修一座，每天都有上万人服役，前往岭南采伐巨木，耗费了万亿钱，国库为之空虚。薛怀义视钱财为粪土，肆意挥霍，武曌任其所为，根本不予过问。每次举行法会，都要花费上万钱，百姓云集，又散十车钱，任人捡拾，良田美宅大多被僧人占有。由于国库没钱，在讨伐吐蕃、突厥时时任宰相的豆卢钦望竟然打算号召九品以上的京官拿出两个月的俸禄作为军饷，此事还引起了一番不小的风波。豆卢钦望没有告诉大家是什么事，只让大家在奏表上签字。百官到场后，拾遗王求礼对豆卢钦望说：“大人俸禄高，捐一点没有什么，下官贫穷，为何不让我知道是什么事而强行摊派呢？”奏表呈上后，王求礼又给武曌进言说：“陛下富有四海，国库又不是没有钱，为何要我这个九品穷官的俸禄呢？”姚琦说：“求礼不识大体。”王求礼反驳道：“像姚琦这种人就是识大体的吗？”但此事也不再提了。

随着时间的推移，武曌与薛怀义之间却显出了不和谐的音符：已七十二岁的武曌依然情欲旺盛，而得到了荣华富贵的薛怀义却不再愿意入宫、充当这个老婆婆泄欲的工具了，他经常借故住在白马寺内，享受清福。薛怀义虽然厌倦了面首这个差事，但像宋之问等人争着抢着想当的可是大有人在。很快，御医沈南璆就填补了薛怀义的位置，没多久，就有人看出了其中的端倪，开始打起了薛怀义的主意。

薛怀义剃度了上千精壮男子为僧，侍御史周矩怀疑薛怀义心怀不轨，坚决请求武曌允许自己调查此事。武曌说：“你暂时退下，朕这就让他前去你那里接受调查。”周矩前脚返回衙门，薛怀义后脚就到了，他骑着马一直到台阶跟前，才从马上下来，进屋后，袒露肚皮，坐在床上。周矩挥手招来衙役，准备把他控制起来，薛怀义见势不妙，匆忙从床上跃起，跨马而去。周矩将此事向武曌一一汇报，武曌说：“这道人疯疯癫癫的，不必审讯了，他剃度的那些个僧人，就随你处置了。”周矩将这一千僧人全部流放到了偏远的州县，因此功，他也被武曌晋升为天官员外郎。

这件事让薛怀义恼羞成怒，于是，一个让武曌难堪的计划逐渐在他的心中酝酿成熟了。

证圣元年（公元695年）正月十六，武曌在明堂举办盛大的无遮法会。提前在明堂下面挖了一个深五丈的大坑，用绸缎结成宫殿的样子，而后把佛像从坑中缓慢拉上来，宣称是佛像自动从地下涌出来的。又杀牛取血，画了一个两百尺的巨佛头像，谎称是薛怀义刺破膝盖流出的血画成的。正月十七，把巨佛头像悬挂在天津桥南，设下斋饭，当晚，薛怀义暗地焚烧了天堂，又蔓延烧掉了明堂。大火将洛阳城照得如同白昼，烧到第二天黎明，花费了巨额钱财才建成的富丽堂皇的天堂、明堂化为一片瓦砾，大风也把血像撕裂为数百段。

武曌又羞又愧，不愿说出真相，只说是工匠误烧了天堂，延及明堂。当时，武曌正在举行晚宴，左拾遗刘承庆请求停下宴会，以回应上天的谴责，武曌将要听从。姚琦却说：“从前，周朝的宣榭殿失火，占卜说预示着后世越来越兴盛；汉武帝兴修建章宫，盛德更加长久。明堂是宣布政令的场所，并非宗庙，陛下不该因此而自我贬低。”武曌遂照旧驾临端门，观看众人饮宴。她又下令重新建筑天堂、明堂，仍然让薛怀义负责；又用铜铸造了九州鼎，各高一丈八尺，每个鼎内可装一千八百石粮食；又铸造了十二属相神，均高一丈，分别按照各自所属方位予以安放。

过去，河内有个老尼姑住在神都的麟趾寺，与嵩山人韦什方等人妖言惑众。这个老尼姑自称净光如来，谎称自己能预知未来，白天只吃素食，晚上则杀羊饮宴，豢养了一百多名弟子，荒淫放荡，无所不为；韦什方则谎称自己是东吴大帝孙权赤乌元年（公元238年）出生的，已四百多岁了，自称能配长生不老之药，武曌命人前往岭南采药；还有一个老胡人也自称已五百岁了，称自己在两百年前就曾见到过薛师（薛怀义的尊称），容貌比现在还显年轻。武曌对这三人都是深信不疑，还给韦什方赐姓武，以他为正谏大夫、同平章事。等到明堂大火后，武曌见到老尼怒斥道："你不是经常说能预知未来吗？为何不知道明堂会失火？"遂将其赶回河内，手下弟子以及老胡人也都四散而逃。又有人向武曌告发老尼姑和她的弟子们干的一些丑事，武曌下令又将老尼姑召回麟趾寺，等到她的弟子们都到齐后，又命令使者带人悉数将她们逮捕，没为官府女奴。韦什方也从嵩山被召回，行至偃师，听说老尼姑的事情败露，自忖也难逃一死，自杀了。

二五九　明堂大火（二）

明堂大火让武曌颜面尽失。

证圣元年（公元695年）正月二十一日，武曌以明堂失火向宗庙禀报，并下制书（因诏书与曌同音，为避讳而改）向天下人征求直言。左拾遗刘承庆上书称："一是大火从粗麻佛像烧起，又蔓延到明堂，建造的佛寺，徒劳无益，请求停止；二是明堂是协调上天万民的场所，一旦焚毁，臣子哪里还有心思继续饮宴！又是忧愁又是欢喜，这违背常理；三是陛下下制征求直言，而左史张鼎却认为大火烧毁了皇家宫殿，更加彰显大周吉祥，通事舍人逄弘敏上奏称弥勒佛成佛时也有天魔焚烧宫室，七宝台瞬间毁坏，这些都是谄媚虚妄的妖言，并非大臣的正直言论。臣希望陛下谨慎小心，不要违背上天和万民的心愿大兴土木，如此一来，万民蒙福，陛下也福禄无穷了！"获嘉县主簿刘知几也上书提到了四件事情，他说："一是陛下赦令太频繁了。帝国初创，嗣君刚刚即位，让黎民百姓开始新的生活，往往会因此而降下恩典，与民更始。如今，四海安宁而陛下却不停地下制大赦，近段时间一年中会赦免两次，稍远一点每年也都会大赦一次。以至于那些地痞无赖之徒，如是平头百姓就会作奸犯科，如是当了官员也会索贿受贿，这是因为，他们心里都清楚等到每年元旦和重阳节，陛下都会发布大赦令，而事实上也的确如此。有的证据确凿，罪大恶极，已经作出了判决，他们暗中贿赂官员，而官员们也趁机索贿，故意拖延行刑日期，总能让这些罪犯躲过一劫。古语说得好：'坏人的幸运，就是好人最大的不幸。'希望陛下从今往后稍稍减少赦令，让百姓知道规矩，这样一来，坏人才能得到惩处。二是加官过于频繁。全国九品以上的官员每年遇到大赦，都会晋升一级，以至于官员们公私宴会时，身穿红色官服（四品）的人比身穿蓝色官服（九品）的人还多，他们都不是因为个人才干、品行而被晋升的，这就让人们失去了评价标准，不知道美丑。臣希望陛下从今往后减少一点个人恩典，让才德兼备的人比着对国忠诚、工作勤勉，让无才之人也有了学习的榜样。三是冗官太多。陛下登基以来，录取的士人太多，六品以下的官员如同尘土、沙砾一样多，如果不加以淘汰，臣恐怕会令帝国蒙羞。四是官员调动太频繁。如今地方官员晋升、调动太频繁了，来去匆匆，人人心怀苟且，谁还有心精心治理一个地方！希望从今往后刺史在一个地方工作不满三年以上的，不得晋升，如此就可以明察他们的功过，做到赏罚适当。”刘知几，彭城人，唐高宗永隆元年进士，是唐代著名的史学家，后他撰写《史通》一书，是中国历史上第一部史学评论著作，对后世的影响很大。当时，官爵很容易取得，但法网严密，刑罚严酷，很多人竞相投入仕途，又很快就被打入大牢，或被杀或被流放，刘知几专门写了一篇《思慎赋》来警醒世人。

薛怀义焚烧了明堂，自己也心怀不安，言谈之间更为荒诞、狂妄，与武曌之间的裂痕逐渐扩大，武曌不得不暗中挑选了一百多名壮健有力的宫女带在自己身边，以防不测。二月四日，武曌终于痛下杀手，在瑶光殿前的树下将薛怀义制服，而后，命令建昌王武攸宁率领壮士将其活活打死，把尸体拉回白马寺，烧成灰烬，和到泥土中建造佛塔。

二月十六日，武曌宣布去掉尊号中的“慈氏越古”四个字。

四月，天枢建成。它是一座类似于纪念碑的建筑物，由三部分组成，最下面是用铜铁铸成的铁山，周长一百七十尺，由蟠龙、麒麟萦绕；主体部分是一根高一百零五尺、直径十二尺的巨大铜柱，铜柱有八个面，每个面宽五尺；顶端是云盖部分，其上有四条站立的巨龙，各自身长十二尺，托举一颗直径十尺的巨大龙珠，耗费铜铁两百万斤（一说铜五十多万斤，铁三百三十多万斤，钱两万七千贯），费时十个月。工人毛婆罗制作模具，武三思撰写文字，将文武百官以及四夷酋长的名字都镌刻其上，武曌亲笔题写铭文：“大周万国颂德天枢”。

九月九日，武曌在南郊同时祭祀天地神，又给自己加尊号为天册金轮大圣皇帝，大赦，改元为天册万岁，因此，这一年又称为天册万岁元年。到了十月，就传来了东突厥阿史那默啜归降的消息，这似乎也印证了《大云经》上记载的“以佛教正法治国，阎浮提上所有国王悉来奉承，无拒违者”这句话，也让武曌心情更好，她的自大心态再次膨胀了起来，她决定封禅嵩山。唐高宗还活着的时候，武曌就一直劝说唐高宗封禅嵩山，但唐高宗最终还是没能如愿；唐高宗死后，武曌忙着篡位，也无暇顾及，如今，在她看来，自己的大周帝国已稳如磐石了，正是封禅的时候。

转眼就是第二年。

腊月六日，时年七十三岁的武曌从神都出发，十六日，抵达嵩山。在那里，武曌宣布大赦天下，将仅仅用了两个月的天册万岁年号又改成了万岁登封年号，并下令免除全国百姓今年一年的田赋，允许大家大吃大喝九天。十九日，武曌又在少室山祭祀地神；二十一日，武曌接受百官的朝贺；二十五日，返回洛阳宫；二十六日，向太庙禀报。不久，武曌又尊神岳天中王为神岳天中黄帝，灵妃为天中黄后；夏启为齐圣皇帝，夏启的母亲为玉京太后。

右千牛卫将军、安平王武攸绪是武曌族兄武惟良的儿子，从小恬淡寡欲，他看到武氏集团残酷打击李唐宗室和朝廷重臣，为了全身避祸，从嵩山回京后，就上书武曌要求弃官隐居嵩山。武曌怀疑武攸绪另有图谋，就答应了他的请求，暗中派人监视他，看他要干什么。武攸绪遂悠闲地在嵩山游山玩水，冬天居住在茅草屋内，夏天则住在山洞中，完全像个山林隐士。武曌以及朝中王公大臣们送给他的礼物，他一概不用，堆放在一边，落满了灰尘。他花钱买了一些田地，让奴仆们耕种，跟百姓没有什么两样。《酉阳杂俎》称，他到晚年成了半仙，身上肌肉没了，目露紫光，白天能看到星星月亮，又能听见数里之外人们的谈话。

阿史那默啜归降，北方暂时安定下来，武曌又把目光转向了吐蕃。此时的吐蕃赞普是松赞干布的重孙器弩悉弄（又翻译为赤都松赞、松芒布结、杜松芒波结），已二十七岁，随着他年龄的增长，逐渐与专权的论钦陵家族产生了矛盾。前年王孝杰大破论钦陵的弟弟勃论赞刃后，到了去年，器弩悉弄就借此将勃论赞刃杀了。吐蕃连年与中原征战，百姓已非常厌战，但是，论钦陵兄弟为了继续掌握军权，始终不愿看到两国实现和平，这也是赞普与论钦陵之间的分歧。看到吐蕃内部统治集团矛盾重重，武曌决心再接再厉，再好好教训吐蕃一顿。

而论钦陵却有自己的想法。他已经意识到赞普要对自己家族下手了，这让他十分恐慌，遂打算再立战功，以挽回面子，保全自己的家族，于是，他于去年七月就率领吐蕃军队开始侵扰临洮，武曌任命王孝杰为肃边道行军大总管，发兵前去讨伐，到了今年，战事逐渐扩大。一月，武曌又以娄师德为肃边道行军副总管，向前线增兵。三月一日，周军将领王孝杰、娄师德与吐蕃大将论钦陵、赞婆兄弟在素罗汗山（今甘肃省临潭县境内）决战，结果，周军大败。王孝杰被贬为平民，娄师德被贬为原州员外司马。消息传来，娄师德吃惊地说道："我的官职和爵位都没了吗？"过了一会儿，他又说："这样也好，也好！"就再也不把这当成一回事了。

三月十六日，新的明堂又建成了。新明堂高两百九十四尺，周长三百尺，规模要小于旧明堂。明堂上面安放一只镀金的铁凤凰，高两丈，后来，这只铁凤凰又被大风刮坏了，武曌又命人造了一颗巨大的铜火珠，由群龙捧着。武曌把新明堂取名为通天宫，因此，她又下令大赦天下，将使用了两个多月的万岁登封年号又给改了，改为万岁通天，所以，这一年又被称作万岁通天元年。

二六〇　契丹反叛（一）

从万岁通天元年（公元696年）到久视元年（公元700年），我们把这五年作为武曌统治的中期。

证圣元年年初因李昭德一案受到牵连，豆卢钦望等大周一大批朝廷重臣都被贬到了地方，朝廷之上再次为之一空，到万岁通天元年，大周朝廷重臣主要是：

纳言姚璹；

同凤阁鸾台平章事娄师德、王孝杰（二人因与吐蕃战败四月被免）、杨再思、李元素、孙元亨（夏官侍郎、四月任命）、王方庆、李道广。孙元亨，生平不详。王方庆，本名王綝，字方庆，其父为汉王李元昌友；东晋书法家王羲之是王方庆的十世从伯祖，王方庆学识渊博，为官清廉，曾任广州都督，被人称为治理广州第一人，但野史对其评价并不高，称其言辞鲁钝，智不逾俗。李道广，本姓丙，曾任汴州刺史。

回顾武曌登基以来的这五年，她似乎一直在杀人、改元、大兴土木，好像没有做什么好事，可谓乏善可陈：

天授元年，诛杀裴居道、张行廉、南安王李颖等十二人、鞭杀原太子李贤的两个儿子；诛杀李唐宗室亲戚数百家；杀韦方质、邢文伟；将西突厥继往绝可汗阿史那斛瑟罗等六七万部众迁往内地。

天授二年，杀刘行感兄弟、丘神勣、张虔勖、云弘嗣、傅游艺、乐思晦、李安静；命令岑长倩进攻吐蕃未果；将关中数十万户迁到洛阳；把中宗、睿宗的子女赐姓武，软禁起来。

长寿元年，大肆提拔存抚使推荐的人；贬谪任知古、狄仁杰、裴宣礼、魏元忠、卢献，流放裴行本、李嗣真；杀泉献诚；流放李游道、王璿、袁智弘、崔神基、李元素、孔思元、任令辉；禁止全国捕猎、屠杀；王孝杰收复安西四镇。

长寿二年，杀睿宗李旦王妃刘氏、德妃窦氏，流放窦氏之母庞氏；降睿宗子女封号；大规模诛杀各地的流放犯。

延载元年，东突厥进犯灵州；王孝杰击败吐蕃军队；铸造天枢；流放李昭德、崔元综。

天册万岁元年，大规模贬谪李昭德一党豆卢钦望、韦巨源、杜景俭、苏味道、陆元方；明堂大火，重修明堂；杀薛怀义；东突厥请降；命王孝杰讨伐吐蕃。

到万岁登封元年（公元696年）年初，武曌不仅封禅嵩山，又盖好了新明堂，美美地过了一把自大瘾，可是，让她不爽的是娄师德和王孝杰在素罗汗山一战中被吐蕃论钦陵打得大败。三月，她又改年号为万岁通天，仅仅过去一个多月，到了五月十二日，北方又传来了一个惊人的消息——营州契丹松漠都督李尽忠、归诚州刺史孙万荣（李尽忠的内兄）起兵造反了！他们攻克了营州，杀害了都督赵文翙。

契丹，居住在潢水（今内蒙古自治区西拉木伦河，又称土护真水、饶乐水）以南，黄龙县（今地不详，约在今北京市以北）以北，其游牧范围东与高句丽相邻，西与奚人接壤，南到营州（今辽宁省朝阳市），北到室韦。契丹分为八部，共有兵力四万三千人，经常与奚人相斗。太宗时，以其部落酋长窟哥为左监门大将军，又有契丹别部酋长孙敖曹，其曾孙就是孙万荣，垂拱初年被封为右玉钤卫将军、归诚州刺史、永乐县公，而李尽忠就是窟哥的后代。

孙万荣和妹夫李尽忠的部落都驻扎在营州城外，营州都督赵文翙刚愎自用，把契丹酋长们视同自己的奴仆，对契丹人的死活不管不问，让孙万荣和李尽忠二人非常不满，遂决心率众起兵反叛。

五月二十五日，武曌派遣左鹰扬卫将军曹仁师、右金吾卫大将军张玄遇、左威卫大将军李多祚、司农少卿麻仁节等二十八员大将前去讨伐。七月十一日，武曌再以春官尚书武三思为榆关道（今河北省北部）安抚大使，以姚璹为副大使，以防备契丹。武曌又把李尽忠改名为李尽灭，孙万荣改名为孙万斩。

不久，李尽灭就自称为无上可汗，以营州为据点，命孙万斩为前锋，攻城略地，所向披靡，不到十日，二人已拥有数万大军，南下包围了檀州（今北京市密云区），清边前军副总管张九节将其击退。

契丹人攻克营州后，将数百名俘虏打入地牢，派霫人看管。等到听说周军将至，就让霫人谎称：“我们的家眷都是饥寒交迫，挣扎在死亡线上，只等官军前来，我们就会投降。”而后，契丹人又把这些俘虏从地牢中放了出来，对大家说：“我想养活你们，却没有粮食；杀了你们，又于心不忍，还是放你们各自逃生去吧！”这些俘虏逃回到幽州后，将他们听到的情况一五一十地给周军将领们都说了，于是，各军将领都非常轻敌，争先恐后率部杀入敌境。各军推进到黄獐谷（今河北省卢龙县），契丹人又故意将老牛瘦马弃之路边，还派老人小孩迎接大军。

曹仁师、张玄遇、麻仁节三将丢下步兵，率领骑兵轻装北进。契丹人早已在他们的必经之地硖石谷（今河北省卢龙县）设下了天罗地网，八月二十八日，当他们进入谷中后，契丹伏兵拦腰杀出，用套马索将张玄遇和麻仁节生擒，周军将士的尸体填满了山谷，很少有逃脱的。契丹人缴获了周军的军印，伪造了一封军书，让张玄遇等人签字，内容指示后面的步兵总管燕匪石、宗怀昌等人，称：“官军已经击破敌人，你们如果等到我们到达营州后才抵达，将领一律斩首，士兵不再记功！”燕匪石等人接到军书后，只得命令部队昼夜兼行，顾不得吃饭睡觉，跑得人困马乏。契丹人早已在半路上设下埋伏，周军后继部队重蹈覆辙，全军覆没。

周军惨败，让武曌大惊失色。九月，她下制称：“全国监狱中的囚犯以及官府中的奴仆，有特别骁勇的，囚犯释放，奴仆由官府出钱赎出，从军讨伐契丹。”允许山东各州自行组建地方骑兵队伍，又以同州刺史、建安王武攸宜为右武威卫大将军，兼任清边道行军大总管，前去讨伐契丹；以右拾遗陈子昂为武攸宜的参谋。陈子昂上书称：“见陛下赦免天下罪人，招募各种奴仆从军，这只能算是应急之法，并非长久之计。况且，近期囚犯很少，奴仆也大多胆怯，就算让他们从军，也未必有用。另外，如今天下忠诚骁勇之士没有用上万分之一，契丹不过是些残渣余孽，何必如此？有损帝国声望！”

就在契丹捣乱的同时，东突厥和吐蕃也来凑热闹了。

九月十八日，东突厥军队在西线进攻凉州（今甘肃省武威市），活捉都督许钦明。许钦明是唐初功臣许绍的曾孙，当时，他出城巡视，东突厥阿史那默啜率领数万大军突然来到城下，许钦明众寡不敌，激战良久，终于被俘。在攻下凉州之后，阿史那默啜押着许钦明，又挥师东进，进抵灵州（今宁夏回族自治区灵武市）城下，命许钦明劝说城中投降。许钦明朝城内大喊道："敌人没有吃的，城内有好吃的酱，讨要两升，粱米要二斗，黑墨一梃。"当时，敌人扎营的地方四面有河，只有一条退路，许钦明的意思是让城内守军趁夜挑选精兵良将出城偷营，但城内竟然无人明白他的意思。

许钦明的哥哥许钦寂时任龙山军讨击副使，与契丹在崇州（今辽宁省凌源市西北）作战，也战败被俘了。契丹叛军将要包围安东［安东都督府治所新城（今辽宁省抚顺市西北）］，命许钦寂劝降，许钦寂对城内的安东都护裴玄珪说："狂贼定会受到上天的惩罚，旦夕就要灭亡，大人只需严加戒备，为国尽忠！"契丹人遂杀害了许钦寂。

阿史那默啜一边侵扰大周边境，一面玩弄两面派手法，又派人前来，请求当武曌的干儿子，还替自己的女儿求婚，并答应把河西归降突厥的百姓全部还给周朝，愿意帮助周朝讨伐契丹。武曌派遣豹韬卫大将军阎知微（阎立德之孙、阎立本侄孙）、左卫郎将摄司宾卿田归道（贞观时左武候中郎将田仁会之子）前往东突厥，册封阿史那默啜为左卫大将军、迁善可汗。

与此同时，吐蕃也派人前来要求和亲，武曌派遣右武卫胄曹参军郭元振前去接洽。郭元振是魏州贵乡人，进士出身，担任通泉（今四川省射洪县）县尉。在任期间，他执法犯法，抢掠贩卖所属部众，送给宾客。武曌听说后，把他召回京城，准备治罪，但与他一番交谈后，对他十分欣赏，就授予他右武卫胄曹参军一职。

吐蕃大将论钦陵提出的条件是：大周撤去安西四镇的驻军，并把西突厥十姓的土地分一半给吐蕃。郭元振回答："安西四镇和西突厥十姓之地原本也不是吐蕃的土地，如今，要求我们撤去四镇的驻军，难道你们是想吞并那里吗？"论钦陵说："我们吐蕃要是贪图土地、要骚扰你们的话，就会向东进攻甘州、凉州，怎么会要万里之外的土地呢？"于是，他派遣使者随郭元振一起来到了洛阳。

二六一　契丹反叛（二）

是答应吐蕃的条件还是严词拒绝？

大周朝廷上议论纷纷，莫衷一是。郭元振上书认为：“臣听说好会变坏，坏也会变好。国家难以对付的只有吐蕃和东突厥，如今，吐蕃请和，东突厥归顺，这都将对国家非常有利，然而，假如我们应对不当，必将产生坏处。现在，论钦陵想分裂西突厥十姓，让我们撤掉西镇之兵，这实在是利害的关键所在，不可轻易决断啊。我们假如草率地拒绝了他，恐怕吐蕃给我们造成的边患将会比以往更甚；假如我们觉得不可丢掉安西四镇、不能撤去军队的话，就该用谋略拖延，让他感到和好之路并没有断绝，那么，他就不会立即产生恶意。安西四镇的危害较远，而甘州和凉州的危害却近在眼前，如何取舍，确实需要我们认真研究。如今，国外的忧患在于安西四镇和西突厥十姓，而国内的忧患则在甘州、凉州、瓜州、肃州，关陇百姓长期作战，往前三十年一刻都没休息，已经精疲力竭了，一旦凉州、甘州有警，这里的百姓岂堪征调？善于治理国家的，要先安抚好国内以抵御国外，而不可以贪图国外的土地而危害国内，这样才能国泰民安。如论钦陵所说：‘四镇与吐蕃各部接壤，担心汉人侵扰，所以才这么请求。’说明这里对吐蕃而言非常重要，而青海、吐谷浑之地与我们的兰州、鄯州紧邻，这里对我们也是很重要的。如今，我们应该这样回复论钦陵：‘我们并非吝惜四镇之地，我们设置四镇的本意也是扼守吐蕃的咽喉，令你们分兵，让你们无法全力东向入侵我们。假如我们把这里给了你们，你们的力量就强大了，更容易东侵了。如果你们真的没有东侵的打算，就先返还吐谷浑各部以及青海旧地，那么，西突厥五俟斤的土地就割让给你们。’我们这么说，就足以堵住论钦陵的嘴巴，又没有完全堵上和平谈判之路。假如论钦陵悍然发动战争，那么输理的就在他一方。况且，西域各国归顺我们时间长了，说起他们与我们的情谊，岂能与吐蕃同日而语？如今，我们还没有了解他们的真实想法，就贸然把他们割给吐蕃，恐怕会伤害他们的感情，也不是统御四夷的长久之计啊！”

郭元振又上书说：“我猜测吐蕃军民也早已厌倦了战争，都愿意与我们恢复和平，只是论钦陵个人想割据四镇之地，把持军权，不愿实现和平。如果我们每年都向吐蕃派去求和的使者，而论钦陵总是予以拒绝的话，他们国内的百姓会逐渐怨恨论钦陵，而愿意接受我们的请求的人也会越来越多。就算论钦陵想大规模征兵，与我们决战，恐怕也会变得非常困难。这一离间之计能够令他们上下猜忌，国内产生内乱。”

武曌觉得他说得对，就答应了。

十月二十一日，契丹首领李尽忠去世，孙万荣统领叛军。东突厥阿史那默啜趁机率军偷袭契丹大本营，将李尽忠和孙万荣的妻子儿女俘虏而去。武曌听说后非常高兴，又晋升阿史那默啜为颉跌利施单于、立功报国可汗。

孙万荣率领本部人马离开大本营，长驱南下，又派遣别将骆务整、何阿小为先锋，攻克了冀州（今河北省衡水市冀州区），杀死刺史陆宝积，屠杀军民数千人；而后，契丹军队又进攻瀛州（今河北省河间市），整个河北一片恐慌。

国难当头，武曌还得重用那些有才能的人。她下令起用彭泽县令狄仁杰为魏州（今河北省大名县）刺史。前任刺史独孤思庄担心契丹叛军会突然入境，将魏州百姓都迁入城内，整修城防。狄仁杰到任后，把百姓都放回家去，说：“叛军距离我们这里还很远，何必这么紧张！万一敌人来了，我一人负责！”魏州百姓都很高兴。前益州长史王及善，其父王君愕，贞观中任左武卫将军，在驻跸山之战中战死；高宗时，王及善任太子李弘左奉裕率，后被高宗晋升为右千牛卫将军。高宗对他说：“因你忠诚勤勉，我才特意任命你这个三品要职。满朝文武不经宣召，无人能来到朕的跟前，而你却能佩带大刀站在朕的身边，该知道这个官的尊贵了吧？”后来，王及善历任卫尉卿、司属卿、春官尚书、秦州都督、益州长史等职。野史对王及善评价不高，《朝野佥载》称他很平庸，后来，在他担任内史时被人称作“鸠集凤池”；后任文昌右相时，没有出台什么像样的措施，只要求令史骑的驴不得进入办公区，终日不停地驱赶驴，被人称为“驱驴宰相”。

此时，王及善已经退休，武曌重新起用他为滑州刺史，上任前，武曌接见王及善，说道：“逆贼入侵，大人虽然身体不好，但可以带上妻子，每天行走三十里地，为我治理魏州，作为帝国的屏障。”并询问朝廷得失。王及善一一作答，提出具体措施。武曌听后大喜，说道：“抵御逆贼是小事，辅佐朕才是根本，你就不要去了。”遂拜其为内史。

转眼又是新年，周军与契丹叛军的交战还在如火如荼地进行着。

万岁通天二年（公元697年）三月十二日，周军清边道行军总管王孝杰、苏宏晖等人率领十七万大军与契丹叛军在东硖石（在今河北省卢龙县境内）决战。王孝杰率领精锐部队充当先锋，与敌人展开激战，终于将契丹军击退，周军乘胜追击，追到一个悬崖跟前，契丹军突然杀了个回马枪，返身朝周军杀来。苏宏晖见势不妙，最先掉头就往回跑，王孝杰被挤下悬崖摔死，周军将士几乎伤亡殆尽。军中管记张说逃回京师，向武曌禀报称：“王孝杰忠勇为国，深入敌境，以少敌众，只是由于后援不到才战败的。”武曌大怒，派使者在军中斩杀苏宏晖，使者还未到，苏宏晖又另立了战功，才得以免死；武曌又追赠王孝杰为夏官尚书，封耿国公，拜其子王无择为朝散大夫。张说，字道济，祖籍范阳，后祖上迁居河东，又迁到洛阳。《开元天宝遗事》称：张说的母亲梦见一只玉燕从东南飞入怀中，不久生下了张说，后来，玉燕投怀就被比喻人生贵子。《大唐新语》称：武曌革命后，向全国搜罗有才能之士，响应的有上万人之多。武曌亲临洛阳南门监考，张说对策为天下第一，其中的警句为：“昔三监玩常，有司既纠之猛；今四罪咸服，陛下宜计之以宽。”武曌因很久都没有出现过甲等，遂让张说屈居乙科，拜为太子校书。

王孝杰等人战败的消息传来时，清边道行军大总管武攸宜率领大军才行至渔阳（今天津市蓟州区），全军上下一片恐慌，不敢继续前进了。孙万荣乘胜进攻幽州（今北京市），打出恢复李唐的旗号，发布檄文称：“为什么不把我庐陵王还给我们？”契丹叛军攻克幽州所属县城，劫掠居民，武攸宜派兵迎战，却屡战屡败。当时在军中担任参军的陈子昂忧心忡忡，请求武攸宜分给自己一万人马，让自己领兵与敌人作战，但武攸宜把陈子昂当作寻常文人看待，根本不予理睬。过了几天，陈子昂又接连向武攸宜进谏，最终将武攸宜激怒，将他贬为军曹。悲愤的陈子昂相继写下了《燕昭王》《登幽州台歌》，以抒发一腔愤懑之气。

周军两次硖石谷惨败，让局势变得岌岌可危。四月十八日，武曌再任命右金吾卫大将军武懿宗为神兵道行军大总管，与右豹韬卫将军何迦密率军讨伐契丹；五月八日，她又以娄师德为清边道行军副大总管，以右武威卫将军沙吒忠义为前军总管，率领二十万大军，配合武攸宜、武懿宗等人一起进攻契丹。

武懿宗的军队行至赵州（今河北省赵县），听说契丹大将骆务整率领数千骑兵快到冀州了。武懿宗本无韬略，又胆小如鼠，顿时吓得魂不附体，打算率军南逃。有人劝说："叛军没有辎重，全靠劫掠，如果我们按兵不动，固守城池，敌人必然军心涣散，我们趁机发起攻击，一定能立下大功。"但早已吓破胆子的武懿宗根本听不进去，率军匆忙南撤到相州（今河南省安阳市），丢掉无数辎重、武器。周军一撤，契丹军队很快就占领了赵州，将赵州百姓杀得一个未留。

二六二　契丹反叛（三）

契丹兵锋甚盛，周军屡战屡败，整个河北腹地已沦入契丹的铁蹄之下，而此时的东突厥阿史那默啜虽然在表面上归顺了大周，但实际上，他还是首鼠两端，一旦东突厥与契丹联起手来对付大周，武曌的命运堪忧。

此时，阎知微和田归道已相继来到了东突厥境内。阎知微在途中遇到突厥使者，总会送给他们红色五品官袍和银质腰带，并给朝廷捎信道："突厥使者来到朝廷，应该隆重接待。"而田归道却持不同意见，他建议朝廷："突厥已背叛多年，如今刚刚改过自新，应由陛下赐恩宽恕，如今阎知微擅自赏赐给突厥使者官服腰带，令朝廷无法再赏赐了，应该勒令他们换上原来的衣服，等待朝廷的恩典。另外，突厥小小使者，不值得对他们隆重接待。"武曌认为田归道说得有理。

见到阿史那默啜后，阎知微一副奴颜婢膝的模样，行三跪九叩之礼，还亲吮阿史那默啜的靴尖，而田归道却只是深深作了一揖，拒绝跪下叩头。阿史那默啜大怒，将田归道关了起来，要将其杀掉，田归道毫不惧怕，斥责他贪得无厌，为之分析利害祸福。阿波达干阿史德元珍说道："大国的使者，不可杀啊。"阿史那默啜这才作罢。

唐高宗咸亨年间，唐朝朝廷将归降的东突厥部众都安置在了丰州（今内蒙古自治区五原县）、胜州（今内蒙古自治区准格尔旗）、灵州（今宁夏回族自治区灵武市）、夏州（今陕西省靖边县）、朔州（今山西省朔州市）、代州（今山西省代县）六州，阎知微和田归道来到东突厥后，阿史那默啜提出索要这六州旧部以及单于都护府所在地（今内蒙古自治区和林格尔）的请求，还要求朝廷送给他谷种、丝绸、农具、铁，武曌没有答应。阿史那默啜大怒，言辞傲慢，并派兵进攻胜州，被平狄军副使安道买击退。姚琦、杨再思认为契丹尚未平定，姑且答应突厥人的要求，但麟台少监、知凤阁侍郎李峤反对道："夷狄没有信义，这么做等于'借给盗匪武器、粮食'，不如整顿军队，加强戒备。"但姚琦、杨再思反复恳请，武曌终于答应了，将六州数千帐降户全都驱赶给了阿史那默啜，又送给他四万斛谷种、五万段丝绸、三千套农具、数万斤铁，还答应了他求婚的要求。从此，阿史那默啜更加强盛。

双方合约谈成后，田归道才被突厥人放回。他回来后，在武曌面前与阎知微激烈辩论，田归道认为突厥人肯定会撕毁合约，不能放松警惕，而阎知微却坚称和亲一定行，阿史那默啜肯定会遵守约定的。

在大周朝廷拉拢阿史那默啜的同时，孙万荣也在极力结好阿史那默啜。大周朝廷为的是保证西北安全，以期全力对付孙万荣，而孙万荣的目的则是能解除后顾之忧，好全力南下，与大周决战。孙万荣在击破王孝杰后，就在柳城（今辽宁省朝阳市）西北四百里的山险之地，修筑了一座城池，将老弱妇孺以及劫掠来的钱财辎重都留在了那里，令其妹夫乙冤羽率军驻守在那里，而他自己则率领精兵南下进攻幽州。孙万荣唯恐东突厥会乘虚偷袭自己的后方，特意派遣五名使者前去黑沙（阴山北麓），联络阿史那默啜。三人先到，对阿史那默啜传话说："我已经击破周军百万之众，周人早已吓破了胆，我希望能与可汗一起乘胜夺下幽州！"阿史那默啜听了，心中十分高兴，赏赐给三人红色官服。另外两人后到，阿史那默啜斥责他们行走迟缓，要杀掉二人。二人赶忙说："请让我们说一句话再死。"于是，二人就把契丹内部的实情告诉了阿史那默啜。阿史那默啜遂杀掉前面的三名使者，而把红色官服赏赐给了后面的这两个人，并让二人作为向导，发兵偷袭契丹的新城，杀掉俘获的周朝凉州刺史许钦明祭祀上天。东突厥军队包围新城三天三夜，最终攻破了城池，乙冤羽从城内逃出，飞马向前线的孙万荣报告。

孙万荣正率领契丹精兵与周军相持，军中听说后方陷落的消息后，顿时一片大乱。奚人首先背叛了孙万荣，神兵道总管杨玄基进攻契丹正面，奚人从背后倒戈，契丹军队大败，部将何阿小被俘。孙万荣率领数千骑兵仓皇向东遁逃，前军总管张九节派兵拦腰堵截，孙万荣无路可逃，六月三十日，与其奴仆逃到潞水（海河支流）东岸，在树林底下休息。孙万荣叹息道："如今想要归降，可是我的罪过已经很大了；投降突厥也是死，投降新罗也是死，我能去哪安身呢？"那名家奴遂砍下他的人头，向朝廷投降，武曌下令将它悬挂在礼宾馆的门前。契丹的残余部众以及奚人、霫人都投降了突厥阿史那默啜。

因契丹平定，六月二十七日，武曌命令河内王武懿宗、娄师德以及魏州刺史狄仁杰（晋升为幽州都督）分道安抚河北。武懿宗在外敌面前是个胆小鬼，在百姓面前却是个刽子手。那些受到契丹劫持、被迫参加叛军的河北百姓，后来又都归顺了朝廷，但武懿宗认为他们与契丹人同心，命人活生生地取下这些人的肝胆，然后行刑，犯人的鲜血流了一地，而武懿宗却谈笑风生，不以为意。天授年间以来，武曌经常让武懿宗审案，武懿宗也就养成了嗜血的恶习，人们将他与来俊臣、周兴相提并论。契丹部将何阿小也喜欢杀人，河北百姓把武懿宗比作何阿小，说："唯此两何，杀人最多。"

七月，武攸宜从幽州凯旋。武懿宗上书请求将投靠契丹的河北百姓全部灭族，左拾遗王求礼当庭反驳道："这些百姓手无寸铁，无力杀贼，暂时投靠叛贼为的是求生，哪会有叛国之心！武懿宗率领数十万强兵，却望风退走，致使敌人气焰嚣张，如今他又想嫁祸于人，让河北白姓替他担责，身为臣子如此不忠，我请求陛下先杀了武懿宗，向河北百姓谢罪！"武懿宗瞠目结舌，无言以对。司刑卿杜景俭也说："这些都是胁从之人，请求陛下都赦免了他们。"契丹反叛之后，大周局势急转直下，这也让武曌不得不反思一下自己近年来近乎癫狂的举动，将前不久打压下去的诸如杜景俭、狄仁杰、徐有功等很多名臣又重新起用起来。

九月九日，因平定契丹，武曌在通天宫大宴群臣，宣布大赦天下，并改年号为神功元年。契丹猛将李楷固和骆务整投降了朝廷，群臣建议杀了二人，狄仁杰称："二人骁勇绝伦，如果以德安抚，一定能为我所用。"武曌赦免了二人，任命李楷固为左玉钤卫将军、骆务整为右武威卫将军，命二人率兵消灭契丹余党。

闰十月二十一日，武曌任命幽州都督狄仁杰为鸾台侍郎，司刑卿杜景俭为凤阁侍郎，二人均兼任同平章事。狄仁杰上书认为："四夷都在先王封疆之外，因此，东有大海，西有流沙，北有大漠，南有五岭，这是上天有意用来分开汉人和四夷的，古人从未到过的地方，如今都纳入了我们的版图。如果我们继续用兵边疆，用尽府库的钱财来争夺不毛之地，就是秦始皇和汉武帝穷兵黩武的政策，是不足取的。如今，我们连年出兵，费用巨大，安西四镇和安东都护府都要驻军，百姓已非常疲敝，关东饥荒严重，蜀地百姓逃亡，江淮之间百姓相继造反，根本一旦动摇，就危险了。贞观年间，我们平定了突厥九姓，太宗皇帝立李思摩为可汗，命其统领突厥各部，就符合‘夷狄背叛，就讨伐他们；归顺，就安抚他们’和‘推翻行亡国之道的国家，保护行仁道的国家’这一古义，无须派兵去遥远之地戍守，这一做法是治理边疆的准则。我认为应该册立阿史那斛瑟罗为西突厥可汗，把安西四镇交给他，再把安东都护府交给高句丽王室后裔，让他们守住安东，我们则加强战备，囤聚粮食，如果敌人发起进攻，我们可以逸待劳，坚壁清野。敌人如果深入我们腹地，就会被歼灭；如果浅尝辄止，也抢不到什么东西，这样经过几年，突厥和吐蕃自然就会臣服。”

狄仁杰献上的计策是全面收缩防守策略，由此可知，在武曌几年来的折腾下，帝国其实已经不堪重负，到了非常严峻的境地。不过，狄仁杰的这一策略也过于保守，至于他所说的几年后，突厥和吐蕃会不战而臣服更是痴人说梦。狄仁杰的名气很大程度来源于小说《狄公案》，实际上，真实的狄仁杰与小说中的神探狄仁杰大相径庭。

武曌并没有采纳狄仁杰的建议。

二六三　酷吏之死

祸不单行。

当契丹叛军声势最盛的时候，大周朝廷内部一些人也是蠢蠢欲动，试图推翻武曌的统治。

刘思礼曾向术士张憬藏学习相术，张憬藏称其将由箕州刺史（今山西省左权县）升任太师。刘思礼自忖太师是最尊贵的大臣，若非佐命之功，难以升到如此高位，遂暗中联络洛州录事参军綦连耀谋反。他们拉拢朝廷重臣，假托相术，称对方是个大富大贵之人，等到对方满心高兴时，再说："綦连耀是真命天子，大人一定会因之而取得富贵的。"凤阁舍人王勮（王勃的二哥、苏味道的女婿）兼任天官侍郎事，听说后不禁怦然心动，促使朝廷任命刘思礼为箕州刺史。

明堂尉吉顼听说了此事，就告诉了合宫尉来俊臣。吉顼，洛阳人，身高七尺，心狠手辣，伶牙俐齿，敢于言事，进士及第，累迁为明堂尉。

来俊臣因受贿而屡屡被贬，长寿二年又因受贿被贬为同州参军，万岁通天元年才被武曌召回，任命为合宫尉。来俊臣听了吉顼的话，就向朝廷告发，武曌遂命武懿宗审理此案。武懿宗想利用此案，趁机打击异己势力，答应免刘思礼一死，但要求他把朝廷中的大员都牵进此案，哪怕是平时让武懿宗稍稍不满的也不放过。在武懿宗的诱导下，刘思礼一口气揭发了凤阁侍郎同平章事李元素、夏官侍郎同平章事孙元亨、知天官侍郎事石抱忠、刘奇、凤阁舍人王处、来庭、主簿柳璆、给事中周譒以及王勮、王勮的哥哥泾州刺史王勔、弟弟监察御史王助、司议郎路敬淳、司门员外郎刘慎之、右司员外郎宇文全志等三十六家，这些人大都是海内名士，全都屈打成招。神功元年（当时还称作万岁通天二年，公元697年）正月二十五日，武曌下令将这三十六家全部灭族，他们的亲戚受到牵连而被流放的又有一千多人。

来俊臣想要独享此功，转而又诬告吉顼；吉顼紧急告密，得到武曌的召见，才幸免于死。此案之后，来俊臣重新得到了武曌的任用，被提拔为洛阳县令、司农少卿；吉顼也被晋升为右肃政台中丞，深得武曌的信任。

来俊臣得意便猖狂。

武曌赏赐给来俊臣十名女奴，让他从司农中挑选，而他却看中了西突厥阿史那斛瑟罗家的一位婢女，让同党诬告阿史那斛瑟罗谋反；西突厥酋长们来到皇宫门前，有数十人割下耳朵，划破脸皮，最终，武曌才下令批准杀掉阿史那斛瑟罗一人，而没有灭他一门。在来俊臣的授意下，他的同党还诬告司刑府史樊惎谋反，武曌下令将其诛杀。樊惎的儿子到朝堂上鸣冤，但没人敢替他说话，樊惎的儿子悲愤至极，抽刀割开自己的腹部。秋官侍郎刘如璿见状，禁不住偷偷叹气，流下眼泪。来俊臣又上奏刘如璿与叛逆一党，将他打入大牢，判处绞刑，武曌下令改判流放瀼州（今广西壮族自治区上思县）。

俗话说，要想让你灭亡，必先让你疯狂，来俊臣就是这样。他依仗着武曌的信任，飞扬跋扈，无法无天，荒淫无耻。只要是有人的妻妾貌美，他总是想尽千方百计要搞到手，要么罗织罪名诬告此人，然后假传圣旨夺取其妻，来俊臣就是依靠这种手段，杀害的人不计其数。他还把满朝文武自宰相而下的名字登记造册，按照花名册来陷害，自称才能比得过五胡十六国时期的石勒。曾任宰相后被流放的李昭德，流放不久，又被武曌召回朝廷，担任了监察御史，他素来讨厌来俊臣，又曾经当庭羞辱过秋官侍郎皇甫文备，二人遂合伙诬告李昭德谋反，武曌下令将其打入大牢。皇甫文备也是个酷吏，他曾经诬告徐有功为罪犯开脱罪名，幸而武曌没有予以追究，后来，有人也告发皇甫文备谋反，徐有功却按照正常的程序审理此案。有人就问徐有功："过去，皇甫文备想要置你于死地，如今你却放了他，这是什么原因？"徐有功回答："你说的是私仇，我岂能因个人恩怨而危害司法公正呢？"

来俊臣诬告李昭德只是一个开始，他又打算把武氏诸王以及太平公主都告倒，再诬告皇嗣、庐陵王与南北牙的重臣们一起谋反，借此把持朝廷大权。河东人卫遂忠原本是来俊臣的朋友、同党，二人私交很深，但一件极小的事让二人反目成仇。一次，卫遂忠自己带着酒肉，兴冲冲地到来俊臣家，找他喝酒，可正巧来俊臣在家里宴请妻子的娘家人。来俊臣的新娘子是出身高贵的太原王氏，来俊臣对王氏家人自然是高看一眼了，卫遂忠出身一般，来俊臣大约不想让妻子的家人看到自己还与卫遂忠这种无名小卒交往，就让看门人谎称自己出门去了。卫遂忠知道来俊臣就在家内，不禁勃然大怒，径直闯进门来，见到来俊臣是破口大骂。来俊臣在王氏家人面前颜面尽失，恼羞成怒，命人把卫遂忠痛打一顿，双手反绑起来，稍后，才把卫遂忠放了。从此二人就结下了怨仇，最终促使卫遂忠将来俊臣这一阴谋和盘托出。

武氏诸王以及太平公主得知后，都非常害怕，他们联合起来，一起揭发来俊臣的罪行。武曌下令将其打入大狱，有关部门判决将其处以死刑，武曌有心赦免来俊臣，判决送入宫中三日，还没有得到武曌的批准。内史王及善说："来俊臣凶狠贪婪，狡猾残暴，是国家最大的恶人，不将其除掉，一定会令朝廷不安。"武曌在花园中游玩，吉顼牵马，武曌询问吉顼外面有什么事，吉顼回答："民间唯独奇怪涉及来俊臣的奏疏为何没有批下来。"武曌说："来俊臣对国家有功，朕正在考虑此事。"吉顼回答："于安远告发虺贞谋反，不久虺贞果然谋反了，而于安远到如今也才是个成州司马。来俊臣招徕不法之徒，诬陷善良之人，大肆贪污受贿，致使冤魂塞满道路，是国家的罪人，又有什么可惜的呢？"于是，武曌批准了。

万岁通天二年（公元697年，此年九月改元为神功元年）六月三日，李昭德和来俊臣被同时斩杀，当时的人们无不感到李昭德冤枉，来俊臣是罪有应得。来俊臣的仇人们争相吞吃他的肉，转眼之间，他的肉就被人们吃光，疯狂的人们又挖掉他的眼睛，撕裂他的脸面，剖开他的肚子，挖出他的心脏，踢成一摊肉泥。武曌这才知道百姓对来俊臣是如此痛恨，遂下制历数他的罪恶，称："应该对其家予以灭族，以雪苍生之恨，并依法将其抄家。"百姓相互庆贺，说道："从此能安然入睡了。"来俊臣被处死后，阿史那斛瑟罗也被释放。

来俊臣得志时，经常干预人事工作，有关部门接受他的请托，违法任命的官员每次都多达数百名。来俊臣被杀后，人事部门的官员主动向武曌承认错误，武曌斥责他们不忠于职守，官员们回答："臣下辜负了陛下，罪该处死。臣违反了国家的法律，只不过杀了臣一人，可是，如果我们不听来俊臣的话，立刻就会被灭族。"武曌听了，就赦免了他们。上林令侯敏素来巴结来俊臣，其妻劝他道："来俊臣是国贼，很快就会灭亡，你要离他远远的。"侯敏听从了。来俊臣大怒，将其贬为武龙令。侯敏不愿前往，其妻说："赶快上任去，千万不要停留。”来俊臣被杀后，他的同党全都被流放到了岭南，唯独侯敏躲过了一劫。

武曌处死来俊臣、李昭德时，正值周军接连战败、契丹咄咄逼人之际，不久前，又有刘思礼谋反，对于武曌而言，可以说是危机四伏，是她即位以来最为艰难的时期。然而，来俊臣、李昭德一案非常蹊跷，根据史书的记载，很多地方不符合常理，解释不通：以来俊臣的资历，恐怕不可能有将大周朝廷上所有的朝臣都一网打尽的野心，假如来俊臣真有此意，他也太低估武曌的智商了。结合当时的局势，我们认为，此案仍然与武氏集团和皇嗣集团的明争暗斗有关：长期以来，来俊臣与武承嗣一党，他没有理由去陷害武氏集团，倒是武承嗣一直谋求皇嗣之位，至今仍然没有死心。武曌登基以来，一直在侄儿、儿子之间摇摆不定，起初，她重用武氏集团，打压李唐宗室，但当她看到武氏集团势力太大以后，又转而削弱了武氏集团的权力。不久，武曌就又发现李唐旧臣复辟之心不死，就又打算废掉皇嗣，册立武承嗣，幸赖安金藏自残救主，才让皇嗣李旦躲过一难。武氏集团没有达到目的，就继续巴结武曌，采取不断给其上尊号、建议修筑天枢等办法，试图讨其欢心，可是，在武曌还没有决定之时，就爆发了契丹的叛乱。大难当头，武曌还是选择了相信自己的侄儿们，分别以武懿宗、武三思、武攸宜等人担任统军主帅，而恰恰在这时，发生了来俊臣告发李昭德以及诸武、皇嗣、庐陵王的事，也许，来俊臣告发李昭德、皇嗣是真，而告发诸武、太平公主是假吧。事情的真相也许是：当武氏集团掌握了统兵大权之后，借来俊臣告发李昭德、皇嗣等人开始向武曌摊牌，而皇嗣、太平公主兄妹也不甘束手待毙，向来俊臣发起反击。对于武曌而言，大敌当前，维持朝中各派力量的平衡才最符合她的利益，为了平息这场争斗，武曌最终诛杀了武氏和皇嗣集团的两个马前卒来俊臣和李昭德，其实是杀鸡给猴看，就是明白地告诉双方，立即停止争斗！

二六四　迎回李显

持续一年多的契丹叛乱，影响深远，让武曌受到了很大震动。

首先，契丹叛乱波及很广。虽然契丹的叛乱仅仅持续一年有余，但其波及的范围很广，契丹叛军越过长城，直接闯入华北平原，前锋直抵黄河北岸。

其次，周军战斗力堪忧。武曌先后派遣重兵前去镇压，但周军接连两次遭遇硖石谷惨败，损失数十万大军，如果不是东突厥偷袭了契丹后方，致使契丹前线军队内溃，结果尚难以逆料。由此可见，此时的大周不仅没有精兵，也无良将。

最后，契丹以拥立庐陵王、复辟李唐为号召，河北百姓纷纷响应，说明大唐在普通百姓心目中还占据着很重要的位置，这也让武曌意识到自己的高压政策不得民心，收效也甚微。

奇迹般地平定了契丹，让武曌认为是上天的赐福，所以，她才把年号改为神功元年。在平定契丹的过程中，她处死了来俊臣和李昭德这两个死对头，暂时维系着朝中各方势力的平衡；为了平息众怒，她采取壁虎断尾的办法，处死了来俊臣，再把一切过错都嫁祸到他的身上，来安抚臣民。改元之后，一天，她装出一副恍然醒悟的样子，主动对侍臣们说："过去周兴和来俊臣办案时，牵连了很多朝臣，谎称人家谋反，国家的法律是恒定的，我岂能违背！有时候，我也怀疑其中有不实之处，命近臣到监狱中复核，索要罪犯们亲笔书写的自白书，无不认罪伏法，朕就不再怀疑了。自从周兴和来俊臣死后，我也很少听说有谋反之人了，由此看来，过去被处死的不会有冤枉的吧？"夏官侍郎姚元崇回答："自从垂拱年间以来，那些因谋反而被处死的，大多是周兴等人罗织陷害的，周兴他们以此为功。陛下派去近臣查问，近臣们自己都朝不保夕，岂敢替囚犯们翻案？被问之人如果翻供，也害怕受到酷刑报复，还不如早点被杀。幸亏上天感动了陛下的圣心，处死了周兴等人，臣拿全家老小的性命担保，从今往后，内外群臣不会再有谋反的了，臣请求往后陛下接到举报信后，不要派人调查，静待其变，假如以后证实确有其事，臣情愿接受知而不告罪的惩处。”武曌笑道：“过去的宰相们都顺从我的旨意，把我弄成一个滥刑之主的形象，你的话说到我的心坎里去了。”遂赏赐姚元崇一千两银子。姚元崇，其父姚善意，贞观中曾任嶲州都督，姚元崇应下笔成章举，累迁为夏官郎中。契丹之乱中，军书堆积如山，姚元崇条分缕析，处理得井井有条，武曌暗暗称奇，破格将其提拔为夏官侍郎，不久，又晋升他为同凤阁鸾台平章事。

当时，很多人替魏元忠喊冤，武曌又将其召回朝廷，任命为肃政中丞。他多次受人陷害，被判决死刑后改判流放的就有三次，一次，武曌问他：“过去，你屡屡受人诽谤，是什么原因？”魏元忠回答：“臣就像一只鹿，那些陷害我的人恨不得吃了我的肉，我能躲到哪里呢？”

在此之前，陈子昂、徐有功等人早已说过此类话，但武曌始终置之不理，假如她真心意识到冤枉了很多好人，为什么不给过去被杀的人平反昭雪呢？武曌诿过于那些引起民愤的酷吏，这种手法已不新鲜，她把他们处死后，很快还会再重用一批新的酷吏，以达到自己的政治目的。

武承嗣和武三思一直不死心，屡屡派人在武曌面前说：“自古以来，天子还没有以异性为继承人的先例。”武曌也一直犹豫不定，左右为难。纳言狄仁杰常常从容地对武曌说：“文皇帝冒着风霜雨雪，亲自平定天下，把国祚传给子孙。大帝又把两个儿子托付给陛下，陛下如今却打算把基业传给他族，这恐怕不符合天意吧？况且，姑侄亲情与母子情谊哪个更深？陛下如果立自己的儿子为继承人，千秋万代之后，还可以在太庙里陪伴先帝，一起享用香火；假如立侄儿为继承人，我还没有听过侄儿当天子会给姑姑立庙的。”武曌回答：“这是朕的家务事，卿就不要掺和了。”狄仁杰说：“君王以四海为家，四海之内，谁不是陛下的臣子？什么事不是陛下的家务事？君王是头领，臣子是臂膀，二者是一体的，况且臣身为宰相，岂能不掺和！”又劝说武曌迎回庐陵王李显。同凤阁鸾台平章事王方庆和内史王及善二人也劝说武曌这么做。《大唐说纂》称，一次，武曌问王方庆：“朕昨夜梦见下棋输了，你说意味着什么？”王方庆回答：“预示着宫中没有子嗣，大约是神灵在警示陛下。”遂称天下人心还在李唐。武曌醒悟，就决定把庐陵王召回来。又过了几日，武曌对狄仁杰说：“朕梦见一只大鹦鹉的两个翅膀折断了，你说是什么意思？”狄仁杰回答：“武，是陛下的姓氏，两个翅膀，是两个儿子若；陛下起用两个儿子，翅膀自然可以展开了。”从此以后，武曌就打消了立武承嗣和武三思的想法。

当然，武曌决定立自己的儿子是各种因素共同促成的结果。天册万岁元年武曌处死薛怀义后，身边的情夫是太医沈南璆，一年后，到了神功元年，为了讨好母亲，太平公主又向武曌推荐了年轻的张昌宗。张昌宗是太宗、高宗时期重臣张行成的族孙，他的哥哥张易之，累迁为尚承奉御。张昌宗侍奉武曌后不久，又给武曌推荐了哥哥张易之，他说：“臣的哥哥张易之的家伙比臣的更好使，他还精通男女房中术。”武曌当即召见，一用之后，非常欢喜。张昌宗被晋升为云麾将军，行左千牛中郎将，后又晋升为左散骑常侍；张易之为司卫少卿；追赠二人之父张希藏为襄州刺史；拜二人之母韦阿藏为太夫人，并逼迫凤阁侍郎李迥秀去当韦阿藏的情夫。李迥秀是李大亮的族孙。《朝野佥载》称：“迥秀畏其盛，嫌其老，乃荒饮无度，昏醉是常，频唤不觉。”武承嗣、武三思、武懿宗、宗楚客、宗晋卿等人都是极力巴结二张，奔走在二张家门前，争先恐后地牵马拿鞭，亲切地称呼张易之为五郎，张昌宗为六郎。

显然，武氏集团已经被动了。武承嗣等人一心想着向武曌表忠心、加尊号，唯独没有想到给武曌找个男宠这一招，让太平公主占了先机。太平公主自然向着自己的两位哥哥，二张有今天当然不会忘记太平公主的恩德，那么二张顺理成章地就成了李唐宗室集团的人。如今，二张成了武曌跟前最红的人，武氏集团前景堪忧啊！这就是武承嗣等人集体向二张献媚的根本原因，不过，显然为时已晚。

二张与吉顼私交很好，经常在一起说笑，二张曾暗中问吉顼全身之策。吉顼说：“你们二位兄弟受到陛下的眷顾，如此尊贵，却不是依靠品德和才干取得的，天下之人早已对二位侧目而视、切齿痛恨了。假如二位不立下大功，恐怕难以保全性命，我很替你们担忧啊！”二张非常害怕，流泪询问对策。吉顼继续说道：“天下百姓都还思念唐朝的恩德，庐陵王还在房州，相王又被软禁，主上年事已高，必须明确一个继承人。武氏诸王，主上并不看好。大人如果请求迎立庐陵王和相王，以顺应民心，我想这岂止转祸为福，更能永远享受荣华富贵！”二人连连点头，觉得吉顼说得有理，遂趁机向武曌建议。武曌问是谁撺掇的，二张不敢隐瞒，如实交代。武曌召见了吉顼，吉顼说：“庐陵王和相王都是陛下的儿子，先帝把他们托付给陛下，自有深意，请陛下决断。”武曌遂下定了迎回庐陵王李显的决心。

公元698年正月初一，武曌驾临通天宫，大赦天下，改元为圣历元年。到圣历元年三月九日，武曌谎称庐陵王李显有病，派职方员外郎徐彦伯前往房州，召回庐陵王、王妃以及诸子，二十八日，李显回到了洛阳。

谁都知道李显回来意味着什么，武氏集团彻底没了希望，随之而来的自然是恐惧，就算李显、李旦兄弟不秋后算账，谁又能保证那些被冤杀的李唐宗室、大臣们会放过武氏家族？作为武氏集团的领军人物，武承嗣谋求皇嗣之位除了自己的野心外，更重要的是替家族着想，如今一切都付之东流。武家人满心希望武曌为武家做些什么，到头来，她还是李家的媳妇，只不过姓武而已！怏怏不乐的武承嗣急火攻心，到了八月十一日，竟然一病呜呼了，时年五十岁。

武承嗣一死，武曌改立李显更显得顺理成章了，同时，皇嗣李旦也恳请给哥哥让位，武曌就同意了。九月十五日，武曌册立庐陵王李显（又名李哲）为皇太子，恢复李显之名，并宣布大赦天下。本年李显已四十三岁了。

二六五　突厥再叛

契丹之乱中，东突厥可汗阿史那默啜不仅乘虚东袭契丹后方，夺取了大量资财，还从大周手里要回了六州降户、土地、谷种、布帛等。契丹战败后，契丹、奚人、霫人也都归顺了他，突厥实力大增，可以说，阿史那默啜是神功元年最大的赢家。

到了圣历元年，当武曌迎回庐陵王李显后，六月六日，又命武承嗣的次子、淮阳王武延秀前往突厥，迎娶阿史那默啜的女儿；豹韬卫大将军阎知微代理春官尚书，右武卫郎将杨齐庄代理司宾卿，携带上亿的金银财帛作为聘礼。凤阁舍人张柬之劝谏道："自古以来，还从未听说我们中原的亲王去娶蛮夷之女为妻的。"武曌听说后，将其贬为合州（今重庆市合川区）刺史。

八月一日，武延秀一行来到了黑沙突厥王庭，可是，阿史那默啜翻脸不认人，他对阎知微等人说道："我女儿要嫁给李家天子儿，你如今却把武家儿送来，他是天子儿吗？我突厥世代以来都归顺李家，如今，我听说李家天子后代都被灭了，只剩下两个孩子，我要兴兵帮助立下李家孩子。"阿史那默啜遂扣留了武延秀，以阎知微为南面可汗，让他引诱唐朝遗民，并发兵进攻静难（今北京市延庆区）、平狄（今山西省代县北）、清夷（今河北省怀来县）等军。

阿史那默啜这话显然不通，要么就是史书在编造，这是因为，两家和亲，其女要嫁给什么人，不会不提前确定，难道武延秀到突厥之前，阿史那默啜还不知道自己的女儿要嫁给何人？这不太可能。阿史那默啜意欲和亲，很大可能是要把女儿嫁给太子或者太孙，让自己的女儿成为未来的皇后。因此，我们猜测，确定由谁娶突厥公主从一定程度上也就意味着谁有可能成为未来的继承人——不排除是武曌在局势危急之时主动提出与突厥和亲，以拉拢突厥的，只不过中国史书讳言此事罢了。

武曌定下武延秀娶阿史那默啜之女当在神功元年，那时，契丹叛乱，局势严峻，武曌放心和依靠的还是武家人，她也有意立武承嗣为太子。然而，深知姑姑变化多端的武承嗣试图一鼓作气，尽快实现目标，试图诬陷皇嗣等人，谁知弄巧成拙，结果导致来俊臣、李昭德双双被杀，也让武曌重新审视自己的决断。在狄仁杰等朝廷重臣以及情夫二张的劝说下，武曌终于认识到立儿子为太子对自己最为有利，才迎回了庐陵王李显。我们判断，阿史那默啜当然知道要娶自己女儿的人是武延秀，也知道武曌迎回了庐陵王，正是知道武曌迎回了庐陵王，明眼人都能看出武延秀的父亲武承嗣也就失去当太子的资格，这让阿史那默啜十分恼火。倒不是他对李唐宗室情有独钟，他所关心的仅仅就是太子之位，在他看来，按照当前的情势，女儿自然就失去了当皇后的可能性，武曌此举无疑是违约。

当然，这仅仅是我们的猜测，也有一种可能，那就是契丹叛军接连重创周军，这让兵强马壮的阿史那默啜看到大周已如此虚弱，也想趁机来打一劫，没有那么多理由。

突厥军队刚到静难军，军使慕容玄崱就率领本部五千人马投降了。突厥军队士气大振，乘胜长驱直入，直扑妫州（今河北省怀来县）、檀州（今北京市密云区）等州。上次随从阎知微出使突厥的人，阿史那默啜都赏赐给他们三品、五品的官服，武曌下令通通将其没收。

阿史那默啜又给周朝发出檄文，称："你们送给我的谷种，都是煮熟的，种不活；给我的金银器皿都是些残次品，不是真品；我送给你们使者的官服，你都给没收了；送给我的布帛也都不好。我可汗之女应该嫁给天子的儿子，武氏小姓，门不当户不对，假冒皇族前来成婚，我为此五条起兵，要夺取河北之地。"五条是理由，前有契丹探路，他觉得夺取河北之地应该能成，夺取此地，继而颠覆周朝才是他真实的目的。

听说突厥南犯，武曌任命司属卿武重规为天兵中道大总管，右武卫将军沙吒忠义为天兵西道总管，幽州都督张仁愿为天兵东道总管，率领三十万大军前去迎击；又以左羽林大将军阎敬容为天兵西道后军总管，率领十五万大军作为后援；改阿史那默啜为阿史那斩啜。

大敌当前，朝廷内部再不能出现内讧了，武曌先是安抚失意的武氏集团，她任命武三思为检校内史，又提拔夏官尚书武攸宁为同凤阁鸾台三品，让二人成为宰相，而后，她才册立庐陵王李显，并于九月十七日，任命太子李显为河北道元帅，讨伐突厥。开始，一个月才招募不足千人，等人们听说太子担任元帅后，前来从军的人络绎不绝，没几天就超过了五万。九月二十一日，武曌又以狄仁杰为河北道行军副元帅，右丞宋玄爽为长史，右台中丞崔献为司马，左台中丞吉顼为监军使。太子只是名义上的元帅，并没有离开洛阳，狄仁杰是实际上的统帅，武曌亲自为他送行。

薛仁贵之子、蓝田县令薛讷也被武曌任命为左威卫将军、安东道经略。临行前，他对武曌建议："太子虽然得立，但舆论仍然狐疑不定，假如陛下不再更改，突厥人可以轻松搞定。"武曌觉得他说得很对。王及善请求武曌让太子到外朝（皇宫南城）接见百官，武曌也答应了。武曌还任命吉顼为相州刺史，命其切断突厥南侵之路。吉顼推辞称自己不懂军事，武曌勉励他说："敌人很快就会退去，朕让你前去镇守只是借一借你的威名罢了。"高宗时，一个名叫温斌茂的术士临死前给妻子留下一封遗书，说："我死之后，年号改为垂拱时，你就拿出这封遗书献上。"垂拱初年，他的妻子就把这封书信献给了武曌。信中准确地预测了武曌建立大周以及突厥人打到定州、赵州而后撤退之事，所以，武曌对此胸有成竹，断言突厥会很快北撤。

八月二十六日，阿史那默啜入侵飞狐（今河北省涞源县）；二十八日，又攻克定州（今河北省定州市），杀害刺史孙彦高及百姓数千人。《朝野佥载》记载得更是滑稽，称：孙彦高原任文昌左丞，愚蠢怯懦。突厥大军来到定州后，孙彦高吓得躲进自己的阁楼，不敢到听事堂。他紧锁家门，只开一个小窗，让人把一些需要他处理的文书从小窗递入。他挑选精兵不是去防守城墙，而是守护自己居住的阁楼，等突厥军队攻入城内后，孙彦高还痴人说梦，命令奴仆："关好门窗，不要给他们钥匙！"

九月十一日，阿史那默啜包围了赵州。他派阎知微招降，阎知微与突厥人手拉手，跳着《万岁乐》。将军陈令英在城墙上对他说："尚书位高权重，却给敌人跳舞，难道你就没有一点羞耻之心吗？"阎知微哼道："不得已，《万岁乐》。"

长史唐般若翻城投降了突厥人，赵州随之陷落。刺史高叡（隋朝功臣高熲之孙）与妻子秦氏喝药装死，突厥人把二人抬到阿史那默啜面前。阿史那默啜把金色的狮子腰带、紫色官服拿出来，对高叡说："投降就拜官，不投降就死！"高叡看了看秦氏，秦氏回答："为国尽忠，就在今日！"二人遂闭目不言。过了两夜，突厥人知道二人宁死不降，就把他们夫妻杀了。

九月二十六日，阿史那默啜将抓获的赵州、定州一万多百姓全部杀害，而后率军从五回道（在今河北省易县境内）北撤；所到之处，杀戮了无数的无辜百姓。沙吒忠义、李多祚等将只是率军远远跟随着突厥人，不敢逼近。狄仁杰率领十万大军追赶，没有追上，只好撤回。

此时的阿史那默啜已拥有四十万人马，地盘上万里，臣服了西北各少数民族，他对大周非常轻视。

十月，武曌下令洛阳的所有军队都由河内王武懿宗、九江王武攸归统领；十七日，武曌改任狄仁杰为河北道安抚大使。

当时，河北百姓被突厥人裹挟，不少人曾暂时归降突厥，突厥北撤后，这些人都害怕被杀，纷纷逃亡。狄仁杰上书认为："朝廷主流意见认为，要严惩那些归附契丹、突厥之人，理由是虽然事有不同，但他们参与叛乱的内心是一样的。实际上，山东之地临近战场，朝廷征调的劳役沉重，百姓家道破落，纷纷逃亡；再加上不法官吏趁火打劫，棍棒之下，痛彻心扉，走投无路，自然会不顾礼仪；忧愁痛苦，民不聊生，有利就去，又能活命，虽然这是君子们的耻辱，却是小人们经常会做的事。各城投降，有的是在等待官军，而官军将士为了军功，往往上报说是攻下的，臣担心会出现滥赏，也恐怕会伤及无辜。朝廷把被敌人占领过的土地视作恶地，把沦陷区的人民视作恶民，甚至出现奸污百姓妻子、劫掠财物的现象。士兵们还可以说是无知不仁，可是有些官员也是如此，致使敌人撤离后，百姓的苦难更为深重。况且，敌人的目的是招徕百姓，所以他们秋毫无犯，如今已经反正，百姓们就是合法公民，反而苦难更深，岂不太惨了！百姓就如同流水，堵塞就变成泉水，疏导就成为河流，堵塞疏导都要根据情况而变化，岂能一成不变！如今，那些有罪之人都在家，他们潜藏在荒山野岭之中，赦免他们，他们就会出来不赦免，他们就更加猖狂，这也是山东强盗越来越多的原因。臣以为，突厥在边地的骚扰不足为虑，而内地不稳才是心腹之患。追究他们就引发民心不稳，予以宽恕大家也就心安了，我希望陛下能够赦免河北各州，对任何人都不予追究。"武曌同意了。

狄仁杰在河北身体力行，为下属作出表率，他身穿粗布衣服，只吃蔬菜，严禁官吏骚扰百姓，如有违反，定斩不饶，河北也因此安定下来了。

突厥从赵州撤离后，就把阎知微放回了。武曌下令在天津桥南将其四肢砍下，命百官一起朝他射箭。武懿宗站在距离阎知微只有七步之远的地方，连射三箭，都射不中。阎知微身上被射得如同刺猬，又把其骨头碾碎，屠灭三族（一说九族），不管阎知微认识还是不认识的，全都被处死。有些人家七八岁的小孩也被人抱着、赶着走向刑场，百姓心生哀怜，纷纷向孩子们扔去果子、烧饼，孩子们还嬉笑着争抢。监斩官于心不忍，特意上书武曌赦免了孩子们。从唐高宗麟德年间以来，民间喝酒唱歌，曲终总会说声“族盐”，人们认为成了阎家灭族之谶语。

二六六　重用二张

经历了万岁通天元年（公元696年）、神功元年（公元697年）契丹叛乱和圣历元年（公元698年）突厥侵扰这三年严峻的考验后，到了圣历二年（公元699年），大周帝国开始变得顺利起来了。

国内方面。武曌主要做了以下几件事：

一是化解武氏集团与李唐宗室之间的矛盾。

本年，武曌已七十六岁了，年事已高的她个性逐渐平和起来，过去，她更多地采取利用各方相互争斗的办法，平衡各方势力，达到大权独揽的目的。这一策略虽然在短时期加强了独裁统治，却导致帝国内部暗流涌动，矛盾日益激化，有鉴于此，进入暮年的她想到自己去世后武氏集团的生存问题，就不得不更多地采取了妥协的政策，来化解各派势力之间的矛盾。圣历二年正月六日，她改任皇嗣李旦为相王，兼任太子右卫率；腊月二十五日，武曌又命令太子李贤改姓武，大赦天下；武曌眉毛上面又长出了个八字眉，百官都去祝贺；二月四日，武曌前往嵩山，经过缑氏，拜谒升仙太子（王子晋）庙；七日，武曌得病，给事中阎朝隐在少室山祈祷，自愿当成供奉给上天的供品，代武曌一死，武曌病情稍稍好转后，赏赐给阎朝隐很多财物；十二日，武曌从缑氏返回洛阳。武曌担心自己死后太子与武氏外戚不和，四月十二日，他命令太子李显、相王李旦、太平公主与武攸暨等人在明堂向上天发誓，刻在铁券上，藏到史馆内。十月，武曌命令结束对太子李贤和相王李旦的儿女们的软禁，将他们都放出宫去。

二是宠信二张。

武曌越老越淫，不仅一刻也离不开二张，而且需要更多的男宠来满足她的欲望，河北恢复平静之后，武曌也恢复了享乐的常态。

圣历二年正月八日，又下令设置控鹤监丞、主簿等官职，以司卫卿张易之为控鹤监、内供奉；银青光禄大夫张昌宗、左台中丞吉顼、殿中监田归道、夏官侍郎李迥秀、凤阁舍人薛稷、正谏大夫员半千为控鹤监内供奉。该部门的工作就是：宴会时，奉武曌之命嘲弄公卿大臣们；内庭宴会时，二张、武氏贵戚陪武曌戏乐。员半千认为自古以来从未有过此官，况且，该部门招徕的大多是些轻薄之人，上书请求予以裁撤，武曌听后很不高兴，把员半千贬为水部郎中。

次年（公元700年，该年被武曌改为久视元年）六月，武曌又下令将控鹤改为奉宸府，以张易之为奉宸令。武曌也觉得明目张胆地让面首们出入内廷脸上无光，就让二张与文学之士李峤、阎朝隐、徐彦伯、张说、宋之问、崔湜、富嘉谟等二十六人在内廷修撰《三教珠英》，实际上是让二张能更方便地侍奉自己。《三教珠英》是一部大型类书，共一千三百卷，但可惜的是到宋朝时大部分就已散失了，只存了三卷。由于右补阙张说、定王府仓曹刘知几、给事中徐彦伯也都参与其中，有人就称他们为“珠英学士”，他们“日夕谈论，赋诗聚会”，是初唐后期规模最大的一次宫廷诗人盛会。

武三思等人献媚说张昌宗是王子晋转世。王子晋又叫王子乔，是周灵王的太子，曾上嵩山修道，二十年后很多人都亲眼看到他白昼乘白鹤升天而去。武曌就命张昌宗身披羽毛制成的衣服，吹着笙箫，在庭中乘坐木质的白鹤表演，一群御用文人纷纷赋诗赞美，崔融也曾写诗赞美道：“昔遇浮丘伯，今同丁令威。中郎才貌是，藏史姓名非。”武曌又让人挑选了很多美貌的少年进入奉宸府内服务，右补阙朱敬则劝谏道：“臣听说过‘志不可满，乐不可极’这话，欲望人人都有，只不过圣贤能节制自己的欲望，不至于过度，这是贤圣的格言。陛下内宠已经有了二张，也足够了，近来我又听说上舍奉御柳模自称儿子良宾皮肤洁白、须眉很美，左监门长史侯祥称自己的阳具粗大，比得过薛怀义，二人都想进入奉宸府担任供奉。这些话无礼无仪，朝野人人皆知，臣职责在于谏诤，听到后不敢不上奏。”武曌夸奖道：“卿不直言，朕不知还有此事。”赏赐给他一百段丝绸。

张易之和张昌宗二人权倾朝野，其弟张昌仪担任洛阳令，有所请托，有关单位无人敢拒绝。一次，张昌仪早朝碰见一个姓薛的候补官员，那人拦住张昌仪的马，把自己的简历和五十两黄金一起塞入张昌仪的怀里。到了朝堂，张昌仪把那份简历送给天官侍郎张锡，让其关照。过了几天，张锡却不小心把那份简历给弄丢了，又跑到张昌仪跟前询问，张昌仪破口大骂道：“你这个糊涂蛋！我也忘记是谁了，但凡姓薛的都给他官做！”张锡不敢再言，只好把六十多名姓薛的候选人统统给了官职。张昌仪不过是一个小小的县令，却敢于辱骂副部长一级的张锡，依靠的还不是两位哥哥的权势？

司府少卿杨元亨、尚食奉御杨元禧都是杨弘武（隋尚书令杨素的弟弟杨岳之子）的儿子。杨元禧曾经得罪了张易之，张易之就在武曌面前说哥俩的坏话：“杨元禧是杨素一族，杨素父子是隋朝的逆臣，其子孙不应在陛下身边担任供奉。”武曌就下令：“杨素及其兄弟的子孙一律不得在京城任官。”遂把杨元亨贬为睦州刺史，杨元禧贬为贝州刺史。

内史王及善虽然没有什么文才，却清正自守，有大臣的样子。张易之兄弟每次陪武曌喝酒，常常得意忘形，没有人臣之礼，王及善经常劝谏，让原本热闹的酒会一下子冷场了，弄得武曌很不高兴。武曌对王及善说：“你年龄也大了，以后不要再到内廷陪酒了，只处理公文就行了。”王及善就称病请了一个多月的假，而武曌对他是不管不问。王及善叹息道：“哪有像中书令这样的近臣，天子可以一天不见的道理？我知道是咋回事了！”遂上书提出辞职，武曌没有答应，八月十九日，她任命王及善为文昌左相，太子宫尹豆卢钦望为文昌右相。

三是兼用能臣。

调和武氏集团与李唐宗室矛盾也表现在用人方面。从圣历元年到久视元年，大周朝廷重臣分别是：

圣历元年：

文昌右相豆卢钦望二月为太子宾客

纳言娄师德、狄仁杰为河北安抚大使

内史武三思

同凤阁鸾台三品武攸宁

同凤阁鸾台平章事杨再思、王方庆（八月贬为麟台监）、宗楚客（正月贬为文昌左丞）、杜景佺（七月秋官尚书）、苏味道（九月任命）、姚元崇（夏官侍郎）、李峤（十月任命）、吉顼（天官侍郎）、魏元忠（凤阁侍郎，十二月任命）

圣历二年：

左相王及善，八月命，九月死。

右相豆卢钦望

纳言娄师德八月死，狄仁杰。

内史武三思。

同凤阁鸾台三品武攸宁一月贬为冬官尚书。

同凤阁鸾台平章事杨再思八月贬为御史大夫、苏味道、姚元崇、李峤、吉顼、魏元忠四月检校并州大都督长史抵御突厥、陆元方。

久视元年：

右相豆卢钦望二月贬为太子宾客。

纳言狄仁杰，正月为内史；韦巨源正月任命，十月贬为地官尚书。

内史武三思正月贬为太子少保，狄仁杰，九月死。

同凤阁鸾台平章事苏味道、姚元崇、李峤闰七月成均祭酒、吉顼正月贬为琰州尉、魏元忠六月御史大夫、陆元方腊月罢免、张锡闰七月任命、韦安石十月任命。

这些人中既有武氏的领军人物，也有倾向于李唐宗室的朝臣，还有文人代表、酷吏代表以及明哲保身之徒，可谓形形色色，体现了这一时期武曌的执政理念，在对待吉顼上，就体现了这一点。吉顼能言善辩，也很能干，又与二张私交很深，武曌对他非常看重，但与武懿宗的一次争论断送了他的前程。有一天，已当上宰相的吉顼（同凤阁鸾台平章事）与武懿宗在武曌面前争论赵州之功，吉顼高大魁梧，伶牙俐齿，武懿宗却矮小驼背，相貌猥琐，吉顼俯视武懿宗，声色俱厉，把武懿宗逼得张口结舌。武曌见状心里很不是滋味，说道："吉顼在朕的面前尚且如此看不起我武家人，不要说将来某一天岂能值得依赖！"武氏集团痛恨吉顼投靠太子，趁机在武曌跟前揭发吉顼弟弟冒名当官之事。

数日后，吉顼向武曌汇报工作，正滔滔不绝地引经据典，口若悬河说得天花乱坠之时，武曌早已听得不耐烦了，她突然翻脸，厉声喝道："你说的，朕听得多了！不要再说了！太宗皇帝时，有匹烈马狮子骢，无人能够驾驭。朕当时为宫女，在一旁侍奉，对太宗皇帝说：'妾能驾驭它，不过需要三件东西，一是铁鞭，二是铁锤，三是匕首。铁鞭打不服它，就用铁锤打，铁锤打不服，就用匕首杀了它！'太宗皇帝对朕赞赏有加。今日，你难道认为自己有资格污染朕的匕首吗？"吉顼顿时吓得魂飞魄散，面如土色，大汗淋漓，连忙跪地叩头求饶，于是，武曌将其贬为琰州尉。

临别之际，武曌又特意召见了他。吉顼哭着对武曌说："微臣将远离陛下，永远不可能再见面了，希望能向陛下进一言。”武曌让他坐下，问他要说什么。吉顼说：“把水和土合在一起，还会争斗吗？”武曌回答：“不会了。”吉顼又说：“把和成的泥一半做成佛像，一半做成天尊像，会争斗不？”武曌回答：“会。”吉顼叩头说：“宗室、外戚各得其所，自然就不会再有争斗了，如今，太子已经确立，而外戚们还被封为王爷，这是陛下促使他们双方将来相争啊，双方都不得安生。”武曌回答：“朕也明白。但是，事已至此，又能怎样呢？”

二六七　名臣之死

在威权独任的女皇面前，大周朝臣大多明哲保身，战战兢兢。

像豆卢钦望，史称他“作相两朝，前后十余年，张易之兄弟及武三思父子皆专权骄纵，图为逆乱，钦望独谨其身，不能有所匡正，以此获讥于代”；像别人将口水吐到自己脸上都不敢擦的娄师德，史书就说他“虽参知政事，深怀畏避，竟能以功名始终，甚为识者所重”；还有模棱两可的苏味道，史称他“前后居相位数载，竟不能有所发明，但脂韦其间，苟度取容而已”，他的处世哲学就是：“处理什么事务都不要决断明白，一旦出现错误，肯定就会得罪人，只需模棱两可就好了。”像卢藏用，史称其“及登朝，趑趄诡佞，专事权贵，奢靡淫纵”，这些朝臣谁也不敢得罪武曌身边的二张、太平公主等红人，像狄仁杰、娄师德等人这样不去主动巴结他们就算是操守高的，而像王及善、韦安石屡屡以正言折辱二张和武三思的人更是凤毛麟角，史称：“（王及善）虽无学术，然清正难夺，有大臣之节”“时张易之兄弟及武三思皆恃宠用权，安石数折辱之，甚为易之等所忌”，至于其他人则都纷纷依附这些权贵，像卢藏用是依附太平公主；李峤是依附二张；崔融是先得罪张昌宗被贬，后又取得张昌宗的原谅，又被升职等等，不一而足。

这些年来武曌重用的重臣还有娄师德、狄仁杰等人。其实怨不得这些朝臣，贞观时期开明的政治风气荡然无存，代之以一片恐怖氛围，像狄仁杰、魏元忠、杜景俭等包括豆卢钦望也都是屡屡被贬，甚至多次面临被杀头的危险，在这种情况下，大家自然会三缄其口了。

武曌有自己一套独特的用人办法，归纳起来主要有三点：一是着意招募人才。她曾下令说全天下百姓都可以直接上书朝廷，毛遂自荐，这可以说是从三国时期曹操颁发求贤令四百七十多年来破天荒的，是对延续了整个两晋南北朝时期门阀制度的一次彻底的否定，意义非凡；武曌一朝政治氛围险恶，但能人比比皆是，满朝文武佞臣很多，庸臣却并不多，这就是一个根本原因；二是不拘一格用人才。武曌使用人才也有独特之处，她完全凭借个人喜好，根本不在乎任何规矩，一个人可以因一言一行，很快从一个低级官员破格晋升为宰相，也可以很快因一件小事从宰相贬为县令，甚至被流放、杀头，这也让朝臣们战战兢兢，极力讨好武曌、干好工作，也让底层官员时刻都能看到出头的希望；三是注意平衡。武曌虽然残暴但并不昏庸，精通驭臣之术，十分注意保持各派力量的平衡，以维护君权的权威，在看到武承嗣等人力量过大时，及时予以打压，打压过后，看到李唐残余势力试图东山再起时，又连兴大狱，把朝臣一扫而空等。

由于武曌的这些用人措施，朝中也就出现了一批像娄师德、狄仁杰这样既会办事又会处事的能人。娄师德以宰相之尊镇守陇右，前前后后有四十余年，在任期间，他十分勤勉，深受当地各族百姓的爱戴。狄仁杰能进入武曌的视野，还是娄师德暗中推荐的，可是，狄仁杰当上内史后，对娄师德十分轻视，最终还把娄师德排挤出了朝廷。武曌看出个中端倪，一次，特意把狄仁杰叫来问话："娄师德贤能吗？"狄仁杰回答："娄师德作为大将，能谨慎守好边疆，至于是否贤能，臣不知道。"又问："娄师德知人不？"狄仁杰回答："臣与之曾是同僚，没听说过他知人。"武曌又问："朕破格提拔你，你认为是你自己的本事吗？"狄仁杰自信地回答："臣以个人的文章才学至此，不是依靠别人举荐而至高官的碌碌无为之徒。"武曌听后，沉默很久才缓缓说道："朕过去并不知道你，你能到这个位置，其实是娄师德给朕推荐的，娄师德应该算是知人吧。"遂命侍臣从文件柜中取出十余封娄师德推荐狄仁杰的奏表，送给了狄仁杰。狄仁杰顿时羞愧得面红耳赤，无地自容。退下后，狄仁杰叹息道："我没有想到娄大人有如此胸怀，我为其所包容，实在是看不出他胸怀有多大啊！"娄师德于圣历二年八月去世，次年狄仁杰也死了。

实际上，天授二年（公元691年）武曌就已任命狄仁杰为副宰相（地官侍郎、判尚书事、同凤阁鸾台平章事），但不足一年，到长寿元年（公元692年），又差一点杀了狄仁杰等人，最终将狄仁杰等人贬为县令。这也说明当时的武曌对狄仁杰并不了解，五年后，到了万岁通天元年（公元696年），当契丹反叛、河北危机之时，武曌这才重新起用狄仁杰为魏州刺史，次年，即神功元年

（公元697年），又提拔他为副宰相（鸾台侍郎、同凤阁鸾台平章事），又过了一年，即圣历元年（公元698年），突厥再叛，武曌又以其为河北道行军元帅、河北道安抚大使，这时才对他高度信任，委以重任。久视元年（公元700年）狄仁杰为内史，并在本年去世。在武曌最看重狄仁杰的这段时间里，狄仁杰也发挥了一定的作用。武曌把狄仁杰视同国老，而不直呼其名。狄仁杰喜欢当面批评武曌，武曌往往也能曲意接受。一次，狄仁杰曾随从武曌出外巡视，路上刮风，把狄仁杰的帽子给吹掉了，狄仁杰的马也受惊，狂奔不止。武曌见状赶忙命太子李显追上前去，抓住马缰，把狄仁杰的帽子戴好。狄仁杰屡屡上书请求辞职，但武曌不许，每次狄仁杰入宫觐见，武曌常不令其下跪叩头，说道："每次看见你下跪，我身上都难受。"还下令不让他晚上值班，对朝臣们说："不是军国大事，不要麻烦他。"一次，武曌问狄仁杰："朕需要一个人才，你说谁行？"狄仁杰回答："不知陛下怎么用他？"武曌说："想用为将相。"狄仁杰回答："文学方面，苏味道、李峤自然是候选人，至于需要奇才，则可用荆州长史张柬之，其人虽然已老，却是宰相之才。"武曌遂提拔张柬之为洛州司马。数日后，武曌又问狄仁杰人才之事，狄仁杰回答："我前几天推荐的张柬之，陛下还没使用呢。"武曌说："已经提拔了。"狄仁杰回答："臣推荐的是宰相之才，可不是司马。"武曌又把张柬之晋升为秋官侍郎，最终又晋升为宰相。狄仁杰又举荐了夏官侍郎姚元崇、监察御史桓彦范、太州刺史敬晖等数十人，这些人后来都成为一代名臣。有人说："天下桃李，都出于大人之门了。"狄仁杰回答："我推荐贤才是为了国家，不是出于私心啊。"

久视元年八月十五日，武曌又想修造大佛像，打算命令全国的僧尼每人每天捐出一文钱。狄仁杰劝谏道："如今我们修筑的寺庙已经比皇宫还宏伟壮丽，巨大的工程鬼神没有出半点力，全靠人力；材料没有一砖一瓦是上天给的，也不是地上生的，不损害百姓，又从哪里去找……僧人们都假借佛法，误导百姓，每个地方都有诵经室，闹市区也有修行场所。人们供给化缘的钱财比交税还急切，佛门的命令比朝廷的诏书还管用……梁武帝、简文帝笃信佛法，施舍无数，可是等到大敌来临，江淮、岭南狼烟四起时，到处都是寺庙和僧侣，他们却从来不会变成勤王之师……就算从僧尼那里弄来金钱，也远远不够。佛像高大，总不能露天放在那里，还需要建造高大的庙宇，配殿又需要很多。如来创设佛教，本意是慈悲为怀，根本不是让百姓劳碌，来装饰自己……近期，水旱灾害不断，边境还未完全安定，如果再浪费钱财，耗费人力，一旦出现外患，我们又能拿什么来应对呢？”武曌说：“你教我为善，岂能不听！”遂终止了铸造。

久视元年九月二十六日，狄仁杰去世，终年七十一岁。武曌闻讯，哭泣道：“朝廷无人了啊！”此后，凡是朝廷大事众人决定不下来的时候，武曌总会叹息道：“上天为何早早夺去我的国老呢？”

从严格意义上讲，武曌重用狄仁杰也仅仅两年左右，与我们的印象不同的是，狄仁杰在整个大周一朝的作用其实是很有限的。

二六八　周边局势

首先是突厥方面。

从天授元年（公元690年），武曌将西突厥阿史那斛瑟罗迁入内地后，大周已实际失去了对西突厥的控制。其间，东突厥逐渐向西扩张，与残留在当地的西突厥十姓部落发生激战，在你争我夺中，阿史德元珍也被杀了。为了对抗强大的东突厥，以突骑施部落为首的西突厥十姓部落想到了争取大周这一外援，于圣历二年（公元699年）八月，突骑施首领乌质勒派儿子遮弩来到洛阳拜见武曌，表达了愿意接受大周领导的意愿，武曌遂派侍御史解琬前往西突厥，安抚乌质勒及十姓部落。解琬来到西突厥后，安抚各部，深得各部的信任，在解琬的努力下，西突厥各部达成一致意见，同意迎回西突厥竭忠事主可汗阿史那斛瑟罗，三个月后，到了次年（久视元年，公元700年）正月，武曌就任命阿史那斛瑟罗为平西军大总管，重新镇守碎叶城。这是中原王朝在时隔十年后，又重新回到了西突厥，显然是为了从西面牵制东突厥。

阿史那斛瑟罗来到碎叶之后，西突厥局势并不稳定。弩失毕五俟斤之一（即西突厥西五部酋长之一）的阿悉吉薄露背叛，周朝派遣左金吾将军田扬名、殿中侍御史封思业率军前去讨伐。周军来到碎叶后，阿悉吉薄露趁夜来到碎叶城外，劫掠而去。封思业率领骑兵追赶，反而被阿悉吉薄露击败。田扬名联合阿史那斛瑟罗的军队一起进攻阿悉吉薄露盘踞的城池，联军进攻了十余日，一直无法攻破。久视元年九月，阿悉吉薄露诈降，封思业引诱他出城，将其斩杀，把叛众全部俘虏。久视元年十月，武曌下令仍然把正月改回为十一月，腊月为十二月，一月恢复为正月，并大赦天下。次年即公元701年一月一日，她又宣布在成州发现佛的脚印，改年号为大足元年。

圣历二年（公元699年），东突厥可汗阿史那默啜封其弟阿史那咄悉匐为左厢察，其兄阿史那骨笃禄的儿子阿史那默矩为右厢察，各自统领两万军队；又封自己的儿子阿史那匐俱为小可汗，地位高于两个厢察，统领处木昆等十姓，拥有四万余军队，又进号为拓西可汗。

久视元年十月，武曌以魏元忠为萧关道大总管，率军防御东突厥入侵。十二月十日，东突厥将陇右各马场的一万多匹战马劫掠一空。大足元年（公元701年）八月，东突厥骚扰大周边境，武曌命令安北大都护、相王李旦为天兵道元帅，统领各军前去征讨，周军未到，阿史那默啜就退去了。十月，武曌西入长安，又宣布大赦天下，再次改元为长安元年。

长安二年（公元702年），东突厥进攻盐州（今陕西省定边县）、夏州（今陕西省靖边县）。三月，突厥军队攻下石岭（今山西省忻州市南），入侵并州。武曌以雍州长史薛季昶为摄右台大夫，充任山东防御军大使，沧州（今河北省沧州市）、瀛州（今河北省河间市）、幽州（今北京市）、易州（今河北省易县）、恒州（今河北省正定县）、定州（今河北省定州市）等州的军队全部接受他的指挥。四月，武曌又以幽州刺史张仁愿专门负责幽州（今北京市）、平州（今河北省卢龙县）、妫州（今河北省怀来县）、檀州（今北京市密云区）的防御，与薛季昶协同，共同抵御突厥。

五月二十九日，武曌以相王李旦为并州牧，兼任安北道行军元帅，以魏元忠为副元帅。七月二十九日，突厥军队入侵代州（今山西省代县）。九月八日，又进攻忻州。十二月二日，武曌任命魏元忠为安东道安抚大使，羽林卫大将军李多祚为检校幽州都督，右羽林卫将军薛讷、左武卫将军骆务整为副大使。十六日，大周在庭州（今新疆维吾尔自治区乌鲁木齐市）设置了北庭都护府。

到长安三年（公元703年）六月，局势又发生了变化。突厥阿史那默啜派使臣莫贺干前来求婚，希望把自己的女儿嫁给皇太子李显的儿子，武曌答应了他的请求，双方再次恢复了和平。与此同时，大周则再次失去了对西突厥的控制。西突厥可汗阿史那斛瑟罗严刑峻法，各部都对他不服。突骑施首领乌质勒实力雄厚，他原本愿意臣服于阿史那斛瑟罗，但见各部对其不服，遂自称莫贺达干，招诱各部归顺自己，各部纷纷脱离阿史那斛瑟罗，投靠了乌质勒。乌质勒设置二十名都督，各自率领七千军队，驻扎在碎叶城的西北；后来，他又攻克了碎叶城，把自己的牙帐迁到那里。阿史那斛瑟罗部众离散，他趁着入朝，遂不敢再回西域，乌质勒就成了西突厥的实际统治者。

再说说这些年吐蕃方面的情况。

从万岁通天元年（公元696年）吐蕃提出与大周和亲以来，两国之间基本实现了和平，两年后，到圣历二年（公元699年），吐蕃内部发生了一场惊天动地的内讧。吐蕃赞普器弩悉弄慢慢长大，对论钦陵兄弟专权逐渐心生不满，他要夺回本该属于自己的权力，遂与亲信们密谋杀掉论钦陵兄弟。正巧，论钦陵出外巡视，赞普就谎称出外打猎，调集军队一举逮捕了两千多名论钦陵的同党，全部将他们处死了。此后，器弩悉弄又命人前去征召论钦陵兄弟，论钦陵兄弟当然不会自投罗网，举兵反抗。器弩悉弄率军前去讨伐，论钦陵的军队溃败，论钦陵本人自杀。四月，论钦陵的弟弟赞婆率领本部人马一千余人前来投降，武曌命令右武卫铠曹参军郭元振与河源军大使蒙令卿率领骑兵前去迎接，投降后，赞婆被武曌封为特进、归德王。论钦陵的儿子弓仁也率领自己统领的七千帐吐谷浑部众归降，被拜为左玉钤卫将军、酒泉郡公。

在这种情况下，武曌又任命重臣娄师德为天兵军副大总管，兼任陇右各军大使，专门负责安抚吐蕃的降众。到了七月，又有一千四百多帐吐谷浑部众归顺。久视元年，武曌以吐谷浑末代可汗慕容诺葛钵的孙子、青海王慕容宣超为乌地也拔勤忠可汗。

大周接受赞婆，当然会引起吐蕃赞普的不满。久视元年闰七月二十一日，吐蕃将领麹莽布支率军骚扰凉州，包围了昌松（今甘肃省古浪县西），陇右大使唐休璟率军与吐蕃军队在洪源谷（今甘肃省古浪县西）展开激战。麹莽布支的军队铠甲鲜明，唐休璟对部将们说："论钦陵兄弟或死或逃，麹莽布支刚当上大将，不懂军事，吐蕃贵臣子弟都在军中。远远望去，他率领的军队似乎是一支精锐之师，但其实是一群乌合之众，容易对付，你们看我是怎么把他打败的。"只见他披上铠甲，率领冲入敌阵，六战六捷，把吐蕃军队打得大败，斩首两千五百级，生擒吐蕃两员裨将。

长安元年十一月，武曌以主客郎中郭元振为凉州（今甘肃省武威市）都督、陇右诸军大使。过去，大周能够实际控制的凉州土地南北不过四百多里，突厥、吐蕃经常能出现到城下骚扰，凉州百姓非常痛苦。郭元振到任后，分别在南部边境的硖口修筑和戎城（今甘肃省古浪县），在北部边境沙漠中设置了白亭军（今甘肃省白亭海南岸），依托险要，修筑防御工事，把凉州的疆域拓宽了一千五百里，敌人再也无法轻易打到城下了。郭元振善于治理，他在任五年间，令行禁止，各族百姓都安居乐业，凉州牛羊遍野，路不拾遗。他还命令甘州刺史李汉通组织屯田，过去，凉州境内粮食一斛数千钱，等李汉通屯田取得成效后，一匹绢能换数十斛粮食，凉州集聚的军粮能吃上数十年。

洪源谷之战打不过大周，到长安二年九月，吐蕃赞普就派遣使臣论弥萨前来求和了。九月十九日，武曌在麟德殿设宴款待论弥萨，正巧此时凉州都督唐休璟在朝廷办事，也参加了宴会。席间，论弥萨屡屡用眼神偷窥唐休璟。武曌察觉后，就问他是什么原因，论弥萨回答："洪源之战，这位将军勇猛无敌，所以，我想看个仔细。"武曌遂提拔唐休璟为右武威、金吾二卫大将军。唐休璟熟悉边事，从碣石（今河北省昌黎县西北）一直到安西四镇，在这一万余里内，其间山川河谷，地形地貌，唐休璟都是了如指掌。

大约是武曌没有满足吐蕃的要求，十月十四日，吐蕃赞普又率领一万余人骚扰茂州（今四川省茂县），茂州都督陈大慈率军与吐蕃军队激战，四战四捷，斩杀敌人一千余人。

长安三年四月，吐蕃在军事冒险失败后，再次派使者向大周献上一千匹马、两千黄金前来求婚，然而，也就是在当年，吐蕃南部各部落纷纷反叛，赞普器弩悉弄亲率军队前去平叛，却死于军中，终年三十二岁。器弩悉弄死后，诸子争立，过了很长时间，国内权臣才拥立了他七岁的儿子弃隶蹜赞为赞普。

二六九　你争我夺（一）

我们把长安元年（年初年号为大足、公元701年）以后的五年，作为武曌统治的后期。

上一年，右相豆卢钦望改任太子宾客、纳言韦巨源贬为地官尚书、内史狄仁杰去世后，到了本年度，大周朝廷上再没有一级实质宰相，只有二级类似宰相的同凤阁鸾台三品魏元忠、同凤阁鸾台平章事的苏味道、姚元崇、韦安石、张锡、李怀远、顾琮、李迥秀。

苏味道和张锡都因事被下狱，其中，张锡是因为泄露禁中皇上的话以及受贿数万，被判死刑。张锡被传唤时，骑马来到专门关押三品官员的监狱，神色不变，饮食如常，临刑前，武曌网开一面，改判将其流放到循州。苏味道被传唤时，步行前来报到，席地而卧，只吃粗茶淡饭，武曌听说后，就赦免了苏味道，让其官复原职。苏味道被放出来的当月，天降大雪，他为了让武曌高兴，就口称这是祥瑞，率领百官入朝祝贺。殿中侍御史王求礼却制止说："如果说三月雪是瑞雪的话，那腊月打雷是不是也是瑞雷呢？"苏味道不从。入宫后，唯独王求礼不道贺，他说道："如今，春暖花开，草木发芽，气温却骤降，下起了大雪，岂能是祥瑞！道贺的都是些谄媚之人。"武曌和群臣顿时感到没趣，怏怏取消了朝贺。不久，又有人献上一头三只脚的牛，宰相又去道贺。王求礼扬言道："物反常即为妖。三条腿的牛预示着三公不称职，天下政教风气不好！"武曌听了，一脸愁容。

长安二年，东突厥骚扰北方边境，大周朝廷将注意力都转移到了北方。这一年的五月，武曌以相王李旦为并州牧，兼任安北道行军元帅，而以同凤阁鸾台三品魏元忠为其副手，统军抵御突厥。九月，武曌又以太子宾客武三思为大谷道行军大总管，洛州长史敬晖为副总管，不久又以相王李旦为并州道元帅，武三思、武攸宜、魏元忠为副手，以姚元崇为长史，司礼少卿郑杲为司马，十一月，武曌又晋升李旦为司徒。本年同凤阁鸾台三品还有苏味道、韦安石和李迥秀；同凤阁鸾台平章事姚元崇。十二月，武曌又改任魏元忠为安东道安抚大使。

长安三年，东突厥和吐蕃相继派使者求和、求婚，大周外部环境很快得到了改观，然而，就在这一年，大周内部发生了一场巨大的危机。

武曌一直想消弭武氏集团与李唐宗室之间的隔阂，在她的主导下，让自己的儿子和侄儿们盟誓，还把儿子们都改姓了武，武曌还让李唐宗室与武氏联姻。据史料记载，除了改嫁给武攸暨的太平公主之外，还有太子之女新都郡主嫁给了武延晖、永泰郡主嫁给了武延基、安乐郡主先嫁武崇训后嫁武延秀等，但是，这些措施岂能奏效？就连武曌自己也怀疑其效果，当吉顼被贬前谈及此事时，这位聪明绝顶的女皇却无法破解这一难题，竟然也说出“朕亦知之，然业已如是，不可如何”这一无奈的话来。只要武曌当一天皇帝，她就不可能把自己的侄儿们从王爷的位置上再拉下来，让李唐宗室重新一支独大。同样，她也不可能完全扶植自己的侄儿们，像过去那样把儿孙们一棒子打死，她希望的是让儿子、侄儿们尽可能多地搅在一起，尽释前嫌，看透了女皇心思的两个集团，又有昔日的前车之鉴，起码在表面上维持着一团和气，而女皇则依靠自己的两个情人控制着朝廷。

女皇深知，二张只是自己的依附品，自己一旦去世，二张将什么也不是，因此，将权力交给二张女皇是最放心的。然而，任何权力都有一种自我扩张的欲望，二张的权力和太子、相王一党的也都是如此。

女皇在圣历元年（公元698年）迎回庐陵王李显并将其立为太子，次年，将太子、相王的儿子们放了出来，到久视元年（公元700年）腊月，又将太子的长子、过去的太孙李重润立为邵王，其四弟李重茂为北海王。然而，自从李显被立后，一股拨乱反正的暗流就在大周朝廷上涌动着，这股暗流又与复辟李唐相互呼应，不断地试探着女皇的底线。

武曌临朝以来，往往武氏诸王和驸马都尉们任命为成均祭酒（贵族大学校长），一些博士、助教也大多不是儒生，这其实是女皇控制舆论的措施之一。另外，女皇当政期间，举行的各种祭祀典礼往往都让弘文馆的学生当斋郎，即礼仪官，这些人随之成为候补官员。因此，在校学生就不再把学业放在心上了，学校几乎荒废了。早在圣历二年，凤阁舍人韦嗣立就曾经上书，认为：“当今世风逐渐轻视儒学，不再提倡先王之道了，应该命令王公贵族子弟都入学学习，堵塞进入仕途的其他途径。”以此为引子，韦嗣立又大谈特谈平反冤狱的问题，他接着说：“自从扬州徐敬业事变和豫州李贞事变以来，大狱越来越多，一些酷吏趁机以杀人为功，幸赖陛下圣明，周兴、丘神勣、王弘义、来俊臣相继被杀，朝野庆幸，就仿佛重新见到了光明。像狄仁杰和魏元忠他们过去也都曾被冤枉，如果没有陛下的明察，他们也都早已成了刀下之鬼，如今，陛下重用他们，他们也都成为陛下好的辅佐，为什么他们过去被人说得那么坏，而现在却这么好呢？实在是因为过去他们受到了冤枉，而现在陛下明察啊。臣担心过去受到冤枉的人不在少数，希望陛下能够将垂拱年间以来不管罪轻罪重的人，一律平反，死者恢复官爵，活着的放回原籍。”武曌没有听从。

久视元年，凤阁舍人崔融上书，认为：“杀死牲畜，打猎捕鱼，圣人记载在典礼上，不能废止；江南人喜欢吃鱼，河西人喜欢吃肉，一日不可无，禁屠令下达之后，富贵人家照样吃肉，只限制住了那些贫穷之人，更何况他们有的还以屠宰为生，就算每天都杀一人，也无法断绝屠宰。治理国家只需顺应节气，符合礼仪，万物自然会生长，百姓也各得其所了。”武曌采纳了他的建议，解除了达八年之久的禁屠令。

长安元年八月二十六日，一名叫苏安恒的武邑知识分子自称受到了父母的鼓励，直接上书武曌，提出：“陛下受到先帝的托付，接受了合法继承人的推让，敬重上天，顺应民心，君临天下，已经二十年了。陛下岂没有听说过舜帝厌倦政治、周公返还权柄的旧事？舜帝与夏禹，不过是同族，周公和周成王也只是叔侄，他们的关系哪有陛下与太子母子情深？如今，太子非常孝敬，年龄也大了，如果陛下传位给他，又与陛下亲临天下有什么区别？陛下年事已高，势必厌倦皇帝宝座，而军国事务繁重，费心劳神，何不禅让给太子，安享晚年？过去，从来没有见过两个姓氏都当王的，如今，梁王武三思、安定王武攸暨、河内王武懿宗、建昌王武攸宁等人，得到陛下的恩典而都被封为王爷，臣认为将来会有麻烦，臣请求把他们贬为公侯，给予个闲散的差事。臣又听说陛下还有二十多个孙子，他们到现在也没有一点封地，这也不是长久之计，臣希望陛下将他们都封王，配给师傅，教育他们孝顺之道，以辅佐王室。”武曌接到这份奏疏后，召见了苏安恒，赏赐给他酒食，对其勉励一番后，又把他放回家去了。

苏安恒的奏疏直接说就是让武曌退位，这如果是在过去，一场大狱肯定会兴起，但这一次，武曌对苏安恒什么也没有做。她是在继续观察还是在等待？

虽然对苏安恒没有采取措施，她却把矛头对准了太子。就在苏安恒离去后不久，就有人告发太子长子、邵王李重润与其妹永泰郡主（太子第六女）李仙蕙、妹夫魏王武延基暗中议论二张把持朝政一事，后来他们之间又发生了矛盾，此事就走漏了出来。久视元年（公元700年）四月，武曌在三阳宫避暑时，已经病倒，后得到洪州僧人胡超花费三年研制的长生药，吃后病情有所好转，并将该年改为久视，取消了天册金轮大圣的名号。由于身体的原因，狄仁杰生前曾经建议武曌令太子监国，但武曌显然并不相信自己的儿子，而是让二张代替自己处理政务，这显然让太子一党不快。不过，在武曌看来，二张如今就是自己的代言人，对二张的非议就是对自己的非议，张易之将此事告诉给武曌后，武曌大怒，九月三日，她下令将三人赐死。但《旧唐书·张行成传》也给出一个不同的记载，其上称，女皇听到后，将他们交给太子李显处置，李显大约害怕殃及自己，遂将他们一并勒死。

九月二十一日，也许是为了防备太子会有什么异动，武曌任命相王李旦为知左右羽林卫大将军事，十月三日，她又突然下令离开神都，西入长安了，二十二日，她抵达长安，并宣布大赦天下，改大足元年为长安元年，并在长安一直住到三年十月。是什么原因促使年迈的女皇离开神都，回到她一直不愿居住的长安呢？是她感到洛阳不安全还是另有隐情？这一切都已淹没在漫漫的历史长河之中了……

李显之所以能够被迎回，二张起到了很大的作用，二人也因此得罪了武氏一党，原本是听信了吉顼之言，想等到武曌死后给自己找一条退路，谁知权力的作用让事态变得难以控制起来。原本对二张充满感激的太子一党，因为嫡皇孙兄妹的死而对女皇和二张产生疑虑，女皇的心思究竟是什么？仅仅为了二张一言就处死了皇孙，那她是否还有意传位给太子？是否有将江山社稷传给二张的打算呢？这也为后来太子一党清除二张埋下了伏笔。不过，如今的太子党们还只能强颜欢笑，不敢造次，次年（长安二年）八月二十三日，太子李显、相王李旦和太平公主三兄妹为了消除李重润事件的影响、挽回与母亲、二张之间的隔阂，一起上书请求女皇加封张昌宗为王，武曌下制没有同意；二十七日，三人再次恳请，女皇这才答应将张昌宗赐爵邺国公。

二七〇 你争我夺（二）

如果说李显兄妹三人八月的上书是对女皇的试探的话，那么，在此前后为太子一党造势、反击二张的行动也在悄然展开……

就在三兄妹上书请求给张昌宗封王之前，五月六日，上一年已经上过一次书的苏安恒再次上书。这一次，他措辞更加激烈，他在奏疏上写道：“臣听说这是神尧皇帝李渊和文武皇帝李世民打下的天下，陛下虽然也是正统，却来源于李唐的基业。当今太子已经迎回，年龄和品德与日俱增，陛下却贪恋皇帝宝座，忘记母子恩情，您还有什么脸面去见唐家宗庙，有什么资格拜谒先帝陵墓？陛下为何还要日夜操劳，竟然不知道钟漏将尽！臣认为天意人事都归于李家，陛下虽然安享天位，但殊不知物极必反的道理？臣又怎敢爱惜生命而不去安定帝国呢？”武曌仍然不置可否，未予理睬。

八月，武曌下令称：“从今往后，凡是告发扬州、豫州、博州事变余党的，各地一律不再立案，不予处理。”十一月八日，监察御史魏靖上书称：“陛下既然知道来俊臣是个奸臣，将其处死了，我请求组织人员对来俊臣等人处理过的案件予以复查，对无辜的人进行平反昭雪。”武曌这一次同意了，她任命监察御史苏珽（隋朝宰相苏威的玄孙）负责此事，平反昭雪了很多人。

朝廷大臣原本只对二张恃宠无礼感到不满，像王及善、韦安石和宋璟等人都曾对二张予以斥责，深为二张所忌惮，分别见各人本传：“及善不甚文，而清正自将，临事不可夺，有大臣节。时二张怙宠，每侍宴，无人臣礼，及善数裁抑之。”（《新唐书·王及善传》）“时张易之兄弟及武三思皆恃宠用权，安石数折辱之，甚为易之等所忌。尝于内殿赐宴，易之引蜀商宋霸子等数人于前博戏。安石疏奏曰：‘蜀商等贱类，不合预登此筵。’因顾左右令逐出之，座者皆为失色。则天以安石辞直，深慰勉之。时凤阁侍郎陆元方在座，退而告人曰：‘此真宰相，非吾等所及也。’”（《旧唐书·韦安石传》）“璟尝侍宴朝堂，时易之兄弟皆为列卿，位三品，璟本阶六品，在下。易之素畏璟，妄悦其意，虚位揖璟曰：‘公第一人，何乃下座？’璟曰：‘才劣品卑，张卿以为第一人，何也？’当时朝列，皆以二张内宠，不名官，呼易之为五郎，昌宗为六郎。天官侍郎郑善果谓璟曰：‘中丞奈何呼五郎为卿？’璟曰：‘以官言之，正当为卿；若以亲故，当为张五。足下非易之家奴，何郎之有？郑善果一何懦哉！’”（《旧唐书·宋璟传》）。

然而，随着武曌给予二张更大的权力，二张及其兄弟们又干了一些仗势欺人、贪赃枉法的事情，比如《朝野佥载》就称：“张易之兄弟骄贵，强夺庄宅、奴婢、姬妾不可胜数。昌期于万年县街内行，逢一女，人婿抱儿相逐。昌期马鞭拨其头巾，女妇骂之。昌期顾谓奴曰：‘横驮将来。’婿投匦三四状，并不出。昌期捉送万年县，诬以他罪，决死之。昌仪常谓人曰：‘丈夫当如此：今时千人推我不能倒；及其败也，万人擎我不能起。’”这都让一些朝臣对他们更加不满，这些朝臣与太子党逐渐合流，与二张之间的矛盾日渐激化了起来。

左台大夫、同凤阁鸾台三品魏元忠过去曾任洛州长史，洛阳令张昌仪依仗着哥哥张昌宗、张易之的权势，每次晋见长史，都不按规矩站在院内，而是直接闯入屋内，但等到魏元忠上任之后，魏元忠喝令其下去；张易之的奴仆在洛阳街市上胡作非为，魏元忠又将其用棍棒打死。后来，等魏元忠当上了宰相，一次，武曌把张易之的弟弟、时任岐州刺史的张昌期召回京城，打算任命为雍州长史，朝会上，武曌故意问宰相们：“你们看谁当雍州长史合适？”魏元忠提议：“没有比薛季昶更合适的人选了。”武曌说道：“薛季昶一直在京城做官，我打算给他另行安排一个职务，你们看张昌期咋样？”大家都随声附和道：“陛下找对人了！”唯独魏元忠反对道：“张昌期不行！”武曌反问：“为什么不行？”魏元忠回答：“张昌期年少，不熟悉工作，过去在岐州担任刺史期间，当地百姓纷纷逃亡，雍州是长安所在地，事务繁重，他不如薛季昶能干。”武曌听后，沉默不语，只好作罢。魏元忠又曾当面对武曌说：“先帝以来，臣多次受到皇恩眷顾，当今确实缺乏宰相人选，才让我尸位素餐，我不能尽忠一死，致使陛下身边小人充斥，这都是臣的罪过啊！”魏元忠说的小人就是指二张等人，武曌听后很不高兴，二张一家对魏元忠也是深恶痛绝。

魏元忠身为宰相，又兼任检校太子左庶子，属于太子的宫臣，自然是太子李显的死党，张昌宗等人非常担心一旦武曌驾崩，魏元忠会将自己诛杀。正巧，武曌再次得病，张昌宗唯恐太子一党趁机发动政变，就想出了一条诬陷魏元忠、剪除太子羽翼之计。

他向女皇告发魏元忠和司礼丞高戬，称他们二人私下议论："太后年事已高，不如依附太子，才能永保富贵。"高戬是太平公主宠爱的情夫。

女皇问："你是怎么知道的？"

二张在组织编纂《三教珠英》时与凤阁舍人张说过从甚密，张昌宗提前拉拢张说，答应事成之后，以高官相谢，让张说给自己做证，张说业已答应，因此，他回答："凤阁舍人张说可以做证。"

女皇闻言，不禁大怒，当即下令将魏元忠和高戬打入大牢，令张昌宗和二人当朝对质。

第二天，女皇把太子李显、相王李旦和各位宰相都召集起来，让魏元忠和张昌宗对质，二人在众人面前唇枪舌剑，你来我往，不分胜负。张昌宗说："张说也听说过魏元忠此言，请将其召入询问。"

张说被推倒了风口浪尖之上，这将是一场把自己的身家性命都押上的狂赌，一面是掌握着生杀大权但已日薄西山的女皇，另一面则是暂时处于险境但前景无限的太子，是换取眼前的利益，还是博取未来的好处？说实在的，谁心里都是有数的。就在张说入殿之前，他的同僚们也都纷纷勉励他：凤阁舍人宋璟说："名声和大义最为重要，做人终归无法欺骗鬼神，不可与奸佞之人同流合污，以求暂时的安全！就算被判流放，也是光荣的；假如你有生命危险，我将闯入殿内，据理力争，与你一起赴死！你要努力啊！万代敬仰，就在此举！"殿中侍御史张廷珪也劝道："朝闻道，夕死可矣！"左史刘知几说："不要玷污了青史，令子孙蒙羞！"宋璟，邢州南和人，史称他"少耿介有大节，博学，工于文翰。弱冠举进士，累转凤阁舍人。当官正色，则天甚重之"。张廷珪，河南济源人，"少以文学知名，性慷慨，有志尚。弱冠应制举。长安中，累迁监察御史"。

等到张说入内后，女皇问他情况，张说却迟迟不予作答。魏元忠顿时有些紧张，对张说说："张说，你想与张昌宗合伙陷害我吗？"

张说呵斥他道："魏元忠，你身为宰相，怎么说话像市井小人呢？"

此时，张昌宗都从一旁催促张说回答。

张说这才对女皇说道："陛下，您亲眼看看，即便在陛下跟前，张昌宗尚且如此逼迫为臣，更何况在外面！臣如今面对大庭广众，不得不说实话。臣确实从未听魏元忠说过这话，是张昌宗逼迫臣，让臣做伪证罢了！"

张易之和张昌宗异口同声高呼道："张说与魏元忠一起谋反！"

女皇问："这又是为何？"

二张回答："张说曾经称魏元忠是伊尹、周公，伊尹流放了太甲，周公代理国王，这难道不是谋反吗？"

张说反唇相讥道："张易之兄弟是无知小人，只听说过伊尹、周公说过的话，他们怎知伊尹、周公之道！过去，魏元忠刚被提拔时，臣担任郎官前去祝贺，魏元忠对客人们说：'无功受宠，很是惭愧！'臣当时确实说过：'大人位居伊尹、周公之位，三品又有什么惭愧的呢？'伊尹、周公都是尽忠为国，古今仰慕的名臣，陛下挑选宰相，不让其以伊尹、周公为榜样，又能以谁为榜样呢？况且，臣岂能不知，今日如果依附二张，臣立马能够换取高官美差，依附魏元忠将马上身死族灭。但是，臣畏惧魏元忠的冤魂，不敢信口雌黄，污蔑他啊！"

二七一　你争我夺（三）

原本成竹在胸的女皇也没料到会出现这种结果。

也许，召开这次御前会议之前，女皇早已下定了决心，再组织一次大规模的清洗，就算不进一步巩固二张的地位，起码也能遏制一下甚嚣尘上的李唐复辟暗流，确保朝廷安稳一个时期。然而，张说的表现让女皇大跌眼镜，无法顺利实施自己的计划。

经验老到的女皇立即意识到问题的严重性，她从容地对众人说道：“张说是个反复小人，先暂时关押起来，稍后再审。”

过了几天，再次把张说叫到跟前询问，张说的回答与前面说的一模一样。武曌大怒，命宰相们和武懿宗一起审讯，但张说仍然没有改口。

在此期间，朝野一些人士开始向女皇上书替魏元忠和张说求情。

正谏大夫、同凤阁鸾台平章事朱敬则上书说：“元忠素来忠诚正直，张说之罪没有理由，如果惩处二人，会令天下人失望。”朱敬则，字少连，亳州永城人，他为人很讲义气，与左史江融、魏元忠非常友善，史称：“敬则知政事时，每以用人为先。桂州蛮叛，荐裴怀古；凤阁舍人缺，荐魏知古；右史缺，荐张思敬。则天以为知人。”

苏安恒也来凑热闹，他上书说：“陛下革命之初，人人觉得陛下是一位纳谏之主；晚年以来，大家都觉得陛下是个喜欢被拍马屁的君主。自从魏元忠下狱以来，朝野人声鼎沸，都认为陛下信任奸邪，排斥忠良。忠臣义士，私下里都非常悲愤，而在公开场合都不敢开口，是不敢得罪张易之等人，白白送死，毫无用处。如今，赋税繁重，百姓苦难，加之谗言四起，专权跋扈，刑赏失中，我恐怕人心不安，另生变乱，一旦在朱雀门内厮杀，在大明殿前争锋，陛下将如何处置？如何应对？”张易之等人见到苏安恒的奏疏，大怒，打算派人刺杀他。幸赖朱敬则、凤阁舍人桓彦范、著作郎魏知古出面营救，才得以脱难。

九月九日，武曌将魏元忠贬为高要县尉，将张说、高戬二人流放到岭南。魏元忠拜别之日，对武曌说：“臣老了，现在要前往岭南，十死一生。陛下将来总有一天会想到微臣的。”武曌问为什么，当时，二张就站在武曌身边。魏元忠用手指着二人，说道：“这两个小儿，终归要惹下大祸的！”张易之等人走下殿，叩头捶胸，高声喊冤，武曌说道：“魏元忠，你可以走了。”

殿中侍御史王晙又上书替魏元忠喊冤。宋璟对他说：“魏大人万幸已经逃脱一死，如今，你还要冒犯圣上，会不会自找麻烦？”王晙回答：“魏大人因忠而得罪，王晙为大义所感激，就算颠沛流离也不遗憾。”宋璟叹息道：“宋璟不能替魏大人伸冤，已经辜负了朝廷的厚爱啊！”

太子仆崔贞慎等八人在郊外为魏元忠送行。张易之得知后，就让人以“柴明”之名写告发信，称崔贞慎等人与魏元忠谋反。武曌命令监察御史马怀素审理，并嘱咐马怀素道：“此事证据确凿，只需稍稍盘问一下，即可复命。”但如今已是物是人非，那些唯女皇马首是瞻的酷吏都已被女皇本人处死了，她的身边更多的是见风使舵的人，再也没有能随心所欲使唤的工具了。尽管武曌提前给马怀素打过招呼，但马怀素并不买账，就在马怀素审理时，武曌在宫中早已等得不耐烦了，接连派四拨使者前来催促，并捎来口信：“谋反情形已昭然若揭，为何如此拖延？”马怀素，丹徒人，年少家贫，没钱买蜡烛，他白天砍柴，夜里燃火看书，后进士及第。他谦恭谨慎，当官期间，依然酷爱学习，手不释卷。

马怀素要求武曌让柴明这个人出来对质。武曌说：“我又不认识这个柴明，你只用依据告发信调查就行了，还用得着询问告发人？”马怀素调查后，向武曌复命称八人谋反的证据不足。武曌大怒，说道：“你难道要放纵谋反之人吗？”马怀素回答：“臣不敢放纵。魏元忠以宰相的身份而被贬到地方，崔贞慎等人出于亲朋好友之义而去相送，如果污蔑他们谋反，臣实在不敢这么做。昔日，汉高祖诛杀彭越后，作为彭越旧属的栾布还在他的人头下面复命，汉高祖并不认为栾布犯了罪，也没有予以追究，何况魏元忠的刑罚并没有彭越的重，而陛下却打算杀死送行的人们吗？陛下手握生杀大权，想要给人加罪，只需陛下自己干就行了；如果派臣前去调查，臣不敢不据实汇报。”武曌说：“你的意思是不是一律不予追究？”马怀素回答：“臣愚蠢，实在没有看出谁犯了罪。”武曌慢慢平息了怒气，崔贞慎等人才躲过了一劫。

二张诬陷魏元忠，不仅是为了泄私愤，更重要的是此事间接牵连到了太子和太平公主，这就不禁让人怀疑他们是否心存更大的阴谋。《唐会要·史馆杂录下》就记载说："时人议曰：昌宗等包藏祸心，遂与说计议，欲拟谋害大臣。宋璟等知说巧诈，恐损良善，遂与之言，令其内省。向使说元来不许昌宗虚证元忠。必无今日之事，乃自招其咎。赖识通变，转祸为福，不然，皇嗣殆将危矣。"假如真的证实了魏元忠与高戬之言，恐怕太子和太平公主的处境就不妙了。

魏元忠一案后，也许是女皇受不了长安的街谈巷议，一个月后，她下令以左武卫大将军武攸宜为西京留守，自己则于十月八日，离开了居住两年的长安，东返洛阳。二十七日，女皇抵达洛阳，并于十一月九日设宴款待前来答谢大周许婚的东突厥使者。

这次宴会设在宿羽宫，女皇也命令太子参加了宴会。事后，太子宫尹崔神庆就上书称："现在，五品以上官员身上佩戴龟符的原因，就在于遇到陛下临时宣召，恐怕有诈，与内廷留存的符合之后，臣下才接受命令。太子是一国之本，古来宣召太子，都非常慎重，使用的是玉符。昨天，陛下接见突厥使者，太子自然应当参加接见，却只有陛下的诏命，并无陛下的手令，臣认为，除非例行的每月初一、十五的朝会，临时性召唤，陛下应专门下达手令，让使者带上玉符。"武曌觉得他说得很对。崔神庆的这一要求说明，太子一党深恐二张利用在宫中的便利条件，会铤而走险，做出对太子不利的事情来，也说明双方之间的矛盾已经到了一触即发的程度。

长安三年，大周朝廷重臣因魏元忠一案而发生了一系列的变化，分别是：四月，相王李旦被免去司徒；闰四月，李峤被任命为纳言；九月，同凤阁鸾台三品魏元忠被贬，剩下凤阁鸾台三品苏味道、韦安石、李迥秀；同凤阁鸾台平章事姚元崇、朱敬则、唐休璟。史称，杨再思担任宰相，专门谄媚以博取武曌的欢心。司礼少卿张同休是张易之的哥哥，曾经与公卿们一起饮宴，酒酣耳热之际，张同休和杨再思开玩笑道："杨内史的脸长得像高句丽人。"杨再思欣然接受，当即用纸剪了一顶纸帽子，反穿官服，跳起了高句丽舞，引得四座哈哈大笑。当时的人们称赞张昌宗的美貌说："六郎面若莲花。"杨再思独自说："不对。"张昌宗问是什么情况，杨再思平静地回答："是莲花长得像六郎啊！"张昌宗顿时心花怒放。

长安四年四月，纳言李峤晋升为内史；韦安石知纳言事；六月，李峤被改任成均祭酒，七月，杨再思守内史；十一月，李峤又被改任地官尚书。

同凤阁鸾台三品李迥秀收受贿赂，二月，被监察御史马怀素弹劾，被贬为庐州刺史；苏味道，三月因回家葬父，女皇下令地方政府负责安排丧事，苏味道趁机侵占别人家的土地，被监察御史萧至忠弹劾，武曌将其贬为坊州刺史。姚元崇，六月，任命为相王府长史兼任夏官尚书，八月，兼任春官尚书，九月，知群牧使，代理右肃政台御史大夫，又改任为灵武道行军大总管、灵武道安抚大使。韦嗣立，十二月改任成均祭酒。

同凤阁鸾台平章事朱敬则，二月退休；唐休璟，八月任幽州、营州都督，兼任安东都护；宗楚客，三月任命，七月贬为原州都督；崔玄暐，六月由鸾台侍郎任命；张柬之，十月由秋官侍郎任命；房融，十月由正谏大夫任命；韦承庆，十一月由天官侍郎任命。姚元崇，字元之，此年，突厥叱列元崇反叛，武曌命姚元崇称字，并任命其为灵武道行军大总管；姚元之临行之前，武曌让他举荐一个宰相，姚元之回答："张柬之沉默稳重，又有谋略，能断大事，并且此人已老，陛下要用赶紧使用。"武曌就以张柬之为同凤阁鸾台平章事，此年张柬之已将近八十岁了。

二七二　变起肘腋（一）

回到神都之后，过了新年，时年已八十一岁的女皇又做了几件事情。

长安四年（公元704年）一月十日，武曌下令册封阿史那斛瑟罗的儿子、右武卫将军阿史那怀道为西突厥十姓可汗。二十一日，在武三思的建议下，武曌又下令毁掉了修筑于登封县西的三阳宫，将建筑材料运到万安山（今河南省宜阳县南），另行修筑兴泰宫。左拾遗卢藏用劝谏道：“左右近臣大多以顺从陛下旨意作为忠心，而朝廷大臣也以违背陛下旨意为最大的忌讳，如此一来，就导致陛下不知民情，令陛下的仁德受到损害。若陛下真能以耗费民力为由，下令停止工程建设，那么天下百姓都会知道陛下宁可让自己受苦，也不愿百姓受累啊！”武曌哪里是这种人？自然没有听从。

武曌与宰相们谈及刺史、县令的人选问题。李峤、唐休璟等人认为：“我们观察朝中情形，人们都看重京官而轻视地方官，朝廷每任命一个地方官，他们总是再三推辞，近来所任命的地方官大多是贬谪之人，此风不正，就源于此。希望陛下能在朝廷各部中挑选贤良人才，兼任地方官员，请求解除我们的职务，以做群臣的表率。”武曌命抽签决定，抽中了韦嗣立、杨再思等二十人。三月八日，武曌下制书，让他们保留原有官职，兼任地方刺史，韦嗣立就兼任了汴州刺史。然而，由于身兼中央地方两职，难以做到兼顾，他们也很少干出成绩，唯独常州刺史薛谦光、徐州刺史司马锽还算可以。

武曌旧话重提，下令向全国僧尼收税，用来在白司马阪（今河南省洛阳市东北三十里）修建巨大的佛像，令春官尚书武攸宁监工，耗费上亿钱。李峤上书劝阻说：“天下百姓，贫苦的多。塑造佛像已经耗费了十七万钱，如果把这些钱施舍给贫苦百姓，一人给一千，也能救济十七万户，这既能拯救饥寒交迫的百姓，又能让百姓省去辛苦，顺应佛的慈悲之心，展示圣人的爱民之意，人神都会感到喜悦，功德无量。祈求来世的因缘，怎比得上现世现报！”监察御史张廷珪也上书说：“臣拿现实情况来说，目前我们应该优先考虑边防，充实国库，养精蓄锐；拿佛教理论来说，也该救苦救难，不执着于实相，而崇尚清静无为。希望陛下能够遵循佛的本意，理智行事，不要因我地位低微而不听我的劝谏。”武曌接受了他们的意见，下令停工，并召见了张廷珪，进行表扬。

武曌命令宰相们各自举荐能够担任员外郎的人选，韦嗣立举荐了广武令岑羲，并说：“只可惜他伯父岑长倩犯过罪。”武曌说：“如果真的有才，有什么好牵连的！”遂任命岑羲为天官员外郎，从此以后，过去那些犯罪家属开始受到任用。

武曌回到洛阳后，二张与太子一党的矛盾并没有消除，太子一党很快就开始反击了。

经过缜密的安排，太子一党决定先从二张的兄弟们入手，然后牵扯到二张，逼迫女皇将二张拿下，如果女皇自剪羽翼、拿下了二张，那么武曌身边再无心腹了，也没什么可怕的了；假如女皇不杀二张，那么就铤而走险，以清除二张为借口，发动政变，强行逼迫女皇让位。

于是，有人告发二张的兄弟司礼少卿张同休、汴州刺史张昌期、尚方少监张昌仪受贿，七月十二日，三人被打入大牢，武曌命左右台进行调查；次日，武曌又下手令，称：张易之、张昌宗作威作福，一并调查。十八日，司刑正贾敬言上奏称：“张昌宗强买强卖别人家的土地，应该罚铜二十斤。”武曌下制书称：“同意。”二十二日，御史大夫李承嘉、中丞桓彦范上奏道：“张同休兄弟贪赃一共四千多钱，张昌宗也应依法予以免官。”张昌宗上奏：“臣有功于国，所犯之罪不应免官。”武曌问宰相们：“张昌宗有功吗？”杨再思回答：“张昌宗配制仙丹，陛下服用后有效，这是很大的功劳啊！”武曌听了，很是高兴，就赦免了张昌宗，让他官复原职。《朝野佥载》称，李承嘉不识字，不解书，担任御史大夫，“名判司为狗，骂御史为驴，威振朝廷”。《大唐新语》记载，李承嘉担任御史大夫时，对手下的御史要求凡是有弹劾事宜，要先让自己过目，但御史们没人听他的。李承嘉很不高兴，重申了一次，监察御史萧至忠说：“御史是皇帝的耳目，人人都手握大权，没有先向御史大夫汇报的先例。假如要弹劾你们御史大夫、御史中丞的话，岂能先向你们汇报？”说得李承嘉哑口无言。

左补阙戴令言写了一篇《两足狐赋》来嘲讽杨再思，杨再思就把他赶出了京师，任命为长社令。七月三十日，张同休被贬为岐山丞，张昌仪被贬为博望丞。

太子一党并没有善罢甘休。鸾台侍郎、知纳言事、兼太子左庶子、同凤阁鸾台三品韦安石上书告发张易之等人有罪，至于韦安石所称张易之等人犯的是什么罪，武曌下令让韦安石和太子右庶子、同凤阁鸾台三品唐休璟二人负责审理此案。太子一党自然十分满意，他们感到很快就能把二张除掉了，但是，女皇再次耍了一回手腕，就在太子一党弹冠相庆之时，八月一日，武曌突然发布了一道命令，以韦安石为兼任检校扬州长史；七日，又任命唐休璟为兼任幽州、营州都督、安东都护，将两人赶出了京师。唐休璟临行前，对太子李显说："二张自恃恩宠，有不臣之心，一定会作乱的，殿下应该早作准备。"

武曌的一系列举动清楚地表明，你们可以动二张的兄弟们，但只要我武曌在，你们就休想动二张，于是，太子一党就把发动政变提上议事日程了。如果说七月对张氏兄弟们贪污受贿的告发是投石问路的话，那么，如今，太子一党已经决定彻底摊牌了。

正巧到了下半年，武曌一直卧病不起，住在长生院（洛阳的长生殿），数月没有接见宰相，只有二张在她身边陪伴。这种情况也给太子一党逼宫提供了条件。在这段时间里，洛阳大街小巷总有人贴出传单什么的，上面写着"张易之兄弟谋反"的字样，武曌置之不理；二张见武曌病情危重，深恐武曌死后，自己小命不保，也四处活动，拉帮结派，暗中做着准备。

十二月的一天，武曌的病情稍微有所好转，天官侍郎崔玄暐假惺惺地上奏说："皇太子、相王，都仁慈孝顺，足以伺候陛下医药，宫禁之地非常重要，不应让外姓之人出入。"武曌回答："我谢谢你的好意。"但她并没有采纳。女皇当然清楚，太子与自己只有一个母子名分而已，哪里还有多少温情？

十二月二十日，终于有个叫杨元嗣的许州人告发，称："张昌宗曾经召来术士李弘泰看相，李弘泰称张昌宗有天子相，劝他在定州修造佛寺，就能得到天下百姓的拥戴。"武曌命令凤阁侍郎韦承庆、司刑卿崔神庆、御史中丞宋璟一起审理此案。

经过审理，韦承庆和崔神庆上奏称："张昌宗供述：'李弘泰的话，不久我就如实向陛下汇报了。'自首，应依法免于处罚；李弘泰妖言，应予斩首。"然而，宋璟和大理丞封全祯提出了不同的意见："张昌宗受到陛下如此厚恩，还要找来术士看相，他这是意欲何为？当时，李弘泰占得了纯乾卦，乃天子之卦。张昌宗倘若认为李弘泰说的是妖言，为何不将其送交官府？虽说他向陛下汇报过了，但终归是包藏祸心，依法当斩首抄家。请求将其打入大牢，依法严惩！”

武曌沉默了很久，没有说话。

宋璟又说：“如果不逮捕他，恐怕他会动摇民心。”

武曌说：“你先暂时停止调查，等我仔细看看材料再说。”

宋璟只得退下了。

宋璟退下后，左拾遗李邕说道：“我看刚才宋璟所奏，全是为了国家，没有一点私心，还请陛下批准。”

武曌充耳不闻。

武曌当然不会自剪羽翼，她又想故技重演，剪除那些不安分的人。很快，她就派宋璟前去扬州处理案件，这一次，宋璟没有步韦安石和唐休璟的后尘，他是坚决不去；武曌无奈，又称幽州都督屈突仲翔贪污，命宋璟前去调查，但宋璟还是顶着不去；武曌又改任宋璟为李峤的副手，离京前去安抚陇右、蜀地，宋璟还是不去。他上奏称：“根据旧例，县官有罪，品级稍高的，派去的是侍御史，品级低的只需监察御史即可；我身为御史中丞，不是军国大事，是不应该离京的。如今，陇右、蜀地并没有动乱，我不知道陛下派臣前去又是为何。臣不敢奉命。”

二七三　变起肘腋（二）

宋璟如此抗旨不遵，这在过去是不可想象的，由此可见，武曌的权威已受到了前所未有的挑战。

在明面上逼迫武曌的同时，太子一党还暗中策划在迫不得已的情况下发动一场政变，以清除二张为名，推翻武曌统治，拥立太子李显即位。

策划这次政变的首谋就是刚刚被姚元之举荐成为秋官侍郎、同凤阁鸾台平章事的张柬之，参与者分别是：鸾台侍郎、同凤阁鸾台平章事、兼检校太子右庶子崔玄暐，中台右丞（原任）、右羽林将军（现任）敬晖，司刑少卿（原任）、左羽林将军（现任）桓彦范，司刑少卿、兼知相王府司马事袁恕己。此时，当朝七位宰相，杨再思、韦承庆、房融、韦安石、张柬之、崔玄暐、姚元之，前三位宰相多少同情二张，后四位则是太子一党。不过，杨再思是个见风使舵的人，又被任命为太子右庶子（据《新唐书》，但《旧唐书》称其外派为检校扬州大都督府长史似误，应与韦安石混淆了），并无坚定的立场，可以视为一个中立人物；同样，所谓太子一党的姚元之的立场也不是十分坚定，他得罪二张仅仅是因为二张想把十名京城内的高僧大德迁到定州寺院，时任春官尚书的姚元之没有同意，二张就将其改任为司仆卿，又外派为灵武道行军大总管；韦安石虽是太子党，却被外派为检校扬州大都督府长史，归纳起来，朝中宰相只剩下五人，在这五人中韦承庆和房融是二张的同党，张柬之和崔玄時是太子党，而杨再思中立。

要想发动政变，就必须掌握住禁军，尤其是负责皇宫北门玄武门安全的以左右羽林卫为基干力量的北军系统。北军系统主要由左右羽林卫和被它监领的千骑以及被其他卫将领兼领的飞骑组成。

张柬之先找到了右羽林卫大将军李多祚。李多祚原是靺鞨酋长，担任禁卫军将领二十余年，历任右鹰扬大将军、右羽林大将军，负责北门宿卫。张柬之对李多祚说："将军在北门有几年了？"李多祚回答："三十年了。"张柬之又说："将军钟鸣鼎食，金章紫绶，富贵已极，为武将之首，难道不是大帝的恩德吗？"李多祚哭着回答："是的。"张柬之又说："既然将军知道是大帝的恩泽，能有所报答吗？大帝之子如今就在东宫，张易之兄弟专权跋扈，日日逼迫，安定宗庙社稷的重任就在将军，将军假如真能报恩，就在今日！"李多祚回答："为了王室，我愿意听从相公的差遣，不会顾及全家人的性命！"两人遂指着天地发誓，定下计划。

武曌是非常看重禁卫军的，在她立李显为太子之后，一方面也让相王李旦带兵，另一方面又将神都驻军都交给了武氏子弟河内王武懿宗和九江王武攸归二人统领，而像李多祚这样能在禁卫军中干上二三十年的，也都是因为忠诚，让武曌放心。因此，假如张柬之不以诛除二张为名，李多祚肯定是不会支持政变的。

在做好了李多祚的工作之后，张柬之心里就有了底气。他开始利用权力对禁卫军将领进行调整，并神不知鬼不觉地将政变的参与人安插到禁卫军中级将领中去。为了掩人耳目，张柬之将李多祚从右羽林卫大将军调整为左羽林卫大将军，而把时任西京留守的二张亲信武攸宜调任为右羽林卫大将军。原本二张已对张柬之的一番调整有所疑虑，但看到武攸宜被调回了洛阳，也就放下心来了——不过，值得注意的是，武攸宜远在长安，他要回到洛阳尚需十天半月，而张柬之恰恰是要打一个时间差！

被张柬之安插到左右羽林军中担任将领的就是同谋：中台右丞敬晖，被调任右羽林将军；司刑少卿桓彦范，调任左羽林将军；李义府的小儿子、右散骑常侍李湛，被调任左羽林将军；杨元琰，被调任右羽林将军。杨元琰担任右羽林将军的时间当在前三人稍前，张柬之在十月被任命为宰相后，就把杨元琰调回京师，任命为右羽林将军了。过去，张柬之曾代替杨元琰担任荆州长史，二人泛舟汉水，谈到武曌篡夺李唐政权，杨元琰慷慨陈词，给张柬之留下了深刻印象；等到张柬之当上宰相后，就把杨元琰调任右羽林将军，还提醒他说："你还记得你我在汉水上说过的话吗？今日这个委任可不是轻易给的啊！"

参与政变的还有：左威卫将军薛思行，武曌表外甥、右卫中郎将押千骑使杨执一，太子女婿、右卫郎将杨慎交（太子之女长宁郡主丈夫），左羽林卫将军赵承恩，职方郎中兼右史事崔泰之，庙部员外郎朱敬则，司刑评事冀仲甫，检校司农少卿兼知总监翟世言，太子女婿、内直郎王同皎等。

太子、相王、太平公主三兄妹是否参与了策划？史书没有明确记载，但从事态的发展上看，此次事变也许是张柬之率先提议的，但主谋应当就是太子、相王、太平公主三兄妹！只不过他们是把张柬之等人推到前台罢了。如果没有他们的支持，张柬之等人也是不敢擅自为之的，政变也不可能动员这么多人参加，进展得如此顺利。

一向十分警觉的武曌为何对此一无所知？一方面是她自己的身体状况不好，已卧病在床数月，另一方面，可能来自宫中，有人早已买通了宫中管事的女官，故意对武曌封锁了消息！这个人就极有可能是太平公主，那个被买通的人大约就是上官婉儿。在出土的宫女墓志铭中，学者发现有“方当开国承家，大君有命”“遂使有唐复命，我皇登极”等字样，说明太子通过渠道对当时宫中的高级女官许下了承诺，导致她们把武曌一直蒙在鼓里。说到上官婉儿，我们知道，她是被武曌处死的上官仪的孙女。其父上官庭芝与上官仪一并被杀，她与母亲郑氏被没入宫中为奴。上官婉儿对武曌可以说是有爱有恨，恨大于爱。是武曌杀了上官婉儿的父祖，但也是武曌发现了她的才华，从万岁通天年间开始，内廷诏命都由上官婉儿负责起草。《北户录》称，武曌每次接见宰相们，总令上官婉儿躲在床裙下面记录，一次，上官婉儿被一位宰相的风度打动，竟看得出神，忘记了记录，结果被武曌察觉了。退朝后，勃然大怒的武曌取出指甲刀一刀刺到上官婉儿的脸上，还不让其自行拔下。上官婉儿赶紧口占了一首《乞拔刀子》诗告饶，这事才算化解。此后，她就经常用一朵花儿贴在伤疤上面掩饰，而这一打扮反而受到贵妇们的追捧，成为后来的红梅妆。也许正是太子对上官婉儿承诺将其纳入后宫，等李显即位后，她才成了李显的昭容（九嫔第二位）吧？

相王李旦时任并州牧、左卫大将军、太子左千牛卫率、安北大都护，其控制着南军，从知相王府司马事袁恕己积极参与政变这一点看，相王李旦肯定也是主谋之一。《旧唐书·太平公主传》就明确说：“神龙元年，预诛张易之谋有功，进号镇国太平公主，相王加号安国相王，并食实封通前五千户，赏赐不可胜纪。”至于一向巴结二张的武氏集团，由于近年来武曌的努力，武氏集团与太子一党互相通婚，已出现逐渐合流的趋势，而二张则在很多地方也得罪了武氏集团，因此，武氏集团在这场政变中可能处于中立立场，或者隐然参与。

太子一党在紧锣密鼓地暗中布置，在明面上，他们还没有忘记继续制造麻烦，吸引武曌和二张的精力和注意力。除了宋璟异常的抗旨外，桓彦范还继续上书抓住张昌宗的“过错”不放——张昌宗的所谓过错就是算命了，术士说他是天子相，而张昌宗没有主动扭送术士，只给武曌说了……难道张昌宗真有当皇帝的野心？武曌也有传位给张昌宗的想法？这都是不可能的。二张自己也知道他们的身份本身就已让很多正统的士大夫不齿，他们奉命代替武曌处理朝政更是触犯一些人的利益，为了自保，他们才不得已拉帮结派，要说当皇帝，恐怕是别人的欲加之罪，那么武曌会不会传位给他们呢？这更不可能。对比武曌对待前情夫薛怀义就可以看出，武曌对薛怀义委以重任，不仅让他全权负责修造明堂等，而且把军权交给了他，以其为左威卫大将军、清平道大总管、右卫大将军、代北道行军大总管等，还让宰相李昭德当他的行军长史，可以说把他置于一人之下万人之上的位置，结果，薛怀义还不满足，落得个身首异处的下场。武曌在对待二张上，就吸取了教训，虽然她对二人非常宠爱和信任，却没有让他们染指军权，张易之最终也只是个麟台监，张昌宗是个春官侍郎而已，这哪里是要传位给他们的节奏？但此时，太子一党要把谋反的帽子强加在他们头上。

桓彦范在奏疏上说：“张昌宗无功受禄，包藏祸心，自找麻烦，这是上天降下愤怒，陛下不忍惩处，违背上天，是不祥的。况且，张昌宗自称已经禀报了陛下，就不该与李弘泰继续往来，让他给自己祈福禳灾，这说明他原本就没有悔改之心，之所以提前禀报陛下，是在事发之后好有条退路，假如事情没有败露，他就会伺机谋反。这就是奸臣的阴谋诡计，假如说这样就可以赦免，那么还能加罪于谁呢？并且，此事已被多次告发，而陛下均不予追究，这就让张昌宗自以为诡计得逞，天下百姓也会觉得能当皇帝的人会逢凶化吉，遇难成祥，这是陛下在促使他们作乱。假如陛下不杀逆臣，社稷就要亡了，希望将其交付鸾台凤阁三司，予以彻查！”但武曌没有回复——桓彦范等人的所作所为也正应“贼喊捉贼”这四个字。

崔玄暐也屡屡说到此事，不得已，武曌命令司法部门研究张昌宗究竟犯了什么罪。崔玄暐的弟弟、司刑少卿崔昇认为应当将张昌宗处以死刑；宋璟再次要求把张昌宗打入大牢。武曌无力地再次提醒道：“张昌宗已经自己报告过了。”问题又回到了原点。宋璟却说：“张昌宗被匿名信逼迫，这才向陛下自首的，是不得已。况且，谋反大逆之罪，就算自首也不能赦免。如果不严惩张昌宗，还要国法干什么！”武曌平和地给他解释，但宋璟声色俱厉，继续纠缠：“张昌宗接受了陛下分外开恩，臣也明知我这么说一定会大祸临头，但基于大义，就算死了也不遗憾！”武曌很不高兴。站在一旁的和事佬杨再思担心宋璟，连忙称圣旨要他退下，宋璟毫不领情，说道：“圣主在此，不用宰相擅自传达圣旨！”

僵持不下，武曌就同意了宋璟的要求，让张昌宗前去御史台报到。惶恐不安的张昌宗来到御史台后，宋璟站在庭院里开始问话，还没问完，武曌就派宦官赶来宣布诏命，赦免了张昌宗。宋璟叹息道：“没有先把这小子的脑瓜子打碎，真是后悔啊！”武曌命张昌宗找宋璟道歉，但宋璟拒不接见。

二七四　变起肘腋（三）

张昌宗一案到此结束，没办法继续缠下去了，他们又想起了其他的话题。

李峤和崔玄暐曾经提出："过去，在革命之初，不少人失去节操，结果导致酷吏们大肆使用酷刑，对于被周兴等人弹劾而弄得家破人亡的，请一律予以平反昭雪。"如今，桓彦范旧话重提，显然是逼迫武曌自己否定自己。武曌开始的时候并没有答应，桓彦范就一个劲地上书，前前后后上了十道奏表，最终武曌还是同意了。

然后，就到了新年。一月一日，武曌下令大赦天下，改元为神龙元年，并下令：自从文明年间以来犯罪的，只要不是扬州、豫州、博州事变以及其他谋反的首犯，一律予以赦免。九日，武曌下令再次禁止屠杀生灵。十一日，前往长安奉迎佛骨的崔玄暐回到了洛阳，就在其间，武曌的病情依然未见好转，而由张柬之主导的政变却在紧锣密鼓地进行中。

去年出任灵武道行军大总管的姚元之也回到了洛阳。张柬之和桓彦范说："这事成了！"就把他们的计划告诉给了姚元之。当时，太子每天要经玄武门入宫向武曌请安，桓彦范和敬晖秘密晋见，将计划向太子一一作了汇报，太子也答应下来了。

神龙元年（公元705年）一月二十二日，政变爆发。

政变军兵分三路：

第一路：张柬之、崔玄暐、桓彦范、薛思行等人率领五百余名左右羽林军将士直扑玄武门；

第二路：李多祚、李湛、王同皎前往东宫迎接太子李显；

第三路：由袁恕己辅佐相王李旦统领南衙军队，作为预备队。

当时，统率千骑的是殿中监田归道，驻扎在玄武门。敬晖派人请田归道率领千骑参加，由于田归道事先并没有参与，此时，拒不同意，而另外迎接太子的一路也遇到了麻烦。

当李多祚等人来到东宫之后，胆小如鼠的李显也不敢出门了。王同皎说：“先帝将社稷交给殿下，殿下却横遭废黜，人神共愤，迄今已过去二十三年了啊！今日，是上天让人们良心发现，北门（指北军）、南军（指南衙各军）齐心协力，要诛除奸党，恢复李唐社稷，希望殿下暂且赶到玄武门，以安抚大家！”

李显说：“奸党自该诛灭，然而皇上身体欠安，会不会受到惊吓？大家还是再作打算吧！”

李湛说：“诸将不顾家族安危，与宰相同心协力，匡扶社稷，殿下为何体会不到他们的赤诚之心，却要将他们推入鼎镬之中呢？我们虽然命贱，不值得怜惜，但殿下自己出门去给将士们说吧！”

不得已，李显这才出门。

李显一出门，王同皎就一把把他连抱带扶地推上马去，众人蜂拥着一起来到玄武门，田归道见状，不再阻拦，众人破门而入。

当时，武曌住在迎仙宫长生殿，张柬之等人指挥士兵们在长廊之下杀掉了张易之和张昌宗，而后闯入长生殿，将武曌团团围在了中间。

武曌从床上惊起，问道：“是何人作乱？”

张柬之回答：“张易之、张昌宗谋反，臣等奉太子之命已将二人杀掉，恐怕走漏风声，所以没有提前禀报。在皇宫动刀动枪，实在是罪该万死！”

武曌抬眼看到了太子李显，说道：“原来是你呀。那两个孩子已经被杀了，你可返回东宫。”

桓彦范说道：“太子岂能再回去？昔日，天皇将爱子托付给陛下，如今，太子年龄已大，长期住在东宫，天意人心都思念李唐，群臣也不忘太宗、天皇的恩德，所以才拥护太子诛杀奸臣。希望陛下将皇位传给太子，以顺应上天和万民的意愿！”

武曌没有正面回答，而是用眼睛扫视身边的这些人，当他看到李湛时，说道：“你也是诛杀易之的一名将军吗？我对你们父子不薄啊，你今日竟然干出这种事！”李湛顿时满脸通红，无言以对。她又对崔玄暐说道：“别人都是经人举荐才升官的，唯独你是朕亲自提拔的，你也参与其中了吗？”崔玄暐回答：“我这么做，就是为了报答陛下的大恩大德啊！”

事已至此，武曌知道已众叛亲离，大势已去，无力回天了。她一头倒在床上，不再说话了。

于是，李显指挥众人逮捕了张昌期、张同休和张昌仪等二张的兄弟们，全部斩杀，与二张的人头一起高悬在天津桥南；袁恕己也率领南衙军队逮捕了二张的亲信韦承庆、房融以及司礼卿崔神庆，将三人打入大牢。

一月二十三日，武曌（当然仅仅是以她的名义）下诏命令太子李显监国，大赦天下，以袁恕己为凤阁侍郎、同平章事，分别派遣十位使者前往十道安抚；二十四日，武曌将皇帝位传给了李显。

二十五日，唐中宗李显宣布即位，大赦天下，只有张易之一党不在赦免之列；那些被周兴等酷吏冤枉的，全部平反，子女被没入为奴的，一律释放；加相王李旦为安国相王，拜为太尉、同凤阁鸾台三品，太平公主加号为镇国太平公主；过去被流放或者被没入为奴的李唐皇族子孙，恢复皇家户口，并根据各人的才能授予官职。

二十六日，李显将武曌迁往上阳宫（洛阳皇城的西南），由李湛负责看管。只有太仆卿、同中书门下三品姚元之哽咽流泪，桓彦范和张柬之对他说："今日哪里是你哭泣之时呢？恐怕你的大祸就要临头了！"姚元之回答："元之侍奉则天皇帝时间长了，突然别离，悲不自胜。元之前日追随大人诛杀奸臣，这是臣子的本分；今日与旧君分别而悲泣，也是臣子该做的，就算因此而获罪，也心甘情愿。"

二十七日，李显率领百官来到上阳宫拜谒武曌，上尊号为则天大圣皇帝。

二十九日，唐中宗李显任命张柬之为夏官尚书、同凤阁鸾台三品（"擢拜天官尚书、凤阁鸾台三品，封汉阳郡公，食实封五百户，未几，迁中书令，监修国史"）；崔玄暐为内史（"擢拜中书令，封博陵郡公"）；袁恕己同凤阁鸾台三品（"加银青光禄大夫，行中书侍郎、同中书门下三品，封南阳郡公，食实封五百户"）；敬晖（"加金紫光禄大夫，擢拜侍中，赐爵平阳郡公，食实封五百户。寻进封齐国公"）和桓彦范（"加银青光禄大夫赐勋上柱国，封谯郡公，赐实封五百户"）都为纳言；李多祚赐爵辽阳郡王（"实封八百户，仍拜其子承训为卫尉少卿"）；王同皎为右千牛将军、琅邪郡公；李湛为右羽林大将军、赵国公；其余有功人员也都一一得到了封赏。敬晖打算诛杀了田归道，田归道以理自辩，被免官；唐中宗赞赏他的忠诚，将其召来，任命其为太仆少卿。

二月一日，李显再次率领百官前往上阳宫向武曌问安，从此以后，每十天都要去一次。《唐统记》记载，武曌平时擅长打扮，就算子女在身边，也察觉不出她的实际年龄，等到被送到上阳宫后，心情郁闷的她也无心再梳洗打扮了，面容十分憔悴。唐中宗见到母亲后，不禁大惊失色，武曌哭着说道：“我从房陵把你接回来，当然是要把帝位传给你的，而那五个贼人贪图功劳，竟然把我这个老人吓成了这样！”唐中宗李显悲不自胜，伏地大哭，连连叩头，口称死罪死罪，从此，他对张柬之等人并不亲近。

神龙政变之后，唐中宗依然向武氏宗庙拜祭，当时，连日雾霾，侍御史崔浑上书称：“如今陛下刚刚复辟，正该恢复李唐国号，顺应万民之心，为何还要去武氏宗庙拜祭？应当毁掉武氏宗庙，恢复大唐大业。”唐中宗采纳了他的意见。

二月四日，唐中宗下令恢复国号为唐。宗庙、社稷、陵寝、百官、旗帜、服色、文字全部恢复到唐高宗去世时的状态；将神都恢复为东都，北都恢复为并州，老君恢复为玄元皇帝称号。

五日，将原凤阁侍郎、同平章事韦承庆贬为高要尉；正谏大夫、同平章事房融除名，流放到高州；司礼卿崔神庆流放到钦州。以杨再思为户部尚书、同中书门下三品、西京留守；将姚元之贬为亳州刺史。

韦承庆是个大才子，他常常下笔成章，文不加点，根本不用打草稿；二张被杀后，唐中宗要颁布一道大赦令，群臣都觉得起草人非韦承庆莫属，又从狱中把他召来。韦承庆神色不变，提笔而就，文辞甚美，人人心服口服。韦承庆的同父异母弟弟韦嗣立非常有才华，二人年少时，韦嗣立的母亲王氏对韦承庆很不好，经常责罚韦承庆，韦嗣立总要争着让母亲打自己，王氏不打，韦嗣立就自己打自己。后来王氏逐渐觉悟，开始对韦承庆好一些了，当时的人们把他们兄弟两个比作晋朝的王祥和王览。

二人的父亲韦思谦曾担任过宰相，对武曌说过：“我有两个儿子能够侍奉陛下。”武曌用了韦承庆，觉得非常称职，后来，韦承庆因病辞职，武曌就把担任莱芜令的韦嗣立召进京城，对他说：“你父亲说的话确实不假，如今，朕就让你代替你哥哥，再不用其他人。”当即拜其为凤阁舍人，后来，韦嗣立也当上了宰相，《广卓异记》称，当时的人们说：“大郎罢相，二郎拜相。”他们父子三人都当过宰相，这在唐代是十分罕见的。韦承庆在流放途中，写下了一首《南中咏雁》：“万里人南去，三春雁北飞。未知何岁月，得与尔同归？”唐中宗对韦承庆的才华印象深刻，在流放一年多后，唐中宗又起用他为辰州刺史，还未到任，又将他召入京城，任为秘书员外少监，兼修国史。

二七五　中宗复位

唐中宗李显生于唐高宗显庆元年（公元656年）十一月，迄今他已经五十岁了。

李显这大半辈子过得并不如意。如前所述，李显的第一任妻子赵氏，论辈分还是李显的表姑，因赵氏之母常乐公主是唐高宗的姑姑，因唐高宗和他这个小姑姑感情很深，引起了武则天的不满，迁怒于赵氏，竟将赵氏活活饿死，这一年李显二十岁；按：《新旧唐书》均称，李显是当上英王后才娶的赵氏，而李显当上英王是在唐高宗仪凤二年（公元677年），可是，《资治通鉴》将赵氏被饿死这一年定为上元二年（公元675年），这里出现了明显的矛盾，不知《资治通鉴》有什么依据，姑且从之。

此后，在他的二哥李贤被废之后，李显于永隆元年（公元680年）即他二十五岁时被立为太子，继而，又娶了他的第二任妻子韦氏，四年后，他的父亲唐高宗去世，二十九岁的李显顺利登上了皇帝宝座。然而，他在皇帝之位上仅仅坐了一个多月，就被自己的母亲给赶了下来，顿时从天上跌落到地狱，被流放到了房州，时时刻刻面临着死亡的威胁，每次听到使者到来的消息，都是极度惊恐，吓得要自杀。就这样，他在担惊受怕中度过了整整十五年，到了武曌圣历元年（公元698年），已经四十三岁的他又奇迹般地被母亲召回京师，做梦一样地再次被立为太子！命运似乎一直就在跟他开着玩笑，当他再次进入这个熟悉而又陌生的神都之后，立即又卷入复杂而又尖锐的权力斗争旋涡之中了。这里有武曌宠信的男宠，有曾任皇嗣、现任相王、有一定实力的弟弟，有曾经显赫一时、手握有限兵权的武氏集团，还有形形色色的朝臣，更重要的是那个阴晴不定的母亲，回到这里，他更加不安了。

好在，他还是有一点自信的。据《独异志》记载，早在房陵时，一次，李显仰天长叹，将一颗小石子抛向空中，心中祈祷说："假如我能成为皇帝，这颗石子就落不到地上。"结果，神奇的事情发生了，这颗石子竟然被挡在树枝上面了，有了这点自信，才支撑着他走到今天。

神龙元年（公元705年）二月十四日，李显封太子妃韦氏为皇后，大赦天下，并追赠韦皇后的父亲韦玄贞为上洛王、母亲崔氏为王妃。左拾遗贾虚己上书认为："异姓不得封王，这是惯例。如今，陛下刚刚中兴，天下百姓都急切盼望着能够看到陛下实施德政，而陛下却一上来就加封皇后一族，这恐怕不是给天下人带来恩德的措施。您的父亲唐高宗就曾经追赠皇后的父亲武士彟为太原王，这就是眼前的教训，应该防微杜渐。如果陛下觉得诏书已经颁发，可以让皇后坚决推辞，就更能显示皇后谦虚的美德了。"但唐中宗和韦皇后都是充耳不闻。

唐中宗和韦皇后可谓是患难夫妻。在房陵期间，李显和韦氏辛苦备尝，恩爱甚深。每当李显吓得要自杀时，韦氏总是给李显以勇气，她说："祸福相连，哪有常态？最多不过一死，何必如此匆忙？"李显对韦氏非常感激，为了报答韦氏，他曾私下对她发誓说："将来一旦我能重见天日，一定会让你随心所欲，你想干啥随你的便，我决不干涉！"李显和韦皇后这对夫妻也都懂得感恩。据《谭宾录》记载，在房州的十几年里，地方官员对李显夫妇很是无礼，唯独刺史崔敬嗣对他们很照顾，令李显十分感激。李显复辟后，崔敬嗣已死，但他并不知道。有位益州长史也叫崔敬嗣，有关部门报上提拔人选，李显看到这个名字，屡屡破格提拔，后来一接见才知道弄错了。李显又派人找到崔敬嗣的儿子崔汪，因崔汪与其父崔敬嗣一样嗜酒如命，不堪做事，遂任命其为五品散官。唐玄宗和唐肃宗时期的将领崔光远就是崔汪的儿子。韦皇后也是如此。当初，韦皇后的父亲韦玄贞也被流放到钦州，就死在了那里，当地少数民族头领宁承基兄弟要强娶韦皇后的妹妹，其母崔氏不答应。结果，宁承基兄弟勃然大怒，将韦皇后的母亲以及四个兄弟韦洵、韦浩、韦洞、韦泚都杀了，把韦皇后的姐妹七娘等人抢去。李显复辟后，发誓要替皇后报仇，他命广州都督周仁轨率领两万军队灭了宁承基部落，宁承基等人走投无路，逃入海中。唐军穷追不舍，将宁承基兄弟杀死，以其人头祭奠崔氏之墓，还把其部落百姓斩杀殆尽。李显闻讯后大喜，晋升周仁轨为镇国大将军（《旧唐书》称左羽林大将军），兼五府大使，赐爵汝南郡公，食邑五百户。韦皇后隔着帘子拜谢周仁轨，对他像对待父亲一样敬重。

李显一生一共有四子、八女。韦氏所生的嫡子李重润，生于唐高宗永淳元年（公元682年），唐高宗非常高兴，才将年号改为永淳。李重润本名李重照，生下当年就被立为皇太孙；李显被废后，李重照也被废黜，另行囚禁起来，因要避武曌的讳，又改名为李重润。等其父李显被召回立为太子，李重润也被立为邵王。但是，好景不长，李重润与妹妹、妹夫私下议论二张专权，在长安元年（公元701年）被祖母武曌下令用棍棒打死，死时年仅十九岁。

李显还有三个庶子：李重福、李重俊和李重茂。李重福是李显的庶长子，生于公元680年，高宗时被封为平恩王，长安四年（公元704年）三月，被改封为谯王；李重俊，久视元年（公元700年）被封为义兴王；李重茂，久视元年被封为北海王。李重福的妃子是张易之的外甥女，韦皇后对唐中宗说："李重润就是因为李重福告密才被杀的。"唐中宗遂将其贬为濮州员外刺史，又改为均州刺史，不管州务，由地方官员将其看管起来。

李显的八个女儿分别是：新都公主（下嫁武延晖）、宜城公主（下嫁裴巽）、定安公主［始封新宁郡主，下嫁王同皎，后又嫁韦濯（韦皇后从祖弟），又嫁太府卿崔铣］、长宁公主（韦皇后所生，下嫁杨慎交，开元十六年，杨慎交死，又嫁苏彦伯）、永寿公主（韦皇后所生，早死，追封）、成安公主［字季姜，始封新平，下嫁韦捷（韦皇后堂侄儿）］、永泰公主（韦皇后所生，以永泰郡主下嫁武延基，与李重润一起被杀，追封）、安乐公主（小名裹儿，韦皇后所生，下嫁武崇训，后嫁武延秀）。安乐公主是李显最小的女儿，她是李显流放房陵途中出生，在满腔愁绪之中，韦氏给自己生下一个女儿，李显非常喜爱，亲自解下衣袍把孩子包裹起来，所以，就给女儿起了这个李裹儿的小名。李裹儿长大后非常聪明，口齿伶俐，还长得非常漂亮，是李显和韦皇后二人的心肝宝贝。按：《旧唐书·中宗韦庶人传》称，在李显的这八个女儿中，韦皇后生的嫡女是四个，即长宁公主、永寿公主、永泰公主和安乐公主，但《资治通鉴》在说到韦皇后所生子女时，只提到长宁公主和安乐公主，《新唐书·诸帝公主传》中，也没有明确说永寿公主和永泰公主是韦皇后所生，因此，此处存疑。

唐中宗李显没有食言。他登上皇帝宝座之后，纵容韦皇后干预朝政，就像唐高宗在世时武则天那样。纳言桓彦范上书劝谏道："《易经》上说：'无攸遂，在中馈，贞吉。'《书经》也说：'牝鸡之辰，惟家之索。'臣见每次陛下上朝，皇后必定也在殿上设帷帐听政。自古以来，凡是与女人一起听政的帝王没有不破国亡身的。况且，把阴置于阳之上，是违背天道的；让女人凌驾在丈夫之上，也是违背人道的。希望陛下能够汲取古今教训，以社稷万民为念，让皇后住在内宫，一心一意处理后宫事宜，不要再出外朝干预国政了。”桓彦范等人自然是从封建伦理道德的角度提出的这些意见，但是，他们怎么能知道唐中宗与韦皇后二人之间的约定？没有那些经历的人是无法体会到的，而他们的劝谏不仅没有什么效果，反而直接得罪了权力欲强烈的韦皇后。

是张柬之等人冒着生命危险将唐中宗推上皇帝宝座，然而，被打下去的武曌不是别人，正是唐中宗的母亲，尽管武曌曾经对唐中宗有种种不好，但毕竟人家是母子关系，人家母子之间的恩恩怨怨，很多时候外人是难以置喙的。就像如此大事，武曌轻轻松松地说了句：“我从房陵把你接回来，当然是要把帝位传给你的，而那五个贼人贪图功劳，竟然把我这个老人吓成了这样！”已然让唐中宗感到自责，多少怀疑张柬之等人的动机，如今，桓彦范等人又对韦皇后干政提出不同看法，韦皇后对他们会有好感？对韦皇后唯命是从的唐中宗自然也会对张柬之他们有些看法。

拉下武曌之后，如何对待以武三思为首的武氏集团就摆在了张柬之等人面前，是相安无事还是斩草除根？洛州长史薛季昶就建议张柬之和敬晖：“虽然除掉了二张，但吕产、吕禄（比喻武三思等人）尚在，斩草不除根，最终还会再生。”当时，张柬之和敬晖并没有想到要杀武三思，二人说：“如今大事已定，他不过是一块案板上的肉，又能有什么作为？杀的人已经够多了，不可再杀了。”薛季昶叹息道：“我不知道我的葬身之地会在何处了！”朝邑县尉刘幽求也对桓彦范和敬晖说：“武三思还活着，你们终将死无葬身之地，如果不早早收拾他，以后后悔都来不及了！”但他们都没有听从。

二七六　五王失势（一）

如今，唐中宗要的是稳定，而不是再来一次大规模的杀戮和由此而来的政局动荡。

唐中宗会不会杀掉武三思？在正统的士大夫眼里，武曌夺取了李唐政权，武三思等人也随之鸡犬升天，成了她的帮凶。武曌是今上的母亲也还罢了，武三思等人当时还想争夺皇嗣之位，把江山弄到武氏门下，自然是罪无可逭；另外，将武曌拉下马来，如果不斩草除根的话，终有一天，武氏集团会杀个回马枪，后果不堪设想。

然而，在唐中宗眼里，武三思等人就该杀吗？

史称，武三思“略涉文史，性倾巧便僻，善事人，由是特蒙（武曌）信任”。薛怀义得宠时，他巴结薛怀义；二张得宠时，他又巴结二张；李显被立为太子后，他又极力巴结李显，是个左右逢源的人。在武曌的主导下，武三思的次子高阳王武崇训还娶了唐中宗和韦皇后最心爱的女儿安乐郡主，当时，武三思在朝中还很有势力，他为了巴结李显，特意拿出大把钱财举办了一场十分隆重的婚礼。武三思的家在天津桥南，他命儿子武崇训从重光门内行亲迎礼，将安乐郡主李裹儿迎回家中。他还让宰相李峤、苏味道，词人沈佺期、宋之问、徐彦伯、张说、阎朝隐、崔融、崔湜、郑愔等人赋《花烛行》，来歌颂此事，一时间，二张、宗楚客兄弟也都找人作诗赞美，让李显和韦氏很是满意。有武三思这个亲家，就可以笼络住整个武氏集团，依靠他们不仅可以掣肘张柬之等神龙功臣集团，还能平衡相王李旦、太平公主等势力，何乐而不为呢？况且，武曌还活着，两家的毒誓言犹在耳，一向懦弱的唐中宗怎会出手大加杀伐？还有，唐中宗的长女婿武延晖也是武家人，两家已合为一家，唐中宗岂能自剪羽翼？因此，刚刚即位，张柬之等人就与武氏集团水火不容，这当然不是唐中宗愿意看到的情况。

不过，唐中宗复辟后，武三思着实也曾担忧了一阵子。头脑灵活的他很快就想出了一条自保之策。唐中宗即位后，就把上官婉儿纳为婕妤，对她非常信任，命她专门负责起草、传达诏命。时年已五十七岁的武三思使出浑身解数，竟然把四十二岁的上官婉儿搞到了手，上官婉儿就此成了武三思一党。在武三思的授意下，上官婉儿又把武三思推荐给了韦皇后，唐中宗遂让武三思进入大内，一起商议政事，把张柬之等人甩到了一边。闲暇之余，唐中宗还让武三思与韦皇后二人下双陆（一种掷骰子游戏），他自己则站在一旁替二人点数，一来二去，武三思又与韦皇后勾搭成奸，武氏集团的地位就此稳固起来了。

唐中宗夫妇与武三思的关系日渐加深。唐中宗本人还多次身穿便服驾临武三思的府邸游玩，《朝野佥载》称："内官过武三思宅，三思曲意祗承，恣其所欲。装束少年男子，衣以罗绮，出入行觞，驰驱不食，淫戏忘反，倡荡不归。争称三思之忠节，共誉三思之才贤。"唐中宗穿便服偷偷离宫来到武三思家，显然不仅仅是为了吃喝，而是干些不足为外人道的无耻勾当。监察御史崔皎知道后，也给唐中宗留足了面子，他秘密劝谏道："陛下刚刚复辟，则天皇帝还在西宫，人心还对其有所留恋；武周旧臣尚且布满朝廷，陛下为何要轻率出宫，难道就不怕会有刺客吗？"谁知，唐中宗竟然又把这话透漏给了武三思，武三思一党对崔皎是恨得咬牙切齿。

武曌在迎回李显之后，就有意识地让武氏集团从朝廷核心层退了出来，久视元年（公元700年），她就把武三思从内史之位上拉了下来，改任其为特进、太子少保，给他一个闲散的差事，后又让他当了太子宾客，仍然负责监修国史，这其实是对整个武氏家族的一种保护。在武曌一朝已靠边站的武三思，在新朝不仅没有受到冲击，相反还得到了唐中宗的充分信任。二月十六日，唐中宗任命武三思为司空、同中书门下三品，让他成为三公一级的宰相。

唐中宗的这一决定让张柬之等神龙功臣们大跌眼镜。张柬之等人屡屡劝说唐中宗杀掉武三思等人，但唐中宗根本不听。张柬之等人说："武周革命之际，李唐宗室几乎被屠杀殆尽，如今，幸赖天地之灵，陛下复辟，可是，武氏宗族子弟充斥朝廷，依然故我，这难道是远近百姓愿意看到的结果吗？希望陛下稍稍贬谪他们，以顺应百姓之心！"但唐中宗依然不从。张柬之等人有的拍床长叹，有的把指头都弹出鲜血，说道："主上过去被封为英王，当时号称勇敢刚烈，我们之所以当时不杀掉武氏子弟，就是想让主上亲自动手，以树立起天子的权威啊！如今竟然是这种情况，大势已去，我们还能有什么办法呢？”

二月十七日，唐中宗又起用右散骑常侍、安定王武攸暨（太平公主的丈夫、武三思的堂兄弟）为司徒、定王。

至此，大唐朝廷上的重臣分别为：

太尉相王李旦；

司徒安定王武攸暨；

司空梁王武三思、同中书门下三品；

纳言韦安石、敬晖、桓彦范；

内史杨再思、崔玄暐；

同凤阁鸾台三品张柬之、袁恕己；

同中书门下三品国子祭酒祝钦明（原为太子率更令，兼崇文馆学士，充太子侍读）；

同凤阁鸾台平章事唐休璟。

在随后的数月里，张柬之等人与武三思等人的争斗不仅没有平息，相反愈演愈烈，而唐中宗为了维护朝局的稳定，也走马灯似的任免了很多官员，将政权牢牢地控制在自己手中。

首先是寻找宗室子弟下落，并委以官职。武曌革命之际，大肆诛杀李唐宗室子弟，稍有才能的，全都被杀了，只有吴王李恪的儿子郁林侯李千里，没有什么才能，又多次献上符瑞，巴结武曌，才幸免于难。李千里原名李仁，武曌时期曾出使江南，有人给他送来金子，他拒不接受，武曌听说后夸奖道：“儿，你是我家千里驹啊！”从此改名为李千里。唐中宗即位后，将他立为成王，拜为左金吾大将军。武曌诛杀的李唐诸王、王妃、公主、驸马等都无人埋葬，有的子孙逃往岭南，有的隐匿民间，给人当奴仆。唐中宗下令各地寻找他们的灵柩，依礼改葬，恢复官爵；有子孙的，让其子孙承袭爵位；没有子孙的，为其物色后嗣。纪王李慎的女儿，也就是那个在父亲被杀后二十年都不曾梳洗打扮的东光县主，听到这个好消息，竟然激动而死，她告诫儿子：“为我向亲戚们道谢，大仇已报，我到底下去见先王，也没有遗憾的了！”唐中宗在章善门给她举办丧礼，并下诏予以表彰。

不久，宗室子孙相继到来，唐中宗一一召见，个个涕泗横流，拜伏舞蹈。据统计，这些宗室子弟主要有：

一是，高祖的子嗣们：楚王李智云的后代李承况，神龙中为右羽林将军；荆王李元景的后代“神龙初，追复爵土，并封其孙逖为嗣荆王，寻薨，国除”；徐王李元礼的孙子李璀为嗣徐王；韩王李元嘉的儿子李讷为嗣韩王，官至员外祭酒；彭王李元则的孙子李志暕，封嗣彭王；郑王李元懿的孙子李希言为嗣郑王；霍王李元轨的孙子李晖为嗣霍王；虢王李凤的孙子李邕为嗣虢王，“邕娶韦庶人妹为妻，由是中宗时特承宠异，转秘书监，俄又改封汴王，开府置僚属”；道王李元庆的孙子李微为嗣道王；邓王李元裕的孙子李孝先为嗣邓王；舒王李元名的孙子李津为嗣舒王；鲁王李灵夔的孙子李道坚为嗣鲁王；密王李元晓的孙子李昙为嗣密王；滕王李元婴的孙子李涉（李茂宗）为嗣滕王。

二是，太宗的子嗣们：太子李承乾孙子李适之左卫郎将；吴王李恪子李千里，封成王，左金吾大将军，兼益州大都督，李恪孙子李祇为嗣吴王；魏王李泰孙子李峤为嗣濮王；蜀王李愔，以朗陵王李玮的儿子李褕为嗣蜀王；蒋王李恽孙子李绍宗为嗣蒋王；赵王李福，以蒋王孙李思顺为嗣赵王；曹王李明孙李胤为嗣曹王，后改由其三叔李备为嗣曹王。

三是，高宗子嗣们：燕王李忠追赠太尉、扬州大都督；李孝追封为原悼王；泽王李上金子李义珣为嗣泽王（李义珣为活命，给他人当奴仆，嗣许王李瓘贪图他的食邑，诬告李义珣是冒名顶替，唐中宗又把他流放到了岭南，而以李瓘的弟弟李璆为嗣泽王，一直到开元初年，幸赖玉真公主证实，李义珣才被复位）；许王李素节子李瓘为嗣许王；雍王李贤子李守礼嗣雍王；唐中宗自己的儿子，追赠李重润为懿德太子；相王李旦的长子李成器，唐中宗封他为蔡王，李成器坚决推辞，不敢当。

只有李贞父子没有被平反，史称：“神龙初，敬晖等奏冲父子死社稷，请复爵土，为武三思等沮罢。”

二七七　五王失势（二）

唐中宗做的第二件事就是建立自己的班底。

截至神龙元年二月，也就是政变一个月后，我们可以看到，张柬之等政变功臣还把持着大唐朝廷，不过，唐中宗已经利用武三思和太平公主以及相土李旦的势力来抵消他们的影响力。之所以利用武三思，是唐中宗的太子班底中的很多人不在中央，比如唐休璟、韦安石、魏元忠等都被武曌外派的外派，流放的流放，唐中宗身边缺乏足以与张柬之等人抗衡的实力派。与此同时，唐中宗立马从地方上召回那些东宫旧人，四月十八日，魏元忠被召回朝廷，唐中宗任命他为卫尉卿、同平章事；四月二十五日，唐中宗又改任魏元忠为兵部尚书，韦安石为吏部尚书，李怀远为右散骑常侍，唐休璟为辅国大将军，崔玄暐为检校益州都督府长史，杨再思为检校扬州都督府长史，祝钦明为刑部尚书，这些人均同中书门下三品。

在此之前，相王李旦非常识时务，他坚决推辞太尉以及知政事一职，唐中宗最终答应了；唐中宗又表示要立李旦为皇太弟，但李旦心知肚明，自己这个曾经当过皇帝的弟弟已经犯忌讳了，只能夹起尾巴做人，岂敢还有非分之想？他也是坚决推辞，唐中宗也“只好”答应了；看到相王都不当太尉了，武三思和武攸暨自然不敢再赖在三公的位置上，他们也是坚决推辞司空和司徒、知政事，唐中宗也答应了，给他们两位都加开府仪同三司。其间，唐中宗还立自己身边的两个儿子义兴王李重俊为卫王、洛州牧；北海王李重茂为温王。

第三是缓和各类矛盾。三月五日，唐中宗下令：“文明以来（武曌当权时），被抄家的政治犯子孙们一律恢复原有的地位，唯独徐敬业和裴炎两家除外。”八日，他又下诏：“周兴、来俊臣等酷吏，死的追夺官爵；没死的，流放到贫瘠之地。”不久，他又下诏：“将枭氏和蟒氏都恢复旧姓。”枭氏是武曌给萧淑妃家改的姓，蟒氏是武曌给王皇后家改的姓，如今唐中宗下令让他们都恢复了旧姓。五月四日，唐中宗又下令将武周宗庙的七个牌位迁到西京的崇尊庙，规定：“武氏三代的名讳，奏事者不得冒犯。”七日，在洛阳设立大唐的宗庙、社稷。以张柬之、敬晖、崔玄暐等人以及武攸暨、武三思、郑善思等十六人为政变的立功人员，赏赐给铁券，除非谋反忤逆大罪，各人都可以被免死十次。

唐中宗的这些措施都是在维护母亲武曌的基础上，最大限度地缓和朝臣们之间以及社会各类矛盾，减少对立面。

然而，看到武三思逐渐得宠，敬晖等人无论如何都是坐不安席、寝不安枕。就在唐中宗将武三思等人也列为有功人员予以赏赐的数日后，到了五月十五日，敬晖等人就率领百官给唐中宗上表，称：“五运交替运行，势不两立。天授革命之时，宗室被诛杀殆尽，如今，宗室岂能与武氏一起被封赏？万物更新，可是武氏子弟的封号依旧，仍然盘踞京师，这是从古以来从未有过的事情。希望陛下能够以社稷大业为重，顺应民意，将他们的王爵降下来，好令中外安心。”张柬之等人原来是劝说唐中宗杀死武氏子弟的，见唐中宗不从，退而求其次，试图降低他们的官职和爵位，但唐中宗依然不听，如今，敬晖又率领百官给唐中宗施加压力，唐中宗还是不答应。

现在的唐中宗与数月前刚刚被推上皇帝宝座的他已判若两人。当时，张柬之等人在朝中的势力很大，唐中宗只能与他们虚与委蛇，依靠武氏集团制衡他们，如今，他已经召回了魏元忠、韦安石、唐休璟等人，原东宫官属已占宰相集团的绝大部分，可以说唐中宗已经牢牢控制住了局面。

兔死狗烹。敬晖等人动用武力，将唐中宗的母亲武曌从皇位上拉了下来，尽管最终的得益者是唐中宗，但他们这种做法其实已经非常犯忌，你们能把人家母亲搞下来，什么时候你们看人家不爽了，是不是也会再来一次政变呢？假如敬晖等人明白了唐中宗的内心，夹起尾巴做人，也许还能全身避祸，得以善终，然而，他们担心武氏集团进行反扑，基于自身的安全考虑，试图借唐中宗之手除掉武氏集团，反而引起了唐中宗的反感。敬晖等人也害怕武三思等人在唐中宗面前进谗言，暗中致使考功员外郎崔湜（崔仁师之孙）充当自己的耳目，可是，崔湜见唐中宗亲近武三思而忌讳敬晖等人，立马见风使舵，投靠到了武三思门下，把敬晖等人的阴谋都告诉给了武三思，武三思把崔湜提拔为中书舍人。《翰林盛事》称，崔湜刚执政时，年方二十七，举止端庄娴雅，暮春时节的一天，他从端门出城，骑马经过天津桥，在马上吟诗道："春游上林苑，花满洛阳城。"张说见到后，叹息道："此句可以效仿，此官位也能得到，其年龄却是比不了的啊。"《唐摭言》也记载，崔湜自比为王谢之家，曾对别人说过："我们一家出身显贵，未尝不是第一，大丈夫理当在仕途上占下先机，岂能默默受制于人？"

殿中侍御史郑愔过去投靠二张，二张被杀后，郑愔也被贬为宣州司士参军。不久，郑愔又因贪污而被追究，遂逃回东都，偷偷拜见武三思。郑愔见到武三思后，哭得非常难过，哭完之后，又哈哈大笑起来。武三思感到非常诧异，就问郑愔是怎么回事。郑愔回答："我刚见到大王大哭，是见到大王将被处死、又被灭族而悲哀，接着大笑，是为大王能够得到我郑愔而替大王高兴啊！大王虽然已经得到天子的欢心，但他们五人都位居将相之位，胆略过人，废黜太后易如反掌。大王自以为权势、地位与太后相比怎么样？他们五人日夜咬牙切齿想要吃了大王的肉，不灭大王全族，他们是不会罢手的。大王不除掉这五人，将有累卵之危，而大王自己却安然自得，自以为有泰山之安，这是我替大王心寒的原因啊！"武三思大喜，与他登上高楼，询问自安之策，也将其提拔为中书舍人，郑愔遂与崔湜都成了武三思的智囊。

武三思和韦皇后日夜在唐中宗面前说敬晖等人的坏话，称："他们五人自恃有功，专权跋扈，将对社稷有所危害。"唐中宗相信了。武三思等人遂对唐中宗献计："不如采取明升暗降之法，加封敬晖等人为王，而免去他们的宰相职务，表面上表现陛下尊宠功臣，而实际上却剥夺了他们的实权。"唐中宗觉得有理。

五月十六日，神龙政变过去不足四个月，唐中宗就下令以侍中、齐公敬晖为平阳王，侍中、谯公桓彦范为扶阳王，中书令、汉阳公张柬之为汉阳王，中书侍郎、南阳公袁恕己为南阳王，特进、同中书门下三品、博陵公崔玄暐为博陵王，五人均免除宰相职务，赏赐金银、绸缎、御马、雕鞍，允许五人每月初一、十五与百官一起上朝拜见皇帝；给桓彦范赐姓韦，与韦皇后同宗。不久，唐中宗又以崔玄暐为检校益州长史、知都督事，又改为梁州刺史。排斥了五王之后，朝廷大权全都落入武三思之手了。

敬晖等人上书要求撤销武氏诸王时，曾找人起草奏表，无人肯写，中书舍人岑羲勇敢地站了出来，写的奏表义正词严；正巧轮到中书舍人毕构宣读奏表，他在宣读时声音高亢，极具感染力。等到武三思掌握大权后，就把岑羲贬为秘书少监，把毕构贬为润州刺史。易州刺史赵履温是桓彦范的内兄，政变发生后，桓彦范称赵履温也是政变功臣，被唐中宗提拔为司农少卿，为了答谢桓彦范的提携之恩，赵履温送给他两个婢女，等到桓彦范被撤职后，赵履温又把那两个婢女要了回来。杨元琰看到武三思逐渐得势，向唐中宗提出弃官为僧，但唐中宗没有同意。杨元琰胡须很多，长得像个胡人，敬晖听说后，还跟杨元琰开玩笑说："要是我早知道，就劝皇上答应了，剃光你这个胡人的头，岂不妙哉！"杨元琰回答："功成名就，再不退让，就很危险了，这是我的真实想法，并非作秀。"敬晖当然能听明白杨元琰的意思，一时之间愣了，心里很不高兴。等到五人被疏远后，只有杨元琰没有受到牵连。

五王被排挤之后，唐中宗任命吏部尚书韦安石接替袁恕己和张柬之担任检校中书令，任命兵部尚书魏元忠接替敬晖、桓彦范兼任检校侍中，内史只剩下杨再思一人；又任命李湛为右散骑常侍，赵承恩为光禄卿，杨元琰为卫尉卿。不久，又晋封辅国大将军、同中书门下三品唐休璟为尚书左仆射，豆卢钦望为尚书右仆射。过去，尚书仆射是法定的宰相，上午处理军国事务，下午则处理尚书省的事务，如今，豆卢钦望只被任命为尚书右仆射，他不敢自视为宰相，唐中宗特意又下诏说他可以参与军国大事的讨论，豆卢钦望此举成了一个先例。此后，凡是只被任命为尚书仆射而没有加同中书门下三品，或同中书门下平章事的，就只是尚书省的首长，不再是宰相了。很快，唐中宗又以检校中书令韦安石为中书令，检校侍中魏元忠为侍中，内史杨再思为检校中书令。

上官婕妤劝说韦皇后效仿武曌过去那样，上书唐中宗，要求虽然自己的母亲已被休弃，去世后，仍然要尽孝道，给母亲服丧三年；又建议把百姓成年时间从原来的二十一岁推迟到二十三岁，从过去的六十岁免除劳役缩短为五十九岁，韦皇后这么做都是为了提高自己的威信，唐中宗都一一采纳了。另外，为了顺应民心，五月二十五日，唐中宗还下令将武氏家族的爵位都降一级，梁王武三思降为德静王，定王武攸暨降为乐寿王（二人由郡王贬为县王），河内王武懿宗等十二人都降为公。

二七八　武曌之死

神龙元年的夏天很不平凡。

六月二十日，洛水泛滥成灾，将两千余家居民的房屋冲毁；黄河南北十七个州也都遭遇了大水灾。

因水灾严重，八月一日，唐中宗向群臣征求直言。右卫骑曹参军宋务光上书认为：“水属于阴，代表着臣子和妻妾，臣恐怕是后宫干政之兆，应该防微杜渐。如今，大雨不止，陛下只是下令关闭里坊的北门祈求天气放晴，以至于百姓都把坊门称为宰相，嘲讽朝廷以其燮理阴阳。又，太子是一国之本，应该早早挑选贤能的皇子予以册封。又，外戚势力太大了，就像武三思等人，早该解除他们的职务，只需赐给他们厚禄即可。又，郑普思和叶静能等人仅凭一点旁门左道就窃居高位，这也是朝政失误之处。”唐中宗即位后，与韦皇后二人都是相信旁门左道。胡僧慧范凭借一点术数经常出入于达官显贵之家，过去就与二张熟识，如今又被韦皇后看重，唐中宗对其也非常看重，还赐爵上庸县公；术士郑普思和尚衣奉御叶静能与慧范是一类人，也都因术数而受到唐中宗的敬重，郑普思被拜为秘书监，叶静能被拜为国子祭酒。当时，桓彦范和崔玄暐就不同意，唐中宗说：“我已经任命了，不宜再改了。”桓彦范说：“陛下刚即位时，曾下令说：‘一切按照贞观时期的办。’贞观中，秘书监是魏徵、虞世南、颜师古，国子祭酒是孔颖达，郑普思和叶静能比得上吗？”左拾遗李邕上书也对唐中宗的用人提出了异议，他说：“《诗》三百，一言以蔽之，曰思无邪。假如真有能让人长生不老的神仙的话，那么，秦始皇和汉武帝就会长生不老了；假如佛真的能给人带来福报和好处的话，那么，笃信佛教的梁武帝也不会被活活饿死了。尧舜之所以成为百世圣王，就是他们能把人治理好。陛下尊宠叶静能、郑普思这类人，对于国家又有什么益处！”但唐中宗根本不听。

十一月二日，大唐群臣给唐中宗上尊号为应天皇帝，给韦皇后上尊号为顺天皇后。六日，唐中宗和韦皇后一起前往太庙拜谢，并宣布大赦天下；相王、太平公主也都增加了食邑，达到了一万户。

十一月二十六日，武曌病死在仙居殿，终年八十二岁。她遗制："去帝号，称则天大圣皇后。王（王皇后）、萧（萧淑妃）二族以及褚遂良、韩瑗、柳奭的亲戚，当时受到牵连的全部予以赦免。"

唐中宗给武曌服丧，以魏元忠为冢宰，代理国政。魏元忠素来以忠诚正直著称，武三思担心魏元忠会对自己不利，就伪造了武曌的遗制，安抚魏元忠，赏赐给他食邑一百户。魏元忠手捧遗制，感动得涕泗横流，对武曌生前的一腔怨气顿时化为乌有。见到此情此景的人都说："大事去矣！"

十二月二十一日，唐中宗才开始在同明殿接见群臣。武曌遗制是要求把她与唐高宗合葬在乾陵，唐中宗下令让群臣进行讨论。给事中严善思上书提出反对意见，他说："乾陵的地宫以巨石做门，用铁汁浇灌石缝，如今，要想打开，就必须凿开。如此兴师动众恐怕会惊动神明，况且，夫妻合葬并不是古代的礼仪，汉代很多皇后就没有与皇帝合葬，希望在乾陵旁边另外再选择一处吉地建陵，如果神灵有知，自然会相会的，如果神明无知，就算合葬又有什么用呢？"严善思的观点反映了一些反对武曌的人的意见，他们企图阻止武曌与唐高宗合葬，时过境迁之后，还可以对武曌进行清算，一旦武曌与唐高宗合葬以后，再要清算武曌，那就困难了。

唐中宗自然知道这些人的用心，没有听从，要求按照遗制执行。

到次年（神龙二年，公元706年）一月二十一日，唐中宗护送武曌的灵柩返回长安，五月十八日，武曌被埋葬在唐高宗的乾陵内。

武曌是中国历史上唯一的女皇帝，她与王莽、萧衍等人一样既是开国之君又是亡国之君。过去的史学家对她的评价一般都不高。直到近代，女权主义盛行，令人们在对她作出负面评价时总会担心被人扣上大男子主义的帽子，一股为其翻案的思潮逐渐兴起，实际上，武曌虽为女人，但她是一位封建社会的皇帝，她是否登上皇位，都与男女是否平等等现代社会理念没有丝毫关系。还有人以武曌重用了狄仁杰、姚元之、宋璟等人就说她会用人，诚然，武曌登基后就让天下人自荐，广开了人们的仕进之路，但她的目的是大换血，况且这一政策与她的酷吏政策是连在一起的，就连狄仁杰也差一点被杀，而且，真正重用狄仁杰也仅仅是在她的晚年，时间也不足三年，相反，很多史料却说明武曌用人非常随意。有个叫朱前疑的人上书称：“我梦见陛下寿命八百岁。”武曌当即拜其为拾遗；过几天，此人又说：“我又梦见陛下白发变黑，牙齿再生了！”又拜为驾部郎中。他出差回来，又上书说：“我路上听见嵩山高喊万岁。”武曌又给其晋级。武曌还好大喜功，自高自大，在她篡权前后，杀死了很多人，杀人无底线，可以说，她是中国历史上较残忍的皇帝之一。对此，《二十二史札记》的作者赵翼在“武后之忍”条中，写得非常详细，他写道：

古来无道之君好杀者，有石虎、苻生、齐明帝、北齐文宣帝、金海陵炀王，其英主好杀者，有明太祖，然皆未有如唐武后之忍者也。自其初扼死亲女，以诬王皇后，绝毛里之爱，夺燕昵之私，固已非复人理。及正位后，王后、萧良娣被废，各杖两百，反接投酿瓮中，曰令二妪骨醉。数日死，犹殊其尸。并窜长孙无忌、褚遂良等至死，又杀上官仪。其出手行事，即凶焰绝人，然此犹曰妒者常情，不得不害人以利己也。称制后欲立威以制天下，开告密之门，纵酷吏周兴、来俊臣、邱（丘）神勣等起大狱，指将相俾相连染，一切案以反论，吏争以周内为能，于是诛戮无虚日。大臣则裴炎、刘祎之、邓玄挺、阎温古、张光辅、魏玄同、刘齐贤、王本立、范履冰、裴居道、张行廉、史务滋、傅游艺、岑长倩、格辅元、欧阳通、乐思晦、苏干、李昭德、李元素、孙元亨、石抱忠、刘奇等数十人，大将则程务挺、李光谊、黑齿常之、赵怀节、张虔勖、泉献诚、阿史那元庆等亦数十人，庶僚则周思茂、郝象贤、薛颤、裴承光、弓嗣业、弓嗣明、弓嗣古、郭正一、弓志元、弓彭祖、王令基、崔詧、刘昌从、刘延景、柳明肃、苏践言、白令言、乔知之、阿史那惠、杜儒童、张楚金、元万顷、苗神客、裴望、裴琏、韦方质、刘行实、刘日瑜、刘行感、张虔通、云宏嗣、李安静、裴匪躬、范云仙、薛大信、来同敏、刘顺之、宇文全志、柳璆、阎知微等数十百人，皆骈首就戮，如刲羊豕。甚至丘神勣、来俊臣向为后出死力以害朝臣者，亦杀之。其流徙在外者，又遣万国俊至岭南，杀三百余人，又分遣六御史至剑南、黔中等郡，尽杀流人，皆惟恐杀人之少，刘光业所杀九百余人，其余少者亦不减五百，虽明祖之诛胡、蓝二党，不是过也。然此犹曰中外官僚，非戚属也。越王贞、琅邪王冲起兵谋复王室，事败被诛，于是杀韩王元嘉、鲁王灵夔、范阳王蔼、黄公譔、东莞公融、霍王元轨、江都王绪、舒王元名、汝南王玮、鄱阳公禋、广汉公谧、汶山公蓁、广都王琇、恒山王厥、江王知祥及其子皎、嗣郑王敬、豫章王亶、蒋王炜、安南郡王颖、鄅国公昭、滕王元婴子六人、纪王慎之子义阳王琮、楚国公叡、襄阳公秀、广化公献、建平公钦、曹王明及诸宗室李直、李敞、李然、李勋、李策、李越、李黯、李元、李英、李志业、李知言、李元贞、巨鹿公晃等数十百人，除其属籍，幼者流岭表，又为六道使所杀，虽萧鸾之杀高、武子孙，完颜亮之杀太祖、太宗子孙，亦不是过也。然此犹曰李氏宗室，非武族也。武元庆、元爽则后兄也，惟良、怀运则后兄子也，元庆、元爽寻坐事死。后姊之女为高宗所私，封魏国夫人，后私毒之死，又归罪惟良、怀运，杀之。然此犹曰异母兄侄，本不相睦也。若高宗子，则后之诸子也，后宫所生忠，已立为皇太子，因武后有子弘，甘让储位，改封梁王，乃废流黔州，赐死。泽王上金，后宫杨氏所生，许王素节，萧淑妃所生，武三思讽周兴诬以谋反，缢素节于驿亭，上金闻之亦自缢，上金七子、素节九子并诛，幼者悉囚雷州。然此犹曰非己所生也，太子弘则后亲子，立为储贰，贤德闻天下，以其请萧淑妃女之幽于掖廷者出嫁，遂恶之，又以其聪睿不便于己，竟篡之死。弘既死，立其弟贤为太子，亦后亲子也，又以触忌而使人发其阴事，高宗欲薄其罪，后曰：‘大义灭亲，不可赦。’乃废为庶人，流巴州，后又遣丘神勣逼杀之，并杀其子光顺。仅一子守礼，亦幽于宫中，屡被杖。玄宗时，岐王尝奏其能知雨旸，帝问之，对曰：‘臣无他，天后时被杖创痕，雨则沈沉懑，霁则佳故耳。’又中宗子邵王重润，则后孙也，永泰公主，则后女孙也，主婿武延基，则女孙婿也，三人尝私言张易之等出入宫中，恐有不利，后闻之，咸令自杀。太平公主夫驸马薛绍，则亲女婿也，亦以私怒杀之。此则因纵欲而杀亲子孙，天理灭矣。然此犹不便于纵欲而害之也。薛怀义入侍床第，宠冠一时，至命为行军大总管，率十八将军击默啜，以宰相李昭德、苏味道为其长史司马，可谓爱之极矣，后以嫌即令太平公主伏有力妇人数十，缚而杀之，畚车载其尸还白马寺。斯又情之最笃者，亦割爱而绝其命矣。《新唐书》谓其当忍断，虽甚爱不少隐也。真千古未有之忍人也哉！

赵翼对武曌的评价：“真千古未有之忍人也哉！”可谓确评！

二七九　诛杀五王

在武曌去世之前，唐中宗就已经把五王中的张柬之和崔玄暐赶出了京师，一个赶回襄州养老，一个赶到梁州当刺史。

到神龙二年武曌去世之后，武三思以敬晖、桓彦范、袁恕己三人还在京师，仍然担心三人会兴风作浪，闰一月，又将三人分别贬为滑州、洺州、豫州刺史。贬斥五王之后，唐中宗和武三思这才长长地舒了一口气，把心放进了肚子里。此时的唐中宗依靠的有以下一些人：

一是韦皇后及其亲信。唐中宗没有忘记在自己最艰难的时候韦皇后的不离不弃，因此，要践行自己曾经的承诺，放任韦皇后肆意妄为，而韦皇后早就想效法婆婆武曌，成为一代女皇，不仅与唐中宗一起临朝听政，还让唐中宗把自己册封为顺天皇后，这都是在为自己成为第二个武曌做铺垫。韦皇后的兄弟们都已在岭南惨死，实际上，韦皇后并无强有力的外援，她能够依靠的娘家人就是堂兄韦温、韦湑兄弟。韦温被提拔为礼部尚书，封鲁国公；韦湑被任命为左羽林将军，封曹国公；韦湑的儿子韦捷娶了唐中宗第六女成安公主，韦皇后的从祖弟韦濯后来又娶了唐中宗的第三女定安公主，二人均被拜为驸马都尉。韦皇后有两个妹妹从岭南逃回，分别嫁给陆颂和冯太和，二人也各自被晋升为国子祭酒和太常卿，冯太和很快就死了，韦氏又改嫁给了嗣虢王李邕。韦皇后还信奉旁门左道，她的亲信慧范和尚、术士郑普思、尚衣奉御叶静能以及道士史崇恩等人也都鸡犬升天，慧范等九人被加五品官阶，赐爵郡公、县公；道士史崇恩等三人被加五品官阶，授予国子祭酒、同正；叶静能加金紫光禄大夫。

二是唐中宗的妹妹、女儿们。神龙二年闰一月，唐中宗下制称："太平公主、长宁公主、安乐公主、宜城公主、新都公主、定安公主、金城公主（唐中宗养女）均可以开府，设置官属。”其中，安乐公主李裹儿自恃父皇的宠爱，目空一切，肆意妄为，卖官鬻爵，权倾朝野。有时候，她自己写好一道诏书，遮住内容，让唐中宗签字，唐中宗也是哈哈大笑，看也不看，就照办了，更有甚者，李裹儿还想让父皇封自己为皇太女，魏元忠苦苦劝谏，李裹儿却说：“元忠就是个榆木脑袋的关东人，和他有什么好说的？武氏女子尚且能当皇帝，我是天子的女儿，有何不可？”史称：“帝复位，光艳动天下，侯王柄臣多出其门……与太平等七公主皆开府，而主府官属尤滥，皆出屠贩，纳訾售官，降墨敕斜封授之，故号‘斜封官’。主营第及安乐佛庐，皆宪写宫省，而工致过之。尝请昆明池为私沼，帝曰：‘先帝未有以与人者。’主不悦，自凿定昆池，延袤数里。定，言可抗订之也。司农卿赵履温为缮治，累石肖华山，隥（磴）彴横邪，回渊九折，以石瀵水。又为宝炉，镂怪兽神禽，间以璖贝珊瑚，不可涯计。”

三是武三思及其同党。除了中书舍人郑愔、崔湜是武三思的智囊外，兵部尚书宗楚客、将作大匠宗晋卿、太府卿纪处讷、鸿胪卿甘元柬都是武三思的羽翼；御史中丞周利用、侍御史冉祖雍、太仆丞李俊、光禄丞宋之逊、监察御史姚绍之都是武三思的耳目，被人称为武三思的五条狗。

四是朝中老臣。这些人以魏元忠、韦安石等人为代表，他们饱经沧桑，唐中宗复辟之后，都已不再有锋芒，与世沉浮。史称，魏元忠被唐中宗从贬所召回担任宰相后，一改过去经常犯颜强谏的作风，令百官都非常失望。酸枣县尉袁楚客给他写信说：“主上刚刚复辟，当革新政治，你该向主上推荐贤才，贬斥小人，岂能安享尊荣，与众人一起沉默不言？如今，不早早册立太子，选择师傅进行教育，这是第一个过失；公主们开府设置官属，这是第二个过失；尊宠和尚道士，让他们出入权贵之门，借机收受贿赂，这是第三个错误；竟然授予那些歌舞演员品级、官爵，这是第四个错误；选人用人全靠钱多钱少，这是第五个过失；宠爱宦官，将近一千人被任为官，这是第六个错误；王公贵族，赏赐无度，竞相奢侈浪费，这是第七；设置了很多员外官员，既浪费国家的资财，又伤害到了百姓，这是第八；先朝的宫女完全可以随意住在宫外，出入皇宫，请托游说，这是第九个不对的地方；第十，旁门左道之人蛊惑圣听，窃据高位。朝廷存在这十种错误，而大人却不予以纠正，还能指望谁去纠正呢？”当时，唐中宗为了笼络人心，任命了大量的员外官员，从中央到地方加起来超过两千人，被提拔为七品以上员外官的宦官又有近一千人。魏元忠接到这封信后，也只是一脸羞愧而已，并没有行动。

这种情况下，唐中宗复辟之后，人们丝毫没有看到中兴气象，整个中宗一朝的政治氛围甚至比武周时期还黑暗、混乱。

这一切，驸马都尉、神龙功臣、定安公主的丈夫王同皎看在眼里，急在心里。武三思贬斥五王，而王同皎与五王同为神龙功臣，唇亡齿寒，自然而然地，王同皎对武三思和韦皇后的所作所为非常不满，他与张仲之、祖延庆、武当丞周憬等人是好友，在朋友圈里，每每提及此事，王同皎总是恨得咬牙切齿。过去，少府监丞宋之问和弟弟兖州司仓宋之逊都因为依附张易之而被贬谪到岭南，不久，二人就逃回了东都，宋之问藏匿在洛阳人张仲之的家中；当时，宋之逊把自己的表妹嫁给了祖延庆，祖延庆对宋之逊也没有怀疑，因此，宋之逊及其儿子宋昙就在窗下听到了王同皎等人的密谋。《大唐新语》称，他们密谋在袖中暗藏铜弩射杀武三思。

为了将功赎罪，宋之问兄弟竟然恩将仇报，宋之逊暗中派儿子宋昙和外甥校书郎李悛向武三思告密。武三思又让宋昙、李悛和抚州司仓冉祖雍上书告发王同皎与张仲之、祖延庆、周憬等人暗中联络壮士，密谋趁武曌的灵车西去之际刺杀武三思，借机发兵占领皇宫，废黜皇后。唐中宗命令御史大夫李承嘉、监察御史姚绍之主办此案，又命杨再思、李峤、韦巨源会审。

在审讯过程中，张仲之指斥武三思的罪行，牵扯到他与韦皇后的丑事。杨再思和韦巨源都假装打瞌睡，什么也没听见；李峤和姚绍之打断了他的话，命人将其反绑着送回监狱。张仲之边走边回头继续说个不停，姚绍之让人用棍棒猛击，当场将张仲之的一条胳膊打断。张仲之大喊道："我已经败在你的手下，死后将到天上控诉你！"

神龙二年三月七日，唐中宗下令将王同皎等人斩杀，家产没收。周憬逃入比干庙中，绝望地大喊道："比干，你是古代的忠臣，定能理解我的这颗赤诚之心！武三思与韦皇后淫乱，危害国家，他很快就会被杀，遗憾的是我不能亲眼看到了！"说完拔剑自杀。宋之问、宋之逊、宋昙、李悛、冉祖雍因此功均被升为京官，加朝散大夫，其中，宋之问被任命为鸿胪主簿，但是，他们的卑鄙行径深为忠义之士所不齿。

紧接着，武三思又指使郑愔控告朗州刺史敬晖、亳州刺史桓彦范、襄州刺史张柬之、郢州刺史袁恕己、均州刺史崔玄暐与王同皎是同谋。六月六日，唐中宗下诏将敬晖贬为崖州司马、韦彦范贬为泷州司马、张柬之贬为新州司马、袁恕己贬为窦州司马、崔玄暐贬为白州司马；各人的职务均为编制之外，并不得升迁；削掉各人的爵位；恢复韦彦范的旧姓桓。

七月七日，唐中宗册立卫王李重俊为皇太子。韦皇后所生的嫡子李重润被杀，庶子李重福涉及此案，而被唐中宗贬谪到地方，以年龄次序轮到了同为庶子的李重俊。李重俊聪明果敢，然而，下属们大多是些贵族子弟，总是干些违法乱纪之事，太子左庶子姚珽（姚琦的弟弟）屡屡劝谏，但太子李重俊充耳不闻。

武三思又暗中让人将韦皇后的丑事写成告示，张贴在天津桥上，要求唐中宗将皇后废掉。唐中宗大怒，下令御史大夫李承嘉彻查此事。李承嘉上奏称："此事是敬晖、桓彦范、张柬之、袁恕己和崔玄暐派人所写，虽然以废黜皇后为名，但实际上他们是想要谋反，请求将其灭族。"武三思又让安乐公主在内宫不断说五人的坏话，让郑愔在外朝推波助澜，唐中宗命令有关部门提出处理意见。大理丞李朝隐反对道："敬晖等人未经审讯，不可匆匆诛杀。"而同为大理丞的裴谈却上奏道："对敬晖等人的处理，应该遵照诏书予以斩杀、抄家，不用再审理了。"唐中宗考虑到曾经赐予敬晖等人有不死铁券，遂决定将敬晖流放到琼州（今海南省海口市琼山区），桓彦范流放到瀼州（今广西壮族自治区上思县南），张柬之流放到泷州（今广东省罗定市），袁恕己流放到环州（今广西壮族自治区环江县），崔玄暐流放到古州（今越南凉山），五人家中凡是十六岁以上的子弟全部流放到岭南。提拔李承嘉为金紫光禄大夫，晋爵襄武郡公；提拔裴谈为刑部尚书；将李朝隐贬为闻喜县令。

武三思又暗示太子李重俊上书，请求将敬晖等五人灭族，但唐中宗没有同意。

中书舍人崔湜对武三思说："将来敬晖等人回来后，终将成为后患，不如派人矫诏将他们杀掉。"武三思问谁堪充当使者，崔湜推荐了大理正周利用。周利用过去曾受到五王的排挤，被贬为嘉州司马，于是，武三思以周利用为代理右台侍御史，出使岭南。等他来到岭南时，张柬之和崔玄暐已经死了；在贵州（今广西壮族自治区贵港市），周利用遇到了桓彦范，他下令左右将桓彦范五花大绑，放到竹扦上来回拖动，桓彦范的肉被竹扦片片撕下，露出白骨，然后用棍棒打死；抓住敬晖后，周利用命人用刀子将其活活剐死；周利用逼迫袁恕己喝下野葛汁（一种毒药），但由于袁恕己素来服用黄金（一种道家的长生丹药），喝了数升也没有死，体内极度痛苦，用手抓地，指甲全都脱落了，周利用遂命人将其用棍棒打死。回京后，唐中宗提拔周利用为御史中丞。薛季昶也不断被贬谪，最后贬为儋州司马，喝药自杀。

五王被杀距离神龙政变仅仅一年半。

二八〇　太子谋反（一）

五王被废杀之后，武三思在朝中的地位得到了进一步的巩固，但一波刚平，一波又起。

历史上，如果太子不是皇后之子，往往很难协调与皇后之间的关系，除非皇后不贪权，或者从小就养育了太子，或者朝中有威望的大臣予以制衡，不然就会出现问题。如今的情况就是这样，太子李重俊并不是韦皇后的亲生儿子，韦皇后也不喜欢他，而且，掌握着朝廷大权的武三思也对英气逼人的李重俊非常猜忌。上官婉儿与武三思等人沆瀣一气，经她手起草的诏书往往说些推崇武氏的话，这让包括太子李重俊在内的李唐宗室子弟看了心里都很不爽。而唐中宗和韦皇后的掌上明珠安乐公主又是武三思的儿媳，一向恃宠而骄、目空一切的安乐公主和丈夫、驸马都尉、左卫将军武崇训更不把李重俊放在眼里，常常明目张胆地欺负他，甚至称其为奴才；武崇训还指使安乐公主在唐中宗面前说李重俊的坏话，请求父皇废掉李重俊，立自己为皇太女。虽然唐中宗并没有答应，但此事让李重俊知道后，已感到太子之位受到了极大的威胁，到了忍无可忍的地步。于是，他决定先发制人，发动政变，杀掉武三思父子，废黜韦皇后、安乐公主、上官婉儿等人。

神龙三年（公元707年，此年后被改为景龙元年）七月六日，经过密谋，李重俊联络左羽林大将军李多祚、左羽林将军李思冲（高宗时宰相李敬玄之子）、右羽林将军李承况（李唐宗室、太宗弟弟楚王李智云之后）、独孤祎之、沙吒忠义（原右金吾卫将军，数月前因与东突厥作战战败而被免官）等人，矫诏调派三百余名“千骑”将士，冲入武三思、武崇训父子的家，将二人杀死，一起被杀的还有武三思的十余名亲信、同党。与此同时，李重俊还命令左金吾大将军、成王李千里及其儿子、天水王李禧率军分头把守住皇宫的各个宫门，李重俊和李多祚又率兵从肃章门冲入宫中，询问韦皇后、安乐公主的下落，士兵们敲打殿门，要求唐中宗交出上官婉儿。

上官婉儿高声叫道："他是想先抓我，然后还要抓皇后，最后就是皇上您了！"唐中宗带着韦皇后、安乐公主、上官婉儿等人逃到了玄武门的城楼上，命右羽林大将军刘景仁（《两唐书》均称右羽林将军刘仁景）率领一百余名"飞骑"将士守在楼下。

李多祚率军先赶到玄武门，想要强行冲上城楼，却被护卫在门楼下的卫士们挡住，稍后，李重俊也赶到了。李重俊并没有做好预案，他原以为唐中宗会询问他杀死武三思父子的原因，他再做一陈述，揭露武三思父子与上官婉儿等人的阴谋，进而逼迫唐中宗把上官婉儿等人交出来，可是，当他来到玄武门下时，唐中宗却迟迟没有露头，这让他顿时没有了主意。狐疑之间，李重俊在城楼下按兵不动，这让惊慌失措的唐中宗等人慢慢恢复了平静。

宦官、宫闱令杨思勖非常骁勇，他为人残暴，阴毒好杀。当时，杨思勖就守护在唐中宗身边，请求唐中宗答应让自己率军给予叛军以迎头痛击，唐中宗同意了。李多祚的女婿、羽林中郎将野呼利率领叛军先头部队，杨思勖持刀下楼，跨马直取野呼利，一刀将其斩于马下，叛军士气顿时瓦解。唐中宗见状，伏在栏杆上朝下对李多祚率领的千骑士兵们喊话："你们都是朕的宿卫之兵，为什么要追随李多祚谋反呢？杀了李多祚等人，就不必担心不会富贵！"于是，千骑将士王欢喜等人首先倒戈，就在玄武门楼下将李多祚、李承况、独孤祎之、沙吒忠义等人杀死，余众一哄而散。

杨再思、苏瑰、李峤与兵部尚书宗楚客、左卫将军纪处讷率领两千余人驻扎在太极殿前，关闭殿门自守。成王李千里和李禧率军向右延明门发起进攻，试图攻入太极殿，杀死宗楚客等人，但也没有成功，反被守军杀死。太子李重俊率领一百余名亲信骑兵从肃章门逃出宫外，奔向终南山。唐中宗命令长上果毅赵思慎率轻骑追赶。李重俊行至雩县西十余里，一百余名骑兵也都各自逃命去了，只剩下几个奴仆跟在他的身边。天色已晚，他们在树林下歇息，李重俊被这几个奴仆杀掉请功。唐中宗下令将李重俊的人头公开予以斩杀，又献给太庙，而后在武三思、武崇训的灵柩前祭奠。将成王李千里父子改姓蝮，同党全部被杀。东宫下属无人敢去接近太子的尸体，只有永和县丞宁嘉勖解下自己的衣服，裹起太子的人头哭泣，唐中宗听说后，将其贬为兴平丞。《大唐新语》称，宗楚客听说后大怒，将宁嘉勖打入大牢，贬为兴平丞，并将其杀害了。

唐中宗还下令，凡是太子叛军所过宫门守卫全部予以流放；韦氏一党上奏要求将这些人全部斩杀，唐中宗又命有关部门详议。大理卿郑惟忠说："大案刚刚作出定论，人心尚未安定，假如再行更改，恐怕会有更多的人产生忤逆之心。"唐中宗这才作罢。

唐中宗提拔杨思勖为银青光禄大夫，行内常侍；七月八日，宣布大赦天下。追赠武三思为太尉、梁宣王；武崇训为开府仪同三司、鲁忠王。安乐公主请求按照永泰公主（唐中宗复辟后，特意加恩将永泰公主的坟墓改称为陵）的旧例，以武崇训的坟墓为陵。给事中卢粲反驳道："永泰公主之事是出于皇帝的特殊恩典，鲁王不过是公主的夫婿，不可同日而语。"唐中宗亲自写下手令，说："安乐公主和永泰公主是一样的，夫妻又会安葬在一起，古今都是一样的。"卢粲又上奏认为："陛下因宠爱女儿之故，推恩到其丈夫，岂能令上下不分、君臣一样呢？"唐中宗最终接受了他的意见。安乐公主大怒，将卢粲贬为陈州刺史。习艺馆内教苏安恒对人说李重俊谋反出于自己的主意，被人告发，苏安恒被杀。

太子李重俊被杀后，襄邑尉席豫听说安乐公主曾想让父皇把自己立为皇太女，他上书恳请唐中宗立太子，言辞非常切直。太平公主打算将其推荐为谏官，但席豫不愿侧身乱朝，就逃走了。

八月十三日，韦皇后率领群臣上表尊唐中宗为应天神龙皇帝，改玄武门为神武门，玄武门楼为制胜楼；接着，宗楚客又率领百官上表请加韦皇后尊号为顺天翊圣皇后。

李重俊谋反的背后是否有相王李旦、太平公主和元老重臣魏元忠的影子？回答是肯定的。如前所述，李显被流放了十五年之久，其间，弟弟李旦和妹妹太平公主一直在京师，他们深谙京师的政治气候和错综复杂的人际关系，也在小心翼翼地培植着各自的势力。神龙政变之前，各方反武势力以李显为号召暂时妥协，达成一致，推翻了武曌的统治，将李显推上了皇帝宝座，但是，等神龙政变之后，各方的矛盾就慢慢显现了。作为神龙政变功臣的五王原本是同僚，张柬之、桓彦范、袁恕己以及崔玄暐的弟弟崔昪四人都当过司刑少卿，也多多少少有一些相王一党的影子。张柬之作为神龙政变的首谋，是经夏官尚书姚元之举荐才被武曌提拔为宰相的，而姚元之则曾任相王府长史，同时，五王之一的袁恕己又是相王府的司马，因此，相王李旦和太平公主隐秘地参与甚至是主导了神龙政变。神龙政变后，有着相王色彩的五王试图逼迫唐中宗杀掉诸武，进一步独揽朝廷大权，而唐中宗则敏锐地察觉出这一动向，采取了联合诸武，平衡朝廷各方势力的策略。然而，以敬晖为代表的五王集团咄咄逼人，最终迫使唐中宗一边倒向诸武，将五人赶出了中枢，此后，相王和诸武各自退让，李旦和诸武都辞去了新任职务，暂时达成妥协，但诸武与五王之间的矛盾已水火不容，最终以唐中宗废杀五王而告终。五王的被杀削弱了相王的势力，此消彼长，以韦皇后、安乐公主为代表的后宫女眷势力和以武三思为代表的诸武势力逐渐增强。但在此前后，京师却不断传出不利于韦皇后和武三思的舆论，比如，一名叫韦月将的平民百姓就曾向唐中宗上书，控告武三思与韦皇后私通，并要谋反，唐中宗见了奏疏，勃然大怒，命人将其斩首。黄门侍郎宋璟上奏请求有关部门进行审讯，这种丑事显然会越描越黑。听了宋璟的话，唐中宗更为恼怒，来不及整理头巾，趿拉着拖鞋就从内室出来了，他站在便门旁，对宋璟吼道："我已经下令斩杀了，你为何还说个不停！"喝令速速执行。宋璟却固执己见："人们都说韦皇后与武三思有私情，陛下不经审讯就杀了此人，臣恐怕天下人会有看法。"坚决要求审讯，但唐中宗就是不同意。宋璟说："若一定要杀韦月将，就先杀了臣！"左御史大夫苏珦、给事中徐坚、大理卿尹思贞也都认为如今正是盛夏，杀人不合时宜，唐中宗最终退让，命人将韦月将杖打后流放到了岭南；秋分过一日后，就让广州都督周仁轨将其斩杀了。事后，唐中宗将宋璟贬出了京师。

不久之后，史书又称，是武三思暗中让人在天津桥上张贴大字报，将韦皇后的丑行公之于众，此事最终促使唐中宗下令杀了五王。这两件事起码有两点令人不解之处：一是作为平民百姓的韦月将怎么知道韦皇后与武三思私通？二是武三思岂能往自己头上扣屎盆子？实际上，传出韦皇后与武三思私通的丑事，受伤害的是韦皇后、武三思和唐中宗三人，可谓一石三鸟，而得利者只能是觊觎唐中宗皇位的相工李旦和太平公主集团，谁是幕后策划者也就一目了然了。

二八一　太子谋反（二）

相王李旦一党自然也不会放过制造太子李重俊和韦皇后等人矛盾的机会。

就在右台大夫苏珦审讯李重俊的同党时，就有人揭发相王李旦也参与了李重俊的这次谋反事件，但苏珦故意隐瞒了此事，替李旦打掩护，唐中宗念及兄弟之情，就未予追究。安乐公主和兵部尚书宗楚客则连连在唐中宗面前说相王李旦的坏话，并让侍御史冉祖雍等人上书告发李旦和太平公主，称：他们“与李重俊合谋，请求将二人打入大牢审讯”。唐中宗把吏部侍郎兼御史中丞萧至忠召来，命其负责此案。萧至忠原本没有什么立场，他善于见风使舵，武三思活着时，他依附于武三思，如今，武三思死了，萧至忠又觉得相王和太平公主的势力不小，是可依靠的大树，听了唐中宗的话，萧至忠哭泣着说道：“陛下富有四海，却容纳不下一个弟弟、一个妹妹，而让人罗织罪名予以加害吗？相王过去曾当过皇嗣，却恳请则天，将天下让给陛下，几天不吃不喝，这都是天下皆知的事，为何仅仅因冉祖雍一句话就怀疑呢？”唐中宗素来仁爱，就将此事搁置起来了。

听说冉祖雍的奏表，相王和太平公主自然非常紧张，赶忙让自己人上书替自己辩解。右补阙吴兢上书说：“自从文明年间（公元684年，武曌夺权）以来，大唐的国脉像一条细线一样，陛下龙兴，又将皇室子弟从偏远的烟瘴之地召回了京师，何况相王是陛下的至亲，天下再没有第二个人与陛下更亲近的了，可是，奸臣们日夜密谋，总想将他置之死地，国家的灾祸就源于此。委以大权，此人就算关系疏远也会变得重要；夺去大权，此人就算亲近也会无足轻重。自古以来，那些信任异姓，猜忌骨肉，以至于国破家亡的，数不胜数。况且，宗室近亲已所剩无几，陛下登基时间不长，一个儿子因谋反被杀，另一个儿子因过错被贬斥，只剩下一个弟弟侍奉在身边，尺布斗粟之讥，《青蝇》之诗，都是令人畏惧的啊！”尺布斗粟，《史记·淮南衡山列传》：汉文帝（刘恒）弟淮南厉王（刘长）谋反事败，被徙蜀郡，途中绝食而死，“孝文十二年，民有作歌歌淮南厉王曰：‘一尺布，尚可缝；一斗粟，尚可舂；兄弟二人不相容。’”《青蝇》之诗，是《诗经·小雅·甫田之什》中的一首，讽刺统治者听信谗言，残害忠良。“营营青蝇，止于樊，岂弟君子，无信谗言。营营青蝇，止于棘，谗人罔极，交乱四国。营营青蝇，止于榛，谗人罔极，构我二人。”吴兢是唐代著名的史学家，他受到魏元忠的推荐入仕，负责撰写国史，传世名作《贞观政要》就出自他之手。

相王李旦和太平公主幸免一难，而尚书右仆射、中书令魏元忠就没有那么幸运了。魏元忠背景复杂，武曌长安年间，相王李旦被任命为并州元帅，魏元忠曾被任命为他的副手，等到唐中宗被迎回立为太子，魏元忠又被武曌任命为检校太子左庶子，因此，他与唐中宗和相王李旦都有过交集。唐中宗即位后，魏元忠被委以重任，但几起几落的他失去了昔日的锋芒，史称，他“亲附权豪，抑弃寒俊，竟不能赏善罚恶，勉修时政，议者以此少之”。魏元忠也对武三思的专权很是不满，因此，当太子李重俊谋反时，魏元忠也暗中参与了。

当时，魏元忠的儿子、太仆少卿魏升也加入了叛军，并在乱战中被杀。事定之后，魏元忠扬言：“奸臣已死，就算是将我放入鼎镬之中又怎么样呢？只可惜太子也死了！”这话传到唐中宗的耳朵里，唐中宗念及魏元忠过去的功劳，又是唐高宗和武曌曾经非常看重的人，就未予追究，但武、韦一党的兵部尚书宗楚客和太府卿纪处讷等人揪住不放，共同做证证实魏元忠与太子同谋，请求唐中宗下令将其诛灭三族，唐中宗没有答应。魏元忠最终害怕了，上书恳请辞职退休。八月二十一日，唐中宗亲自写下手诏，同意魏元忠辞去尚书右仆射一职，以特进、齐公身份退休，但仍然恩准他参加每月初一、十五百官的朝谒。

九月二日，唐中宗以吏部侍郎萧至忠为黄门侍郎，兵部尚书宗楚客为左卫将军，兼任太府卿纪处讷为太府卿，三人均同中书门下三品，将中书侍郎、同中书门下三品于惟谦贬为国子祭酒。五日，改元为景龙元年，大赦天下。至此，唐中宗朝堂之上的重臣分别是：尚书右仆射豆卢钦望，侍中杨再思、韦巨源、纪处讷，中书令李峤、杨再思，同中书门下三品宗楚客、萧至忠。

宗楚客等人并不放过魏元忠。他们提拔右卫郎将姚廷筠为御史中丞，指使他弹劾魏元忠，称：“侯君集身为开国功臣，等到他谋反后，太宗皇帝向群臣请求饶恕他一死，但群臣不同意，最终只好流着眼泪将其斩杀，此后，房遗爱、薛万彻、齐王李祐等人谋反，虽然都是皇亲国戚，但也都依法惩处了。魏元忠的功劳赶不上侯君集，又不是皇亲国戚，其与李多祚等人谋反，其子又亲自加入叛党，理当将其灭族，把家宅铲平，挖成池塘。只是魏元忠的朋党在一旁营救，迷惑陛下，陛下仁德，想掩饰他的罪行。臣之所以冒犯陛下，正是此事的处理关乎江山社稷啊！”唐中宗又被说动，下令将魏元忠打入大牢，贬为渠州员外司马。

宗楚客又让给事中冉祖雍上奏：“既然魏元忠所犯是谋反之罪，就不该仅仅将其贬为渠州司马。”侍中杨再思和中书令李峤也表示同意，只有中书侍郎萧至忠认为应当予以宽恕。唐中宗对杨再思等人说：“魏元忠为国效力多年，朕特意予以宽恕，诏命已经下发，岂能屡屡更改！裁决轻重的大权应当掌握在我的手中，你们却屡屡上奏说三道四，太令我失望了！”杨再思和李峤等人赶忙惶恐叩头谢罪。

宗楚客还未死心，他又让监察御史袁守一弹劾魏元忠说：“李重俊是陛下的儿子，尚且被处以极刑，魏元忠既不是功臣又不是贵戚，岂能从轻发落！不该授予内地的官职。”九月九日，唐中宗又下诏将其改为思州务川（今贵州省遵义市务川县）县尉。不久，袁守一又上奏，称：“昔日，武曌在三阳宫生病，狄仁杰上奏请陛下监国，而魏元忠却暗中劝阻，这说明此人早就怀有二心，请求加以严惩！”唐中宗对杨再思等人说：“以朕的想法，臣子侍奉君主，就该一心一意，哪有君主生个小病，就匆匆忙忙让太子监国的？此事正说明狄仁杰存心想给我点小恩小惠，我从中看不出魏元忠有什么错。袁守一是想拿过去的事来陷害魏元忠，岂能得逞！”事已至此，宗楚客等人这才罢手。

不过，魏元忠在前往贬所的途中，行至涪陵就去世了，时年七十多岁。

李重俊政变，打破了唐中宗、韦氏与诸武联合的政治生态，在这场争斗中，太子李重俊、安乐公主的婆家武三思父子被杀，这两股势力原本都是唐中宗值得信赖的，他们之间的火并，受到最大损害的不是别人，而是原本实力就不强的唐中宗本人。事变过后，唐中宗采取措施加强了对禁卫军的控制，九月二十七日，他下令将驻扎在玄武门外的千骑营改为万骑营。千骑由贞观时期的百骑营演变而来。贞观十二年十一月三日，唐太宗下令在玄武门设置左右屯营，由诸卫将军统领，号称飞骑，又从飞骑中挑选佼佼者（大部分系骁勇的少数民族少年）组成了百骑营，永昌元年十月二十八日，又把百骑改为千骑。

景龙二年（公元708年）二月二十七日，宫中传言韦皇后衣柜中的裙子上有五色云彩冉冉升起，唐中宗命画师把它画下来，让百官传阅。韦巨源请求将这一喜讯通告天下，唐中宗答应了，于是，又宣布大赦天下。知太史事迦叶志忠上奏道："昔日，神尧皇帝尚未登基之前，天下就传出歌谣《桃李子》；文武皇帝未登基前，天下传唱《秦王破阵乐》；天皇大帝登基前，天下歌颂《堂堂》之歌；则天皇后未登基前，天下歌唱《武媚娘》；应天皇帝未登基前，天下歌唱《英王石州》；顺天皇后未当皇后之前，天下歌唱《桑条韦》，这意味着是上天的旨意，令顺天皇后作为国母，主持天下桑蚕之事。臣恭敬地献上《桑韦歌》十二篇，请放入乐府，在皇后祭祀蚕桑神时演奏。"太常卿郑愔又加以引申，唐中宗听后很是高兴，一一予以封赏。右补阙赵延禧上奏称："周、唐统一，天命同归，所以，高宗皇帝曾封陛下为周王；则天时期，唐同泰曾献上《洛水图》，孔子曾说过：'继承周朝就算以后一百代也是可以推知的。'陛下继承则天，子孙百代都将称王天下。"唐中宗又是大喜，提拔赵延禧为谏议大夫。

二八二　突厥事件（一）

从神龙元年到景龙元年这三年中，大唐朝廷年年都有大事发生：神龙元年，唐中宗即位、五王失势、武曌去世；二年，王同皎谋反、五王被杀；景龙元年，太子李重俊发动政变，可以说，唐中宗过得并不轻松。

与此同时，大唐的周边环境也发生了一些变化。如前所述，在武曌晚年，东突厥阿史那默啜和吐蕃赞普器弩悉弄都表示愿意与大周和亲，随之三方均暂时恢复了和平。然而，吐蕃赞普器弩悉弄很快死去，国内内乱一段时日后，其七岁的儿子弃隶蹜赞（尺带珠丹）继承了赞普之位。弃隶蹜赞即位后，继续采取与大唐友好的政策，于景龙元年三月，派遣大臣悉熏惹前来朝贡，四月十四日，唐中宗答应将收养的雍王李守礼的女儿金城公主嫁给时年十一岁的赞普。李守礼原本是李显的二哥李贤之子，论辈分，金城公主应为唐中宗的侄孙女，唐中宗却将她收养为女儿，由此可见，唐人似乎并不过分在意辈分问题。到景龙三年（公元709年）九月，吐蕃赞普派遣大臣尚赞咄等一千多人来到洛阳迎接金城公主，次年（公元710年）一月，唐中宗命纪处讷送金城公主前往吐蕃，纪处讷推辞；又命赵彦昭前往，赵彦昭也不去。一月二十五日，唐中宗命令左骁卫大将军杨矩护送金城公主。二十七日，唐中宗亲自将公主送到始平（今陕西省兴平市），二月二日回到长安。金城公主来到吐蕃后，时年十四岁的赞普弃隶蹜赞特意给她另行修筑了一座城堡，让她居住。

唐中宗即位后，大唐王朝延续了与吐蕃的友好关系，但与东西突厥之间并不友好。东、西突厥长期为敌，西突厥一直被视为大唐王朝掣肘东突厥的一颗棋子。然而，在武曌晚年，由于她委任的可汗阿史那斛瑟罗措施不当，被西突厥土著突骑施酋长乌质勒赶出了西域，武曌随后又任命阿史那斛瑟罗的儿子阿史那怀道为西突厥十姓可汗，唐中宗即位后，为了拉拢西突厥，又于神龙二年一月二十九日册封突骑施酋长乌质勒为怀德郡王。

在大唐与西突厥关系逐步走近的同时，东突厥却悍然撕毁和平协议，于神龙二年十二月十八日，向唐朝的鸣沙（今宁夏回族自治区中沙县东北）发起了进攻，时任灵武军大总管的沙吒忠义战败，唐军死伤六千余人；十八日，东突厥军队乘胜向纵深扩大战果，骚扰原州（今宁夏回族自治区固原市）、会州（今甘肃省靖远县）等地，将唐朝陇右牧马场内的一万多匹战马劫掠而去。

唐中宗闻讯大怒，下令中止和亲，悬赏能斩杀东突厥阿史那默啜的晋封为国王，授予诸卫大将军，赏赐两千段绸缎；又下令群臣上呈讨伐东突厥之策。右补阙卢俌上书认为："番将沙吒忠义等人虽然骁勇，但没有深谋远略，本为骑将之材，不可大任，鸣沙之战，主将先逃，挫伤国威，应当将其明正典刑（朝议要诛杀沙吒忠义的声音，可能是促使不久之后他参与太子李重俊政变的原因之一）。"他还建议："一是以蛮夷进攻蛮夷，一直是我们高超的策略，招募能言善辩之士前去拉拢东突厥周边的部落，以成掎角之势；二是招募百姓，充实塞下，以安定边塞；三是谨慎挑选边地的刺史；四是休养生息，安定内地，整顿军队，再伺机一举消灭敌人。"阿史那默啜也杀了唐朝的使者臧思言，两国又成为敌国。景龙元年五月一日，唐中宗任命右屯卫大将军张仁愿为朔方道行军大总管，发兵防备东突厥南下。

话分两头。

在东突厥与大唐交恶的同时，西突厥也差一点与大唐反目。西突厥乌质勒表示归顺之后，时任安西大都护的郭元振前去乌质勒的大帐商议军务。当时，天降大雪，寒风刺骨，天气非常寒冷，郭元振站在乌质勒的帐外，与乌质勒交谈了很久。郭元振在帐外一动不动，乌质勒年老，体力不支，会后就死了。乌质勒的儿子娑葛认为是郭元振故意为之，冻死了自己的父亲，率军将要进攻郭元振。唐中宗派来册立乌质勒的使者、兼任御史中丞解琬劝说郭元振趁夜逃走，可郭元振说："我以诚待人，有什么可疑虑的呢？况且，我们身在他们的心脏，又能逃到哪去呢？"当晚，他睡在帐中，不以为意。第二天一大早，郭元振亲自来到乌质勒的大帐吊唁，哭得死去活来。娑葛深受感动，对郭元振与以前一样，还派人向唐朝进贡五千匹马以及一些土特产。神龙二年十二月二十八日，唐朝朝廷以娑葛为嗢鹿州（今新疆维吾尔自治区伊宁市）都督、怀德王，赏赐给他四名宫女；以郭元振为金山道行军大总管。

乌质勒死后，东突厥决定将兵锋转向西突厥，试图趁机将西突厥消灭，而这给了率军北上的朔方道行军大总管张仁愿一个机会。过去，唐朝朔方边防军与东突厥以黄河为界河，黄河以北有一座拂云祠，突厥人每次入侵之前，总要先往祠里祈祷，放牧战马，训练士卒，然后才南渡黄河。张仁愿来到驻地之后，见东突厥大军已经西去，遂上书请求乘虚夺取黄河以北大漠以南之地，并在黄河以北修筑三座受降城，首尾相应，可以切断东突厥的南下之路。太子少师唐休璟反对说："两汉以来，中原王朝都是依托黄河而生存，如今在黄河以北修筑城池，恐怕会徒劳无功，最终会落入敌人之手。"但张仁愿反复恳请，唐中宗最后答应了。

张仁愿上书延长驻军将士的服役时间，有两百多名咸阳的士兵偷偷逃回了家，张仁愿派人将他们全部抓获，在城下斩首示众，全军将士非常震恐，三座受降城经过六十天就建成了。张仁愿修建的这三座受降城，西受降城在今内蒙古自治区乌拉特中后旗西南，中受降城在今内蒙古自治区包头市，东受降城在今内蒙古自治区托克托县南。中受降城各距东西两座受降城四百里，互为依托，都建在险要之处，为唐帝国开拓了三百多里的边疆。张仁愿还在牛头朝那山（在今内蒙古自治区土默特右旗西北）以北修建了一千八百多所烽火台和哨所，并命左玉钤卫将军论弓仁（吐蕃降将论钦陵之子）为朔方军前锋游弈使，率军驻扎在诺真水（今内蒙古自治区百灵庙哈尔红河）进行巡逻。从此以后，东突厥人就不敢再越过阴山放牧了，朔方也很少有突厥人前来骚扰，当地驻军也因此减少了数万人。

张仁愿在建三个受降城的时候，没有修建瓮城，也没有增修防御工事。有人问他原因，他回答："军队贵在进攻，不在退缩和防守。敌人来到此地，将士们当齐心协力，主动出击，与敌死战，回头看看身后城墙的人都该处死，还需要什么防御工事，令士兵们产生退缩之心呢？"后来，常元楷担任朔方军总管，才开始修筑瓮城，人们因此看重张仁愿而轻视常元楷。

再说西突厥。

娑葛当上西突厥首领之后，位子并没有坐稳，其父手下的部将阙啜忠节与他有着很深的矛盾，两人各自率领本部人马相互厮杀，阙啜忠节不敌，郭元振上奏朝廷请求把阙啜忠节召入朝廷。阙啜忠节行至播仙城（今新疆维吾尔自治区且末县）时，遇到了经略使、右威卫将军周以悌。这个周以悌不知出于什么心态，劝说阙啜忠节道：“国家不惜以高官厚禄对待你，是因为你拥有部落百姓，如今，你一人离开部落到了朝廷，不过是一介老胡罢了，不仅难以永保富贵，就算个人的生死也掌握在他人之手。现在，朝廷管事的是宰相宗楚客和纪处讷二人，你不如用贿赂笼络住二人，请求留下来，调发安西都护府的军队，并招来吐蕃人，一起进攻娑葛；再以阿史那献为可汗，以招徕西突厥十姓军民，让郭虔瓘（齐州历城人，西域唐朝边将）调派拔汗那国（汉代的大宛国，今吉尔吉斯斯坦费尔干纳地区）的军队，协同作战。这样一来，你既不会失去部落，又能报仇，与入朝相比，岂可同日而语！”阙啜忠节一听，觉得有理，就率军攻下了于阗坎城，缴获金银财宝，派人携带七百两黄金进京贿赂宗楚客和纪处讷。

二八三　突厥事件（二）

郭元振听说后，赶忙上书唐中宗予以阻止。

他在奏表上说："过去，吐蕃进犯边境，就是因为没有得到西突厥十姓和安西四镇之地，近来，他们之乞和，也并非仰慕我们中国的礼仪，仅仅是因为他们自己国内内讧，灾难频仍，人畜得病，担心我们会趁机反击，所以才降低姿态，与我们亲近。假设他们国内稍稍安定下来，岂能忘记夺取十姓和安西之地的夙愿？如今，阙啜忠节不管国家大计，只为一己之私，竟然要充当吐蕃军队的向导，我恐怕四镇的危机将由此而起！最近，东突厥阿史那默啜入侵，响应的人很多，加之安西四镇的唐军已非常疲惫，无力帮助阙啜忠节，并非袒护突骑施。阙啜忠节不体谅朝廷的难处，却要寻求吐蕃的帮助，吐蕃一旦得志，阙啜忠节势必落入他们之手，岂能再替朝廷卖命！往年，吐蕃对朝廷并没有作出什么贡献，尚且向我们索要十姓、四镇之地，如今假如击破了娑葛，立下功劳，要求将疏勒和于阗划给他们，我们将用什么话去拒绝呢？另外，吐蕃所属各部落以及婆罗门（今尼泊尔）等国正纷纷叛离，假如他们向我们借兵，我们又该用什么言辞予以谢绝！所以，从古以来，智慧之人都不会轻易接受夷狄的帮助，就是担心他们贪得无厌，终归会给我们带来后患之故啊。再者，他又请求迎立阿史那献为可汗，无非因为阿史那献是可汗的子孙，打算依靠他来招抚十姓百姓吧？阿史那献的父亲阿史那元庆（第二任兴昔亡可汗，阿史那弥射之子），他的叔父阿史那仆罗，侄儿阿史那俀子以及阿史那斛瑟罗、阿史那怀道，他们都是可汗的子孙，过去，我们曾经把他们都立为可汗，就是要招抚十姓百姓，可是都没有成功，这又是为什么呢？这些人都没有过人的才能，恩威不足以让人震慑，就算他们是可汗近亲，人们对他们也不亲近，更何况阿史那献的血统又更加疏远呢？假如阙啜忠节自己能安抚住十姓百姓，就不会去另立可汗子孙了。还有，他还建议让郭虔瓘去拔汗那国调兵，也是不可能的。过去，郭虔瓘就曾经去拔汗那国发兵，不能得来一兵一卒，相反，拔汗那国不胜其烦，竟然招来吐蕃军队，拥立阿史那俀子，进攻安西四镇。彼时，拔汗那国周边还没有强大的同盟国，郭虔瓘等人可以肆意劫掠，横行西域，如入无人之境，就算那样，拔汗那国尚且拥立阿史那俀子为患。如今，北面还有娑葛，把拔汗那国逼急了，肯定会与娑葛结盟，城内坚壁固守，城外突厥伺机夹击，臣判断郭虔瓘等人此举一定不会像往年那样顺利，势必出现内外受敌、自陷危亡的境地，白白与蛮人结怨，让四镇不安。以臣看来，这确实不是一条好策略。”

宗楚客等人根本不把郭元振的话当一回事，他们建议唐中宗说：“派遣冯嘉宾持节安抚阙啜忠节，以侍御史吕守素前去节制四镇，以将军牛师奖为安西副都护，调派甘州、凉州以西的军队，前去讨伐娑葛，兼征吐蕃。”娑葛原本派娑腊向京师献马，听说这一消息后，他匆匆逃出京师，向娑葛报信，于是，娑葛派遣五千骑兵进攻安西（今新疆维吾尔自治区库车县），五千骑兵拔换城（今新疆维吾尔自治区阿克苏市），五千骑兵进攻焉耆（今新疆维吾尔自治区焉耆县），五千骑兵进攻疏勒（今新疆维吾尔自治区疏勒县）。当时，安西大都护郭元振在疏勒驻防，他命令部队在河口（赤河口）修筑工事，不敢出战。阙啜忠节在计舒河口（今新疆维吾尔自治区库车县北）迎接冯嘉宾，娑葛发兵奔袭，生擒阙啜忠节，斩杀了冯嘉宾，又在僻城（今新疆维吾尔自治区库车县东北）抓住了吕守素，将他捆绑在柱子上，千刀万剐而死。

景龙二年（公元708年）十二月二十五日，牛师奖与娑葛在火烧城（今新疆维吾尔自治区库车县北）交战，唐兵战败，牛师奖被杀。娑葛遂攻下了安西，切断了其他三镇与中央之间的联络，并派人来到洛阳，要求唐中宗交出宗楚客的人头。宗楚客又上奏让碎叶镇守使中郎周以悌接替郭元振统领安西之兵，征召郭元振入朝；以阿史那献为十姓可汗，在焉耆设立大本营，前去讨伐娑葛。周以悌率领数百镇兵大破娑葛，夺回了阙啜忠节以及于阗部众数万口，唐中宗大喜，晋封周以悌为左屯卫将军。

娑葛给郭元振写信，称：“我与大唐本来没有什么过节，只与阙啜忠节有仇。宗楚客接受阙啜忠节的贿赂，想灭了我的部落，冯嘉宾中丞和牛师奖都护相继而来，我岂能坐以待毙！我又听说阿史那献也要到来，这只能令安西陷入大乱，恐怕再无宁日了。请大使您考虑该如何处置。”郭元振将娑葛的书信呈送给了唐中宗。宗楚客很不高兴，污蔑郭元振心怀不轨，说服唐中宗将其召回京师，将要予以惩处。郭元振让儿子郭鸿从小路回到京师，向唐中宗说明事情的原委，并恳请继续留在西州，不敢返回。唐中宗随后又改变了主意，将周以悌流放到了白州，又让郭元振官复原职，并赦免了娑葛的罪过，将其册封为十四姓可汗（除十姓之外，还有咽面部落、葛逻禄部落、莫贺达干部落和都摩支部落）。

景龙三年（公元709年）二月，监察御史崔琬弹劾宗楚客和纪处讷里通外国，收受贿赂，致使生出边患。根据惯例，大臣被弹劾后，要低头出列，站在朝堂等待皇帝的降罪，而宗楚客却怒目圆睁，慷慨陈词，表白自己忠贞为国，受了崔琬的诬陷。唐中宗也没有深究，只是下令让崔琬和宗楚客结为异姓兄弟，命二人和好，当时的人们都把唐中宗称作“和事天子”。《通鉴考异》（十二）称，当时，太平公主和安乐公主各立党羽，互相倾轧，朝廷重臣一分为二，太平公主尤其与宗楚客不和，暗中指使崔琬弹劾宗楚客。

到了七月，突骑施汗国（原西突厥汗国）十四姓可汗娑葛派使者来到唐朝请求归降，二十六日，唐中宗封娑葛为归化可汗，赐名李守忠。但是，好景不长，李守忠的弟弟遮弩觉得自己分得的人畜太少，心怀不满，就叛逃到了东突厥，请求担任向导，进攻哥哥李守忠。东突厥可汗阿史那默啜大喜，立即派遣两万军队向突骑施汗国发起突袭，生擒李守忠，凯旋。阿史那默啜对遮弩说：“你连你的哥哥都能背叛，对我岂能忠心？”遂连同李守忠一并杀死了。《唐书》明确指出，此事发生在景龙三年，而《资治通鉴》却将此事系于唐玄宗开元二年（公元714年），即五年之后。

李守忠（娑葛）死后，西突厥十姓部落再次陷入群龙无首的境地，数年后，李守忠的部将苏禄逐渐集结残兵败将，自称酋长。其间，唐朝朝廷还任命阿史那献为兴昔亡可汗，担任招抚安慰十姓部落特使，争夺西突厥部落，十姓部落酋长都担叛唐，阿史那献率军攻克了碎叶城等重镇，生擒都担，将其斩杀，并俘获了两万余帐部民，这是后话，不提。

总体来说，唐中宗在位期间，对外关系上取得了一定的成绩：打退了东突厥的进攻，并收复了漠南之地，遏止了东突厥南下的势头；保住了与西突厥传统的友好关系，继续从西方牵制了东突厥的力量；将金城公主嫁给吐蕃赞普，与吐蕃实现了和亲，保障了西南方向的安全。

二八四　中宗昏政（一）

唐中宗即位后的这几年里，内忧外患，天灾人祸，政局动荡，乱象丛生，可是，唐中宗像太平天子那样无所作为，而他的幸臣们也全然没有一点忧患意识，争相过着骄奢淫逸的生活。

唐中宗和韦皇后二人笃信佛教。唐中宗的母亲武曌就曾出过家，也信奉佛教，据《大慈恩寺三藏法师传》记载，李显刚出世时，玄奘法师就请唐高宗和武曌同意让他出家为僧，并给他起名为“佛光王”，但世事无常，李显最终没有出家，前面两个哥哥死的死，废的废，他自己也由太子而皇帝而被废。在被流放房陵期间，他常常因害怕而与韦氏一起默念《药师经》，祈求佛祖保佑。他即位后，对佛教更加尊崇，曾经依附于二张的胡僧慧范，就被唐中宗赐爵为上庸县公，加银青光禄大夫；此后，慧范在东都洛阳修建圣善寺，在长乐坡又建造巨大的佛像，国库为之空虚。侍御史魏传弓弹劾其贪污了四十余万钱，请求唐中宗下令将其诛杀，可是，唐中宗想宽恕慧范，魏传弓反对道：“刑赏，是国家的大事，陛下已经滥用了赏赐，岂能再不予以刑罚！”唐中宗遂将慧范除名，废黜在家。景龙元年，唐中宗派使者前往江淮地区购买鱼类放生。中书舍人李乂上书劝说：“江南百姓以打渔为生，陛下虽然将恩德推及于小动物身上，却没有施舍到人的身上。为什么这么说呢？大江大湖，物产富饶，鱼虾无数，而我们国库的钱财却非常有限。用于放生的钱少了，无济于事；用得多了，又影响到朝廷的正常运转。与其担忧动物们的生存，倒不如关心关心眼前人们的生活！况且，那些以卖鱼为生的普通百姓，唯利是图，他们见朝廷出钱来买鱼，将会加倍捕捞，采取放生措施一天，他们会百倍地捕捞。不如将放生的钱财停下，去减轻百姓们的赋税，既充实国库，又爱护百姓，由此所带来的福气要远远比这大。”但李乂的奏疏递上去后，就没有了下文。

唐中宗、韦皇后以及公主们都喜欢修建佛寺。景龙二年七月四日，清源县尉吕元泰也曾上书指出当朝的弊端，他在奏疏上称："如今，边境还不太平，士卒劳累，百姓转运，压力很大，可是，陛下营建佛寺越来越多，劳民伤财，无休无止。昔日，黄帝、尧、舜、禹、商汤、周文王、周武王他们一心奉行俭朴、仁义而名垂后世，晋朝、刘宋以来，佛寺、佛塔接连拔地而起。可是，社会动荡越来越多，这就是君王的喜好不对，贵族骄奢淫逸，百姓苦不堪言之故。希望陛下能将营建佛寺的费用，用到边疆的军费上面，让边疆安定，百姓富庶，又有什么作为能比这更符合如来佛慈悲为怀、普度众生的教义呢？"左拾遗辛替否也上书劝谏："臣听说古代设置官员，员额不一定非要补满，当时，知识分子们都有完美的德行，家家户户都有清廉的节操，朝廷之上有充裕的经费，平民百姓也有吃不完的粮食。而陛下却百倍封赏，十倍增加官员员额，致使金银不够铸造印章，国库中存放的丝绸不够赏赐之用，那些地位低贱的商人也可以通过买官侧身朝廷，术士、巫师们都能得到肥差。"他又说："公主是陛下的爱女，然而，假如她们的用度不符合规矩，行为不合人心，陛下对她们的爱恐怕会变成百姓对她们的憎恨，转福为祸。这是为什么呢？榨尽民力，耗尽民财，夺取民产，爱这几个女儿却招来这三种怨恨，让守卫边疆的将士们不再尽力，令朝廷之上的高官不再尽忠，人心涣散，只剩下娇妻爱女，陛下又能依靠谁呢？君主要以人为本，根本稳固了，国家就安宁了；国家安宁了，陛下一家也就可以长相厮守了。"他还说："假如陛下把营造佛寺当成治国的第一要务，觉得养育百姓不足以安定国家，那么，商周以前就该是一片黑暗，而汉魏以来就该是天下太平；商周之前国祚应该都很短，而汉魏以来的王朝都该长久啊，可是，事实恰恰相反。陛下把不重要的事当成重要的事务，把重要的事务当成不重要的置之不理；注重来世，却无视现实；看重俗人所为，却忽视了天子该做的事，如此一来，就算把阴阳当作炭火，把万物当成铜铁，役使不吃不喝之人来干活，也无法满足陛下的挥霍，更何况您的这些要求都需要风调雨顺、天地滋养才能得到！一旦风尘再起，天降灾患，和尚们不会拿起武器，佛寺也不能让军民躲过饥馑，臣实在是替陛下惋惜啊！"但唐中宗对他们的劝谏是一概不听。出土的西安法门寺石碣也记载："大唐景龙二年，岁次戊申二月乙丑，应天神龙皇帝、顺天翊圣皇后，各下发入塔，供养舍利。"

景龙三年一月，唐中宗又下令扩建东都的圣善寺，致使数十家百姓失去了家园。《朝野佥载》也称："洛州昭成佛寺有安乐公主造百宝香炉，高三尺，开四门，绛桥勾栏，花草、飞禽、走兽，诸天妓乐，麒麟、鸾凤、白鹤、飞仙，丝来线去，鬼出神入，隐起钑镂，窈窕便娟。珍珠、玛瑙、琉璃、琥珀、玻璃、珊瑚、砗磲、琬琰，一切宝贝，用钱三万，府库之物，尽于是矣。"另称，安乐公主在洛州道光坊修建安乐寺，花费数百万钱。童谣称："可怜安乐寺，了了树悬头。"

唐中宗一朝的弊政除了佞佛之外，还有吏治的败坏。为了赏赐功臣，解决备选人员与官员员额僧多粥少的矛盾，唐中宗及其当权者设置了大量的员外官，然而，官员数量的暴增带来的负面影响非常大：一是官场人浮于事；二是官员良莠不齐；三是财政不堪重负。官位人多粥少的现象由来已久，据《旧唐书·刘祥道传》记载，早在高宗永徽初年，这一现象就已经出现，据刘祥道计算，当时唐帝国各种官位有一万四千人左右，以人们三十岁入仕到六十岁退休计算，一旦任职要当官三十年，平均下来概算每年只需五百个空缺，而当时每年的备选人员就有一千四百多，另据《李敬玄传》记载，到高宗后期，每年的备选人员更是猛涨到了一万多人。

宰相李峤就曾经上表指出官员太多的弊端，自请辞职谢罪，唐中宗没有答应。除了朝廷正式任命的员外官之外，还有数量同样十分庞大的所谓的斜封官。斜封官也称"墨敕斜封官"，这种官职的任命状是斜封的，由皇帝派人从侧门交付中书省办理，"敕"字是用墨笔所写，与中书省黄纸朱笔敕命不同，这种官员没有经过中书省和门下省的审核，是皇帝直接要求任命的，两省也不敢置喙，就直接交付尚书省任命。斜封官是唐中宗为了增加个人收入而采取的办法，史称，安乐公主、长宁公主及韦皇后的妹妹郕国夫人、上官婕妤、上官婕妤的母亲沛国夫人郑氏、尚宫柴氏、贺娄氏、女巫第五英儿、陇西夫人赵氏等人，也借此大肆受贿，替人向唐中宗买官。不管屠夫酒肆之徒，还是奴婢之流，只要向他们送上三十万钱，就能直接得到由皇帝亲笔敕书任命的官位；拿出三万钱，就可以被允许出家为僧，躲避徭役。据说，礼部员外郎李朝隐一人曾经沙汰的斜封官就有一千四百多人，可见买官的人数之多了。当时，全国各类非正式官员名目很多，诸如员外、同正、试、摄、检校、判、知官等，有数千人。由于铨选的工作量太大，唐朝朝廷分别在长安和洛阳各自设置了两个吏部侍郎，每年参加候选的就有数万人。官员太多，致使朝廷办事效率低下，政出多门，当时的人们戏称三种人没有地方坐，一是宰相，二是御史，三就是员外官。

中书侍郎韦嗣立上书称："近期，建造的佛寺极多，竞相比阔，大的用数十万钱，小的也用上三五万，计算下来一共耗费上千万以上，弄得百姓疲敝，怨声载道。佛门施教，关键在于降服内心，何必雕梁画栋，相互夸耀！万一出现旱涝灾害，敌人入侵，就算在佛寺上画的龙像云彩那么多，又有什么用呢？再者，有爵位、吃食邑的人家太多了，昨天我问了问户部，有封爵人家的奴仆就高达六十余万，按一个男丁需要上缴两匹布帛计算，就有一百二十万匹。臣前不久在太府寺任职，每年全国的绢布收入多则一百万匹，少则六七十万匹，与拥有食邑的封爵人家相比少了很多。是佐命功臣才可以被晋封爵位、拥有食邑，我朝开国之初，拥有食邑的功臣不过二三十家，如今却高达一百多家，国家的赋税一多半进入私人家里，致使私人财产太多，奢侈无度，而公家用度不足，危机重重，这岂是治国理政的良策？有爵位的人家自行向所属农户征税，奴仆狐假虎威，欺凌州县官员，大肆索取额外的费用，中饱私囊，用于个人经商盈利，弄得百姓苦不堪言。不如按照应缴数量由朝廷征收，再由爵爷们从国库中领取，这比较合适。再有，员外官员的数量是正式官员的好几倍，各部门的下级官员对如此多的上级穷于应付，国库资财因此枯竭。还有，近年来，对于刺史、县令的人选不加挑选，凡是犯罪或者名声不好的京官才下派到地方当刺史；吏部在选人用人时，遇到那些年迈或者不会写文章的就派到地方当县令，用这种办法岂能治好国家！希望从今往后，朝廷在任命三省、两台以及五品以上官员时，全都从刺史、县令中选拔，如此一来，天下也就太平了！"唐中宗还是置若罔闻。萧至忠也有类似之言，唐中宗虽然认可，但也无能为力。

中书侍郎兼知吏部侍郎、同平章事崔湜和吏部侍郎同平章事郑愔二人就掌握着选人用人大权，他们依附权贵，贪污纳贿，每个官位都有几个员外官，甚至把三年以后的候补官都提前任命了，唐朝吏治非常混乱。崔湜的父亲崔挹担任司业（国立大学副校长），收受他人贿赂，却忘记给崔湜说了。崔湜将那人淘汰了，那人质问崔湜道："你的亲人拿了我的贿赂，你为何不给我官做？"崔湜怒吼道："你说是谁拿了你的钱，我一定把他乱棍打死！"那人回答："你千万别这样，不然你要服三年丧的！"崔湜听后顿时羞得面红耳赤，无地自容。有一个候选人对崔湜说："我能背着米翻越城墙。"崔湜说："那你为何不参加武选？"

那人回答：“我听人们说：‘崔侍郎这里，只要有气力的（指有钱有势的）都会留下。’”还有一个候选人拿一百钱串在靴带上，郑愔问原因，那人回答：“如今选人，没有钱是不行的。”郑愔听后沉默不语。侍御史靳恒和监察御史李尚隐当着唐中宗的面弹劾崔湜，唐中宗将崔湜等人打入大狱，命监察御史裴漼审讯。崔湜原本就与上官婉儿、安乐公主不清不楚的，上官婉儿、安乐公主等人从中斡旋，景龙三年五月，郑愔被免死，流放到吉州；崔湜被贬为江州司马，但时隔一天，唐中宗又改为崔湜贬为襄州刺史，郑愔贬为江州司马。

实际上，崔湜和郑愔只是唐中宗的替罪羊。

二八五　中宗昏政（二）

人浮于事的结果就是矛盾上推，谁都不愿负责。

景龙二年十二月，御史中丞姚廷筠就上奏称：“近来，臣见各部门都不按规矩办事，无论大小，事事都要上报陛下定夺。臣听说君主委任臣子，臣子要遵从法度。军国万机，皇帝一人难以遍览，难道修一条水渠、砍伐一棵树也都要皇帝决定吗？从今往后，遇到军国大事以及无章可循的事务，可以上奏陛下定夺，其余事务则应由官员们依法处置。那些故意迟疑不决，造成延误的，希望允许御史们予以弹劾。”唐中宗同意了。

官场上乌烟瘴气，而权贵们却是骄奢淫逸，无法无天，大有我死去哪管洪水滔天的样子。当然，这与唐中宗带的坏头有关。

据《唐会要》记载，唐中宗时期，朝纲混乱，不知从什么时候开始，形成了一个规矩，那就是每当一个高官升职后，就得举行盛大的宴会和歌舞，宴请皇帝以及皇帝身边的近臣们，人们称这种宴会为“烧尾宴”。唐中宗还喜欢打球，上行下效。据《国史异纂》称，景龙中，王妃、公主之家竞相奢侈，驸马杨慎交、武崇训甚至用油洒在地上，修建球场。唐中宗还是个文学爱好者，景龙二年四月，他下令设置修文馆大学士四名，直学士八名，学士十二名，以李峤等懂文学的公卿大臣们充任。每次出外游幸或者举行宴会，唐中宗总要让这些学士参加，赋诗唱和，命上官婉儿评定高低。《唐诗纪事》称：“中宗正月晦日，幸昆明池赋诗。群臣应制百余篇，帐殿前结彩楼，命上官昭容选一首为新翻御制曲，从臣悉集其下。须臾，纸落如飞，唯沈宋二诗不下。又移时，一纸飞坠，乃沈诗也。及闻其评曰：‘二诗工力悉敌，沈诗落句云：微臣雕朽质，羞睹豫章材，盖词气已竭；宋诗云：不愁明月尽，自有夜珠来，犹陡健豫举。’沈乃伏，不敢复争。”《景龙文馆记》称，唐中宗对群臣们说：“如今天下无事，朝野多欢，欲与卿等词人，时赋诗宴乐，可识朕意，不须惜醉。”景龙四年春，唐中宗在桃花园设宴，学士李峤等人纷纷献诗，唐中宗命宫女演唱，收入乐府，称为《桃花行》……命侍臣拔河，七个宰相、两个驸马为一边，三相五将为另一边，仆射韦巨源和少师唐休璟年迈，倒地不起，唐中宗以此为乐。景龙三年二月二日，唐中宗驾临玄武门，与近臣们观看宫女拔河。又命令宫女们在内廷设立集市，让公卿大臣们装扮成客人，进行买卖，双方讨价还价，甚至吵架，言语下流，唐中宗和韦皇后在楼上观看，乐得哈哈大笑。

唐中宗沉迷于游宴玩乐，在宴会上命各位学士都露一手。工部尚书张锡跳了一曲《谈容娘》，将作大匠宗晋卿舞了一曲《浑脱》，左卫将军张洽舞了一曲《黄獐》，左金吾将军杜元谈背诵了一篇《婆罗门咒》，中书舍人卢藏用模仿了道士向上帝奉献奏章时的古怪动作。唯独国子司业郭山恽说：“臣不懂其他的，请让我唱首古诗。”遂唱了《鹿鸣》《蟋蟀》，这两首诗反映了君主求贤若渴和孜孜求治的态度，第二天，唐中宗下诏表扬了他，并赏赐给他一件衣服。还有一次，唐中宗在宴会时，命群臣各自唱一段《回波辞》。众人纷纷唱一些肉麻的谄媚之词，只有谏议大夫李景伯说：“回波尔时酒杯，微臣职责劝谏；已经酒过三巡，喧哗恐失礼仪！”唐中宗听后很不高兴，萧至忠却赞叹道：“这才是真正的谏官啊！”

另据《封氏闻见记》（五）记载，唐中宗时，兵部尚书韦嗣立晋升为三品，户部侍郎赵彦昭被授予金紫光禄大夫，吏部侍郎崔湜被官复原职，唐中宗下令让他们三人在兴庆池举办“烧尾宴”，在这场烧尾宴中，三人所属单位都准备了华丽的游船，场面很是气派。当时，只有苏瑰被拜为仆射时没有烧尾，宗晋卿就当着唐中宗的面问苏瑰：“你拜为仆射却不烧尾，是不是不高兴？”唐中宗不吭声。苏瑰回答：“臣听说宰相是协助皇帝调和阴阳，代替上天治理百姓的，如今，市场谷价昂贵，百姓贫寒，臣曾看见禁卫军的将士们甚至有人三天都没有吃上东西，臣不称职，所以不敢举办烧尾宴。”连禁卫军将士都吃不上饭，更不用说那些贫苦百姓了，而在这种情况下，唐中宗竟然还大肆铺张浪费，真是荒唐了，而更为荒唐的则是他手下的那些达官显贵。

当时的达官显贵们竞相过着奢靡的生活。据《唐诗纪事》《唐语林》等书记载，兵部尚书韦嗣立在骊山的鹦鹉谷修建了一座别墅，韦嗣立奉献了一百车食物以及果盘、器皿等杂物，唐中宗大喜，封韦嗣立为逍遥公，谷为逍遥谷，原为逍遥原。唐中宗还亲自赋诗，群臣附和，韦嗣立命人将诗歌刻在石头上，还请张说写序，薛稷抄写下来。《续世说》记载，宗楚客建造了一座新房，都是以文柏为梁，用沉香和红粉刷墙，一开门就香气扑鼻，地面非常光滑。太平公主见到后，曾感叹道："看他行坐处，我等虚生浪死。"《清异录》称，在中宗一朝，宗楚客、纪处讷、韦温和武三思四家经常聚会，各自携带名香，美其名曰"斗香"，只要韦温拿来从韦皇后那里得来的香，总能得胜。河南道巡察使、监察御史宋务光上书认为："如今有食邑的一共一百四十多家，食邑遍布五十四州，都占据了上等良田，甚至有的一个人的食邑都遍布几个州，而太平公主和安乐公主又挑选家庭富裕、男丁较多的人家当自己食邑内的农户，残酷剥削，远远超过给朝廷的税赋。滑州出产菱纱，大批权贵纷至沓来，索要这里的食邑，致使百姓纷纷逃亡，请把食邑稍稍往徐州分一些。爵爷们派出的使者胡作非为，请求把他们的食邑交给国家管理，与朝廷赋税一并征收，再给爵爷们。"唐中宗还是不从。

当时，唐中宗允许上官婉儿以及后宫的很多女官在宫外安家，后宫女人们随意出入皇宫，朝廷群臣往往巴结她们，以求升迁。安乐公主尤其骄奢蛮横，朝中宰相大多是她提携起来的，她与长宁公主（驸马杨慎交）竞相比阔，建造华丽的宅邸，样式与皇宫相似，但比皇宫还精美。《两京记》记载："崇仁坊西南隅，长宁公主宅，既承恩，盛加雕饰，朱楼绮阁，一时胜绝。又有山池别院，山谷亏蔽，势若自然，中宗与韦庶人数游此第，留连弥日，赋诗饮宴，上官昭容操翰于亭子柱上写之。韦氏败，公主随夫为外官，初欲出卖，木石当两千万，山池别馆，仍不为数，遂奏为观，请以中宗号为名。词人名士竞入游赏。"安乐公主曾经向唐中宗请求把昆明池当成自家池塘，唐中宗认为百姓要在那里打渔，没有答应。安乐公主很不高兴，就又夺取百姓良田，开挖了一个方圆数里（《朝野佥载》称，四十九里；《景龙文馆记》称十数里）的池塘，池塘旁边比照华山垒石成山，比照天河引来河水，要胜过昆明池，所以取名定昆池。安乐公主有一条裙子，价值一亿钱，其上的花鸟都像米粒一样小，从各个侧面看颜色都不一样。安乐公主的驸马武崇训死后，唐中宗又把安乐公主嫁给了武崇训的堂兄弟、左卫中郎将武延秀。武延秀原本被扣留在东突厥，武曌末年两国和好后，武延秀被放了回来。武延秀长相俊美，在突厥生活数年，还学会了胡人歌舞，武崇训生前，武延秀就多次参加过安乐公主家的宴会，安乐公主早就对其有意。景龙二年十一月二十一日，唐中宗给安乐公主举办盛大的婚礼，命相王李旦担任护轿官，使用皇后的仪仗，还动用了禁卫军。次日，唐中宗大赦天下，任命武延秀为太常卿，兼右卫将军。二十三日，唐中宗在两仪殿设宴款待公卿大臣，命公主出来拜谢，公卿大臣们都跪地叩头还礼。长宁和安乐公主还经常放纵奴仆去掳掠良家子女当奴婢，侍御史袁从之将这些不法奴仆逮捕治罪。公主们纷纷向唐中宗求情，唐中宗竟然亲自写诏书予以释放。袁从之上奏称："陛下放纵奴才们劫掠百姓，又怎能治理好天下！"但唐中宗根本不听。太平公主与佛寺争夺水磨，雍州司户李元纮把水磨判给了佛寺。雍州刺史窦从一非常害怕，让李元纮改判，李元纮在判词后写下八个大字："南山可移，此判无动！"窦从一也无可奈何。公主不法，得势的宦官们也是如此。宦官、左监门大将军薛思简等人依附安乐公主，骄纵不法，侍御史魏传弓弹劾，要求唐中宗诛杀他们。御史大夫窦从一十分害怕，坚决制止。当时，宦官也非常跋扈，窦从一生怕得罪宦官，在他担任雍州刺史和御史大夫期间，只要是见到没有胡子的，往往曲意巴结。窦从一，原名窦怀贞，是唐高祖李渊妻子窦氏的重侄孙，为避韦皇后父亲的名讳，而改名为从一。

主昏臣就佞。

唐中宗身边聚集了一群佞臣。景龙二年十二月二十九日，唐中宗命中书省、门下省与学士、诸王、驸马入宫守岁，在庭院中设宴，点燃篝火，安排歌舞。酒酣耳热之际，唐中宗对御史大夫窦从一说："我听说你老伴过世很久，一直替你担心，今日除夕，朕就替你完婚。"窦从一只好拜谢。不一会儿，宦官宫女们手持蜡烛、帷幔、罗扇从西厢而来，帷幔后面有人身穿礼服，打扮得十分妖娆，唐中宗命窦从一背诵了数首《却扇诗》（唐代婚礼时，新郎常常要朗诵《催妆诗》《却扇诗》等）。团扇拿开后，后面的女子换了一身衣服，徐徐走出，人们都睁大眼睛要看看这位新娘究竟是哪位妙龄美女，结果却发现竟然是韦皇后的老乳母！此老乳母原本是个胡人，又丑又老，这一恶作剧顿时让唐中宗和群臣哄堂大笑。唐中宗下令晋封老乳母为莒国夫人，嫁给窦从一为妻。当时民间称乳母的丈夫为"阿䞇"，窦从一每次晋见就自称翊圣皇后阿䞇，时人嘲讽其为国䞇，而他反而还有自得之色。《朝野佥载》称，司农卿赵履温巴结安乐公主，"气势回山海，呼吸变霜雪"，还亲自替公主拉金犊车。人称其为"猖獗小人。心佞而险，行僻而骄。折支势族，舐痔权门。谄于事上，傲于接下。猛若䝙虎，贪如饿狼。性爱食人，终为人所食"。

景龙三年，关中发生严重的饥荒，一斗米高达一百钱。朝廷下令将江淮之间的粮食运到京师，十之八九的牛又被累死在路上。群臣纷纷请求唐中宗再回到东都洛阳，可是，由于韦皇后是杜陵人，不愿东迁，就让巫师彭君卿等人对唐中宗说："今年东行不吉利。"后来，有人再提起此事，唐中宗就发火了，说道："哪有四处找吃的天子！"

二八六　中宗之死（一）

唐中宗还像他父皇唐高宗一样是出了名的怕老婆。

《本事诗》的一则故事就说明了这一点，据记载：中宗朝，御史大夫裴谈崇奉释氏，妻悍妒，谈畏如严君。尝谓妻有可畏者三：“少妙之时，视之如生菩萨（形容人容貌端丽），安有人不畏生菩萨耶？及男女满前，视之如九子魔母（佛经上说的鬼子母），安有人不畏九子魔母耶？及五十、六十，薄施妆粉，或青或黑，视之如鸠盘茶（佛经上说的一种丑陋的吃人精血的鬼，又称冬瓜鬼、瓮形鬼），安有人不畏鸠盘茶耶？”时韦庶人颇袭武氏风轨，中宗渐畏之。内宴唱《回波》时，有优人词曰：“回波尔时栲栳，怕妇也是大好。外边只有裴谈，内里无过李老。”韦后意色自得，以束帛赐之。

景龙三年，东西突厥暂时无事，吐蕃又派人前来迎亲，此时的唐中宗俨然一副太平天子的模样，又想到了要祭祀南郊。八月十三日，国子祭酒祝钦明、国子司业郭山恽建议：“古代，在举行重大祭祀活动时，皇后举酒杯献祭；在祭祀天地的大典中，皇后也在一旁助祭。”太常博士唐绍、蒋钦绪反驳道：“根据郑玄注释的《周礼·内司服》记载，只有在祭祀先王时，才有助祭一说；在祭祀天地时，就不存在助祭，因此，皇后不该参与助祭南郊。”国子司业褚无量认为：“祭祀上天时，只有始祖才可以配享祭品，连祖父母都没有资格配享，所以，皇后不该参与进来。”韦巨源最终决定采纳祝钦明的意见。唐中宗采纳了这一意见，让韦皇后主持第二轮的献祭，让宰相们的女儿们充当斋娘，负责在一旁传递供品。祝钦明还打算让安乐公主主持第三轮献祭，但唐绍和蒋钦绪坚决反对，最后决定让韦巨源以代理太尉的身份主持最后一轮献祭。褚无量，杭州盐官人，自幼好学，据说，其家住在临平湖附近，一天湖中有龙相斗，人们倾巢出动前去观看，而年仅十二岁的褚无量却一动不动，依然埋头学习。

十一月十三日，唐中宗前往长安南郊祭祀，令修文馆学士崔湜和郑愔陪侍。典礼后，他宣布大赦天下，就算犯了十恶大罪的人也得到了赦免；流放在外的犯人全部恩准返乡；结过婚的斋娘们，丈夫们一律加官进职。当时，所有的犯人都被赦免了，唯独均州刺史、谯王李重福不得返回京师。他上书请求父皇哀怜，称："陛下焚烧柴草，祭祀天神，天下平民都得到陛下的宽恕，唯独您的儿子我却被遗弃，苍天公平，岂能这样？天下百姓听说后，都替我流下同情的眼泪，陛下仁慈，为何不怜悯臣的凄苦！"奏表呈上后，唐中宗并无反应。

转眼就是新年（公元710年），一月十四日晚，唐中宗和韦皇后身穿便装，出宫观赏花灯，又放数千宫女也都出宫游玩赏灯，很多宫女趁机逃出宫去，再也没回来。四月五日，唐中宗前往芳林园游玩，命公卿大臣们骑在马上摘樱桃玩。

在平静祥和的气氛中，隐隐透漏出不和谐的音符。

太平公主和安乐公主这对姑侄不知为何却反目成仇了，她们各自拉帮结派，互相攻击。二人都骄横惯了，谁都不把谁放在眼里，但是，这只是问题的一个方面，另一方面，太平公主与安乐公主的矛盾其实是她与韦皇后、上官婉儿、安乐公主及宗楚客等人的矛盾。韦皇后一直努力提高自己的地位，也许有把持朝政的野心，但更大可能则是她想要让自己的女儿安乐公主成为皇位的继承人。景龙元年太子李重俊政变被杀后，今上迟迟没有把最小的儿子李重茂另立为太子，而安乐公主屡屡要求父皇将自己立为皇太女，今上也未置可否，也许在今上的心目中，也曾想过立爱女安乐公主，但假如今上抛弃庶子李重茂不立，势必引起轩然大波，因此，这一想法要变成现实还需要时间。在安乐公主和李重茂之间，韦皇后当然会义无反顾地选择自己的亲生女儿，然而，要立安乐公主为皇太女，太平公主极有可能成为一个绊脚石。在韦皇后等人看来，相王虽然当过皇帝，但一直夹着尾巴做人，表现得非常低调，而太平公主却工于心计，是个典型的阴谋家，他们都不是她的对手，必须予以清除；更何况，在李重俊一案中，就曾有人揭发相王和太平公主是幕后的指使者，这更让韦皇后等人感到紧张。

太平公主是先帝和母后的掌上明珠；安乐公主是今上的金枝玉叶，消息传到唐中宗耳朵里，让他很是头疼。唐中宗为人还是很仁爱的，对相王李旦和太平公主一直很好，《全唐文》中就存有唐中宗下的《相王太平公主不得拜诸王公主制》，允许相王和太平公主不用对自己的儿女们下拜，维护他们作为叔父、姑姑的地位。唐中宗即位以后，一直想协调各方关系，消除统治集团内部产生的矛盾，但是，事与愿违，几年来各种矛盾和斗争此起彼伏，尤其是如今朝廷之上已分裂成两个尖锐对立的阵营，这让唐中宗非常不爽，也十分无奈。他就此曾经询问修文馆直学士武平一说："近来，我听说宫内宫外的皇亲国戚们大多不太和睦，你说该用什么办法来解决呢？"武平一回答："这是由于有一些奸佞之人从中离间的结果，陛下应该加以训导教育，清除这些奸佞小人。如果还没有解决，希望陛下放下眼前的亲情，眼光放长远一些，把慈爱放在一边，严加惩处，让他们知道什么该做，什么是不该做的，不要积重难返了。"唐中宗虽然觉得他说得有理，也赏赐给了他一些布帛，却没有采取行动。

武曌时期，在长安城东居住的百姓王纯家里有一口井，一天，井水从中溢出，竟然形成一个方圆数十顷的大池塘，被人称为隆庆池。相王李旦有五个儿子：寿春王李成器、衡阳王李成义、临淄王李隆基、巴陵王李隆范、彭城王李隆业（李旦共有六个儿子，其中，最小的儿子李隆悌早死）的宅邸就建在隆庆池的北岸。望气的术士们对唐中宗说："五王宅邸范围时常出现浓郁的帝王之气，近期越发强烈了！"四月十四日，唐中宗前往隆庆池，架设一座彩楼，设宴款待群臣，泛舟池上，观看舞象表演，想压一压这股王气。

与此同时，针对韦皇后一党的谣言又不断传来。定州百姓郎岌上书揭发："韦皇后和宗楚客将要发动政变。"韦皇后禀报给唐中宗后，唐中宗下令将其用棍棒打死。郎岌刚死，到了五月十七日，许州司兵参军燕钦融也上书称："韦皇后淫乱，干预国政，宗族强盛；安乐公主、武延秀、宗楚客阴谋夺取政权。"唐中宗将燕钦融召来，当面质问。燕钦融毫无惧色，一一辩驳，唐中宗命人将其打死。

史称，当时国子祭酒叶静能会术数，散骑常侍马秦客通医术，光禄少卿杨均懂烹饪，三人均能随意出入内廷，都受到韦皇后的宠爱。韦皇后担心自己的私情败露，而安乐公主则想让母亲临朝称制，自己好当上皇太女，遂合谋在馅饼中放入毒药，将唐中宗毒死了。

六月二日，唐中宗中毒，死于神龙殿，终年五十五岁。

《资治通鉴》说唐中宗是被韦皇后和安乐公主合谋毒死的，理由是：一、韦皇后与马秦客等人私通，担心事情败露被杀；二、安乐公主想当皇太女。为了让这一说法显得更加顺理成章，在此之前，描述燕钦融被杀时，称唐中宗听了燕钦融的话以后，沉默不语，是宗楚客矫诏叫来了飞骑武士，将燕钦融摔到大殿的台阶上，把脖子折断而死，宗楚客拍手称快。唐中宗虽然没有追究，却闷闷不乐，韦皇后一党见状，这才心中忧惧起来。

《资治通鉴》描述燕钦融被杀这一细节，是为其下面叙述韦皇后和安乐公主毒死唐中宗这一说法做铺垫的，然而，这一细节在《两唐书》中没有记载，《旧唐书·中宗本纪》称："丁卯，前许州司兵参军燕钦融上书，言皇后干预国政，安乐公主、武延秀、宗楚客等同危宗社。帝怒，召钦融廷见，扑杀之。"显然，《资治通鉴》的记载是采自野史，可信度并不高。不过，《两唐书》的《中宗本纪》均将中宗的死归因于韦皇后和安乐公主，《旧唐书》称："时安乐公主志欲皇后临朝称制，而求立为皇太女，自是与后合谋进鸩。"《新唐书》更是直接说："六月，皇后及安乐公主、散骑常侍马秦客反。"似乎唐中宗是韦皇后和安乐公主毒死的，已成为定论。

二八七　中宗之死（二）

然而，同样是《旧唐书》，在它的《后妃传》中让我们对这一说法产生了一丝疑虑。

《旧唐书·后妃传·韦庶人传》中，在提及唐中宗之死时，写道：“六月，帝遇毒暴崩。时马秦客侍疾，议者归罪于秦客及安乐公主。后惧，秘不发丧，引所亲入禁中，谋自安之策。”还称：“帝遇弑，议者归咎秦客及安乐公主。后大惧，引所亲议计……”通过这段记载，我们起码可以得出以下几点：

一是唐中宗当时已经生病了；二是唐中宗是中毒而死的，且是被人下的毒；三是当时给唐中宗治病的是马秦客，人们把矛头指向了马秦客和安乐公主；四是唐中宗死后，因有人把矛头指向马秦客和安乐公主，而令韦皇后非常害怕。

按理说，作为韦皇后的本传，假如唐中宗系韦皇后毒杀，那么，在这里就该清清楚楚地予以讲明。然而，这里只字未提韦皇后杀害了唐中宗，甚至连安乐公主是否是凶手，也只是“议者归罪”之言，这样一来，前面言之凿凿的定论陡然也就显得苍白无力了——这个把罪过推给安乐公主的“议者”又是谁呢？毫无疑问，只能是已经与安乐公主水火不容、又多权谋的太平公主及其党羽了，值得注意的是，太平公主与后宫女官们有着复杂而又隐秘的联系，她会不会贼喊捉贼呢？想到这儿，又让人不由得反思唐中宗生前一些看似荒唐的举动，允许上官婉儿等宫中高级女官在宫外安家，这里是不是另有一层意思：一是让忠于自己的女官们便于联络外臣，探听宫外消息；二是将不是自己心腹的高级女官打发出宫，避免出现第二次神龙政变。

回到唐中宗的死因。

当时的唐中宗应该已经生病了。唐中宗的身体原本就不太好，《全唐文》记载他过去给邢文伟写的信，信上，他提到自己："顾以虚庸，早向坟典。每欲研精政术，极意书林，但往在幼年，未闲将卫，竭诚耽诵，因即损心。比日以来，风虚更积……"这封信大约写于他当太子时，那时就得了所谓的风虚之病，这可能是李唐王室的遗传疾病；另据《全唐书》中《请谅阁进膳表》记载："伏惟圣年已登五十，陛下缘在房州先患脚气，今在哀苦，旧患更发，又自今月二日已来，惟令进米薄粥。臣下惊恐，不胜惶遽，但仓米陈臭，天下共知，食即动气，奈何陛下以五十之年，抱积久之患，奉累圣之绪，承遗制之托，上事宗庙社稷，下养赤子苍生，故食动气之仓米，不遵遗令之教训，陛下纵自轻性命，奈七庙何？奈百姓何？"这篇奏表应该是在唐中宗为母亲武曌服丧期间大臣们上奏的。据此，我们知道，唐中宗在房州流放期间，得了脚气病，服丧期间又只吃点稀粥，身体状况更差，这也从一个侧面告诉我们，唐中宗身体状况并不理想。

唐中宗是中毒而死的，这在史书上有明确的记载，应该是真实的，另外，就在唐中宗去世前三天，即五月二十九日，他还身体好好的，在宫内设宴款待近臣。据记载，酒酣耳热之际，国子祭酒祝钦明还在宴会上自请跳一曲《八风舞》，他摇头晃脑，极尽丑态，令唐中宗哈哈大笑。祝钦明素来以儒学闻名，吏部侍郎卢藏用还因此私下对诸位学士说："祝大人《五经》扫地了！"由此也说明，唐中宗死得很突然，死因很可疑。那么，问题的关键是：谁指使下的毒？当时的"议者"把凶手指向了安乐公主和马秦客，史书还有鼻子有眼地说是韦皇后和安乐公主合谋毒死的唐中宗，那么，是真的吗？

如今，很多人对此提出了质疑，理由主要如下：韦皇后和安乐公主都不会在唐中宗的死中得到好处，相反只能对她们不利。唐中宗和韦皇后二人感情基础很好，"累年同艰危，情义甚笃"，二人还有共同的信仰；即便是在唐中宗即位后，二人也是相互支持；唐中宗在韦皇后的支持下，一再加尊号，最后成为应天神龙皇帝，而韦皇后也是在唐中宗的帮助下，成为顺天翊圣皇后；当韦月将、郎岌、燕钦融等这些平民百姓受人指使一再拿韦皇后的"私情"（姑且不说这些私情存在与否，宫闱秘闻，一个平头百姓又是如何得知的呢？）说事时，唐中宗态度坚决，一概予以诛杀；他对待李重俊、李重福兄弟上，也是完全站在韦皇后的立场上，对韦皇后是言听计从，危急关头也没有抛弃韦皇后。试想：韦皇后有这样一棵大树——对自己纵容，又笃信佛教，世俗欲望不十分强烈，总爱当和事佬的丈夫，又有什么理由杀害呢？史书上称韦皇后是想当皇太后，临朝称制，更是荒唐。要毒死丈夫，还得把不是自己儿子的李重茂先立为太子，再立为皇帝，再当皇太后，每一步都要冒多么大的风险啊，韦皇后疯了？况且，假如凶手真的是韦皇后，韦皇后也不会在唐中宗死后显得手忙脚乱了，显然，唐中宗的死出乎她的意料，系他人所为。是安乐公主吗？安乐公主一直是唐中宗最疼爱的女儿，只要父母健在，随着时间的流逝，安乐公主极有可能击败庶弟李重茂，成为皇太女不是没有可能，她怎么可能毒害自己的父皇呢？

假如不是韦皇后和安乐公主，那么又是谁呢？应该是相王之子临淄王李隆基和太平公主，且太平公主的可能性更大。《新唐书·太平公主传》称："主方额广颐，多阴谋，后（武曌）常谓'类我'……韦后、上官昭容用事，自以谋出主下远甚，惮之。主亦自以轧而可胜，故益横。"武曌评价自己的女儿像自己，像她的隐忍？足智多谋？狠毒？杀人无底线？也许都有吧？太平公主这种人，连韦皇后和上官婉儿都自以为根本不是人家的对手，而太平公主也从来不把韦皇后、安乐公主等人放在眼里，其内心深处可能对唐中宗更是轻视，"故益横"，也就是说，唐中宗活着时，太平公主就敢于和韦皇后们对着干！值得注意的是，每当朝廷各派势力斗争进入白热化的时候，就会有一些看似中立的百姓出来上书，像过去的韦月将、苏安恒，而在唐中宗去世前，出现了郎岌和燕钦融的上书，这也是韦皇后集团与相王、太平公主集团矛盾激化的表现。还有一点，就是上官婉儿的态度。上官婉儿曾推荐她的表兄弟王昱担任左拾遗，王昱见上官婉儿依附武氏集团，就劝上官婉儿的母亲郑氏说："武氏为上天所抛弃，难以复兴。如今婕妤依附武三思，这是灭族之路啊，请姨母三思。"郑氏就劝上官婉儿，那时，上官婉儿正与武三思私通，在政治上与武三思父子和安乐公主、韦皇后站在同一阵营，因此，她根本不听。但是，三年前李重俊发动的那场政变，以诛杀上官婉儿为名，瞬间让武三思父子身首异处，武氏集团受到了沉重打击，这让上官婉儿十分害怕，也意识到继续依附韦皇后和安乐公主自己的处境将十分危险，她想起了昔日王昱的话，开始与相王、太平公主集团接近，与安乐公主也产生了矛盾，各自拉帮结派。正是上官婉儿的投靠，让太平公主有条件实施自己的毒杀计划，也许，相王、太平公主集团最初的打算是通过唐中宗废掉韦皇后，另立皇后，然而，当郎岌和燕钦融被杀后，他们发现借唐中宗之手除去韦皇后、安乐公主和宗楚客等人已不可能，于是，就只有毒死唐中宗了。

实际上，早在去年十一月唐中宗举行南郊大典前后，相王和太平公主一党就已经着手策划这场阴谋了。相王李旦的第三子、时任潞州（今山西省长治市）别驾的临淄王李隆基从小就不同凡响，据《天中记》称：李隆基三岁时被封为楚王，武曌登上高楼，抱着他远眺，失手从楼上掉下，左右大惊失色，但李隆基摔到地上后毫发无损，武曌非常惊奇。《明皇杂录》记载：一次，武曌把皇孙们都召到殿上嬉戏，把天竺国进贡的玉环、玉盘等放到皇孙们的身边，任其夺取，众皇孙个个争先，收获颇丰，只有李隆基端坐在殿上，纹丝不动。武曌大为惊奇，抚摸着他的背说道："这孩子当成太平天子。"将太宗皇帝从晋阳宫得来的玉龙子赏赐给了李隆基。《唐语林》称：一次，李隆基在朝堂上呵斥武攸暨："朝堂是我们家的，你岂能如此跋扈？"《封氏闻见记》称：景云中，吐蕃派人前来迎接金城公主，唐中宗在梨园让吐蕃使者观赏打球。吐蕃使者称自己的使团中也有擅长打球的，请求与唐朝球手比试比试，于是，唐中宗就命李隆基和嗣虢王李邕、驸马都尉杨慎交、武延秀四人与吐蕃十人相抗。李隆基大出风头，赢得了比赛。李隆基生来非常自负，史称"属中宗末年，王室多故，上常阴引材力之士以自助"，他经常宴请万骑营中的豪杰，或者赏赐财帛，或者赏赐衣物，笼络了一大批万骑营中的中下级将领。他借口参加南郊大典，从潞州回到了长安。临行之前，他让术士韩礼占一卦，其中一根蓍草竟然立在地上。韩礼大惊，说道："一根蓍草独立地上，这是不同寻常的吉兆，妙不可言！"李隆基命亲信武士王毛仲、李宜德二人各持弓矢，左右保护，回到了长安，之后，他又暗结禁卫军将领们，已做好了军事政变的准备。

因此，我们有理由相信，唐中宗死于太平公主和唐玄宗李隆基之手。

唐中宗就这样死了。回顾中宗一朝短短的五年，可谓是内讧不断，究其原因还在于唐中宗本人没有驾驭大局的才能，无法有效地掌控朝局。就在他去世不久，他的弟弟相王李旦（唐睿宗）即位后，辛替否就曾上书，把唐中宗一朝做了一个总结，他在奏表上说："中宗孝和皇帝，陛下之兄，居先人之业，忽先人之化，不取贤良之言，而恣子女之意。官爵非择，虚食禄者数千人；封建无功，妄食土者百余户。造寺不止，枉费财者数百亿；度人不休，免租庸者数十万。是使国家所出加数倍，所入减数倍。仓不停卒岁之储，库不贮一时之帛。所恶者逐，逐多忠良；所爱者赏，赏多谗慝。朋佞喋喋，交相倾动。容身不为于朝廷，保位皆由于党附。夺百姓之食，以养残凶；剥万人之衣，以涂土木。于是人怨神怒，亲忿众离，水旱不调，疾疫屡起。远近殊论，公私罄然。五六年间，再三祸变，享国不永，受终于凶妇人。寺舍不能保其身，僧尼不能护妻子，取讥万代，见笑四夷。”

可以说把唐中宗说得是一无是处，但实际上，唐中宗的一生也是一个悲剧。

二八八　唐隆政变（一）

唐中宗死了，活着人们还在忙着争权夺利，相互倾轧。

景龙四年（公元710年）六月二日唐中宗去世后，惊慌失措的韦皇后匆忙下令封锁消息。太平公主和上官婉儿一起商议起草唐中宗的遗诏，她们炮制出来的中宗遗诏的主要内容是：立温王李重茂为皇太子，以韦皇后主持政务，相王李旦作为辅政大臣。其初衷似乎是为了平衡相王与韦氏集团的利益。

三日，韦皇后调派五万府兵驻守京师，以驸马都尉韦捷（成安公主的丈夫）、韦灌（定安公主的丈夫）、卫尉卿韦璿（韦温的族弟）、左千牛中郎将韦锜、长安令韦播（韦温的堂侄）、郎将高嵩（韦温的外甥）、武延秀等人统领左右屯营、羽林、飞骑、万骑；以中书舍人韦元巡视京师各个街道，维持社会治安。同时，将韦安石、韦巨源、萧至忠、宗楚客、纪处讷、韦温、李峤、韦嗣立、唐休璟、赵彦昭、苏瑰等十九位朝廷重臣召入宫中，商议善后事宜。

宗楚客却暗中对韦温说："如今，需要请太后临朝听政，不应再让相王辅政了，况且，相王辅政从道理上讲不通，叔嫂之间是不可以搭话的，太后临朝处理政务时，该咋办呢？"唯独苏瑰提出异议，正色说道："这是先帝的遗命，岂能更改！"韦温和宗楚客大怒，执意取消了相王参政的资格，于是，韦温就率领诸位宰相一起上书请求韦皇后临朝听政，以相王李旦为太子太师；以刑部尚书裴谈、工部尚书岑羲（岑长倩之子）、吏部侍郎崔湜为同平章事。又命左监门大将军兼内侍薛思简等人率领五百军队火速赶往均州，防备谯王李重福谋反。

六月四日，韦皇后下令将唐中宗的灵柩抬到太极殿上，召集百官，公布丧事，并宣布韦皇后临朝摄政，大赦天下，改元唐隆。晋升相王李旦为太尉，雍王李守礼（唐中宗的二哥李贤之子）为豳王，寿春王李成器（李旦长子）为宋王；

命韦温为总知内外守捉兵马事（全国武装部队总司令）。

又过了三天，到了六月七日，唐中宗最小的儿子、时年十六岁的温王李重茂登基即皇帝位，尊韦皇后为皇太后，册立王妃陆氏为皇后。六月十二日，韦皇后命令纪处讷持节巡抚关内道，岑羲巡抚河南道，张嘉福巡抚河北道。

史称，宗楚客与太常卿武延秀、司农卿赵履温、国子祭酒叶静能以及韦氏家族子弟，都劝说韦皇后像武曌那样改朝换代；韦氏集团罗织党羽，南北卫军、朝廷要害部门全都由韦氏子弟把持；宗楚客又暗中上书引用图谶书，称韦氏应革唐命，密谋杀害少帝李重茂；宗楚客还对相王李旦、太平公主非常猜忌，暗中与韦温和安乐公主密谋除掉二人。

上述内容出自《资治通鉴》，放置于李隆基和太平公主发动政变之前，替政变寻找正当性理由的意味很强，说韦皇后要效仿武曌，杀害李重茂，以当时的情势来看，是不可能的，更像是李隆基等人散布的流言，但说宗楚客对相王和太平公主十分猜忌，那倒像是真的。

如前所述，相王李旦的第三子、临淄王李隆基一直野心勃勃。他居住的隆庆里，人们常以讹传讹，传成龙庆里；如今，韦皇后又将年号改为唐隆，都与他的名字暗合；道士冯道力、处士刘承祖均擅长占卜，纷纷前来投靠，所以，李隆基就更加自信了。李隆基与姑姑太平公主商议发动政变事宜，太平公主欣然表示同意，让儿子薛崇简跟着李隆基干。

就在这时，韦氏集团中一位重量级人物又临阵倒戈了！此人就是兵部侍郎崔日用。

崔日用能言善辩，也很有才干，武曌时期，宗楚客担任陕州刺史，崔日用任芮城县尉，是他的下属。大足元年，武曌西返长安，路过陕州，一切供应都是崔日用一手操办的，让宗楚客非常满意，遂举荐他担任新丰县尉，不久又晋升为监察御史。由于宗楚客对崔日用有知遇之恩，所以，崔日用就暗中依附宗楚客，中宗一朝屡屡得到升迁，被提拔为兵部侍郎兼修文馆学士。他曾经对别人说：“我生平办事，都是随机应变，不曾预先谋划，每每反思，总有芒刺在背之感。”然而，唐中宗突然一死，崔日用又风闻李隆基将要发动政变，他立刻意识到事情不妙，恐怕会连累到自己，遂通过和尚普润、道士王晔偷偷与李隆基搭上了关系，向李隆基表了忠心。李隆基对他说：“我决定如此，只是为了宗亲、社稷，不顾自己的生死。”崔日用说：“大王此举孝感天地，一定能够成功。希望速速发动，出其不意，如果稍微迟延，也许会横生枝节。”另据出土的《安乐公主墓志》称，“（安乐公主）又欲拥羽林万骑，率左右屯营，内宅之中，潜储兵甲，期以唐隆元年六月二十三日，先危今上（指李旦）圣躬，并及太平公主。皇太子（指李隆基）密闻其计，先难奋发”。由此可见，安乐公主等人已经决定用武力除掉李旦、太平公主集团了。

李隆基遂与太平公主，太平公主的儿子、卫尉卿薛崇简，苑总监钟绍京，尚衣奉御王崇晔，前朝邑尉刘幽求，利仁府折冲麻嗣宗定下了先发制人的政变计划。薛崇简是太平公主与第一任丈夫薛绍所生的次子，他有一个同父兄薛崇训，还有两个异父弟武崇敏、武崇行。钟绍京原为司农录事，因擅长书法而被提升为直凤阁，武曌时期的明堂门额、九鼎的铭文以及各宫殿的门牌都出自他的手笔。据《书小史》记载，他是曹魏太尉钟繇的第十五代孙，王方庆也喜爱书法，常常请钟绍京到家里谈论书法技巧，有一次，王方庆病了，与钟绍京畅谈之后，病情竟然好转了，因此，右相杨再思称钟绍京能治疗王方庆的病。钟绍京酷爱书画收藏，富贵之后，曾拿出数百万钱才买来王羲之的五张行书，后来，人们称他有三绝：建立功勋、忠鲠正直、书法绝妙；后世还将他与钟繇并论，称钟繇为大钟，他为小钟。曾巩在《元丰类稿》中称：“绍京字画妍媚，遒劲有法，诚少与为比。”米芾在《书史》中评价钟绍京书“笔势圆劲”。董其昌的《画禅室随笔》云：“绍京书遁甲神经，笔法精妙，回腕藏锋，得子敬神髓，赵文敏正书实祖之。”景龙中，钟绍京担任苑总监，李隆基借喜爱他的书法而将其拉拢到自己的集团。李隆基看中钟绍京当然不是因为他的书法，而是他的职位——要想出其不意地控制玄武门，就需要将人马先藏身于北苑，而钟绍京就负责管理皇家园林。刘幽求是冀州武强人，圣历年间，他被拜为阆中尉，刺史对他不待见，刘幽求遂弃官而归，又过了很久，才被授予朝邑尉。神龙政变后，刘幽求就曾建议桓彦范和敬晖等人趁势诛杀武三思等人。

刚刚当上禁卫军统领的韦播、高嵩等人新官上任三把火，屡屡鞭打万骑将士，想树立起个人的权威，谁知二人这样做是适得其反，反而令万骑将士们都心怀不满。万骑国毅葛福顺、陈玄礼找李隆基诉苦，李隆基瞅准时机，就让刘幽求向二人暗示了发动政变、诛杀韦氏家族的想法，二人均非常高兴，表示愿意以死效命。万骑国毅李仙凫也参与了密谋。在决定发动政变后，有人建议李隆基先禀报其父相王李旦，李隆基回答：“我们发动政变是为了国家，事成之后，大福归于相王；不成，就以死殉国，不连累相王。如今，先禀报相王，如果相王同意，那么相王就参与了我们的密谋；如果不同意，势必败坏大计。”李隆基就没有把此事告诉父王李旦。

李隆基把政变的时间定在了唐隆元年（公元710年）六月二十日，距离唐中宗李显去世的六月二日仅仅十八天。仅仅在这十八天之内，李隆基和太平公主就完成拉拢万骑将领、密谋发动政变等这一系列密谋，应该是不可能的，这也让我们更加怀疑唐中宗的死是这场大阴谋的一部分，进而让我们认为，也正是在唐中宗晚年太平公主与安乐公主矛盾的激化，促使了太平公主决心除掉唐中宗，进而发动政变除掉安乐公主和韦皇后，拥立相王为帝，而这一想法与野心勃勃的李隆基是一拍即合。于是，唐中宗晚年韦皇后的秽行以及将要取代唐朝的谣言被人有意散布，这都是李隆基等人为政变制造舆论氛围。

六月二十日午后，李隆基身穿便装，率领刘幽求等亲信们进入苑中，前往钟绍京的官衙，可是，就在这时，钟绍京突然后悔了，不愿开门。钟绍京的妻子许氏劝道：“舍身为国，神灵一定会相助的，况且，你素来参与他们的阴谋，就算你今天不加入，岂能幸免！”钟绍京听后，这才赶紧开门拜见，李隆基一把抓住他的双手，二人一起坐了下来。

李隆基就把钟绍京的苑中监衙门当成了政变的临时指挥所。

二八九　唐隆政变（二）

当时，羽林军将士都驻扎在玄武门。

等到六月二十日夜幕降临后，葛福顺和李仙凫二人都来到李隆基这里，李隆基说：“今日，我与你们一起扫除大逆，安定社稷，各自夺取富贵，在顷刻之间，我们以什么为信？”众人均表示愿意接受李隆基的命令。众人一直等到二鼓，天上突然出现大量的流星雨，仿佛雪花一样向四方散落，刘幽求说：“天象如此，机不可失！”李隆基遂命令葛福顺等人前去羽林军营，诛杀韦播等人。葛福顺等拔剑径直闯入羽林军营，将韦璿、韦播、高嵩杀死，而后，拿着三人的头，对羽林军将士们说：“韦皇后毒死了先帝，阴谋危害社稷，今晚我将率领你们一起诛杀韦氏家族，马鞭以上的全部杀死！拥立相王以安定天下！敢有首鼠两端、协助逆党的，灭你三族！”羽林军将士均欣然从命，就这样，葛福顺等人异常顺利地就斩杀了韦皇后安插在羽林军内的三名高级将领，并控制了玄武门。

葛福顺将韦璿等三人的头送到了李隆基的手上，李隆基命人取来火把，仔细察看确认无误后，他才率领刘幽求等人出了苑南门，来到玄武门。钟绍京也率领苑中工匠、家奴等两百余人，手持斧锯相从。此时，韦皇后和少帝李重茂还在唐中宗灵柩停放的太极殿内服丧，李隆基命令葛福顺率领左万骑进攻玄德门，李仙凫率领右万骑进攻白兽门，朝太极殿而来，约定两支部队在凌烟阁会师，并大声呼喊报信。葛福顺等人斩杀了守门将士，冲入了皇宫，李隆基则率领下余军队等在玄武门外观察情况。等到三更时分，凌烟阁方向传来震天的喊声，李隆基知道葛福顺等人进展顺利，遂率领大军拥入皇宫，与此同时，驻扎在太极殿内值班的禁卫军将士们听到外面诛杀韦氏的喊声，也纷纷披上铠甲响应。

事到如今，韦皇后还蒙在鼓里，不知韦璿等人早已身首异处，飞骑已经倒戈，她慌不择路，匆忙逃入飞骑营中，却被留守营中的将士斩杀，将人头送到了李隆基那里。安乐公主也从睡梦中惊醒，她知道大势已去，起身对着镜子画眉，也被闯入的士兵一刀砍死。政变军在肃章门外杀了武延秀，在太极殿西杀了内将军贺娄氏。李隆基入宫后，上官婉儿率领宫女们手持蜡烛迎接，将自己写的让相王辅政的唐中宗的遗诏拿给刘幽求看，刘幽求向李隆基求情，李隆基自然知道上官婉儿与太平公主过从甚密，为免后患，遂没有答应，下令将上官婉儿就地斩杀。上官婉儿死时四十七岁。

当时，刘幽求对李隆基说："我们约定拥立相王为帝，今晚为何不早早决定！"李隆基更加老谋深算，连忙制止，而是指挥将士们全力搜捕宫中和把守各个城门的韦氏子弟以及韦皇后的亲信们，逮捕之后，悉数斩杀。屠杀一直进行到黎明，次日凌晨，李隆基去见父王李旦，叩头谢罪不止，相王李旦抱着他哭泣道："挽救了江山社稷，这都是你立的大功啊！"遂将李旦迎入宫中，辅佐少帝。李旦簇拥着少帝登上安福门，安抚军民们。

李旦进宫之后，李隆基又下令关闭宫门以及京城各个城门，派遣万骑将士们继续搜捕、屠杀韦氏家族的其他人。士兵们将太子少保、同中书门下三品韦温斩杀于东市的北面；中书令宗楚客身穿孝服，骑着一头青驴与其弟弟宗晋卿一起逃跑，行至通化门，守门人认出了他："你是宗尚书！"去掉了他的布帽，当即将兄弟二人一起斩杀；一直巴结安乐公主的赵履温慌忙跑到安福门楼下，口喊万岁，话音未尽，相王李旦就命万骑将其杀死；秘书监王邕娶了韦皇后的妹妹崇国夫人，与娶了韦皇后乳母的御史大夫窦从一都杀死了各自的妻子，手持人头献上，以求各自活命。尚书左仆射、同中书门下三品韦巨源听说变乱，家人劝其避一避，但他说："我身为大臣，岂能听到大难而不去应对！"行至大街，却为乱军所杀，终年八十岁。政变军还杀死了马秦客、杨均、叶静能等韦氏一党，又把韦皇后的尸体拖到街头示众。当时，在长安城南，韦氏家族和杜氏家族他们居住的地方分别被称为韦曲、杜曲，由于他们的聚居地相邻，又被称为韦杜，俗语称："城南韦杜，距天尺五。"可见韦氏宗族十分强盛，韦氏的人往往侵占到杜曲定居。当时，崔日用被任命为权知雍州长史事，奉命率军闯入杜曲，将定居此地的韦氏家族全部斩杀，就连襁褓中的婴儿也未能幸免，很多无辜之人被冤杀。

当天，少帝颁布诏书，宣布大赦天下。诏书中称："逆贼头领已经被杀，其余同党一概不究。"这种大赦诏书不过是做做样子罢了，其实，对于韦氏同党的捕杀并没有因之而停止。侍中纪处讷行至华州，吏部尚书、同平章事张嘉福行至怀州，照样被前来逮捕的军队斩杀，不仅如此，就连武氏家族也受到牵连，几乎全部被杀或被流放。少帝以临淄王李隆基为平王，兼任殿中监、知内外闲厩，总领左右万骑；封薛崇简为立节王。以钟绍京为中书侍郎，刘幽求为代理中书舍人，二人均参知机务（三级实质宰相）；以麻嗣宗为代理左金吾卫中郎将。内外文武官三品以上赐爵一级，四品以下加一阶，亲皇三等以上加两阶，四等以下及诸亲赐勋三转，天下百姓免今年田租之半。据《龙城录》称，政变后，李隆基与道士冯存澄占卜，得合因、斩关、铸印乘轩三卦，冯存澄祝贺道："这三卦最吉祥，昔日黄帝胜炎帝时卜得，所谓合因斩关，铸印乘轩，始当果断，终得嗣天。"李隆基赶忙捂住他的嘴巴说道："别说了！"

六月二十二日，刘幽求在太极殿，一些目光短浅的宫人和宦官请刘幽求起草拥立少帝之母为皇太后的诏书，刘幽求说："国家正在大难之中，人心不安，先帝尚未下葬，就匆忙拥立太后，这不行！"平王李隆基说："这话不可轻易出口！"这件事就说明了李隆基的高明之处：在政变进行当中，李隆基没有匆忙打出废黜少帝、拥立父王的旗号，而是让父王辅佐少帝，就是暂时抬出少帝，为了迷惑那些中立人士，让政变顺利进行下去，好集中力量清除韦氏一党，等到韦氏一党被清除干净、大局已定之后，孤家寡人的少帝自然就任人摆布了。

此日，李隆基等人还以少帝之命向全国十道派出钦差大臣进行安抚，并往均州派使者安抚、监视谯王李重福；将窦从一贬为濠州司马；撤销各个公主家的属官。

一切稳定之后，到了第三天，即六月二十三日，太平公主传达少帝的命令，愿意将帝位传给相王李旦，李旦坚决推辞。刘幽求对宋王李成器和平王李隆基说："相王过去就曾经当过皇帝，如今再登基即位，这是众望所归。如今，人心不安，国事甚重，相王岂能顾及小节而不早早登基以安定天下！"李隆基说："相王本性恬淡，不把世事放在心上，过去，虽然当过皇帝尚且让给别人，何况少帝又是亲哥的儿子，岂肯取而代之？"刘幽求说："众心不可违背，相王虽然打算独善其身，又将社稷置于何地呢？"宋王李成器和平王李隆基遂入见，恳请李旦接受，李旦这才答应了。

当天，大唐朝廷又进行了一系列新的人事安排：以平王李隆基为殿中监、同中书门下三品；以宋王李成器（相王嫡长子）为左卫大将军；衡阳王李成义为右卫大将军；巴陵王李隆范为左羽林大将军；彭城王李隆业为右羽林大将军；光禄少卿、嗣道王李微（道王李元庆之孙、李隆基族叔）为检校右金吾卫大将军；以黄门侍郎李日知、中书侍郎钟绍京为同中书门下三品；以太平公主长子薛崇训为右千牛卫将军。政变当天，李隆基的亲信王毛仲却临阵退却，借故躲了起来，事后，李隆基并没有责备他，仍然破格将其提拔为将军。

同日，又把异己分子们通通赶出了京师：将汴王李邕贬为沁州刺史；左散骑常侍、驸马都尉杨慎交贬为巴州刺史；中书令萧至忠贬为许州刺史；兵部尚书、同中书门下三品韦嗣立贬为宋州刺史；中书侍郎、同平章事赵彦昭贬为绛州刺史；吏部侍郎、同平章事崔湜贬为华州刺史。

六月二十四日，太极殿上唐中宗的灵柩前，仅仅数日之间，父皇和嫡母相继去世，服丧中的少帝李重茂又不得不配合着上演一场传位大戏。少帝在太极殿内东侧，面西而立，相王李旦站在唐中宗的灵柩旁边，这时，太平公主突然对少帝说："皇帝，你把皇位让给你叔父，可以吗？"少帝当然不同意。然而，这时岂能允许他不同意？刘幽求当时就跪在地上，说道："国家多难，皇帝仁慈孝顺，效法尧舜，确实符合至公之道；相王代替侄儿主持政务，任重道远，更显得非常仁厚啊！"说完，就从袖子里拿出自己代写的少帝传位诏书，交给了相王。

这场闹剧突如其来，看得少帝李重茂眼花缭乱，不知所措，等刘幽求表演完毕，少帝仍然坐在御座之上。太平公主见这个侄儿好不知趣，就上前说道："天下之心已归于相王，这里不是孩儿你的座位！"遂提着少帝的衣领将他拉了下来。

就这样，唐睿宗像他哥哥唐中宗一样第二次登上了帝位，他驾临承天门，时隔一天，大唐朝廷再次宣布大赦天下，少帝李重茂也恢复了温王称号。

二九〇　景云年间（一）

唐睿宗李旦即位后，面临的第一个重大问题就是立谁为太子。

如前所述，唐睿宗共有六个孩子，除去最小的儿子李隆悌早死外，尚有五个成年儿子，分别是寿春王李成器、衡阳王李成义、临淄王李隆基、巴陵王李隆范、彭城王李隆业，他们几个都是同父异母兄弟，其中，李成器是嫡长子，其他四个均为庶子。根据立嫡立长的原则，无论如何，李成器都是合法的继承人。然而，自从李唐建立以来，还没有一位嫡长子继承皇位的：从唐太宗到唐高宗再到唐中宗、唐睿宗，无一例外。如今，平王李隆基又立下大功，究竟立谁为太子呢？这让唐睿宗有些为难起来。

此时的三弟李隆基已手握大权，李成器倒也十分识相。当他得知此事之后，坚决推辞说："国家安定就该优先考虑立嫡长子，国家危难就应把功劳放在首位，假如不这样做，就会令天下人失望。臣死也不敢居于平王之上。"哭泣坚决恳请了数日。新上任的朝廷众臣大多是李隆基一党，也都称平王立下大功，应当立为太子。刘幽求说："臣听说清除天下之祸的人，就该享受天下之福。平王拯救了社稷之危，解救亲人的灾难，以功劳论，他的功劳最大；以德行论，他最贤能。册立平王，这没有什么可疑虑的。"唐睿宗采纳了他的意见。

六月二十七日，唐睿宗册立李隆基为太子。李隆基上表请求将太子之位让给大哥李成器，但唐睿宗不从。次日，唐睿宗任命李成器为雍州牧、扬州大都督、太子太师，实封两千户，赏赐宅邸，丝绸五千段，良马二十匹，奴婢十家，良田三十顷。又进位尚书左仆射，兼任司徒。李成器推辞司徒，又为太子宾客。

册立太子之后，唐睿宗册立次子衡阳王李成义为申王，四子巴陵王李隆范为岐王，五子彭城王李隆业为薛王；加太平公主食邑满一万户。李成义的母亲出身低贱，李成义刚出生时，武曌曾打算弃之，不入皇家户口；万回和尚谎称：“这是西方树神降临。”武曌这才同意留下了李成义。李成义被封为申王后，累迁右卫、金吾二大将军，实封至千户，后进位司徒，兼任益州大都督。岐王李隆范为太常卿、并州大都督、左羽林大将军。李隆范好学，擅长书法，喜欢与儒士交往，还喜爱收藏字画。杜甫的名诗《江南逢李龟年》让我们记住了岐王：“岐王宅里寻常见，崔九堂前几度闻。正是江南好风景，落花时节又逢君。”不过，李隆范死于开元十四年，而这一年杜甫才十五岁，也许邀请杜甫到王府的并非李隆范，而是李隆范的儿子、沉溺酒色的嗣岐王李瑾。薛王李隆业后进位为羽林大将军、荆州大都督。

太平公主屡立大功，唐睿宗对他这个妹妹非常尊重，常常与之一起讨论军国大事，每次太平公主入宫奏事，唐睿宗总是与其讨论很久；有时候，太平公主没有入朝，唐睿宗就让宰相们亲自来到太平公主家里征求她的意见。每当宰相们奏事，唐睿宗总会问道：“与太平商议过没有？”又问：“与三郎（李隆基）商议过没？”只有宰相们征询过二人的意见，唐睿宗才会同意。唐睿宗对太平公主是言听计从，自宰相以下的官员，升降全凭太平公主一句话，其余由其推荐而被破格提拔的更是数不胜数，要么当上朝廷清要之官，要么升任南北衙将领，她的权势几乎超过君主，她家门庭若市，煞是热闹。太平公主的儿子武崇敏、武崇行、薛崇简三人都被封了王，京师近郊到处都是她家的庄园，收买全国各地的奇珍异宝，远到岭南、益州、江南，路上随处可见给她家送财物的车队；她家里的乐器、车马、宝帐等器物与皇宫不相上下；侍女披金戴银，常有数百人，粗使奴仆更有上千人之多。

一朝天子一朝臣。唐睿宗即位后，朝廷上也开始走马灯般变换起朝臣来了。政变功臣钟绍京很快就从中书侍郎晋升为中书令，可是，钟绍京原本出身很低，骤然登上高位后，纵情赏罚，得罪了一大批人。太常少卿薛稷也擅长书法绘画，其子薛伯阳又娶了唐睿宗的女儿仙源公主（又称为凉国公主李华庄，唐睿宗第六女；薛伯阳先娶唐睿宗第三女荆山公主，后又娶了仙源公主李华庄），他早已觊觎钟绍京的位置了，就假惺惺地劝钟绍京上表辞让，钟绍京听从了。可是，等钟绍京的奏表呈上后，薛稷到唐睿宗跟前说：“钟绍京虽然立下功劳，但素来没有什么才能，德行也一般，出身低级职员，一旦破格提拔为宰相，恐怕会令朝廷蒙羞啊！”唐睿宗听后连连点头，很快，就改任其为户部尚书、越国公，不久又将其外派为蜀州刺史，而薛稷则被晋升为黄门侍郎，参知机务。薛稷不久就又改任为中书侍郎、参知机务，不过，很快，他就与另一个热衷仕途的人——黄门侍郎、参知机务崔日用发生了激烈的冲突。二人在唐睿宗面前争功，相互诋毁。薛稷说："崔日用居心不良，首鼠两端，过去他依附武三思，说明他不是忠臣；后来，他又卖友邀功，不是义士。"崔日用反唇相讥："臣过去虽然有错，但如今立下大功，而薛稷表面上虽然与皇室联姻，暗中却依附张易之、宗楚客，他不是首鼠两端又是什么呢！"二人相互诋毁的结果是唐睿宗将两人都贬官了，七月十九日，崔日用被贬为雍州长史，薛稷被贬为左散骑常侍。

唐睿宗还提拔许州刺史姚元之为兵部尚书、同中书门下三品，不久又晋升为中书令；刚刚被贬的宋州刺史韦嗣立、许州刺史萧至忠为中书令；绛州刺史赵彦昭为中书侍郎；华州刺史崔湜为吏部侍郎，几人均为同平章事。七月八日，唐睿宗又提拔洛州长史宋璟为检校吏部尚书、同中书门下三品；免去岑羲中书侍郎，改任为右散骑常侍，兼刑部尚书。十三日，又将崔湜贬为尚书左丞，将工部尚书张锡贬为绛州刺史，萧至忠贬为晋州刺史，韦嗣立贬为许州刺史，赵彦昭贬为宋州刺史，兵部尚书、同中书门下三品李峤贬为怀州刺史。崔湜被贬是因为他依附上官婉儿和安乐公主；萧至忠被贬，是因为他曾经将女儿嫁给韦皇后的堂舅崔从礼的儿子；韦嗣立被贬，是因为与韦皇后是疏族（政变时，韦嗣立还差一点被杀，因其是李成器的姨父，在李成器的极力保护下，韦嗣立才幸免一死）；赵彦昭与被杀的赵履温关系不错，唐中宗曾派他护送金城公主入藏，他不愿前往，通过赵履温求安乐公主替他向唐中宗求情，才如愿以偿，因此也属于背景复杂的人；李峤过去曾经依附二张，唐中宗即位后先被贬豫州刺史等，很快又被召回朝廷，他与唐睿宗没有多少交情，唐中宗驾崩后，他就给韦皇后密奏让她警惕相王李旦的几个儿子，请求将他们外派到地方上，以防不测，可惜的是韦皇后还没来得及行动，就被推翻了。张锡是李峤的舅舅，舅甥二人一同被贬也在情理之中。

据《唐将相大臣年表》记载，唐朝朝廷重臣分别是：

司徒：李成器。

尚书左仆射：韦巨源，政变中被杀，此后，七月，苏瑰被任命为左仆射，十一月被贬为太子少傅，而以李成器兼任。

侍中：纪处讷，政变中被杀；韦安石，十一月被贬为太子少保。

中书令：宗楚客，政变中被杀；萧至忠，先被贬为许州刺史，又很快复任，不久又贬为晋州刺史；韦嗣立，六月任命，七月被贬为许州刺史；姚元之，十一月一日任命。

同中书门下三品：张仁愿，十一月贬为左卫大将军；韦嗣立七月贬；韦温，政变中被杀；李峤，七月被贬；唐休璟，七月退休；张锡，七月被贬；裴谈，八月被贬为蒲州刺史；钟绍京，六月被贬为户部尚书；李日知，六月任命；姚元之，六月任命；宋璟，七月任命。

同中书门下平章事：赵彦昭，七月被贬；崔湜，七月被贬；岑羲，七月被贬；张嘉福，政变中被杀；刘幽求，六月任命；薛稷，七月被贬；崔日用，七月被贬。

经过七月和十一月两次调整，朝廷上的重臣只剩下司徒兼尚书左仆射李成器，中书令姚元之（兼兵部尚书），同中书门下三品宋璟（兼吏部尚书），同中书门下平章事刘幽求四人了。根据过去的惯例，朝廷要任命三品以上的高官，皇帝要以册文详细叙述任命的理由；对于五品以上的中级官员，朝廷则需要用诏书予以任命；而对于六品以下的低级官员，只需要用敕令就可以任命一批，均由尚书省起草，文官由吏部负责，武官由兵部负责，尚书亲自遴选的，称为中铨，侍郎遴选的，称为东西铨，可是，到了中宗末年，这一规矩就被破坏了。唐睿宗以姚元之为兵部尚书，以陆象先和卢怀慎为兵部侍郎，以宋璟为吏部尚书，以李乂和卢从愿为吏部侍郎，这几个都是忠诚正直之人，杜绝了选人用人中的说情之风，当年候选人才有一万余，被选拔任官的不过两千人，但人人都无怨言，敬佩他们办事公道。八月，在姚元之、宋璟和御史大夫毕构的建议下，唐睿宗又下令将过去斜封官数千人全部予以免职。史称，姚元之和宋璟二人齐心协力，一心想革除中宗时期的种种弊政，他们引进忠良，斥退奸佞，赏罚得当，杜绝说情之风，朝廷的威信逐渐建立，时人都认为他们的所作所为有贞观、永徽的遗风。

二九一　景云年间（二）

在组建新的宰相班子的同时，唐睿宗还在即位的最初半年里做了拨乱反正的其他一些事。

一是褒赠那些在武曌、中宗时期敢于直言的“义士”。唐睿宗即位的当月就追赠郎岌、燕钦融为谏议大夫，次月又追赠韦月将为宣州刺史，八月，追赠苏安恒为谏议大夫。

二是对武曌时期被杀的人进行平反。追赠雍王李贤为章怀太子；恢复中宗原太子李重俊的位号；恢复神龙政变功臣敬晖、桓彦范、张柬之、崔玄暐、袁恕己、成王李千里、李多祚等人的官爵；十月，又追谥李重俊为节闵太子。十一月，又恢复了为武曌所杀的裴炎的官爵，恢复为唐中宗所杀的王同皎的官爵。在追谥李重俊时，太府少卿韦凑上书提出反对意见，他说：“一个人生前未予赏罚，死后就用谥号予以褒贬。李重俊与李多祚等人率军入宫，中宗登上玄武门避难，太子照样骑着战马，指挥着军队，等到他的部下倒戈、李多祚等人被杀之后，他才仓皇逃走。假设宫廷侍卫瓦解，将会发生什么事情，实在是口不忍言啊！第二天，中宗曾经泪如雨下，对侍臣们说：‘差一点与你们再也不能相见了！’当时的情形是如此危急，而如今却将其追谥为节闵，臣实在是非常不解。臣子之礼，经过宗庙一定要下车，路过父亲的位子一定要快步走过。汉成帝当太子时，不敢横穿御用的车道，而李重俊却胆敢举兵入宫，在皇帝面前骑着马，已无礼透顶了。假如说是因为他诛杀了武三思才褒赠他的，那么，他诛杀了奸臣，又尊崇君父倒是可以的，可是，他是想自己夺取帝位，是与武三思一样的乱臣贼子，又有什么值得称道的呢？如果因其想要废黜韦氏而褒奖他的话，那个时候，韦氏并未谋反，与其还是母子关系，假如没有中宗的命令，就是胁迫自己的父亲去废掉母亲，这应该吗？西汉戾太子因江充的谗言，起兵杀了江充，虽然也举兵了，但其本心并无逼迫父皇的意思；兵败而死，等到其孙子汉宣帝即位后，才得以改葬，即便如此，仍然被追谥为戾，李重俊岂能被谥为节闵？臣恐怕后世的乱臣贼子以此为例，开犯上作乱之源，这不是在表彰善行、鞭挞恶行，希望更改他的谥号。李多祚等人追随李重俊兴兵作乱，不能没有罪过，陛下赦免他们也就罢了，但不可以称之为昭雪，这样说也是不妥当的。”韦凑说得有理有节，唐睿宗也觉得有理，但宰相认为诏书已经下发，不容更改，只是停了李多祚等人的赠官而已。

三是贬低武曌等武氏家族。唐睿宗即位当月，就下令将武曌的尊号则天大圣皇后恢复为原来的天后称号；追削武三思、武崇训的官爵谥号，掘坟暴尸；将依附韦氏、武氏的越州长史宋之问和饶州刺史冉祖雍流放到岭南；七月，唐睿宗又下令废黜武氏祭祀先祖的崇恩庙和昊陵、顺陵，追废韦皇后为庶人，安乐公主为悖逆庶人。不过，到了十月，唐睿宗又恢复天后武曌的尊号为大圣天后。

七月二十日，唐睿宗下令改元为景云元年，大赦天下，并宣布对于那些尚未归案的韦氏余党，一律予以赦免，此举自然是为了稳定国内。然而，事与愿违，就在唐睿宗下令改元不久，就发生了另外一场突如其来的变故。

这场变故就出在原吏部侍郎郑愔身上。郑愔原本就是个喜乱乐祸之人，去年八月他被贬为江州司马后，上任途中顺道路过均州（今湖北省丹江口市），偷偷拜访了均州刺史谯王李重福，与一个叫张灵均的洛阳人一起密谋举兵，诛杀韦皇后。可是，还没等他们举兵，李隆基就提前发动了政变，杀死了韦皇后，唐睿宗登基称帝了。唐睿宗登基后，对李重福也不放心，把他调任到更为偏远的集州（今四川省南江县）当刺史。张灵均对李重福说：“大王是先帝的嫡系后代，又是年长之子，自然该成为天子。相王虽然有功，但也不该继承大位，东都百姓都希望大王能来。大王如果偷偷进入洛阳，调发左右屯营的军队，袭杀东都留守，占领东都，就如同从天而降一般，然后，再西取陕州，东取黄河南北之地，天下可轻松平定。”李重福答应了。

张灵均就与郑愔密谋，联络了数十名同党。郑愔被贬为江州司马后不久又被召回了京师，改任为秘书少监。唐睿宗即位后，他再次被贬为沅州（今湖南省怀化市）刺史，他就停在洛阳等着李重福，替李重福起草即位诏书，改元为中兴克复元年，尊唐睿宗为皇季叔，以温王李重茂为皇太弟，以郑愔为左丞相兼任知内外文事，张灵均为右丞相，兼任天柱大将军知武事，右散骑常侍严善思为礼部尚书知吏部事。

李重福与张灵均凭借伪造的公文乘坐驿马车直奔洛阳，郑愔提前收拾驸马都尉裴巽（唐中宗女儿宜城公主之夫）的府邸以接待李重福，然而，没有不透风的墙，洛阳县令听到了一些风声。

景云元年（公元710年）八月十二日，洛阳县令前往裴巽的府邸进行调查，事有凑巧，恰恰就在这一天，李重福也到了，竟然与县令碰到了一起！县令仓皇从裴巽府中逃出，飞马向东都留守报告；一帮洛阳官吏听说了，不无躲藏起来，唯有洛州长史崔日知（崔日用的堂兄）率众前去搜捕。

东都留台侍御史李邕在天津桥遇到了李重福一行，当时，李重福的手下已经聚集了数百人。李邕见状，赶忙跑到屯营，对营中将士们说："谯王得罪了先帝，如今无故进入东都，一定是想作乱，你们要借此立下大功，以取得富贵！"转而，他又向皇城各门卫士通报，要他们提前关闭城门。果然，李重福一行先朝左右屯营而来，企图接管洛阳驻军，然而，让他们始料不及的是，屯营将士接到李邕的通知后，已提前戒备起来，等李重福等人来到营外，只见营门紧闭，营内突然放出乱箭，顿时箭如雨下。李重福等人只好转身前往左掖门而来，想要接管留守城内的军队，见城门也是紧闭不开，李重福顿时大怒，下令放火焚烧城门。还没等火燃起来，左屯营的军队却从后面杀来，李重福腹背受敌，无计可施，只好策马逃出了上东门，藏匿到山谷之中。第二天，东都政府派出大批军队出城搜捕，李重福走投无路，只好跳入漕渠而死。

郑愔容貌丑陋，一脸胡须，政变失败后，他男扮女装，身穿女人衣服，梳了一个高高的发髻，藏在车中，然而，最终还是被逮捕了。接受审讯时，郑愔吓得浑身发抖，一句话也回答不上来。张灵均却神气自若，扭头看了看郑愔，说道："我与此人一起举事，失败是必然的！"二人均被拉到洛阳东市斩首。严善思被免一死，流放到了静州。崔日知因此功被拜为东都留守。唐睿宗命中书侍郎兼雍州长史张说前往东都审理此案，张说将案件处理得非常利落，唐睿宗十分高兴，夸奖他说："我知道你处理此案，能做到不冤枉好人，也不放过坏人，如果不是你忠诚正直，岂能做到这一步？"

平定李重福的叛乱之后，唐睿宗又将立下大功却日益骄横的万骑将领打发到了地方上担任官员，又下令废止了家奴充当万骑卫士的规定。这些万骑将领自恃功劳，在长安城内横行不法，已引起了长安百姓的不满，更重要的是接二连三的政变很容易让这些人形成以政变来换取富贵的思维定式，削弱皇帝乃至整个朝廷的威严，在整顿万骑的同时，唐睿宗又设置了另一支卫戍部队飞骑，隶属于左右羽林军。

九月二十三日，唐睿宗以退休的太子少师唐休璟为朔方道行军大总管，以抵御东突厥；十月二十日，又以幽州镇守经略节度大使薛讷为左武卫大将军兼任都督，据此，唐朝自薛讷才开始有了节度使之名。薛讷，是左武卫大将军薛仁贵的儿子，武曌时期，以薛讷出身将门，将他由蓝田令提拔为代理左武威卫将军、安东道经略，后来又晋升为幽州都督，兼安东都护，转为并州大都督府长史，兼检校左卫大将军。薛讷长期担任边将，屡立战功。他也是清代通俗小说《薛丁山征西》的薛丁山的原型。

十一月二日，唐朝朝廷将死去的唐中宗安葬在定陵，庙号中宗。朝廷群臣认为韦皇后有罪，不应与唐中宗合葬，于是，又追谥唐中宗的原配、原英王妃赵氏为和思顺圣皇后，打算找到她的坟墓，将她与唐中宗葬在一起。然而，赵氏当初被武曌活活饿死，如今谁也不知葬于何处了，只好用衣服代替尸体，举行了一场招魂葬，与唐中宗葬在了一起。

二九二　景云年间（三）

唐睿宗即位后，原本还是想有所作为的。

十二月七日，唐睿宗想在长安城西建造道观，让他的两个女儿西城公主和隆昌公主李持盈出家当女道士，替母亲武曌祈求冥福。谏议大夫宁原悌劝谏道："先朝的悖逆庶人李裹儿就是因为是皇帝的爱女骄横跋扈最终受祸，而新都公主和宜城公主却因是皇帝的庶女非常谦卑最终得以保全。释道两家都是以清净为本，不该大肆修建寺庙，劳民伤财。梁武帝失败在前，先帝失败在后，这都是前车之鉴。如今，两位公主入道，将给她们兴建道观，就不宜过分壮丽，引起四方的非议。另外，先朝所亲近的那些僧人如今还在陛下身边伺候，应该疏远他们才是。"唐睿宗看后，连连称善。

宦官闾兴贵有事找长安令李朝隐说情，李朝隐毫不含糊，把闾兴贵拿下，投入了大牢。唐睿宗听说后，对李朝隐的做法十分赞赏，他召来李朝隐，勉励他说："你身为京师所在地的县令，能如此正直无私，我还有什么可担忧的呢？"他还驾临承天门，召集百官和各地前来的朝集使，通报了李朝隐的做法，并下诏表彰说："宦官遇到宽厚柔弱的君主，必定会窃弄威权。朕每每看到史书记载的前代史料，未尝不叹息感慨。能让朕满意的，就是这位李朝隐，给他增加一阶官阶，晋升为太中大夫，年终考核为中上（增加两阶官阶，并多发三个月工资），赏赐一百匹布帛。"

侍御史倪若水弹劾国子祭酒祝钦明和国子司业郭山恽，在南郊大典中，随意更改制度，迎合君主意思，让韦皇后献祭，陷君主于不义，唐睿宗将二人分别贬为饶州刺史和括州长史。侍御史杨孚（隋文帝杨坚的侄孙）正直无私，不论对方是否是权贵，他照样弹劾不误，权贵们在唐睿宗面前不断说杨孚的坏话。唐睿宗却说："猎鹰捕捉狡兔，我们要赶忙帮助猎鹰，否则，我们反而会被反噬的狡兔咬伤。御史弹劾奸佞也是如此，假如君主不保护御史们，那么，也很快会被奸佞之人反噬的。"

在这一年，唐睿宗还设置了河西节度使、支度使和营田使，管辖凉州、甘州、肃州、伊州、瓜州、沙州、西州七州，治所设在凉州。

次年，也就是景云二年（公元711年）一月七日，东突厥可汗阿史那默啜派人前来请求和亲，唐睿宗答应了。十三日，唐睿宗又任命太仆卿郭元振、中书侍郎张说为同平章事；以温王李重茂为襄王，任集州刺史，派中郎将率领五百士兵监视着他前去上任。十九日，唐睿宗又追赠死去的正妃刘氏为肃明皇后，陵墓为惠陵；太子之母窦氏为昭成皇后，陵墓为靖陵；因不知二人尸首，均招魂葬于东都城南，在长安立庙，号称仪坤庙。

很多迹象表明大唐朝廷经过多年来的动荡似乎已逐渐步入正轨，然而，情况并没有这么简单，问题就出在太平公主和太子李隆基二人身上。

长期以来，太平公主一直非常强势，是一股很大的势力，就算在唐中宗时期也是如此。当时，太平公主自然知道唐中宗对韦皇后的感情，也知道他对安乐公主的宠爱，即便这样，她仍然敢于与二人作对。唐睿宗即位之前，她与安乐公主之间已变得水火不容，让唐中宗也无可奈何，太平公主之所以能做到这一点，这当然源于她自身的势力。唐中宗去世后，太平公主又联络李隆基发动了唐隆政变，一举将韦皇后和安乐公主除掉，让相王李旦登上了帝位，她的功劳不可谓不大，她也深得唐睿宗的信任。然而，俗话说一山不容二虎，当唐睿宗身边同时出现两个强势之人的时候，势必产生矛盾。太平公主原本没有把二十六岁的太子李隆基放在眼里，在她看来，李隆基本是庶子，能当上太子就应该感到满足了，也该夹起尾巴做人了，然而，仅仅过去数月，太平公主就发现事情远没有她预先想象的那么简单。从唐睿宗即位数月以来，唐朝宰相的变动，我们似乎就可以看出端倪：唐睿宗即位之后就作出了将萧至忠、韦嗣立、赵彦昭、崔湜等人贬出京师的决定，然而，奇怪的是仅仅过去数日，他又改任韦嗣立和萧至忠为中书令、赵彦昭为中书侍郎、崔湜为吏部侍郎。更为蹊跷的是，又过去了几天，他又将崔湜贬为尚书左丞，将张锡贬为绛州刺史，萧至忠贬为晋州刺史，韦嗣立贬为许州刺史，赵彦昭贬为宋州刺史，李峤贬为怀州刺史。这群宰相的任免在十几天之内竟然一波三折，形同儿戏，其间一定发生巨大的变故，史书又不便明言，但是，我们猜测，这正是太平公主与李隆基博弈的结果。我们先看被贬斥的几个人物的背景：萧至忠，曾经被唐中宗誉为："诸位宰相中，只有萧至忠最疼我。"李重俊发动政变失败后，宗楚客和纪处讷曾指使爪牙牵连太平公主和相王李旦，企图将二人处死，是萧至忠哭着劝谏中宗："陛下富有四海，竟不能保全一个弟弟和一个妹妹吗？"用亲情打动了中宗，中宗才打消了处置太平公主和相王的打算，按理说，不论李旦还是太平公主，对萧至忠应该是感恩戴德的，后来也成了太平公主一党；赵彦昭是否与太平公主有联系，史无明文，但姚崇"甚恶其为人"；崔湜后来也成为太平公主的情夫，而留下来当上宰相的三个人姚元之（姚崇）、宋璟和刘幽求，却都是倾向于太子李隆基的人，像刘幽求更是李隆基的嫡系。由此可见，在第一场较量中，太平公主是败下阵来了。

太子李隆基夺占了先机，痛定思痛，太平公主开始反击了。她派人四处散布流言，称："太子不是长子，不当立。"其目的就是要唐睿宗废掉李隆基的太子之位，另行挑选一个柔弱的人当太子，好让自己能够长久地把持朝政。这种流言沸沸扬扬，弄得人心浮动，景云元年十月二十二日，唐睿宗不得不下诏命令宫内宫外不得再议论此事。可是，太平公主并没罢手，她经常派人窥探李隆基的举动，还在李隆基的身边安插了很多线人，李隆基的一举一动都会随时传到唐睿宗的耳朵里，这让李隆基深感不安。

到景云二年年初，双方之间的矛盾已经进入白热化了。

唐睿宗即位后，娶了韦皇后乳母的窦怀贞（窦从一）虽然杀妻邀功，但仍然被贬为濠州司马，他又投靠了太平公主，不久，就被提拔为益州大都督府长史。为了把李隆基拉下太子之位，太平公主与窦怀贞等人结为朋党，在唐睿宗面前刻意散布流言，称太子的同党已经遍布朝廷，太子已经做好了登基的准备；窦怀贞让女婿唐晙邀请太子少保韦安石到自己家里商议，但韦安石知道没有什么好事，拒不前往。也许太平公主不知道窦怀贞没有做下韦安石的工作，她依然按照原计划实施，把满朝文武都倾心于太子的话说给了唐睿宗，说得唐睿宗满腹狐疑。唐睿宗暗中把韦安石召来，说道："我听说朝廷群臣都已归心于太子，你去了解了解。"不料，韦安石却回答："陛下，您怎么能说出此等亡国之言呢？这一定是太平公主的阴谋。太子为国家立下大功，又仁德、聪明、孝顺、友爱，希望陛下不要听信谗言。"唐睿宗吃了一惊，说道："朕知道了，你别说了。"当时，太平公主正在窗下偷听，遂命人散布流言诬陷韦安石，幸赖郭元振搭救，才得以幸免。

一计不成，太平公主只好走出前台。

景云二年（公元711年）一月的一天，太平公主亲自乘坐车子，邀请宰相们来到光范门内，暗示大家将要更换太子。众人听后，都大惊失色，不敢吭声，唯独宋璟义正词严地回答：“东宫有大功于天下，真是社稷宗庙之主，公主为何突然说出这话！”

随即，姚元之和宋璟就偷偷给唐睿宗建议说：“宋王李成器是陛下您的嫡长子，豳王李守礼是您父亲高宗皇帝的嫡长孙，太平公主又在其间制造矛盾，将会令东宫不安。建议把宋王李成器和豳王李守礼都调离京师，把他们打发到地方上当刺史；罢免岐王李隆范和薛王李隆业的左右羽林大将军之职，让他们担任太子左右卫率，以侍奉太子；把太平公主和其丈夫武攸暨都安置到东都。”唐睿宗说：“朕再无兄弟了，只有这一个妹妹，岂能远远地安排到东都！诸王的安排，就照你们的意思办吧。”于是，唐睿宗就提前下诏，称：“从今往后，诸王、驸马就不再统领禁卫军了，现任军职的一律改调他官。”殿中侍御史崔莅、太子中允薛昭素向唐睿宗建议道：“斜封官们都是先帝任命的，姚元之等人建议统统予以免职，这是在彰显先帝的过错，也为陛下招来怨恨。如今众口沸腾，遍于四海，恐怕会生出变乱来。”太平公主也给唐睿宗这样建议，唐睿宗觉得有理。

二九三　景云年间（四）

景云二年二月一日，唐睿宗下诏，以宋王李成器为同州刺史，豳王李守礼为豳州刺史，左羽林大将军岐王李隆范为太子左卫率，右羽林大将军薛王李隆业为太子右卫率；将太平公主安置在蒲州（今山西省永济市）。

唐睿宗对侍臣们说："术士称五日之内将有大兵入宫，卿等替朕严加戒备着。"张说回答："这一定是进谗言的人想要离间太子，请陛下让太子监国，如此一来，流言自然就消弭了。"姚元之、宋璟、郭元振也在一旁附和道："张说的话是安定社稷最好的计策。"当天，即二日，唐睿宗就下令命太子李隆基监国，六品以下官员的任免以及有期徒刑以下的判决，均由太子李隆基负责。

三日，唐睿宗又下诏："过去的斜封官在此之前停职的，一律根据才能重新任用。"前右率府铠曹参军柳泽［柳亨（唐高祖李渊之妻窦氏的外祖父）之孙］上书称："斜封官都是奴仆婢妾们介绍引进的，岂是中宗之意？陛下将他们统统罢免，天下无不称颂。如今却又突然下令一律重新任用，善恶不定，是非无常，为何陛下的政令如此前后不一呢？人们都认为是太平公主让胡僧慧范暗中联络这批人，来欺骗陛下。臣担心积小成大，将为祸不浅啊。"但唐睿宗不听。

这一系列举动，最大的得利者当然是太子李隆基，但也把他放到了太平公主、宗室诸王的对立面。太平公主打听到这都是姚元之和宋璟出的主意，勃然大怒，当面斥责太子李隆基。自然，以太平公主的性格，也不会少了去唐睿宗面前诉说的，她的说辞不外乎两点：一是如此措置以令太子权势大增，俨然会出现逼宫之势；二是姚元之和宋璟离间皇室骨肉。

太平公主的说辞似乎多少打动了唐睿宗，如果不是这样，仅仅是太平公主的斥责，也不足以令李隆基非常害怕，竟然上书唐睿宗，称姚元之和宋璟离间自己与姑姑和兄弟们之间的关系，请求唐睿宗将二人处以死刑，以撇清自己，于是，情况发生了戏剧性的变化。二月九日，唐睿宗又下诏将姚元之贬为申州刺史，宋璟贬为楚州刺史；十一日，又撤销了宋王李成器和豳王李守礼的刺史之命。与此同时，唐睿宗确实也发现了太子一党已威胁到了自己的皇权，他下令又把中书舍人、参知机务刘幽求贬为户部尚书，以太子少保韦安石为侍中（后改为中书令），让韦安石和李日知（晋升为代理侍中）取代姚元之、宋璟当宰相，据史书称："自是，纲纪紊乱，复如景龙之世也。"

太平公主离开长安了，姚元之和宋璟也离开长安了，唐睿宗又改组了禁卫军，以左右万骑与左右羽林军为北门四军，互相之间不再存在隶属关系，分别让葛福顺等将统领。按理说，唐睿宗该舒心了吧？然而，在接下来的数月里，唐睿宗和太子李隆基之间的表现非常奇怪，令人不解。

三月的一天，唐睿宗把三品以上的高官都召集起来，对大家说："朕素来心怀淡泊，从不把当皇帝看得有多尊贵，过去我当皇嗣，后来又当皇太弟，也都推辞不干了。如今，我打算把皇位传给太子，你们看怎么样？"

这是唐睿宗的真心话吗？还是他在试探太子？或者是在试探群臣的立场？没人知道。因此，在这个十分敏感的问题上，一帮久经考验的滑头没人敢表态。太子李隆基当然也不敢就坡下驴，赶忙让太子右庶子李景伯坚决推辞，但唐睿宗似乎态度很坚决，没有答应。殿中侍御史和逢尧依附于太平公主，站出来对唐睿宗说："陛下年龄不大，正是四海仰仗依赖之际，岂能突然这样！"唐睿宗听了，这才作罢。

通观三月的让位事件，应该是唐睿宗对太子和群臣态度的一次试探行动，这是因为，在朝廷重臣都没有表态的情况下，太子右庶子李景伯代表太子坚决推辞，唐睿宗还是没有答应，而一个小小的殿中侍御史和逢尧说了一句话，唐睿宗就不再提了，这难道不是很奇怪吗？显然，唐睿宗试探群臣和太子的目的已经达到：一是以韦安石等人为首的群臣模棱两可，没有坚定的立场，不值得信赖；二是太子表现尚可，没有急于继位。目的达到后，唐睿宗就完成了表演。四月十三日，唐睿宗仍然下诏称："所有政务都交给太子处理。军事、死刑以及五品以上官员的任免，也要先与太子商量，然后向我禀报。"

唐睿宗是表演大师，太子李隆基也毫不逊色。

他深谙"要想取之，必先予之"的道理。姚元之、宋璟二人的建议已令自己陷于被动，李隆基必须更加低调，才能扭转局面。《旧唐书·睿宗诸子》称：“玄宗尝制一大被长枕，将与成器等共申友悌之好，睿宗知而大悦，累加赏叹。”《新唐书》也记载了这件事，称：“玄宗为太子，尝制大衾长枕，将与诸王共之。睿宗知，喜甚。”也就是说，李隆基专门让人制作了一个长长的枕头，意思哥五个将同床而眠，表示自己决不会忘了手足亲情。到了五月，李隆基更是上书请求将太子之位让给大哥宋王李成器，唐睿宗没有答应；李隆基又请求把太平公主召回京师，唐睿宗同意了。

唐睿宗需要的是朝局的稳定，不管太平公主也好，还是太子李隆基也罢，任何一方过于咄咄逼人，都会引起他的反感，也不愿意看到任何一方独揽朝权。当太子李隆基把太平公主打发出京师之后，他突然发现局势并不像预想的那样美妙，也许今天身在高处的他将来会跌得很惨。于是，李隆基迅速改变策略，采取低调姿态，表现出与太平公主和诸王和解的意愿，从而赢得了唐睿宗的欢心。这一时期，李隆基的处境非常艰难，一直夹起尾巴做人，生怕出一点点纰漏，给人抓到把柄。据《次柳氏旧闻》记载：玄宗之在东宫，为太平公主所忌，朝夕伺察，纤微闻于上。而宫闱左右亦潜持两端，以附太平之势。时元献皇后得幸，方娠，玄宗惧太平，欲令服药除之，而无可与语者。张说以侍读得进太子宫中，玄宗从容谋及说，说亦密赞其事。他日，说又入侍，因怀去胎药三煮剂以献。玄宗得其药，喜，尽去左右，独构火殿中，煮未及熟，怠而假寐。肸蠁之际，有神人长丈余，身披金甲，操戈绕药鼎三匝，煮尽覆而无遗焉。玄宗起视，异之，复增火，又投一剂，煮于鼎中。因就榻，瞬目以候之，而见神覆煮如初。凡三煮皆覆，乃止。明日，说又至，告其详，说降阶拜贺曰：“天所命也，不可去。”厥后，元献皇后思食酸，玄宗亦以告说，说每因进经，辄袖木瓜以献。故开元中，说恩泽莫之与比，肃宗之于说子均、垍，若亲戚昆弟云。芳本张说所引，说尝自陈述，与力士词协也。

十月三日，唐睿宗登上承天门，召集韦安石、郭元振、窦怀贞、李日知、张说，数落他们道：“政教缺失，水旱为灾，国库空虚，官员增多，虽然朕德行不够，但也说明你们这些辅佐大臣无能。韦安石调任尚书左仆射、东都留守；郭元振调任吏部尚书；窦怀贞调任左御史大夫；李日知调任户部尚书；张说调任尚书左丞；几人全部免去宰相职务。”以刘幽求为侍中，右散骑常侍魏知古为左散骑常侍，太子詹事崔湜为中书侍郎，均同中书门下三品；中书侍郎陆象先为同平章事。导致这次人事大调整的真实原因，史无明文，但也许是因为，他们在数月以来的政治斗争中陷得太深，他们要么是太平公主的死党，要么就是李隆基死党，不被彼此接受，也只能让政争更加激化，比如韦安石，已让太平公主恨之入骨；侍中窦怀贞则是太平公主的死党，每次退朝，必定跑到太平公主家里汇报情况；当时，唐睿宗下令营造金仙（原西城公主）、玉真（原隆昌公主）两个道观，群臣大多持反对意见，唯独他赞成，还亲自到工地上监工。时人称其过去是皇后的阿𢾅，如今成了公主的邑司，而张说则是李隆基的死党。

这次调整，唐睿宗旨在淡化太平公主和李隆基之间的矛盾，而实际上，从中得利的不是天平公主，而是太子李隆基。这是因为，刘幽求是唐隆政变的功臣，他与魏知古都是倾向于太子的，而崔湜和陆象先原本不在调整范围。崔湜当上了太平公主的情夫，但同时他又是太子詹事，与李隆基的关系也不错，“玄宗在东宫，数幸其第，恩意甚密”。据《朝野佥载》记载，崔湜本人貌美，其妻子和两个女儿也是如花似玉，崔湜就把妻子和两个女儿也送到了李隆基的床上，时人贴出大字报嘲讽他说：“托庸才于主第，进艳妇于春宫。”而陆象先则清净寡欲，言谈高雅，深受舆论的追捧。太平公主想向唐睿宗推荐崔湜，崔湜说：“要是陆象先当不上，我也是不敢当的。”于是，太平公主就把二人一起推荐给了唐睿宗。唐睿宗不想用崔湜，太平公主哭着恳请，最终，唐睿宗才答应了下来。显然，四位宰相依然分属两个阵营，但毕竟崔湜和陆象先不是太平公主的死党，也是太子李隆基能够接受的人。

二九四　景云年间（五）

景云年间的主线是太平公主和太子李隆基的政治斗争，因此，在这短短的一年多时间里，就算唐睿宗在政治上想有作为，也是很难的。

景云政治前清后昏。主要表现在：一是恢复了斜封官；二是不惜民力。唐睿宗下令给两个女儿（太子李隆基的两个同母妹妹）金仙公主和玉真公主修建道观，强拆了很多民居，耗费数百万钱。三是不辨是非。慧范和尚依附太平公主，巧取豪夺，御史大夫薛谦光和殿中侍御史慕容珣弹劾慧范，太平公主直接到唐睿宗面前告了薛谦光一状，唐睿宗将薛谦光贬为岐州刺史。

右补阙辛替否上书认为："自古那些破家失国之君，发生在他们身上的悲剧，嘴说不如亲历，耳闻不如目睹，我就用陛下亲眼所见的给陛下说说吧。太宗皇帝是陛下的祖父，拨乱反正，开创帝业，在他统治时期，不会轻率地任免官员，也不会随意花费钱财；没有修建多少寺庙，照样有福；没有剃度多少僧尼，照样吉祥；天地保佑，风调雨顺，财帛充盈，四境宾服，享国长久，名垂万古，陛下为何不效法？中宗皇帝是陛下的哥哥，抛弃祖宗之业，迎合妻女之心；没有才能却被授予官职的有数千人，没有功劳而被封侯的有上百家；不停地建造佛寺，浪费了数百亿钱财，剃度了无数僧尼，免除了数十万的租税，国家收入越来越少，而支出却越来越大；夺取百姓嘴里的粮食去豢养那些贪婪残忍的贵族，剥去万民身上的衣服去粉饰宫殿苑囿，如此一来，人神共愤，众叛亲离，水旱并起，公私俱困，享国不长，祸及自身，陛下何不以此为戒，予以改正？近来，水旱灾害频发，加上蝗灾霜灾，百姓没有吃的，朝廷却不予赈济，反而给两个女儿修建道观，浪费了百余万钱。陛下岂能不考虑考虑国库究竟有多少积蓄，各种经费支出需要多少？而轻易地就花掉了上百万钱，去修建无用的工程！陛下诛灭了韦氏全家，却没有清除韦氏干过的罪恶，忍心抛弃祖宗之法，就不忍心丢掉中宗的弊政吗？陛下与太子在韦氏当权之际，日夜担惊受怕，对他们切齿痛恨，如今万幸除掉了他们，却不改弦易辙，臣恐怕会出现同样切齿痛恨陛下的人啊！既然陛下与他们一样，又为何把他们杀死呢？过去，先帝喜爱悖逆庶人李裹儿，宗晋卿替她修建府邸，赵履温替她修园子，耗费国财，浪费民力，府邸和园子还未修成，李裹儿就身首异处了。如今修建道观，也非常豪华，这一定不是陛下、公主的本意，肯定出了像宗晋卿和赵履温之类的人从中撺掇，陛下不可不明辨啊。陛下不停止这项工程，臣恐怕百姓的忧愁怨恨不会比中宗时少。人人知道灾难就在眼前，却无人敢言，说出来就会受到惩罚，像燕钦融和韦月将等人，先朝杀了他们，但陛下予以褒赠，这说明陛下还是明白直言是对国家有益的，臣如今所言，也与先朝燕钦融等人所言性质是一样的，请陛下详察。”唐睿宗虽然没有听从，但对他的正直还是十分赞赏的。

十一月二十二日，唐睿宗下诏规定，全国百姓服兵役的起始年龄为二十五岁，免除兵役的年龄为五十五岁。十二月二日，唐睿宗任命兴昔亡可汗阿史那献为招慰十姓使。当年，有人认为天下十个道中的山南道和陇右道辖区太大，建议将山南道分为山南东道（湖北省）和山南西道（陕西省南部），从陇右道分出了河西道（甘肃省）。唐睿宗还将全国设置了汴州、齐州、兖州、魏州、冀州、并州、蒲州、鄜州、泾州、秦州、益州、绵州、遂州、荆州、岐州、通州、梁州、襄州、扬州、安州、淮州、越州、洪州、潭州二十四个都督，负责监察下属刺史，只有洛州和长安所属州县不隶属于都督府。太子右庶子李景伯和太子舍人卢俌等人上书称：“都督权力集中，掌握着生杀大权，如果任人不当，为害不浅。如今，御史的级别很低，但声望很高，让他们定期巡视，奸邪自然就消失了。”此后，又撤销了都督一职，只在每个道设置了按察使。

转眼就是新的一年，一月十九日，唐睿宗下令大赦天下，改元为太极元年。前不久，唐睿宗召见天台山道士司马承祯，询问阴阳之术，司马承祯回答：“道，是减少，再减少，以至于清静无为，岂肯令身心劳累去学习阴阳术数呢？”唐睿宗说：“养生当然可以无为，治国又岂能无为呢？”司马承祯回答：“国家就好比是一个人的身体，顺应万物的自然规律，君主内心不存私心，那么天下自然就治理好了。”唐睿宗叹息道：“广成子（黄帝时期的隐士）说的也比不过你啊！”大约是受到了司马承祯的启发，唐睿宗才改元为太极的吧。

二十五日，唐睿宗驾临安福门，设宴款待东突厥使者、突厥可汗之子杨我支，让金山公主（宋王李成器之女）出来与之见面，后来，由于唐睿宗让位，与突厥的婚事最终搁置起来了。

到了五月十二日，唐睿宗又下令大赦天下，把年号改成了延和。

在唐睿宗统治时期，唐朝在中宗时刚刚把金城公主嫁给了吐蕃，两国关系还处于蜜月期。姚州（今云南省姚安县）的山蛮原来投靠了吐蕃，代理监察御史李知古请求朝廷发兵讨伐；山蛮们归顺唐朝之后，李知古又请求在那里修筑城堡，设置州县，征收赋税。黄门侍郎徐坚提出反对意见，但唐睿宗没有听从。李知古调派剑南道的军队前去筑城，又准备趁机杀掉山蛮中的豪强，把山蛮子女抢为奴婢。山蛮群情激愤，酋长傍名招来吐蕃军队进攻唐军，杀死了李知古，从此，姚州和嶲州沦陷。为了报复吐蕃，安西都护张玄表出兵劫掠吐蕃北部边境，吐蕃虽然很是不满，但没有与唐朝反目，而是采取迂回策略，贿赂鄯州都督杨矩，请求唐朝把河西九曲之地作为金城公主的嫁妆割让给吐蕃。杨矩上书唐睿宗，唐睿宗竟然答应了。河西九曲之地，为西汉大小榆谷，这里水草丰美，地势险要，自从唐朝失去此地，在后来的交手中，再也无法抵御吐蕃的进攻了。

东突厥还在求婚，两国也暂时恢复了和平，只有契丹和奚人还与唐朝作对。

幽州大都督薛讷镇守北方二十余年，虽然不曾出塞主动打击敌人，但敌人也不敢来犯，幽州百姓也能安居乐业。可是，燕州刺史李琎与薛讷有矛盾，他在刘幽求跟前说了薛讷的坏话，刘幽求就推荐左羽林将军孙佺代替了薛讷，把薛讷调任为并州长史。

孙佺到任后，一改薛讷稳固防守的策略，对契丹和奚人采取主动进攻。孙佺率领左骁卫将军李楷洛、左威卫将军周以悌发兵两万，骑兵八千，分为三军，前去偷袭契丹和奚人。将军乌可利劝谏道："道路艰险，天气炎热，悬军远袭，肯定会败的。"孙佺却说："薛讷镇守边疆多年，竟然无力替国家收复营州。如今，我们趁其不备，一定会成功的。"

延和元年（公元712年）六月二十二日，唐军先锋李楷洛率领四千骑兵为先锋，遭遇奚人八千骑兵，唐军交战失利。孙佺胆小如鼠，不敢增援，反倒是想率领大军往回跑，奚人趁势追杀，唐军大败。孙佺率领残兵败将依托山险，组成方阵自守。奚人酋长李大酺派人询问："朝廷既然与我们和好了，为何派来大军？"孙佺回答："我奉诏前来慰问。李楷洛不听调遣，擅自与你交战，请求把他杀了，向你谢罪。”李大酺说：“既然如此，有什么能证明？”孙佺把军中的丝绸都搜罗出来，有上万段，并找出紫袍、金带、鱼袋都送给了奚人。李大酺说：“将军可以南回了，我们不会惊扰的。”可是，唐军将士早已吓破了胆，在南撤途中，一哄而散，奚人见状趁机追击，唐军崩溃。孙佺和周以悌均被活捉，奚人把二人送给了东突厥阿史那默啜，阿史那默啜将二人都杀了；只有李楷洛和乌可利侥幸逃回。此战又被称为冷陉之战。

二九五　玄宗即位

皇位并不美妙，一连串的内忧外患让唐睿宗身心俱疲，他早已生出了退意。

经过唐睿宗对朝廷的一番整肃，太平公主从蒲州回来后，虽然她与太子李隆基之间的矛盾暂时缓和起来，但并没有消弭。延和元年七月，西方天空上出现彗星，经过轩辕星域进入太微星座，再至大角。太平公主就想借此离间唐睿宗父子，她指使术士对唐睿宗说："彗星是除旧布新之星，另外，帝座星域和心前星域都有变动，这预示着皇太子将成为天子。"谁知，唐睿宗却早有传位之心，如今听术士这么说，他更是下定了决心，说道："有传位之德，还能躲避灾祸，我决定了。"太平公主偷鸡不成蚀把米，赶忙与其党羽一起坚决劝谏，但唐睿宗这次真的是决心已下，他说道："中宗时期，群奸把持朝廷，天象屡屡发生变化，当时，朕就曾经劝说中宗选择贤能的儿子立为天子，以应天象，可是，中宗听后很不高兴，朕心中也很是害怕，数日吃不下饭。朕岂能在人家面前就能劝谏，临到自己就不能了呢？"

太子李隆基听说后，赶忙跑入宫中，晋见父皇，扑通一声拜伏于地，恳请道："臣因为一点小小的功劳，就被陛下越位封为太子，臣一直担心自己能力不足，万万没有想到陛下突然作出传位的决定，这是怎么回事呢？"唐睿宗回答："社稷之所以能转危为安，我之所以能再度登上皇位，这都是你努力的结果。如今，帝座星域有变，所以，朕才决定将皇位传给你，转祸为福，你又有什么怀疑的呢？"李隆基坚决推辞。唐睿宗说："你是个孝顺的孩子，何必一定等到在我的灵柩前即位呢？"李隆基这才哭着退下了。

延和元年七月二十五日，唐睿宗下令将皇位传给太子李隆基，李隆基上表坚决推辞。太平公主见事情已难以挽回，只好退而求其次，劝唐睿宗虽然传位了，但仍然要总揽朝政，于是，唐睿宗就对太子李隆基说："你因天下事务重要，想让朕也帮助打理吗？昔日，舜帝传位给大禹，仍然亲自到各地巡视，朕如今虽然传位给你了，又岂敢忘记国家？军国大事，朕将也参与处理。"

八月三日，太子李隆基登基即皇帝位，史称唐玄宗，尊唐睿宗为太上皇。太上皇自称朕，命令称诰，每五天在太极殿接受一次朝贺。皇帝自称予，命令称制、敕，每天在武德殿接受朝贺。三品以上官员的任免、重大刑事案件、重大军政由太上皇决定；其余事务均由皇帝决断。五日，尊武曌为圣帝天后。七日，大赦天下，改元为先天元年。八日，唐朝朝廷在漠州（今河北省任丘市北）以北设置渤海军，在恒州（今河北省正定县）和定州（今河北省定州市）设置恒阳军，妫州（今河北省怀来县）和蔚州（今山西省灵丘县）设置怀柔军，屯兵五万，此后，军也成了唐朝的一级地方建制。

八月九日，唐玄宗立太子妃王氏为皇后，以王皇后的父亲王仁皎为太仆卿。十一日，立皇子、许昌王李嗣直为郯王，真定王李嗣谦为郢王；以刘幽求为尚书右仆射、同中书门下三品；魏知古为侍中；崔湜为检校中书令。

李隆基刚刚即位，他手下的死党们就想对太平公主动手了。一个叫王琚的河内人参与过王同皎的那场阴谋，王同皎被杀后，王琚就逃亡到了江都，以抄书为生。李隆基当太子时，王琚回到了长安，被选拔为诸暨县的主簿，照例前去拜谢太子。王琚来到东宫之后，故意大摇大摆，缓步而行，东宫宦官警告他说："殿下就在帘子后面。"王琚回答："说什么殿下！如今这世上只有太平公主。"

李隆基当然听出王琚话里有话，赶忙把他召来问话。王琚说道："韦庶人弑杀中宗皇帝，犯下大罪，人心不服，杀掉她并不难。太平公主是武皇后的女儿，凶狠狡猾，无与伦比，很多朝中大臣都听她的，王琚私下替殿下担忧啊！"这话说到李隆基的心坎里了，他示意让王琚与自己坐在同一张榻上，哭着说道："主上的兄弟姐妹们只剩下太平公主一人了，提出此议恐怕会令主上伤心，但一直不言，又会带来更大的灾祸，你说该怎么办呢？"王琚回答："天子的孝顺与平民百姓的不同，应该以安定江山社稷为核心。盖公主是汉昭帝的姐姐，自幼恩养过汉昭帝，后来犯了罪，照样被杀了。治理天下的君王岂能顾及小节！"李隆基听后十分高兴，说道："你有什么技艺，好让你留在我的身边？"王琚回答："我会提炼丹药，又会说笑话。"李隆基就上奏唐睿宗，把王琚任命为太子詹事府司直，两人经常搅在一起，后来，王琚又被晋升为太子中舍人，等到李隆基即位后，又被提拔为中书侍郎。

在唐玄宗即位之前，唐睿宗就任命窦怀贞为尚书左仆射，兼任御史大夫、平章军国重事。尚书右仆射刘幽求以为自己是唐隆政变的功臣，理应当上尚书左仆射，兼中书令，对太平公主一党的窦怀贞和崔湜非常不满，就与右羽林将军张暐密谋调动羽林军，起兵诛杀太平公主等人。他让张暐对唐玄宗说："窦怀贞、崔湜和岑羲，他们都是巴结太平公主才得以登上高位的，日夜阴谋，如果不早早除掉他们，一旦出现变故，太上皇将如何安生！请皇上速速决断，除掉他们。臣已经与刘幽求定下了大计，只等陛下一声令下即刻行动！"唐玄宗表示同意，可是，还没有动手，张暐将此事泄露给了侍御史邓光宾。

唐玄宗知道后，吓得魂不附体，他再次使出舍车保帅之计，赶忙列出刘幽求、张暐的罪状，主动向太上皇报告。八月十九日，唐朝朝廷将刘幽求打入大牢。有关部门上奏称："刘幽求等人离间骨肉，理当处死。"唐玄宗上书称刘幽求立下过大功，不可杀。二十六日，将刘幽求流放到封州（今广东省封开县）；张暐流放到峰州（今越南永安）；邓光宾流放到绣州（今广西壮族自治区桂平市）。

崔湜曾任襄州刺史，暗中与谯王李重福通信，李重福送给他一条金带。等到李重福事败后，崔湜当死，经张说、刘幽求的营救，躲过一劫，后来，崔湜依附太平公主，与刘幽求和张说站到了不同的阵营，三人遂反目成仇。崔湜就劝说太平公主建议唐睿宗罢免了张说的宰相职务，以尚书左丞的身份负责东都事务；等到刘幽求被流放到封州，崔湜又暗示广州都督周利贞杀掉刘幽求。桂州都督王晙知道了崔湜的阴谋，就把刘幽求保护了起来，不令其前去贬所。崔湜屡屡下令让王晙送刘幽求去，但王晙拒不从命，刘幽求说："大人，你保护我一个流放之人，而得罪了执政大臣，根本不会有什么作用，反而会给你自己带来凶险的。"坚决请求王晙放自己前去广州，但王晙说："你犯的并非朋友都可以与你绝交的罪过，王晙因此得罪，没有遗憾。"始终不放刘幽求，刘幽求也因此躲过了一死。

十月二十五日，沙陀部落酋长朱邪金山派使者前来朝贡。突厥汗国包括铁勒、薛延陀等大部落，又有同罗、拔野古、仆骨等十几个次一级的中等部落，还有处密、处月等小部落，而沙陀又是处月部落内部更小的部落，部民姓朱邪。

十一月二十日，奚人和契丹人合兵两万，入侵渔阳（今天津市蓟州区），幽州都督宋璟闭城不战，敌人大肆劫掠一番而去。事后，太上皇下诰命令唐玄宗巡视边疆，西起河西、陇右，东到燕州、蓟县，挑选将领，训练士兵。二十九日，唐朝朝廷任命幽州都督宋璟为左军大总管，并州长史薛讷为中军大总管，朔方大总管、兵部尚书郭元振为右军大总管。但此后因唐玄宗发动政变，巡边一事就搁置起来了。

二九六　诛杀太平

次年（公元713年）一月，太上皇下诰命称：“卫士从今往后二十五岁服兵役，五十岁退休；羽林、飞骑将士均从卫士中挑选。”

二月七日夜，唐朝朝廷下令举办灯节，并追办去年应办而未办的登基娱乐活动，各种演出纷纷登场。太上皇和唐玄宗登上城楼观赏，欢会有时通宵达旦，持续了一个多月之久。左拾遗严挺之上书劝谏说：“大酺，原本是百姓手里有余钱而举办的欢会，如今却变成了耗费百姓的物力财力、追欢逐乐的节目，这起不到发扬圣德、教化百姓的作用。”二十七日，唐玄宗下令把严挺之的奏表向百官公示，并重重地赏赐了他。

晋陵尉杨相如上书评论时政，他说：“隋炀帝自恃强盛，不关心民生，虽然他颁布了很多诏命，行动上却不一致，所谓的说的像尧舜，做的却像桀纣，终于把庞大的帝国给丢弃了。隋炀帝因为放纵欲望而国家灭亡，太宗皇帝因压抑私欲而国家昌盛，请陛下详察。君主无不喜欢中正之臣而厌恶奸佞之臣，然而，中正之臣常常被君主疏远，奸佞之臣往往被君主亲近，最终导致国破家亡，其间的原因又是什么呢？就在于中正之臣经常不顺从君主的心意，而奸佞之臣却总是俯首帖耳，时间长了，自然而然地就有亲有疏了。明君就不是如此，喜爱不顺从，以搜罗天下贤才；讨厌阿谀逢迎，以摒弃奸佞之臣，自然能够建立起太宗皇帝那样的伟业。制定法律的关键在于简单明了，又有效果；惩罚的关键在于轻缓，但一定要执行。陛下正革新政治，就该革除过去那些烦琐细密的法网，不要对一些小错进行苛察。不苛察小错，就不烦琐；不放过大罪，就阻止了犯罪，令法律简单，百姓却不敢冒犯，宽缓而朝廷又能制止犯罪，这就尽善尽美了。”唐玄宗看了，对他的建议非常赞赏。

唐玄宗登基之后，与太平公主之间的矛盾不仅没有消除，反而更加激化了。太平公主依仗着太上皇的支持，仍然把持朝政，当时的七位宰相窦怀贞、岑羲、萧至忠、崔湜、陆象先、魏知古和郭元振，前五位都是太平公主推荐的，满朝文武大臣也有一多半依附于她。于是，她就与窦怀贞、崔湜、岑羲、萧至忠以及太子少保薛稷、殿中监兼雍州长史新兴王李晋（其祖父李德良系李渊的从父弟）、左羽林大将军常元楷、知右羽林将军事李慈、左金吾将军李钦、中书舍人李猷、右散骑常侍贾膺福、鸿胪卿唐晙以及慧范和尚等人一起密谋发动政变，废掉唐玄宗，又与宫中女官元氏密谋在赤箭粉（一种药物）中下毒，毒死唐玄宗。

王琚对唐玄宗说："现在的局势已非常危急了，我们不能不早早动手。"尚书左丞兼东都留守张说也从东都派人给唐玄宗捎回一把宝刀，暗示唐玄宗要当机立断。荆州长史崔日用进京汇报工作，也对唐玄宗说："太平公主蓄谋已久，陛下过去在东宫时，身份还是臣子，如果去镇压她，还需要谋略，好好安排一番。如今，陛下已经登上皇位，只需要颁布一纸诏书，谁敢不从？万一让她的阴谋得逞，后悔都来不及了！"唐玄宗回答："确实如你所说，只是我担心会惊吓太上皇。"崔日用说："天子的孝顺在于安定四海，如果奸人得志，社稷就会化为废墟，孝顺又在哪里？请求陛下先掌握北门四军，而后逮捕奸党，就不会惊动太上皇了。"唐玄宗表示同意，并以崔日用为吏部侍郎。

七月，魏知古向唐玄宗密报太平公主将于同月四日发动政变，让常元楷和李慈率领羽林军闯入武德殿，窦怀贞、萧至忠和岑羲等人则控制南衙禁军，与之呼应。于是，唐玄宗就与岐王李隆范、薛王李隆业、郭元振、龙武将军王毛仲、殿中少监姜皎、太仆少卿李令问（李靖的弟弟李客师的孙子）、尚承奉御王守一、内给事高力士、果毅李守德等人定下了诛杀太平公主一党的计划。

七月三日，唐玄宗让王毛仲取来皇家马厩里的马匹和三百余名卫士，与十余名同党从武德殿来到虔化门，召见常元楷和李慈，立即将二人斩杀，又在内客省逮捕了贾膺福和李猷，在朝堂逮捕了萧至忠和岑羲，全都当场斩杀。窦怀贞逃到山沟中上吊自杀，将其尸体斩首，改姓毒。过去，萧至忠的妹夫、华州长史蒋钦绪对萧至忠说过："以你的才能，还担心不发达？不要做非分之求。"但萧至忠不听。蒋钦绪退出后，叹息道："九代望族，一旦被灭，可惜了啊！"萧至忠素来名声很好，一次，他从太平公主家里出来，正好遇见了宋璟，宋璟说："非所望于萧君也！"萧至忠笑着回答："善乎宋生之言！"遂策马而去。

太上皇听说发生事变，慌忙登上承天门楼。郭元振亲自率军侍卫，显然是控制太上皇的，上奏称是皇帝前些时候奉您的命令诛杀窦怀贞等人，没有别的事。不一会儿，唐玄宗也来到承天门楼上，太上皇这才下诰（应该是唐玄宗的意思）宣布窦怀贞等人的罪状，大赦天下，只有奸党的亲戚不在赦免之列，又把薛稷在万年监狱中赐死。

七月四日，太上皇下诰称："从今往后军国事务全部交给皇帝处分，朕将无为养志，以遂平生之愿。"当天，太上皇就迁到百福殿居住。

事变发生后，太平公主逃到山寺之中躲避，三天之后才回到家中，但唐玄宗并没有放过她，下令将她赐死，太平公主的儿子们以及同党数十人也一并被杀。薛崇简曾经屡次劝谏过其母太平公主，被太平公主鞭打，唐玄宗特意免其一死，赐姓李。查抄了太平公主家，家产堆积如山，各种奇珍异宝比皇宫里的还多，马羊牛以及田庄、利息，清点数年都没有清点完；慧范的家产也有数十万。改新兴王李晋的姓为历。

当初，唐玄宗将要行动时，把崔湜召来，将要把他引为心腹。在崔湜离家前，他弟弟崔涤提醒他："主上问什么，你不要有所隐瞒。"但崔湜没有听从。等到窦怀贞等人被杀后，崔湜和尚书右丞卢藏用均因依附太平公主而被流放，新兴王李晋临死前叹息道："本来提出这一阴谋的是崔湜，如今我被杀，而崔湜却被流放，我岂不太冤枉了！"正巧，有关部门在审讯元氏时，元氏也供出了崔湜，于是，唐玄宗又将行至荆州的崔湜赐死；薛稷的儿子薛伯阳因驸马身份而被免死，流放岭南，途中自杀。

太平公主与同党们在讨论废立大事时，窦怀贞、萧至忠、岑羲和崔湜都赞成，只有陆象先反对。太平公主说："废长立少，已经不顺，况且他又失德，有什么不该的？"陆象先回答："既然是因为功劳而立他的，就该因罪过而废他，如今人家确实没有罪过，我不敢同意。"太平公主大怒，拂袖而去。等到唐玄宗诛杀窦怀贞等人后，对陆象先夸奖道："岁寒知松柏，这话不假！"当时，唐玄宗下令彻查太平公主的党羽，受到牵连的人很多，陆象先暗中斡旋，很多人获得保全，然而，他从不在别人面前夸耀，这些人也不知道原委。事变后，朝廷群臣素来与太平公主亲近或者憎恨的，有升有降，到年底也没有处理完毕。

七月六日，唐玄宗登上承天门楼，宣布大赦天下。八日，他下令赏赐功臣郭元振等人官爵、宅邸、金帛；以高力士为右监门将军，知内侍省事。唐太宗规定，内侍省（宦官管理局）的宦官最高官阶不得有三品，只能穿六品、七品官员穿的黄色官服，负责端茶送饭，看守门户，传达命令而已。武曌时期，宦官也不敢插手政治，到了中宗时，宦官中间得到皇帝宠信的越来越多，被授予七品官以上的宦官竟高达上千人，但能爬上四品、五品的还很少。高力士本姓冯，是岭南酋长冯盎的曾孙，武曌时期，成王李千里呈献两个被阉割的儿童，一个金刚，另一个就是力士，力士被宦官高廷福收为养子，遂改姓高。《高力士外传》上另称，他的母亲是隋朝传奇名将麦铁杖的曾孙女。唐玄宗当藩王时，高力士就尽心尽力，深得唐玄宗的信任，等唐玄宗当上太子，就奏请唐睿宗任命高力士为内给事，至此，又因诛杀萧至忠、岑羲之功予以升赏。从此以后，唐玄宗宫中的宦官逐渐增加到三千余人，被晋升为三品将军的越来越多，身穿红色（四品、五品）、紫色（三品以上）官服的竟有上千人，唐朝宦官势力增强就源于唐玄宗。

二九七　事变之后

事变后，唐玄宗掌握了朝廷全权，成了一位名实相副的皇帝，他最先想到的就是构建属于自己的宰相班子。

七月十四日，唐玄宗晋升尚书左丞张说为中书令；十九日，将中书侍郎、同平章事陆象先贬为益州长史、剑南按察使；八月二日，提拔封州流放人员刘幽求为尚书左仆射、平章军国大事；九月十日，改任刘幽求为同中书门下三品。

唐玄宗即位后，提拔的一个最重要的人就是姚元之。

姚元之，也就是姚元崇、姚崇。早在武曌时期，姚元之就进入宰相之列，担任夏官侍郎兼同凤阁鸾台平章事；中宗时期，他受到排挤，被贬为亳州刺史；睿宗即位，又被任命为兵部尚书，同中书门下三品；因与宋璟上奏将太平公主安置到东都，令太平公主大怒，李隆基舍车保帅，奏请唐睿宗诛杀二人，最终唐睿宗将二人贬为刺史。唐玄宗即位后，一直对姚元之、宋璟还是非常感激的。

十月九日，唐玄宗驾临新丰；十三日，他调集二十万人马在骊山下举行盛大的阅兵仪式，旌旗绵延五十余里；因军容不整，唐玄宗大怒，将兵部尚书郭元振押至大旗之下，准备斩杀。刘幽求和张说跪在马前劝谏道："郭元振立下过大功，不可杀。"遂将其流放到新州；斩杀了给事中、知礼仪事唐绍。唐玄宗发火，只是为了给下属们一个下马威，嘴上说要杀掉唐绍，但内心并不想真的这么做，但金吾卫将军李邈立即传令执行，让唐玄宗也是措手不及，不久，他就下令将李邈免官，终生不得入仕。当时，两位大臣受到皇帝的严厉惩处，各军将士无不震恐，唯独左军节度薛讷和朔方道大总管解琬两军阵容严整，唐玄宗一一予以勉励。郭元振得罪后，唐玄宗就想到兵部尚书的最佳人选非姚元之莫属了。

十月十四日，唐玄宗在渭川打猎，他打算提拔同州刺史姚元之为宰相，而中书令张说与姚元之不和，从中作梗，让御史大夫赵彦昭弹劾姚元之，但唐玄宗不听。张说又让殿中监姜皎对唐玄宗说："陛下经常想挑选一个称职的河东总管，却一直没有遇到一个合适的人选，我今天算是找到了一位。"唐玄宗问是谁，姜皎回答："姚元之文武全才，最为合适。"唐玄宗说："你说的全是张说的主意，你岂敢当面欺君，罪当处死！"姜皎赶忙跪下叩头承认，唐玄宗即命人将姚元之召来。《龙城录》说得更是神奇："上皇初登极，梦二龙衔符自红雾中来，上大隶姚崇宋璟四字，扐之两大树上蜿蜒而去。梦回上召申王圆兆王进曰：两木相也，二人名为天遣，龙致于树即姚崇宋璟当为辅相兆矣。上叹异之。"

姚元之来到时，唐玄宗正在打猎，他在唐玄宗马前跪拜。

唐玄宗问："你也懂打猎吗？"

姚元之回答："臣从小就是个孤儿，居住在广成泽，目不知书，只以射猎为生。年过四十，才遇到了张憬藏，对臣说臣将以文学跻身将相，让臣不要自弃，从此以后，臣才折节读书。如今，虽然官位已经很高，至于射猎，老而犹能。"于是，呼鹰放犬，一招一式都很适当，唐玄宗大喜。

唐玄宗说："朕很久没有见你了，想让你在身边辅佐，你可以在宰相中行走。"姚元之就跟在众位宰相身后。

唐玄宗在马上缓行很久，回头问姚元之："你为何跟那么后？"

姚元之回答："臣官位疏贱，不当站在宰相们中间。"

唐玄宗说："你就当兵部尚书，同平章事。"但姚元之没有道谢，唐玄宗很是惊讶。

等到休息时，唐玄宗让众位宰相都坐下来。

姚元之跪下上奏道："刚才臣之所以没有道谢，是想献上十件事情，如果陛下不从，臣不敢接受。"

唐玄宗说："你说吧，朕当量力而行，再说行不行。"

姚元之说："自从垂拱年间以来，朝廷以严刑治理天下，臣请求陛下先仁义后刑罚，行吗？"

唐玄宗回答："朕真心希望你能如此行事。"

姚元之又说："我朝军队自从在青海失利以后，从未认真反思过，臣请求三十几年再也不要追求开疆拓土了，行吗？"

唐玄宗回答："可以。"

姚元之又说："自从太后临朝以来，顾问之官很多用的是宦官，臣请求陛下禁止宦官干预朝政，行吗？"

唐玄宗回答："此事我也思考很久了。"

姚元之又说："自从武氏宗亲盘踞朝廷要职以来，接着韦氏、安乐公主、太平公主专权，朝廷吏治混乱，臣请求宗亲不得担任朝廷命官，凡是斜封官、待阙官、员外官等一律废止，行吗？"

唐玄宗回答："这是朕的夙愿。"

姚元之又说："近来，一些幸臣违法乱纪，往往被赦免，臣请求依法惩处，可以吗？"

唐玄宗回答："朕对此也切齿痛恨很久了。"

姚元之又说："近来，豪强大族奉献奇珍异宝，竞相献媚，这一风气蔓延到各级地方官员，臣请求在正常的赋税之外，其他额外的贡献一律杜绝，可以吗？"

唐玄宗回答："我愿意接受。"

姚元之又说："武皇后修建福先寺，中宗修建圣善寺，太上皇修建金仙、玉真两观，都耗费了上百万钱，臣希望陛下杜绝建造一切佛寺道观，可以吗？"

唐玄宗回答："朕每当看到这些，内心都非常不安，岂敢自己建造呢？"

姚元之又说："先朝往往对大臣十分怠慢，有时候没有了君臣之间起码的尊敬，臣请求陛下对臣子以礼相待，行吗？"

唐玄宗回答："本来就该如此，有什么不可以的呢？"

姚元之又说："自从燕钦融和韦月将因直言被杀之后，谏官们个个三缄其口。臣请求陛下允许所有朝廷大臣犯颜直谏，行吗？"

唐玄宗回答："朕不仅能包容，而且能采纳他们的建议。"

姚元之说："吕产、吕禄差一点乱了西汉，马、窦、阎、梁四家外戚也乱了东汉，我朝更是如此，臣请求陛下以此为殷鉴，时刻警醒，可以吗？"

唐玄宗潸然泪下，很久回答："此事真可谓是刻骨铭心的啊！"

姚元之再拜说："这的确是陛下行仁政之初，是臣千年一遇之日，臣当辅政大臣之任，天下幸甚，天下幸甚。"又拜谢，舞蹈称万岁，周围群臣都流下了眼泪。

唐玄宗说："坐。"

姚元之坐在张说之下，张说辞让，说：“元之是先朝旧臣，理当首座。”

姚元之说：“张说是紫微宫使，今臣是客宰相（兵部尚书兼任的），不当首座。”

唐玄宗就让张说坐在了首座。

姚元之头脑灵活，博闻强记，他三任宰相，都是身兼兵部尚书，因此，对边境地形、城堡、仓储、军队、马匹都了然于胸。唐玄宗即位之初，励精图治，每当遇到政务向群臣咨询时，其他宰相只是含糊其词，说不出个所以然来，而姚元之却是应对如流，条分缕析，令唐玄宗听着忘记了疲倦，因此，唐玄宗开始重用姚元之一人。一次上朝，姚元之曾经上奏请唐玄宗审核批准郎官，唐玄宗抬头看着屋顶，一言不发，姚元之再三请示，唐玄宗始终没有回答，最后，姚元之心中十分忐忑，只好退下。退朝后，高力士劝谏说：“陛下刚刚亲临万机，宰相奏事，应该当面表态同意与否，陛下为何视而不见呢？”唐玄宗回答：“朕委任姚元之处理政务，大事当上奏给朕一起讨论，至于郎官们的升迁这等小事也要麻烦朕吗？”高力士到省中传达圣旨，顺便就把唐玄宗的话转告给了姚元之，姚元之这才高兴起来。

有了唐玄宗的信任，姚元之开始大胆工作，他沙汰冗官，恢复旧规，令内外有序，又请求唐玄宗不要随意封赏、大赦，不要剃度僧尼，不要破格晋升官吏，不要让功臣插手政务，唐玄宗都接受了。

左拾遗张九龄见姚元之受到唐玄宗的信任，就给姚元之写了一封书信，劝其远离那些浮躁谄媚之人，亲近纯朴厚道的人，他说道：“选人用人的标准是一个人的才能，治理国家就要与贤才们一起，才能把国家治理好，除此别无二途，而过去我朝用人之所以出现问题，不是当权者没有知人之明，主要是他们的私情在作怪。自从大人当上宰相后，手中掌握了用人大权，那些趋炎附势之徒都接踵而至，要么巴结您的亲戚以求得到赞扬，要么取悦您的宾客以期替他们说好话，这些人中也不是没有有才能的人，只是这么做实在太无耻了。”姚元之欣然接受了他的建议。

官场险恶。虽说姚元之是一代贤相，但人在江湖，也不免相互倾轧，像张说、魏知古、赵彦昭等人都是姚元之非常讨厌的人，这其中可能会有个人情趣、性格上的差异所致，但更多的还是争权夺利产生的矛盾。中书侍郎王琚深为唐玄宗所信任，每次晋见，总与唐玄宗谈笑风生，谈论到深夜才罢，时人称其为内宰相。有人（此人很可能就是姚元之，因《大唐新语》称姚元之曾向唐玄宗建议“无任功臣以政”）就到唐玄宗跟前进谗言，说：“像王琚、麻嗣宗这种人都是纵横之士，可以与其一起平定祸乱，但不可与他们共享太平，如今需要重用的是那些深通经书的纯朴之士。”唐玄宗遂逐渐疏远了王琚，以其为御史大夫，令其巡视北方边境各军，而同为功臣的刘幽求、钟绍京等人也受到贬谪，先是被免去了尚书右仆射兼黄门监，授予太子少保的闲职，接着，姚元之又落井下石，促使唐玄宗将其贬到外地。“姚崇素嫉忌之，乃奏言幽求郁怏于散职，兼有怨言，贬授睦州刺史，削其实封六百户。”“时姚崇素恶绍京之为人，因奏绍京发言怨望，左迁绵州刺史”。

姚元之得势后，张说很是害怕，就偷偷去岐王李隆范那里表忠心，不幸的是，此事却让姚元之知道了。一天，唐玄宗在便殿召见姚元之，姚元之故意装作有点跛，唐玄宗问：“你的脚有毛病吗？”姚元之回答：“臣有腹心之疾，毛病不在脚上。”唐玄宗问他怎么了。姚元之回答：“岐王是陛下的爱弟，张说是陛下的辅臣，张说却偷偷乘车前去岐王家里，我担心岐王会被他误导，所以才非常担忧。”唐玄宗遂下令将张说贬为相州刺史。实际上，根据野史的记载，关于张说这次被贬可能要复杂得多，还引出一则颇为香艳的故事。据《松窗杂录》记载，张说家中一位充当私塾老师的书生与张说最为宠爱的姬妾私通，结果事发，张说大怒，要把这个书生送交京兆尹严办。谁知书生却理直气壮地说道：“见到美色难以把持，这也是人之常情。大人贵为宰相，难道就没有缓急用人之时吗？就如此吝惜一个婢女！”张说听后大为惊奇，就放了书生，还把这个姬妾赏赐给了他。数月后，书生突然造访，一脸愁容，对张说说：“我一直想向大人报恩，如今，正巧听说大人已被姚丞相陷害，大狱将成，而大人尚不知情。大人给我拿来您生平最爱之物，让我送给九公主（当为睿宗第九女、玄宗同母妹金仙公主），一定能化险为夷。”张说拿出鸡林郡送的夜明珠帘让书生当夜就送给了九公主，第二天九公主替张说求情。唐玄宗立即命高力士去御史台取消了前命，张说这才躲过一场牢狱之灾，被贬为相州刺史，而那位书生从此再也不露面了。

刑部尚书赵彦昭也被任命为朔方道行军大总管，被排挤出了京师，这当然也是出自姚元之之意，据《新唐书》记载，“会姚崇执政，恶其为人，贬江州别驾。”魏知古也是如此，据《旧唐书》称：“（开元）二年，还京，上屡有顾问，恩意甚厚，寻改紫微令。姚崇深忌惮之，阴加谗毁，乃除工部尚书，罢知政事。”

十一月二十一日，群臣给唐玄宗上尊号为开元神武皇帝；十二月一日，唐玄宗宣布大赦天下，改元为开元元年；改尚书左右仆射为左右丞相；中书省为紫微省，中书令为紫微令；门下省为黄门省，侍中为黄门监；以雍州为京兆府，洛州为河南府，长史称尹，司马称少尹。以姚元之为紫微令；姚元之避唐玄宗开元神武皇帝尊号，恢复姚崇之名。

历史步入了赫赫有名的、持续二十九年的开元时代。

二九八　开元之初（一）

据《唐将相大臣年表》记载，从开元二年到开元四年唐朝廷重臣分别是：

开元二年：

司徒李成义（改名为李撝）

司空李守礼

检校黄门监卢怀慎

紫微令姚崇

开元三年：

司徒李撝

司空李守礼

检校吏部尚书兼黄门监卢怀慎

紫微令姚崇

开元四年：

司徒李撝

司空李守礼

检校吏部尚书兼黄门监卢怀慎（十一月因病辞职），宋璟（闰十二月接替）

紫微令姚崇（闰十二月免为开府仪同三司）

同紫微黄门平章事源乾曜（十一月由黄门侍郎晋升、闰十二月贬为京兆尹）、苏珽（紫微侍郎、闰十二月晋升为同紫微黄门平章事）。

由此可知，姚崇实际上仅仅当了三年左右的宰相，并且，他本人也并非完人，官场中司空见惯的拉帮结派、袒护同党、打击异己之事也时有发生，可是，后世对他评价很高，将他与宋璟二人称为中国古代著名的贤相。那么，这究竟是什么原因呢？

个人认为，唐玄宗和姚崇的举措顺应了民意。假如我们从武则天立为皇后的唐高宗永徽六年（公元655年）算起，到唐玄宗开元元年（公元713年），在近六十年漫长的岁月里，大唐帝国从政治清明、蒸蒸日上的贞观、永徽年间，一步一步走向了中衰。先是武则天控制了朝权，继而武周革命，朝廷一片混乱，边境疲于应付，中宗、睿宗朝廷内讧不断，政变接二连三，天灾人祸频发，统治者骄奢淫逸，百姓民不聊生，大唐帝国已经到了十分危险的境地，官民都希望看到一个清明的政治局面，而姚崇则正是顺应了社会这一思潮。

毫无疑问，姚崇是一位非常有才干的人，而唐玄宗也正是看中了他这一点，这三年中，唐玄宗任命了两位宰相，一个是紫微令姚崇，一个是黄门监卢怀慎。卢怀慎是滑州灵昌人，出自著名的范阳卢氏；卢怀慎进士及第，历任监察御史、吏部员外郎、右御史台中丞，先天二年，与魏知古一起主管东都组织人事工作，后调回京师。卢怀慎最大的特点就是清廉、谨慎、谦虚，他在东都任职期间，随身带的一个装着日用品的粗布口袋就是他所有的家当。等到他当上宰相后，仍然一贫如洗，妻子儿子有时候竟然忍饥挨饿，居住的房屋遮挡不住风雨，家中房门连个门帘都没有，风雨吹来，只好用床席遮挡，而他对亲朋好友却非常慷慨，所得俸禄全部接济亲朋好友们，史称：“怀慎清俭，不营产业，器用服饰，无金玉绮文之丽。所得禄俸，皆随时分散，而家无余蓄，妻子匮乏。”而姚崇也是如此，他连自己的宅邸都没有，全家暂居在罔极寺内。唐玄宗重用他们两位，就是向天下人表明一个勤俭建国的态度，也表现了自己要移风易俗的决心。《隋唐嘉话》记载：“今上既诛韦氏，擢用贤俊，改中宗之政，依贞观故事，有志者莫不想望太平。中书令元之、侍中璟、御史大夫构、河南尹杰，皆一时之选，时人称姚、宋、毕、李焉。”

不过，对姚卢二人的使用，唐玄宗还是各有侧重的。一次，姚崇的儿子死了，请了十几天的假，结果，朝廷政务堆积如山，卢怀慎自己不能决断，诚惶诚恐地到唐玄宗那里谢罪，唐玄宗倒也没有怪罪他，反而说道：“本来朕就是把天下之事托付给了姚崇，而让你坐镇这里来移风易俗的。”等到姚崇上班后，一会儿就把堆积的公务处理完毕了，一脸得意之色，对紫微舍人齐澣说：“你说我这个当宰相的能与古代何人相提并论？”还未等齐澣张口，姚崇自己就迫不及待地说道：“与管仲、晏婴相比如何？”齐澣说：“管仲和晏婴制定的规矩虽然不能延续到后世，然而，在他们活着时尚能保持下去，可是大人所制定的法规，屡屡更改，您似乎比不上他们二位。”姚崇追问道：“那你说我又是什么样的宰相呢？”齐澣回答：“可以说大人是一位救时宰相啊！”姚崇听后非常高兴，顺手把毛笔扔到桌子上，说道：“救时宰相，那也不是容易遇到的啊！”一句救时宰相，说明：一是姚崇制定的政策能够适应当时的客观情况，并能做到因地制宜，因时制宜；二是姚崇有临机应变之才；三是姚崇的政策是顺应了历史潮流的，也是受人欢迎的。姚崇的才能也得到了同僚卢怀慎的认可，卢怀慎自认为不如姚崇，遇事总是退让，二人的合作也是非常融洽的，当时的人们都戏称卢怀慎为“伴食宰相”。

唐玄宗掌握大权之后，就开始有意识地进行拨乱反正，实施了一系列的“去武曌化”举措，凡是武曌推崇的，唐玄宗都要予以取缔：武曌佞佛，唐玄宗限佛；武曌奢侈，唐玄宗节俭；武曌重用酷吏，唐玄宗起用直臣；武曌分散相权，唐玄宗专委一人；武曌吏治混乱，唐玄宗整顿吏治；武曌疏远骨肉，唐玄宗亲近兄弟等，不一而足，以下分述之。

武曌佞佛一直持续到中宗时期，“上有所好，下必甚焉”。一时间，达官显贵们竞相修建佛寺，奏请剃度百姓为僧；一些富家子弟为了逃避徭役，也纷纷走门路，托关系，剃去头发，致使全国各地的寺庙都是人满为患。姚崇上书称：“名僧佛图澄无力让后赵免去灭国之灾，鸠摩罗什也不能延长后秦国祚，佞佛的北齐高澄、南梁萧衍也都死得很惨，只要让天下苍生安居乐业，那就是活菩萨，岂能需要妄自剃度奸诈之人，让他们去败坏国家好的法律呢？”唐玄宗接受了姚崇的建议。开元二年（公元714年）一月七日，唐玄宗下令有关部门淘汰全国的僧尼，将其中一万两千余名假意出家的僧尼强迫还俗。二月十九日，唐玄宗又下令：“从今往后，全国各地不得再行修建佛寺；过去修建的佛寺年久失修破败不堪确需整修的，需要书面上报有关部门查验无误之后，方可整修。”七月，唐玄宗又下令，严禁官员与僧尼、道士来往；二十七日，严禁全国百姓铸造佛像、抄写经书。《朝野佥载》记载：“神武皇帝七月即位，东都白马寺铁像头无故自落于殿门外。自后捉搦僧尼严急，令拜父母等，未成者并停革，后出者科决，还俗者十八九焉。”

武曌耗费了大量人力物力修建了明堂和天枢，明堂被天火焚毁，到唐玄宗时期还剩下一个天枢。唐玄宗下令将天枢捣毁，征调工匠们熔化铜铁，一个月还没有化完。韦皇后也在天街修建了一座数丈高的石台，以歌颂功德，唐玄宗下令一并将其捣毁。开元二年七月十日，唐玄宗下令：“御用车辆、服饰、金银器玩，应由有关部门予以销毁，供军事和国家使用；珠玉、锦绣，要在大殿之上焚毁；后宫嫔妃以下，不得身穿锦绣丝绸，佩戴珠玉。”十三日，他又下诏：“百官穿戴以及使用的酒具、马勒、马镫，三品以上可以装饰玉石，四品可以装饰金子，五品可以装饰银，其余的均不得有装饰；妇女的服饰、颜色要服从丈夫、儿子的；过去家中的丝绸可以染成黑色继续使用；从今往后，全国不得再采摘珍珠、开采玉石、纺织丝绸，违反此禁令的，事主杖打一百棍，工人减半。”民间传言唐玄宗要挑选天下美女入宫，唐玄宗听说后，八月十日，下令有关部门在崇明门外准备很多牛车，他亲自挑选后宫中用不着的宫女们，将她们释放回家；并下令说明：“服侍寝宫的宫女尚且予以遣散（就不要传言再挑选宫女了）；大街小巷的居民，对此都该了解。”《容斋随笔》记载：“唐高力士于太宗陵寝宫，见梳箱一、柞木梳一、黑角篦一、草根刷子一，叹曰：‘先帝亲正皇极，以致升平，随身服用，唯留此物。将欲传示子孙，永存节俭。’具以奏闻。明皇诣陵，至寝宫，问所留示者何在。力士捧跪上，上跪奉，肃敬如不可胜，曰：‘夜光之珍，垂棘之璧，将何以愈此?’即使史官书之典册。是时，明皇履位未久，厉精为治，故见太宗故物而惕然有感。”

不过，说实话，贪图享受是人的本性，也是人性的弱点，唐玄宗也不例外。更何况唐玄宗本人多才多艺，精通音律，艺术造诣很高，即位之初的他理性暂时战胜了感情，励精图治，但即便如此，他贪图享乐的本性也是在不经意的时候有所流露。过去，不管朝廷的雅乐还是世俗之乐都由太常统一管理，唐玄宗即位后，认为太常是主管礼乐的部门，不应管理戏剧、杂耍、歌舞等俗乐，就下令另行设置了左右教坊负责管理，任命右骁卫将军范及担任教坊总管。除此之外，唐玄宗还将数百名乐师集中在梨园，亲自辅导他们作曲、演奏，这些人就号称为皇帝梨园弟子，并让宫女们来学习；又从社会上挑选一些歌女、舞女，安排在宜春院，由朝廷负责她们家中的日常开销，等于让她们成为国家演员。礼部侍郎张廷圭、酸枣县尉袁楚客上书认为：“陛下年纪很轻，应该推崇儒术，亲近端方之士，崇尚质朴，要以爱好郑卫之声、游猎为戒。”唐玄宗想广开言路，鼓励人们劝谏，虽然予以表彰，实际上却并没有听从。

还有一次，唐玄宗命令宦官前去江南捕捉鸡鶄（池鹭）、鸂鶒（紫鸳鸯）等珍禽，想弄到长安的园林之中，可是，这些宦官一到地方上，就吆五喝六的，让地方政府不胜其烦。汴州刺史倪若水上书称：“如今正是农忙时节，陛下却派人捕捉禽鸟，以供玩好，远到长江、岭南，一路上水陆运输，喂给它们稻米粱肉，让沿途的百姓看了，谁不认为陛下是轻视人命而重视禽鸟的皇帝？陛下正是应该把凤凰视为普通的鸟儿，把麒麟也看作普通野兽的时候啊，更何况是鸡鹊、鸂鶒，又有什么值得珍贵的！”唐玄宗亲自写信向倪若水道歉，赏赐给他四十段丝绸，并下令释放了那些鸟。

开元四年，有个胡人称海南（现东南亚一带）有很多奇珍异宝，可派人前去，并提及海运对国家的好处，又请求派人前去狮子国（今斯里兰卡）搜集灵丹妙药以及深通医术的老妇，唐玄宗命监察御史杨范臣与那位胡人一同前往。杨范臣平静地说：“前年，陛下当众焚烧了珠玉、丝绸，显示以后再也用不上这些东西了。如今要的与过去烧的有什么区别？从事海运，与商人们争利，恐怕不是堂堂一国之君该做的。胡药的药性，我们很多都不清楚，更何况要把一个外国的老妇人安排到内廷？御史是天子的耳目，如果是军国大事，臣甘愿冒死前往，而这不过是胡人迷惑陛下之言，对陛下的品德毫无益处。我们私下都认为这不是陛下的本意，请陛下三思。”唐玄宗立即承认错误，安慰杨范臣一番后，这事也就作罢了。

二九九　开元之初（二）

任何时候，吏治都是治理国家的关键，牵一发而动全身：用什么样的人，怎么用人，都关乎一个时期的整个政治生态。

武曌时期酷吏横行，到中宗时期斜封官泛滥成灾，吏治受到空前的摧残，政治规矩荡然无存，政治风气恶化。唐玄宗起用相对清廉的姚崇、卢怀慎等人，其目的就是要扭转这一风气，净化政治生态。当时的情况是，人们都愿意当京官，而不愿到地方上任职，因此，一些犯错的人往往被贬谪到地方上，就算没有犯错，被外派到地方上，也会被认为是被皇帝疏远了。唐玄宗发现了这一问题，为了加强对地方的治理，朝廷有必要将优秀人才选派到地方上任职，改变百官的偏见。开元二年一月十三日，唐玄宗下诏规定："挑选京官有才有识的下派到地方上当都督、刺史，都督、刺史有政绩的要提拔到京师当京官，让京官和地方官相互交流，永远成为一种常态。"然而，积重难返，人们心中的观念单单靠一纸文书是很难改变的，就算唐玄宗为了体现重视地方官，而专门挑选了一些优秀京官到地方上担任都督、刺史，人们还是轻视外官。扬州采访使班景倩曾被任命为大理少卿，路过汴州时，汴州刺史倪若水为其饯行，眺望班景倩远去的烟尘，很久才怏怏而回，不无艳羡地对下属们叹息道："班生此行，何异登仙啊！"三月，唐玄宗还下令："涪州刺史周利贞等十三人均为天后时期的酷吏，他们的情节与周兴等人相比稍轻，应当免去官职，放归老家。"

过去，贵戚跋扈，薛王李隆业的舅舅王仙童侵害百姓，被御史弹劾，薛王李隆业替舅舅求情，唐玄宗命令紫微省和黄门省审核。紫微令姚崇和黄门监卢怀慎等人上奏道："王仙童罪行明白，御史弹劾事实清楚，证据确凿，没有冤枉，不可放纵罪犯。"唐玄宗听从了，从此以后，那些皇亲国戚再也不敢胡作非为了。过去，酷吏横行；唐玄宗追思徐有功生前执法严明、公允，开元二年二月，他任命徐有功的儿子、大理司直徐惀为恭陵令，后来，徐惀累迁为申王府司马。《国史补》记载：梨园弟子有胡雏善吹笛，尤承恩。尝犯洛阳令崔隐甫，已而走入禁中。玄宗非时，托以他事，召隐甫对，胡雏在侧。指曰："就卿乞此，得否？"隐甫对曰："陛下此言，是轻臣而重乐人也，臣请休官。"再拜而去。玄宗遽曰："朕与卿戏也。"遂令曳出，至门外，立杖杀之。俄而复敕释，已死矣。乃赐隐甫绢百匹。

申王李成义奏请以申王府录事阎楚圭为申王府参军，唐玄宗答应了，但姚崇和卢怀慎上书阻止道："过去，我们曾经接到陛下的圣旨，要求凡是王公、驸马有所请求，除非得到陛下的手诏，其余一律不予执行。臣认为，根据各人的才能品行授予官职，这个权力应当归朝廷部门；要是仅仅因为亲情之故，把官爵当成恩惠，因循不久前的旧例，实在是败坏朝纲的行为。"唐玄宗接受了二人的建议，此事遂告吹了，从此以后，私下向皇帝求情、跑官要官的事也没有了。开元二年五月三日，因发生了饥荒，唐玄宗下诏再度取消了斜封官，他在诏书中称："将员外官、试用官、检校官统统取消，从今往后凡是没有立下战功或者皇帝特别下诏的，一律不得重新授予官职。"

京兆尹崔日知贪婪残暴，御史大夫李杰将要对其弹劾，崔日知提前得到消息，先下手陷害李杰。开元三年（公元715年）十二月，侍御史杨玚上奏说："如果允许奸诈之徒恐吓阻监察官员，那么御史台就可以撤销了！"唐玄宗赶忙恢复李杰的工作，将崔日知贬为歙县丞。为了强化对地方官员的监督，开元二年二月，唐玄宗下令重新设置了十道按察使，任命益州长史陆象先等人担任按察使，执行一年后，有人上书称："按察使只会干扰地方工作，不如精心挑选刺史和县令，而取消按察使这一设置。"唐玄宗召集尚书省的官员们商议，姚崇认为："如今，选拔十名按察使，尚且有人说没有选出合适的人，况且，全国有三百多个州，县又比州的数目多出几倍，谁能保证挑选出来的刺史和县令都能称职呢？"于是，此议遂停。尚书左丞韦玢上奏称："郎官们很多都不称职，请求予以淘汰，改授其他官职。"不久，韦玢外调，宰相们拟定为冀州刺史，唐玄宗改为一个小州。姚崇上奏称："郎官们工作懈怠，也有不称职的，韦玢曾上奏予以淘汰，这实在是奉公之举；刚刚调整了郎官们的岗位，韦玢就被贬为外官，人们都会认为是郎官们联合起来诽谤的结果，臣恐怕继任尚书左右丞的人会受到误导，引以为戒，不敢大胆工作。那么，以后尚书省的工作就更难开展了，希望陛下明察，让为官者无后顾之忧。"唐玄宗就同意将韦玢任命为冀州刺史。

王皇后的妹夫、尚衣奉御长孙昕因为一些小事与御史大夫李杰不和，开元四年（公元716年）一月，长孙昕与其妹夫杨仙玉躲藏在小巷里，等李杰来到后，把他痛打了一顿。李杰上书称："身体被打，虽然痛心，但是我身为朝廷命官受此大辱，实在令国家蒙羞。"唐玄宗大怒，命武士将长孙昕、杨仙玉在朝堂上用乱棍打死，向百官谢罪，又专门下诏安慰李杰道："长孙昕等人是朕的近亲，朕未能教育好他们，竟然让他们欺辱朝廷官员，虽然将他们处以极刑，也不足以向群臣谢罪。爱卿要继续发扬疾恶扬善的作风，不要被这帮歹徒吓倒。"

有人对唐玄宗说："今年的选举很不像话，选拔出来的县令大多不称职。"等到新任县令进宫晋见唐玄宗时，唐玄宗当即将他们集中到宣政殿的院内，现场出题测试他们如何治理地方，考试后，鄄城县令韦济（韦嗣立之子）文辞、立论均为第一，被唐玄宗提拔为醴泉县令。其余两百余人考试不合格，但仍然让他们暂时赴任，还有四十五人被免去官职，勒令继续读书深造。负责选举的吏部侍郎卢从愿被贬为豫州刺史，李朝隐被贬为滑州刺史。卢从愿负责选举六年，与李朝隐二人均被人誉为是称职的。唐高宗时，负责吏部的马载、裴行俭最为出名，当时的人们称吏部前有马、裴，后有卢、李。

同样，武曌疏薄骨肉，杀人无底线，唐玄宗则反其道而行之。宋王李成器（后改名为李宪）、申王李成义（后改名为李撝），分别是唐玄宗的长兄、次兄；岐王李隆范（因避讳改名为李范）、薛王李隆业（改名为李业）分别是唐玄宗的四弟、五弟；豳王李守礼是章怀太子李贤的儿子，是唐玄宗的堂兄。史称，唐玄宗对兄弟们非常友爱，近世帝王无人能及。《开天传信记》称，唐玄宗就曾说过："弟兄，是我的手足。手足不理顺，我的身体就残废了，哪里还有心思吃美食、睡好觉呢？"如前所述，唐玄宗即位之初，就曾经让人做了一个长长的枕头和宽大的被褥，与兄弟们睡在一起。诸王每天早晨在宫中的侧门朝拜唐玄宗，退下后，就一起饮宴、斗鸡、击球，或者在郊外打猎，在别墅游玩，唐玄宗派来问候他们的使者一个接着一个。唐玄宗退朝后，也经常和诸王在一起游玩，在皇宫中，唐玄宗与诸王之间行家人礼节，饮食起居，与大家一样；他还在殿中用围成五个大帐，让诸王住在里面，称之为五王帐。唐玄宗和诸王在里面要么闲谈、赋诗，要么饮酒、赌博，有时候，唐玄宗亲自弹奏乐器；李成器擅长吹笛，李范擅长弹琵琶，二人常与唐玄宗一起演奏。《开元天宝遗事》称，太液池岸有竹数十丛，长得非常茂密，唐玄宗与诸王在竹林间散步，对诸王说："人生父子兄弟，还有离心离德的，你看这竹子却长得如此稠密，怀有二心的人们看看这竹子就可以此为戒了啊！”唐玄宗称此为“竹义”。《次柳氏旧闻》记载，一次，宁王吃饭时食物误入了气管（时称“错喉”），食物喷到唐玄宗的胡子上，宁王十分不安。唐玄宗见他害怕，想安慰他，以滑稽闻名的宫廷乐师黄幡绰察言观色，立即说道：“这不是错喉。”唐玄宗问：“那是什么？”回答：“是喷帝。”唐玄宗哈哈大笑，气氛顿时活跃起来。有时候，诸王生病了，唐玄宗会整天不吃饭，整夜不眠。李业曾经得病，当时，唐玄宗正在上朝，听到消息后，他顿时无心理政，一连派去了十几位使者前去探问李业的病情；退朝后，唐玄宗亲自给李业熬药，忽然吹来一阵风，将炉火吹向唐玄宗，燃着了唐玄宗的胡须，侍臣大惊失色，慌忙救护。唐玄宗却不以为意，说道：“如果能令王吃下此药，病痊愈了，我的胡须又有什么可惜的呢？”

不过，说实在的，唐玄宗之所以如此，恐怕还是自己在兄弟们中间既不年长，又不是嫡子，毕竟登基名不正言不顺。他极力拉拢、安抚诸王，有意营造出兄弟和睦的氛围，更多地还是为了自己帝位的稳固。《酉阳杂俎》就记载，唐玄宗经常派人监视诸王。宁王（宋王李成器）曾经在夏天中挥汗击鼓作乐，所读的书是龟兹乐谱。唐玄宗知道后，这才放下心来，高兴地说道：“天子的兄弟们就该整日醉乐啊！”李成器当然知道唐玄宗对诸王尤其是他这个大哥暗存猜忌，因而他尤其恭顺、谨慎，从来不曾谈及朝政，也不与他人来往，唐玄宗越发信任、敬重他，离间之言也无从产生。唐玄宗也只让他的这四个兄弟沉溺于声色犬马之中，而不让他们染指朝政，即便如此，群臣还是建议唐玄宗将诸王派到外地担任刺史。开元二年六月二日，唐玄宗任命宋王李成器兼任岐州刺史，申王李成义兼任豳州刺史，豳王李守礼兼任虢州刺史，让他们到任之后，只负责州里大政方针，具体事务由高级佐官处理。从此以后，诸王担任都护、都督、刺史，也都照此办理，并无实权。

宋王李成器等人请求献出兴庆坊的五王宅，给唐玄宗当离宫，七月二十九日，唐玄宗下令修建兴庆宫。又在皇宫周边另行给李成器等人兴建住宅，唐玄宗还在皇宫西面和南面各修建了一座高楼，西面的叫做花萼相辉之楼，南面的叫做勤政务本之楼。唐玄宗有时登上高楼，听到诸王奏乐，就把他们召到楼上饮宴，或者他亲自到诸王家里游乐。七月三十日，唐玄宗又任命岐王李范为兼绛州刺史，薛王李业兼同州刺史；他又下诏诸王每季度轮流进京，每次进京两人。

三〇〇　开元之初（三）

过去，由于君主身边都是一些佞臣小人，君臣之间也没有应有的礼仪，唐玄宗即位后，对大臣们都十分敬重，尤其是对姚崇、宋璟，即便是在便殿相见，每次也一定会站起身来迎接，二位退下后，唐玄宗也会走到门口、床边、栏杆旁送别。这都是因为唐玄宗励精图治的结果，《开元天宝遗事》称，“明皇忧勤国政，谏无不从，或有章疏规讽，则探其理道优长者贮于金函中，日置于右，时取读之，未尝懈怠也”。

唐玄宗还十分注重学习。开元三年，他对宰相们说：“朕每每读书时遇到疑难问题，却无从求教，可以挑选饱学之士，每天让其入宫陪读。”卢怀慎就推荐了太常卿马怀素。十月六日，唐玄宗任命马怀素为左散骑常侍，让他与右散骑常侍褚无量一起轮流陪读。他们每次行至宫门，唐玄宗就让宦官们抬着小轿接进宫，有时候，唐玄宗在别殿，距离宫门较远，唐玄宗还特许他们在宫内骑马前往。因褚无量年老体弱，唐玄宗专门下令造了一个及腰的小轿，供他一人使用。唐玄宗对二人待以师傅之礼，总是亲迎亲送。

开元三年（公元715年），关东发生了严重的蝗灾，迷信的百姓有的在田地旁边焚香祷告，却不敢扑杀蝗虫，姚崇奏请唐玄宗派遣御史赶赴州县督促扑杀。朝廷有人认为蝗虫太多，杀也杀不完，唐玄宗也心存疑虑。姚崇说道：“如今，蝗虫遍布关东，黄河南北的百姓几乎流亡殆尽，岂能做事不顾、让蝗虫肆虐？就算扑灭不完，也比纵其为患要好。”唐玄宗这才听从了。卢怀慎认为，杀死太多蝗虫，会伤了天地间的和气。姚崇反驳道：“昔日，楚庄王吞下蛭而治病，孙叔敖杀蛇而得福，为何对蝗虫如此心痛而对百姓饥饿、死去就一点也不痛心呢？假如杀死蝗虫会有什么灾祸的话，就让灾祸降临到我姚崇身上吧！”开元四年（公元716年），关东再次发生大规模的蝗灾，姚崇又命人扑杀。汴州刺史倪若水称："蝗虫是天灾，不是人力所能消除的，只有修德才能化解。刘聪时期，就经常扑杀，结果危害反而更为严重了。"拒不执行朝廷的命令，也拒绝御史入境。姚崇专门给倪若水下发公文，称："刘聪不是合法的君主，其德行克制不了妖孽，如今是圣朝，妖孽抵不过圣主的德行。古代好的郡守，蝗虫不入其辖区，如果修德能够免灾，难道说你没有德行才致使蝗虫入境吗？"倪若水这才从命。

不过，开元初年也不总是如此美妙，总有一些不和谐的音符。兔死狗烹。唐玄宗坐稳皇帝宝座之后，就采纳了姚崇不用功臣的建议，将钟绍京、刘幽求、王琚等所谓的轻躁、纵横之士都一一贬谪，更有人告发已经靠边站的太子少保刘幽求和太子詹事钟绍京二人口出怨言，唐玄宗大怒，下令紫微省调查此案，刘幽求等人不服。姚崇、卢怀慎、薛讷等人对唐玄宗说："刘幽求等人都是功臣，忽然被授予一个闲差，心情稍有波动，也是人之常情。他们功劳很大，陛下给予他们的荣宠也很深，突然把他们打入大牢，势必引起震动。"开元二年三月一日，唐玄宗下令将刘幽求贬为睦州刺史，将钟绍京贬为果州刺史。紫微侍郎王琚巡视北方尚未回京，也受到牵连而被贬为泽州刺史。

接着，唐玄宗又将中宗时期政治态度暧昧的朝廷重臣也予以清理。御史中丞姜晦旧话重提，指出当年宗楚客等人篡改唐中宗的遗诏，而青州刺史韦安石、太子宾客韦嗣立、刑部尚书赵彦昭、特进李峤当时均为宰相，却不能挺身而出予以抗争，让监察御史郭震弹劾这四人，并声称赵彦昭还拜巫婆赵氏为姑，身披女装与妻子一同前往赵氏家中。三月十七日，唐玄宗下令将韦安石贬为沔州别驾，韦嗣立贬为岳州别驾，赵彦昭贬为袁州别驾，李峤贬为滁州别驾。韦安石来到沔州后，姜晦又弹劾韦安石曾经负责定陵的施工，盗用公家财产，命令州县追赃。韦安石叹息道："这是非要死了才罢啊！"遂愤恨而死。史称，过去，姜晦的哥哥姜皎曾有求于韦安石，但遭到了韦安石的拒绝，姜皎怀恨在心，所以姜晦才伺机报复。实际上，唐玄宗这次清理功臣和旧臣，是一次有预谋的行动，功臣自恃功劳，旧臣背景复杂，清理他们为姚崇大胆工作扫清了障碍，也确保了政局的稳定。这是因为，就在这次行动后几个月，到了七月二十二日，唐玄宗的堂弟、房州刺史、曾经的少帝李重茂也去世了，死时年仅十七岁，死因不详，但很有可能是非正常死亡。唐玄宗罢朝三天，以示哀悼，追谥其为殇皇帝。

黄门监魏知古原本出身小吏，受到姚崇的引荐，才一步步爬上高位，最终与姚崇同登宰相，可是，姚崇对这位昔日的下属十分轻视。他安排魏知古为代理吏部尚书、知东都选事，但又派遣吏部尚书宋璟在门下省复核，最终委任官员，这让魏知古十分不满。姚崇的两个儿子也在东都工作，二人自恃父亲的权势，并有恩于魏知古，大肆招权纳贿，开元二年，魏知古从东都调回中央后，遂将此事密报给了唐玄宗。一天，唐玄宗装作不经意地问姚崇："你的儿子们才能如何？现今担任什么官职呀？"姚崇立即意识到儿子们出事了，当即回答："臣有三个儿子，两个在东都，他们贪婪且不谨慎，他们肯定向魏知古有所请托，只是臣还没来得及过问。"唐玄宗一开始认为姚崇肯定会替儿子们辩护，结果听了他这番话，唐玄宗很是高兴，说道："你从何得知？"姚崇回答："魏知古贫贱时，臣对他百般爱护。臣的儿子愚蠢，他们会认为魏知古肯定会对我感恩戴德，容忍他们的过错，所以才敢向他有所请托吧。"唐玄宗听了，顿时觉得姚崇这人很是光明磊落，而魏知古却忘恩负义，很不地道，打算将他放逐。姚崇恳请说："臣的儿子们做得不对，冒犯了陛下的法律，陛下赦免他们的罪过，就已经是万幸了。假如因为臣的缘故就流放魏知古，天下之人就会认为陛下偏袒臣，也连累了陛下的政绩啊！"五月二十五日，唐玄宗下令将魏知古贬为工部尚书。

七月二十日，因又有人告发钟绍京口出怨言，唐玄宗将其再贬为溱州刺史；到开元三年十一月，已被贬为杭州刺史的刘幽求又被调任为郴州刺史，他气愤至极，六日死于途中。

十二月十二日，唐玄宗册立皇四子李嗣真为鄫王，五子李嗣初为鄂王，六子李嗣玄为鄄王。二十八日，立郢王李嗣谦为皇太子。唐玄宗一生有三十个儿子，其中有七个儿子早夭，生母不详，活下来的有二十三个儿子。长子李嗣直（后改名为李琮，刘华妃所生）、次子李嗣谦（后改名为李瑛，赵丽妃所生）、三子李嗣升（后改名为李浚、李玙、李亨，就是后来的唐肃宗，杨贵嫔所生，杨贵嫔的姐姐就是中宗节闵太子李重俊的太子妃，王皇后无子，母养李嗣升为子）、四子李嗣真（后改名为李琰，钱妃所生）、五子李嗣初（后改名为李瑶，皇甫德仪所生）、六子李嗣玄（后改名为李琬，刘华妃所生）、七子早夭、八子李琚（刘才人所生）、九子李一（武惠妃所生）、十子、十一子均早夭、十二子李璲（原名李潍，刘华妃所生）、十三子李璬（原名李沄，高婕妤所生）、十四子早夭、十五子李敏（武惠妃所生）、十六子李璘（郭顺仪所生）、十七子早夭、十八子李瑁（原名李清，武惠妃所生）、十九子早夭、二十子李玢（柳婕妤所生）、二十一子李琦（原名李沐，武惠妃所生）、二十二子李环（原名李溢，钟美人所生）、二十三子李瑝（原名李沔，卢美人所生）、二十四子李玭（原名李漼，阎才人所生）、二十五子李珪（原名李涣，王美人所生）、二十六子李珙（原名李澄，陈美人所生）、二十七子李瑱（原名李漶，郑才人所生）、二十八子早夭、二十九子李璿［原名李漎，武贤仪（武曌时期的高平王武重规之女）所生］、三十子李璥（原名李滔，武贤仪所生）。此时，第六子李嗣玄以下尚未出生。

唐玄宗风流多情，王皇后无子，亦无宠。次子李嗣谦的母亲赵丽妃原来是个歌女，唐玄宗在潞州时将她纳为妾，赵丽妃容貌美丽，擅长歌舞，深得李隆基的宠爱。子以母贵，唐玄宗对李嗣谦也是另眼相看，他即位后，在册立皇后数日后，就分别册封李嗣直为郯王、李嗣谦为郢王，一个月后，才又册封第三子李嗣升为陕王，就已经显示出李嗣谦特殊的地位。